변하지 않는
성경적 선교

* 이 책은 송파제일교회 임성실 장로님이 지원한 연구비로 저술되었습니다.

합신
신학총서
01

변하지 않는
성경적
선교

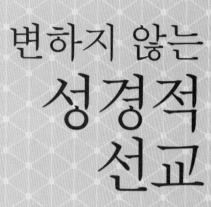

Biblical Missiology

김학유 지음

합신대학원출판부

합신신학총서 01
변하지 않는 성경적 선교

초판 1쇄 2019년 3월 5일
초판 2쇄 2020년 4월 30일

발 행 인 정창균
지 은 이 김학유
펴 낸 곳 합동신학대학원출판부
주   소 16517 수원시 영통구 광교중앙로 50 (원천동)
전   화 (031)217-0629
팩   스 (031)212-6204
홈페이지 www.hapdong.ac.kr
출판등록번호 제22-1-2호
인 쇄 처 예원프린팅 (031)902-6550
총   판 (주)기독교출판유통 (031)906-9191

ISBN 978-89-97244-64-5
ISBN 978-89-97244-63-8 (세트)
값은 뒷표지에 있습니다.

「이 도서의 국립중앙도서관 출판예정도서목록(CIP)은 서지정보유통지원시스템
홈페이지(http://seoji.nl.go.kr)와 국가자료종합목록시스템(http://www.nl.go.kr/
kolisnet)에서 이용하실 수 있습니다. (CIP제어번호 : CIP CIP2019006695)」

머리말

목회사역이든 선교사역이든 그 사역의 철학과 원리는 반드시 성경을 근거로 하여야 한다. 성경은 선교의 바른 시행과 완성을 위해 필요한 지식과 방법까지도 제공한다. 어떤 형태의 선교사역이든지 선교사역은 반드시 성경의 지도와 안내를 받아야 한다. 따라서 성경에 기록된 다양한 선교적인 주제들을 찾아 그 의미를 발견하고 발전시키는 작업이 매우 중요하다고 할 수 있다. 성경의 절대적인 권위로부터 출발하지 않은 선교사상이나 이에 따른 선교운동들이 겉으로는 매우 매력적이고 인간적인(humanistic) 것처럼 보이지만 그러한 사상이나 운동들은 성경의 가르침과 지도에서 크게 벗어나 있을 뿐만 아니라 심지어 '반 기독교적'(anti-Christian)이기까지 하다. 성경과 무관한 선교사역의 위험을 피하고, 성경이 지지하고 가르치는 바른 선교 사역을 수행하기 위해서는 성경의 절대적인 권위를 기초로 한 연구가 반드시 필요하다.

요하네스 블라우(Johannes Blauw)는 '선교사역을 위한 성경적 선교신학'(Biblical theology of missionary work)이 무엇인가를 정의하면서 "성경이 우리에게 말하고 있는 선교적인 사역들"에 대한 연구라고 했다. 그는 성경과 선교 신학을 매우 밀접하게 연관시키고 있다. 그는 "모든 시대는 그들 나름대로의 독특한 질문과 문제점들을 지니고 있기 때문에, 모든 시대는 늘 성경과 새로운 만남

(encounter)을 가져야하고, 어느 것도 성경으로부터 듣는 것보다 더 건강할 수는 없다"고 했다. 블라우는 성경이 비록 우리가 당면한 모든 문제들에 대해 정확한 해답을 제공할 수는 없을지라도 하나님의 말씀이 우리가 걸어가는 길에 비춰주는 빛을 조금이라도 놓쳐서는 안 된다는 점을 매우 강조하였다. 그는 그 시대가 지녔던 다양한 선교적 이슈들에 대한 답을 가능하면 성경에서 찾으려고 노력했다. 평생 선교신학을 연구하면서 성경을 놓지 않았던 그의 태도는 현대를 살아가며 수많은 선교적 과제와 문제들을 해결해야 하는 우리들에게도 좋은 귀감이 된다: 선교학자로서 성경에서 답을 찾고 성경에서 길을 찾으려는 그의 겸손한 태도는 현대 선교학자들뿐만 아니라 선교를 배우려는 모든 성도들이 반드시 본받아야하는 매우 귀중한 자세라고 할 수 있다.

저자는 선교학의 모든 영역이 성경의 권위를 기반으로 세워져야 한다는 확신과 소망을 갖고 이 책을 쓰려고 노력하였다. 여러 면에서 부족하지만 가능하면 성경적이고, 성경을 근거로 한 선교학 입문서를 남기려 했다. 성경의 절대적인 권위를 전제로 선교의 성경적 기초를 연구했고, 성경의 시각으로 선교운동을 바라보려고 노력했다. 성경의 선교적 주제뿐만 아니라 선교신학에 관한 이해조차도 성경적 가르침과 정신을 통해 해석해 보려고 했다. 에딘버러 선교대회 이후로 선교의 의미가 매우 혼탁해지고, 선교방법과 전략들이 점점 세속화되어 가고 있는 것은 매우 안타까운 일이 아닐 수 없다. 혼탁해지고 세속화된 선교의 의미와 선교사역들을 바로잡고 다시 한 번 성경적 선교로 돌아가는 일이 어느 때 보다

시급한 과제가 되었다. 바른 선교신학 정립하고, 바른 선교사역을 수행하기 위해서는 선교사역의 모델인 시도 비울과 바울의 모델이신 예수 그리스도를 본받는 것이 절대적으로 필요하다. 이러한 목적을 달성하기 위해 저자는 성경을 토대로 한 성경적 선교의 의미를 조망하고, 그릇된 비성경적 선교신학의 문제점과 한계를 지적할 것이다. 성경이 가르치고 전하는 선교가 무엇인가를 살펴보고, 성경이 지지하는 선교사역의 모습이 어떤 것이어야 하는 가를 발견하려고 노력하였다. 저자는 가능하면 개혁 신학적 입장에서 선교의 성경적 근거와 선교신학의 변천에 관하여 연구하려고 노력했음을 밝혀둔다. 아무쪼록 한국 교회가 바른 선교를 배워 주님 오시는 날까지 선교사역을 위한 제사장 나라로 쓰임 받기를 바란다.

성경과 선교

제1부 성경과 선교

제1장 구약과 선교

제2장 신약과 선교

선교학의 여러 분야들 가운데서 가장 중요하고 필수적인 분야인 선교의 성경적 기초는 아무리 강조해도 지나치지 않다. 성경에 기록된 선교적인 주제들을 찾고 그 주제들이 담고 있는 선교학적 의미를 살펴보기 위해서는 신학적 지식이 절대적으로 필요하다고 할 수 있다. 성경의 선교적 주제들을 찾기 위해서는 성경신학적인 소양과 해석학적 소양이 모두 필요하다. 성경에 기록된 선교적 주제들은 성경신학(biblical theology)과 바른 해석학(hermeneutics)을 통해서만 참 의미를 발견하고 해석할 수 있기 때문에 신학적 소양이 반드시 필요하다. 따라서 기초적인 신학적 소양을 갖춘 사람이라면 누구나 도전해 볼 수 있는 영역이라고 할 수 있다. 신구약 성경을 바르게 이해하고 해석하기 위한 중요한 틀로서 '구속 역사'(redemptive history), '언약'(covenant), '하나님 나라'(kingdom of God) 등과 같은 다양한 주제들이 동원되기도 하지만 여기서는 선교라는 틀로 신구약 성경을 해석하려고 한다. 이 장에서는 신구약 성경에 기록된 선교적 주제만을 골라 간단한 주해와 함께 그 안에 담긴 선교적 의미를 찾아 볼 것이다.

제1장

구약과 선교

    하나님의 선교 계획이 구체적으로 겉으로 드러난 때는 예수님께서 이 땅에 오신 이후 즉 신약시대라고 할 수 있지만 하나님은 구약시대로부터 이미 세계 선교를 계획하셨다. 구약 성경에 선교적 활동이나 선교명령들이 선명하게 드러나지 않는다는 이유만으로 구약시대에는 선교적 비전이 전혀 존재하지 않았던 것처럼 해석하는 학자들이 종종 있지만 구약에도 분명한 선교적 주제들이 담겨있다. 한(Hahn), 보쉬(Bosch), 캐스팅(Kasting) 등을 포함한 상당수의 학자들은 구약에 등장하는 선교적 주제들에 거의 관심이 없거나 있어도 매우 적은 양의 선교적 주제들만 다루었다.[1] 반면 개혁주의 신학자였던 바빙크(J. H. Bavinck)는 얼핏 보면 구약성경에 선교적인 주제들이 거의 등장하지 않는 것처럼 보이지만 구약을 깊이 연구하면 할수록 선교적인 주제들이 상당히 구체적으로 드러난다고 했다. 구약에는 이방 나라들의 미래에 관한 상당한 관심들이 등장할 뿐 아니라 언젠가 구원이 그들의 몫이라는 주제가 매우 선명하게 드러난다고 했다.[2] 도날드 시니어(Donald Senior)와 캐럴 스툴뮐러(Carroll Stuhmueller)역시 구약에 등장하

---

    1   Andreas J. Köstenberger and Peter T. O'Brien, *Salvation to the Ends of the Earth: A Biblical Theology of Mission* (Downers Grove, Illinois: Inter Varsity, 2001), 25

    2   J. H. Bavinck, *An Introduction to the Science of Missions* (Philadelphia: Presbyterian and Reformed, 1960), 11.

는 선교적 주제들을 매우 상세하고 의미 있게 다루고 있는데 그들은 이스라엘의 선택이 세계 구원을 위한 전주곡이었다고 주장한다.[3] 로울리(H. H. Rowley)는 모세를 가리켜 최초의 선교사라고 칭하기까지 했다. 그는 구약성경을 '선교적 책'(missionary book)이라고 부르며 유대주의(Judaism)가 본질적으로 선교적이지는 않을지라도 구약에는 이방인 개종에 관한 적지 않은 내용이 기술되어 있다고 보았다.[4]

1. 원시 복음(proto-evangelium): 창 3:15

창세기 3장은 최초의 인간인 아담의 타락에 관한 기사가 기록되어 있다. 죄 없이 순수했던 존재가 죄를 짓고 죄인이 된 것이다. 하나님의 명령 하에서 살아야 했던 인간이 창조주인 하나님을 배반한 것이다. 그로 인해 하나님께서 정해 놓은 하나님과 인간의 관계 질서가 무너졌을 뿐 아니라 모든 피조세계의 질서도 함께 무너지게 된다. 결국 죄를 지은 인간은 하나님의 진노 아래 놓이게 되었고, 자신의 죄로 인하여 인간관계가 파멸에 이르게 되었을 뿐만 아니라 인간들의 고통이 시작된 것이다. 모든 남자는 노동의 고통을 부여받았고 모든 여자는 출산의 고통을 경험해야만 한다. 인간의 죄는 인간들뿐만 아니라 모든 피조물들에게도 저주를 불러왔다(창 3:7-19; 롬 8:18-25). 사단의 방해로 말미암아 하나님께서 태초에 세우신 건강한 질서와 관계가 깨지고 사라진 것이다. 하나님과 인간의 관계는 물론 인간과 피조물의 관계 또한 망가지고 만 것이다.

---

3   Donald Senior and Carroll Stulmueller, *The Biblical Foundations for Mission* (Maryknoll, New York: Orbis, 1989), 83-109

4   H. H. Rowley, *The Missionary Message of the Old Testament* (London: Cary Kingsgate, 1944), 76.

1) 회복의 선언

그러나 하나님은 무너지고 깨어진 관계들을 그대로 내버려두지 않고 다시 회복시킬 계획을 갖고 있었다. 비록 하나님이 태초에 세운 창조 질서와 관계들이 잠시 무너지긴 했지만 인간과 피조물들을 향한 그분의 주권적이고 무조건적인 사랑이 이 무너진 질서와 관계를 다시 회복시키고 말 것을 선언하셨다. 하나님이 죄로 인하여 망가진 창조질서와 관계를 회복시키기 위한 매우 구체적인 방법을 언급하셨는데 이 내용이 바로 창세기 3장 15절에 기록되어 있다. 많은 구약 학자들은 이 구절에 망가진 창조질서와 관계들을 회복시킬 하나님의 계획이 매우 구체적으로 기술되어 있다고 주장했다. 대부분의 구약 학자들은 이 구절에 기록된 '여자의 후손'이 예수 그리스도라는 사실에 동의한다. 여자의 후손으로 묘사된 예수가 사단의 머리를 상하게 한다는 말은 사단으로 인해 망가진 질서와 관계가 예수로 말미암아 완벽하게 회복될 것을 미리 보여주는 예언적 선언이라고 할 수 있다. 예수로 말미암은 관계의 회복이 곧 구원인 것이다. 예수로 말미암아 하나님과 인간의 깨어진 관계가 회복되고, 예수로 말미암아 인간과 피조물의 관계가 회복되는 것이 바로 구원이다. 그런 의미에서 구원은 곧 회복이라고 할 수 있을 것이다.

2) 하나님의 주권적 계획

창세기 3장 15절은 하나님의 '주권적 선언문'이라고 부를 수 있는데 이는 하나님이 친히 인류와 피조물의 회복(구원)을 선언하셨기 때문이다. 예수로 말미암은 회복(구원)의 약속은 인간이나 피조물과 논의되거나 그들과의 협력을 통해 이루어질 일이 아니라 전적인 하나님의 주권(the authority of God)과 주도권(initiative)에 의해 진행될 것이기 때문에 우리는 이 구절을 하나님의 주권적 선언문이라고 부를 수 있을 것이다. 예수 그리스도의 십자가 사건으로 말미암는 인류와 피조물의 구원 계획은 전적인 하나님의 주권적 사역이다. 창세기 3장 15절은 인간의 회복과 구원이 인간 스스로의 의지나 공로로부터 기인하는 것이 아니라 전적으로 하나님의 주권과 의지에 달려있음을 분명하게 보여주는 구절이다.

창세기 3장에는 저주받는 대상과 순서가 매우 정확히 기술되어 있다. 얼핏 보면 쉽게 넘길 수 있는 내용이지만 상세히 들여다보면 그 안에 상당한 신학적 의미가 담겨 있는 것을 발견할 수 있다. 사단의 저주가 가장 먼저 등장하고, 다음으로 여인과 남자 그리고 마지막으로 자연계로 저주가 확대되고 있는 모습을 기술하고 있다. 하나님의 창조 계획과 질서를 무너뜨린 장본인인 사단을 제일 먼저 저주했다는 사실은 사단으로 말미암아 무너진 창조 질서를 즉시 회복시키겠다는 하나님의 강한 의지의 표현이라고 할 수 있다. 인간과 피조물을 저주하기 전에 먼저 사단을 저주한 사건은 인간과 피조물의 타락이 전적으로 사단으로 말미암은 것임을 보여주기 위한 것이다.

원시 복음이 인간과 피조물이 저주를 받기 전에 등장한다는 사실 역시 상당한 신학적 의미를 지니고 있다. 하나님은 인간과 피조물을 저주하기 전에 구원의 소식을 먼저 선포하셨다. 하나님은 인간들이 지은 죄에 대한 대가를 요구하는 분이지만 그분의 궁극적인 관심이 인간을 저주하는데 있는 것이 아니라 인간을 구원하는데 있음을 보여주기 위한 것이라고 할 수 있다. 하나님은 자신의 성품상 죄를 지은 인간들을 벌하시지 않을 수 없지만 그들을 죄의 상태에 내버려두지 않고 회복시켜 구원에 이르도록 하는 것이 궁극적인 목적임을 드러내주고 있다. 이러한 신학적 의미를 드러내기 위해 창세기 저자가 원시 복음을 인간과 피조물의 저주 직전에 기록해 놓았을 가능성이 크다. 하나님이 궁극적인 계획은 인간과 피조물을 저주하는 것이 아니라 예수 그리스도를 통해 인간을 회복시켜 구원하는 것이다. 이러한 하나님의 분명한 의지가 이 땅에서 살아가는 모든 인간들과 피조물들에게 소망을 주는 것이고, 이것이 바로 복음인 것이다.

2. 노아 언약(Noachian Covenant) : 창 8:20—9:17

1) 노아

창세기 4장부터 11장은 죄에 오염된 인간들이 어떻게 살았는가를 보여주고 있다. 특별히 창세기 4장부터 6장에는 죄로 말미암아 타락한 인간이 얼마나 사악하고 악독한 일들을 도모할 수 있는 가를 구체적으로 그려주고 있다. 가인의 살인 행위로부터 시작하여 라멕의 잔학성에 이르기까지 죄에 오염된 인간들의 모습이 매우 상세하게 기록되어 있다. 창세기 6장 5절은 "사람의 죄악이 세상에 관영함과 그 마음의 생각의 모든 계획이 항상 악할 뿐"이었다고 기술하고 있다. 마침내 하나님께서는 인류의 죄를 징벌하기로 작정하시고 온 땅의 사람과 동물들을 지면에서 쓸어버리실 계획을 세우셨다. 이때 하나님의 징벌 계획에서 제외되어 구원을 받은 유일한 대상이 바로 노아와 그 가족들 이었다. 노아가 징벌에서 제외된 이유는 그가 "의인"이며 "완전한 자"였기 때문이라고 기록되어있다. 그런데 성경은 노아가 의인으로서 완전한 삶을 살아 갈 수 있었던 이유를 그가 "하나님께 은혜를 입었기" 때문이라고 기록하고 있다(창 6:8). 그렇다면 노아가 의인으로서 완전한 삶을 살아갈 수 있었던 배경에 하나님의 주권적 개입과 보호가 있었다는 것이다. 하나님은 노아의 삶 속에 개입하셔서 그가 의롭게 살 수 있도록 미리 능력을 공급해 주셨다는 말이 된다. 결국 노아가 지녔던 의로움의 근거가 노아 자신에게서 비롯된 것이 아니고 전적으로 하나님으로부터 말미암은 것이란 뜻이다. 노아의 의로움은 결국 하나님의 주권적 보호와 간섭의 열매라고 볼 수 있다. 여기서 우리는 한 인간의 의로움이 자기 자신의 능력과 공로로 말미암는 것이 아니라 오직 하나님의 신적인 개입과 그분의 공급하심으로만 가능하다는 사실을 발견케 된다.

2) 영원한 보존과 보호의 약속

홍수가 끝나고 노아는 하나님으로부터 특별한 약속을 받게 된다. "생육하고 번성하여 땅에 충만하라"는 축복과 약속을 받은 것이다. 창세기 8장과 9장에서만 "생육하고 번성하라"는 말씀이 세 번씩이나 기록되어 있다(8:17, 9:1, 9:7). 이 말씀은 우리가 이미 익히 알고 있는 말씀이다. 생육하고 번성하라는 명령은 창세기 1장 28절에 기록된 말씀으로 이미 아담에게 주었던 명령이기도 하다. 아담을 지으신 후 바로 그에게 준 명령이다. 하나님이 우리가 흔히 "문화명령"(cultural mandate)이라고 부르는 이 명령을 노아에게 다시 반복해서 주신 이유가 무엇일까? 아마 하나님은 아담이 성취하지 못한 문화명령을 노아와 그의 후손이 성취해 주기를 바라셨을 것이다. 인간들의 죄로 인하여 망가진 하나님의 본래의 창조 계획과 목적을 노아와 그의 후손들이 완성시켜줄 수 있기를 기대하셨던 것이 틀림없다. 하나님은 노아를 통하여 인류에게 두 번째 기회를 허락하신 것이다. 노아는 새로운 시대를 여는 장본인으로서 새로운 시대에 걸맞은 생육과 번성을 이루어 내야만 하는 사명과 축복을 동시에 받은 것이다.

인류의 생육과 번성을 위해서는 반드시 필요한 조건이 하나 있는데, 그것이 바로 자연계의 보전의 약속이다. 자연계가 유지 보존되지 않는다면 인간들이 생육하고 번성할 터전이 없어지기 때문에 노아에게 준 약속은 유명무실해질 수 밖에 없다. 따라서 하나님은 노아에게 생육과 번성을 명하시면서 동시에 자연계를 보호하고 보전해 주시겠다는 약속을 주신 것이다. 인류의 생육과 번성을 위해서는 자연과 우주는 반드시 보존되어야만 하는 것이다. 그래서 하나님이 친히 이 보존의 약속을 인간과 동물을 포함한 땅의 모든 짐승에게 주신 것이다(창 9:8-17). 이 언약은 임시적이거나 조건적이지 않고, 영원하고 무조건적인 약속으로서 하나님의 일방적인 언약일 뿐 아니라 하나님의 신실함을 근거로 하고 있는 언약이다. 하나님은 자신이 선포한 이 언약을 자기 자신이 얼마나 철저하게 지킬 것인가를 증명하기 위하여 무지개라는 도구까지 동원시키셨다. 무지개를 보면서 이 약속을 기억하겠다는 표현은 하나님 자신이 이 언약을 절대로 잊지 않고, 순간마다 약속을 기억하겠다는 강한 의지의 의인화된 표현이다. 그래서 하나님은 이 언약을 "영원한 언약"이라고 부르신 것이다(창 9:16).

3) 사랑과 자비의 언약

노아 이전에는 인간들이 지은 죄로 말미암아 자연계가 저주를 받고 홍수로 인하여 멸망당하였지만, 노아 이후의 시대는 인간의 죄로 인하여 자연계와 인간이 즉각적으로 저주를 받거나 멸망하는 일이 발생하지 않게 되었다. 하나님은 인간들이 짓는 죄에 대하여 즉각적인 반응을 하시지 않고, 그들을 즉시 멸망시키지도 않을 것이다. 그 이유는 "사람의 마음에 계획하는 바가 어려서부터 악하기 때문"이라고 하셨다(창 8:21). 하나님은 죄로 오염된 인간을 즉각적으로 징계하게 되면 이 땅에서 인류의 보전이 사실상 불가능하다는 사실을 누구보다 정확히 알고 계셨다. 모든 인간은 죄로 철저히 오염되어 있기 때문에 그들의 행위와 계획은 항상 악했고, 죄를 지을 수밖에 없는 존재라는 사실을 하나님은 정확히 파악하고 있었다. 따라서 하나님은 자신의 계획을 조금 수정하신 것이다. 인간들이 죄를 지을 때마다 바로 징벌을 내리면 이 땅 위에 남아 있을 인간들이 없기 때문에 비록 인간들이 악한 죄를 짓는다하더라도 그 죄에 대한 심판을 뒤로 미루시겠다는 것이다. 다시 말하자면 인간들이 지은 죄에 대한 심판을 현재가 아닌 미래, 즉 마지막 때로 미루시겠다는 의미다. 여기서 우리는 다시 한 번 하나님의 자비와 은혜를 발견하게 된다. 만일 하나님이 우리가 지은 죄대로 바로 심판을 하셨다면 우리 중 어느 누구도 이 땅에 살아서 존재할 수 없었을 것이다. 우리가 이 땅에서 지금 숨 쉬며 존재할 수 있는 이유는 우리의 죄를 보고도 참으시며 기다리시는 하나님의 무한한 자비와 인내 덕분이다. 그런 의미에서 노아 언약은 인간들이 지은 죄에 대하여 오래 참으시겠다는 하나님의 의지의 표현이고, 인간들이 지은 죄와 무관하게 하나님이 일방적으로 선포하신 사랑과 자비의 언약이라고 할 수 있다.

3. 아브라함 언약과 선교: 창 12:1-3

대부분의 구약 학자들은 아브라함 언약을 크게 세 주제로 나눈다. 아브라함 자손이 장차 얻게 될 땅에 관한 약속과 아브라함의 후손들이 번성하여 큰 민족으로 성장할 것, 그리고 아브라함이 모든 민족들의 복의 근원이 될 것 등 세 가지 약속이 아브라함에게 주어진 약속이다. 아브라함에게 주어진 이 세 가지 약속 가운데서 땅에 관한 약속은 여호수아를 통해 이루어졌으며, 큰 민족을 이룰 것이란 약속은 요셉을 통하여 이루어졌고, 땅의 모든 민족이 아브라함으로 인하여 복을 받을 것이란 약속은 아직도 끝나지 않은 진행 중인 약속이라고 할 수 있나. 내부분의 신학자들은 아브라함의 후손이 큰 민족을 이루어 가나안 땅을 차지할 수 있도록 섭리하신 하나님의 계획은 아브라함에게 주어진 마지막 약속을 이루기 위한 방편임을 지적한다. 여기서는 하나님이 아브라함의 후손을 큰 민족으로 성장시킨 이유와 복의 근원으로서 그들이 감당해야 할 선교적 사명만을 간단히 살펴보겠다.

1) 큰 민족

가나안 땅의 극심한 기근으로 인해 아브라함의 후손들이 이집트로 이주하면서부터 하나님이 아브라함에게 준 큰 민족을 이루리라는 약속이 본격적으로 이루어진다. 하나님의 초자연적인 개입으로 인해 매우 작은 씨족(clan)이었던 아브라함의 후손이 약 400년 만에 거대한 민족으로 성장한다. 학자들은 출애굽 당시 아브라함의 후손들이 대략 200만-250만 명 정도에 이른 것으로 추정한다. 이집트의 바로가 정치적인 위협을 느낄 정도로 큰 민족이 된 것이다. 그렇다면 하나님은 왜 그토록 작았던 씨족을 이처럼 방대한 민족으로 만드셨을까? 아브라함의 후손들이 생육과 번성의 축복을 몸소 받아 누린 것 자체도 의미가 있지만 여기에 하나님의 또 다른 목적이 숨겨져 있었음을 간과해서는 안 된다. 숨겨진 하나님의 또 다른 목적은 다름 아닌 이방나라들의 축복이었다. 하나님의 초자연적인 간섭으로 큰 민족으로 성장한 아브라함의 후손이 앞으로 감당해야 할 일이 바로 이웃 나라들에게 하나님의 복을 나누어주는 것이었다. 이러한 사실은 후일 이스라엘 백성들이 이집트로부터 탈출한 이후에 좀 더 분명하게 드러난다. 하나님께서 왜 이스라엘을 큰 민족으로 성장시키셨는가에 대한 보다 선명한 이유가 출애굽기 19장 6절에 기록되어 있다. 하나님의 계획은 그들을 "제사장 나라"로 만드는 것이었다. 이웃과 이방 나라들에게 하나님을 전하고, 하나님 앞에서 이방인들의 죄가 사해질 수 있도록 중재적인 역할을 감당케 하기 위함이었다. 이러한 내용은 출애굽기를 다룰 때 좀 더 상세하고 깊이 있게 살펴보겠다.

2) 복의 근원

헤드룬드(Roger E. Hedlund)는 본 구절들을 해석하면 이 구절들은 특수한 면과 보편적인 면을 동시에 포함하고 있다고 했다. 하나님이 한 특별한 인물, 즉 아브라함을 통하여 구원의 비밀을 풀어간다는 의미에서 특별하다고(particularistic) 부를 수 있고, 동시에 하나님의 구속사역이 모든 민족들을 포함하는 보편적인 사역이라는 의미에서 보편적이라고(universalistic) 부를 수 있다고 했다.[5] 몇몇 학자들은 아브라함 언약을 해석하면서 이방인들이 구원을 얻으려면 아브라함에게 와서 아브라함이 지닌 영적인 비밀을 깨달아야 한다는 의미에서 "구심적"(centripetal)이라는 표현을 사용하기도 하고, 아브라함이 지닌 구원의 비밀이 모든 종족들에게 퍼져나가야 한다는 의미에서 "원심적"(centrifugal)이라는 표현을 채용하기도 한다. 이러한 다양한 해석과 표현들은 결국 아브라함이 지니게 될 영적 비밀이 아브라함과 그의 가족들에게만 머물러 있는 것이 아니라 이웃과 이방 나라들을 향해 퍼져나가게 될 것을 암시해 주고 있는 것이라고 할 수 있다. 본문은 아브라함을 향해 너는 '복이 되어라'(복의 근원이 되어라)라고 선언하고 있

---

5   Roger E. Hedlund, *The Mission of the Church in the World* (Grand Rapids: Baker, 1991), 31.

다. 그가 복이 된다는 말은 아브라함 자신이 그 복을 받아 누린다는 일차적인 의미도 있지만, 동시에 타국인들이 그와의 접촉과 교제를 통해 그가 누렸던 동일한 축복을 함께 누릴 수 있다는 의미를 암시하고 있다. 성경은 아브라함이 하나님으로부터 큰 복을 받은 이유가 바로 그로 인하여 타 민족과 국가들이 축복을 받게 하기 위함이었음을 분명히 기록해 주고 있다(in order that you may be a blessing).

성경은 아브라함 언약의 궁극적인 목적이 "땅의 모든 민족이 너를(아브라함)인하여 복을 얻는 것"이라고 분명히 선언하고 있다(12:3). 이 구절에서 우리의 관심을 끄는 독특한 단어가 하나 등장하는데, 이 단어가 바로 "미슈프호트"(מִשְׁפְּחֹת)라는 단어다. 미슈프호트라는 단어는 주로 "민족들"이나 "가족들"을 지칭할 때 사용되는 단어다. 카이저 (Walter C. Kaiser Jr.)는 구약을 헬라어로 번역한 억본에는 이 단어가 "퓔라이"(φυλαί)로 번역되어 있는데, 대부분의 용례를 종합해 보면 이 단어는 "종족"(tribe)이라는 의미로 주로 사용되었다고 했다. 그는 또한 여호수아 7장 14절에서는 이 단어가 독특하게도 '가족'을 뜻하는 의미로 사용되었다고 했다.[6] 파이퍼(John Piper)역시 창세기 12장 3절에 기록된 "모든 가족들"(콜 미슈프호트)이라는 단어가 헬라어로 된 구약성경에서는 "모든 민족들"(πᾶσαι αἱ φυλαί)로 번역되었다고 하면서 구약에서 이 단어가 '부족들'이라는 의미로 가장 흔히 사용되기는 하지만 종종 부족보다 작은 단위인 씨족(clan)을 나타내기도 한다고 했다. 파이퍼는 미슈프호트의 용례를 여호수아 7장 14절에서 찾는데, 아간이 범죄 했을 때 제비 뽑는 과정에서 처음에는 부족이 결정되고 다음으로 가족(미슈파하)이 정해지고 마지막으로 가정(household)이 결정된 사실을 언급하였다.[7]

이러한 용례들을 참고해 볼 때 이 단어는 국가들을 지칭할 때와 작은 종족 집단들을 지칭 할 때 모두 사용될 수 있는 용어라고 할 수 있다. 그렇다면 아브라함의 축복이 국가나 민족을 넘어 매우 작은 종족 집단이나 가족들에게 까지 전달되

---

6   Walter C. Kaiser Jr. *Mission in the Old Testament: Israel as a Light to the Nations* (Grand Rapids: Baker books, 2001), 19.

7   John Piper. *Let the Nations be Glad!: The Supremacy of God in Missions* (Grand Rapids: Baker Books, 1993), 181-82.

어야 한다는 사실을 부인할 근거는 없어진 것이다.

카이저는 창세기에서 아브라함으로 인해 복을 받게 될 대상들을 기록하고 있는 구절들을 연구한 결과 그 축복의 범위가 '콜 고이'(콜 고이 כֹּל גּוֹיֵי)을 포함한다고 주장했다. 그는 구약의 '콜 고이'(창 18:18; 22:18; 26:4)가 헬라어로 기록된 신약 성경에서는 '모든 나라들'을 뜻하는 '판타 타 에드네'(πάντα τὰ ἔθνη)와 '모든 가족들'을 뜻하는 '파사이 하이 파트리아이'(πᾶσαι αἱ πατριαί)로 번역이 되어 있다고 했다.[8] 이와 같은 신구약의 용례들을 참고해 볼 때 아브라함이 받은 복은 아브라함과 그의 자손 안에서 머물러 있어서는 안 되고, '모든 나라들'과 종족이나 씨족 단위보다도 더 작은 '모든 가족들'(행 3:25)에게 까지 전달되어야만 하는 것이다. '너는 복의 근원이 될지어다'라는 선언과 '땅의 모든 족속이 너를 인하여 복을 얻을 것이다'라는 약속 속에 담긴 선교적 의미를 상기하며 아브라함의 후손인 우리들 또한 하나님께서 부여하신 선교적 사명을 다시 한 번 깨달아야 할 것이다.

4. 출애굽의 선교적 의미: 출 19:4-6

출애굽 사건은 다양한 신학적 의미를 지니고 있다. 어린양의 피의 능력으로 구원 받은 이스라엘 백성들에게 출애굽 사건은 영적인 구원을 상징하는 사건임에 틀림이 없다. 출애굽 사건은 구약에 등장하는 가장 중요한 구속사건이고, 온전히 하나님의 주권적 사역의 열매다. 출애굽 사건은 신약의 십자가 사건과 동등한 의미를 지닌 구속 사건으로서 신학적으로나 구속사적으로 매우 의미 있는 사건임을 부인할 수 없다. 하지만 출애굽 사건은 이러한 구속사적 의미 외에도 또 다른 중요한 의미를 포함하고 있다. 지금까지 대부분의 신학자들은 출애굽 사건

---

8 Walter C. Kaiser Jr. *Mission in the Old Testament: Israel as a Light to the Nations*, 19.

의 구속사적 의미에만 머물러 있었던 것이 사실이다. 다행히 최근에 적지 않은 신학자들이 출애굽 사건이 지닌 또 다른 의미인 '선교적 주제'에 대해 관심을 가지기 시작했다.[9] 출애굽 사건은 아브라함 후손들에게 존재적 변화를 가져 온 동시에 새로운 사명을 부여한 사건이기도 하다. 소위 구원 받은 백성들에게 새로운 책무가 부여된 사건이다. 하나님은 그의 백성을 구원하셨을 뿐만 아니라 구원 받은 백성들에게 새로운 사명도 부여하셨는데 그 사명이 바로 제사장으로서의 책무다.

1) 구속의 목적

하나님은 아브라함의 후손들을 애굽으로부터 구원해 내신 분이다. 그들의 구원은 전적으로 하나님의 주권적 계획과 능력으로 말미암은 것이다. 그래서 하나님은 자기 백성들을 향해 그들에 대한 소유권이 자신에게 있음을 선포하고 있는 것이다(19:4). 애굽으로부터 독수리 날개로 그들을 업어 구원한 장본인이 하나님 자신이기 때문에 그들에 대한 소유권이 하나님에게 있는 것은 매우 당연한 것이다. 출애굽을 통해 그들은 종의 신분에서 벗어나 완전한 자유인이 되었고, 이미 영원한 안식을 얻은 자들이다. 그들은 신분이 완전히 변했을 뿐 아니라 하나님께 속한 백성이 된 것이다. 그러나 그들을 향한 하나님의 계획은 한 단계 더 높은 곳에 있었다. 이제 이스라엘 백성들은 단순히 해방과 구원의 감격을 누리는 자리에서 벗어나 사명의 길로 나서야 한다. 자기 백성들로 하여금 사명의 길에 들어서게 하는 것이 그들을 구원하신 하나님이 원래부터 품고 있던 꿈이었기 때문이다.

9 　근세에 성경을 선교적 시각(mission perspective)으로 해석하기 시작한 학자들 가운데 매우 영향력 있었던 한 분이 바로 요하네스 블라우다. 네덜란드에서 "네덜란드 선교회"(Netherlands Missionary Council)의 총무로 봉사했던 그는 오랜 기간 동안 이스라엘의 선교적 사명에 대하여 관심을 갖고 성경을 깊이 연구해 온 학자다. 60년대 학자로서 그는 선교적 시각으로 성경을 해석하는데 심혈을 기울였다. 후일 그의 저서는 선교학을 연구하는 많은 학자들에게 영감을 주고 커다란 영향을 끼쳤다. cf. 신학자들과 선교학자들에게 Johannes Blauw의 저서인 "The Missionary Nature of the Church"를 꼭 한번 읽어 보기를 권한다.

하나님은 자기 백성을 구원하기도 하지만 구원 얻은 자들에게 걸맞는 사명도 주시는 분이다. 따라서 출애굽기 19장은 하나님이 자기 백성들을 모아놓고 앞으로 그들이 감당하게 될 사명과 역할이 어떤 것인가를 보여주는 일종의 '사명 선포식'과 같은 것이라고 할 수 있다.

2) 제사장 나라

이스라엘 백성들을 애굽에서 불러내신 하나님은 그의 백성들을 향해 "제사장 나라"(kingdom of priest)라고 부르신다. 카이저는 본문을 해석하면서 제사장 나라라는 표기보다 "왕들과 제사장들" 혹은 하나님께 대한 "왕 같은 제사장"으로 해석하는 것이 더 정확한 표기라고 했다.[10] 그는 이스라엘이 국가로 탄생된 초기부터 하나님으로부터 주어진 분명한 역할이 있었는데 그것이 바로 제사장적 직무라고 했다. 그의 모든 백성들은 하나님의 사역자가 되어야 할 뿐 아니라 하나님의 예언자로서 본국과 타국을 위해 일해야 하는 존재로 부름을 받은 것이다. 이스라엘은 하나님 나라를 위한 일꾼으로서 일정한 역할을 감당해야만 했는데, 다양한 역할들 가운데 가장 중요한 역할이 바로 제사장으로서의 역할이었다. 이스라엘은 한 나라로서 국가 전체가 타국과의 관계에 있어서 중재 역할을 감당해야만 하는 사명을 부여받은 것이다.

이스라엘은 하나님이 어떤 분인가를 자기 경험과 삶을 통해 증거하는 증거 공동체가 되어야만 했다. 하나님은 그들이 타국인들에게 하나님의 구원의 비밀을 전하고 가르치는 제사장적인 책무를 감당하는 공동체로 존재하기를 원하셨다. 구원의 비밀을 간직한 공동체로서의 그들의 기본적이고 필수적인 책무가 바로 그 비밀을 타국에 사는 이방인들에게 전해서 이방인들로 하여금 하나님의 구원에 동참할 수 있도록 만드는 것이다. 그들은 구원의 중재자로서 이방인들을 하나님께 데려와서 이방인들로 하여금 자기가 경험했던 구원을 맛보게 하고, 하나

---

10 Walter C. Kaiser Jr. *Mission in the Old Testament: Israel as a Light to the Nations*, 23.

님의 소유가 되어 하나님과 교제하며 거룩한 삶을 살도록 도와주는 역할을 감당해야만 했다. 이것이 곧 이방 나라들 가운데서 그들이 감당해야만 했던 제사장 역할이다. 하나님께서 이스라엘을 애굽으로부터 구원한 궁극적인 목적이 바로 이것 때문이었다. 이스라엘 백성들이 경험한 구원 그 자체도 값진 것이지만 그들에게 부여된 제사장적 역할을 감당하는 것 역시 매우 가치 있는 일이라고 할 수 있다. 구원을 받아 누리는데 그치지 않고 구원의 비밀과 방법을 타국인들과 함께 나누는 것이 그들의 사명이었듯이 우리 또한 구원의 감격에만 머물러 있지 말고 그 비밀을 이방 나라들에게 전하고 가르치는 선교적 사명을 잘 감당해야 할 것이다.

3) 거룩한 백성

카이저는 본문에 등장하는 "거룩한 백성"의 의미를 다음과 같이 설명한다. 그는 이스라엘에게 부여된 세 번째 역할은 그들이 거룩한 나라가 되는 것인데, 그 의미는 그들이 하나님의 것으로 온전히(wholly) 드려지는 것을 뜻한다고 했다. 그는 구약에 자주 등장하는 용어인 "거룩한"이란 말의 의미가 "하나님의 사용을 위해 온전히 구별되었다"는 뜻을 지니고 있다고 주장하면서 이스라엘이 그들의 삶과 봉사에 있어서 세상으로부터 온전히 분리되어야 한다고 주장했다.[11] 그들은 세상의 가치와 풍습을 따라 살아가는 자들이 아니라 하나님의 직접적인 통치를 통해 세상과 구별된 삶을 살아야 하는 백성이라는 뜻이다. 그렇다면 왜 하나님이 그들에게 세상으로부터 분리된 삶을 살 것을 요구하셨는가를 살펴볼 필요가 있다. 결론부터 말하자면 이스라엘이 부여받은 제사장 역할을 성공적으로 수행하기 위해서는 세상과 구별된 거룩한 삶이 뒷받침 되어야 했기 때문이다.

퀘스텐버거와 오브리엔은 하나님이 이스라엘 백성들을 향해 세상과 분리된 삶을 살 것을 요구한 이유는 그들로 하여금 타 민족들 가운데서 역할 모델(role

---

11   Walter C. Kaiser Jr. *Mission in the Old Testament: Israel as a Light to the Nations*, 23.

model) 이 되게 하기 위함이라고 했다.[12] 이 말은 이스라엘이 하나님의 통치를 받는 나라로서 하나님 통치의 증거를 이방인들에게 보여줌으로서 이방 나라들도 하나님의 통치에 관심을 같고, 나아가 하나님의 통치를 받는 나라가 될 수 있도록 해야 한다는 말이다. 이것을 위해 하나님이 이스라엘을 구별하여 세우신 것이다. 하나님의 계획은 하나님이 세운 역할 모델인 이스라엘을 보고 주변의 많은 이방인들이 하나님께 나와 구원을 얻고 그분을 경배케 하는 것이었다. 이스라엘이 거룩하게 구별된 삶을 살아야 하는 이유는 하나님의 통치를 받고 사는 백성들의 삶을 보고 이방인들이 하나님의 속성을 알아가야 할 뿐 아니라 하나님 통치의 온전함을 맛보고 궁극적으로 하나님의 백성이 되어야 하기 때문이다.

4) 이스라엘과 신약 교회의 관계

출애굽기 19장 4-6절의 내용이 순서만 약간 변형된 형태로 신약의 베드로전서 2장 9절에 다시 등장한다. 출애굽기에서는 '소유'가 된다는 단어가 제일 먼저 등장하는 데 반하여 베드로전서에는 '왕 같은 제사장'이란 단어가 제일 먼저 등장한다. 두 저자 사이에 약간의 강조점의 차이가 존재하기는 하지만 담고 있는 내용은 정확히 일치한다. 하지만 두 구절의 내용은 거의 정확히 일치할지라도 그 말씀을 받는 대상은 전혀 다르다. 출애굽기 19장은 시내 광야에서 모세의 입을 통하여 이스라엘 백성들에게 선포된 말씀이었고, 베드로전서 2장은 베드로의 편지를 통하여 근동 지방에 흩어져 신앙생활을 하던 성도들, 즉 신약 시대의 교회들에게 주어진 말씀이었다. 비록 말씀의 수신자들은 달랐지만 그 말씀의 내용은 정확히 일치된다. 여기서 한 가지 중요한 사실이 드러나는데, 선교 명령은 구약의 성도(교회)들에게나 신약의 성도(교회)들에게나 한가지로 동일하게 주어졌다는 점이다. 다시 말하자면 구약 이스라엘 백성들에게 주어졌던 선교적 책무가 조금도 변하지 않고 신약의 이스라엘인 성도들에게 그대로 주어졌다는 것이다.

---

12   Andreas J. Köstenberger and O'Brien, *Salvation to the Ends of the Earth*, 32-34.

출애굽기 19장 4절의 말씀처럼 베드로전서 2장 9절 말씀 역시 신약 시대의 성도들이 하나님의 '선택을 받은 백성'(chosen people)이라는 사실로부터 출발하고 있다. 베드로전서는 편지의 수신자들을 "하나님 아버지의 미리 아심을 따라 … 택하심을 입은 자들"(벧전 1:2)이라고 표현하고 있다. 이미 모두에게 익히 알려진 것처럼 이러한 표현은 구약의 택함 받은 이스라엘 백성들을 지칭할 때 사용된 표현이다. 신약의 성도들도 구약의 이스라엘 백성처럼 하나님의 특별한 계획과 간섭 하에 새롭게 태어난 존재들인 것이다. '하나님의 택하심'이라는 말 속에는 두 가지 의미가 담겨있다. 하나는 택함 받은 자들이 구원과 영생을 얻게 된다는 의미이고, 다른 하나는 택함 받은 자들이 감당해야 책무가 있다는 의미다. 택함의 양면성이라고 할 수 있다. 택함 받은 백성이라는 말 속에는 이미 구원 받은 백성으로서의 책무가 포함되어 있는 것이다.

그렇다면 신약 성도들의 책무가 무엇인가를 살펴보아야 한다. 베드로는 신약 성도들 선택한 이유가 "너희를 어두운 가운데서 불러내어 그의 기이한 빛에 들어가게 하신 자의 아름다운 덕을 선포케 하려 하심"이라고 했다. 본문에서 베드로는 하나님이 신약 성도들을 선택한 이유를 매우 간결하고 분명하게 기술하고 있다. 하나님이 어떤 분인가를 자신의 삶과 행동을 통하여 보여주는 것이 그들의 사명이요 책무인 것이다. 하나님을 자기 안에 모시고 가두어두는 것이 아니라 그분을 모르는 사람들에게 그분의 구원과 자비를 선포해야 한다는 것이다. 이것이 곧 전도요 선교인 것이다. 신약 성도들을 택하신 목적이 구약 성도들을 택하신 목적과 정확히 일치함을 발견할 수 있다. 이러한 선교적 책무를 수행하기 위하여 신약의 성도들은 '왕 같은 제사장'이 되어야만 한다. 그들이 제사장 역할을 건강하게 수행하기 위해서는 하나님의 '소유'가 되어 '거룩한 삶'을 살아내야만 한다. 거룩한 삶이 제사장들에게 필수적인 요소임을 모르는 사람은 아무도 없을 것이다. 거룩한 삶은 제사장직을 바르게 감당하기위한 보조적 기능을 지니고 있기도 하지만, 한편으로는 거룩한 삶 자체가 이방인들에게 상당한 메시지와 도전이 될 수 있다. '거룩한 삶'은 성도들의 상태나 '존재'(being 또는 presence)를 표현하는 말이기는 하지만, 거룩한 삶 자체가 '사역'(doing 또는 work)과 '선포'(proclamation)의 기능을 발휘할 수도 있음을 항상 염두에 둘 필요가 있다. 거룩한 삶이 곧 선포요 선교인 것이다.

5. 솔로몬의 기도와 선교: 왕상 8:41-43; 역하 6:32-33

1) 이방인을 위한 기도

솔로몬이 성전 건축을 완공하고 난 후 봉헌식에서 여호와의 단 앞에서 드린 기도 가운데 일부분이 많은 구약학자들 가운데 논란거리가 되었다. 솔로몬이 그 날 하나님 앞에 드린 기도의 내용을 보면 처음부터 끝까지 자기 백성(하나님의 백성)의 안위와 보호를 위한 내용으로 가득 차 있다. 문제는 이 긴 기도 가운데 갑자기 이방인을 위한 기도가 삽입되어 있는 것이다. 매우 짧은 기도지만 이방인들을 위한 기도가 갑자기 등장하는 바람에 학자들이 혼돈에 빠진 것이다. 혹자는 이 구절이 후대에 삽입된 것이라고 주장하기도 하지만 이러한 견해는 대부분 성경의 권위와 무오류성을 인정하지 않는 학자들의 입장이다. 후대 삽입설을 주장하는 학자들이 이렇게 생각하는 데는 나름대로 이유가 있다. 그들이 그렇게 해석하는 이유는 솔로몬의 긴 중보의 기도가 모두 이스라엘 백성들을 위한 것인데 반해 짧게 삽입된 이 부분만 이방인들을 위한 기도였기 때문이다. 그들은 후대의 편집자가 이방인들을 위한 기도를 살짝 끼워 넣었다고 생각한다. 그들은 이방인 선교 사상이 솔로몬보다 훨씬 후대에 등장했다고 믿는다. 이런 해석이 등장하는 이유는 그만큼 이 기도의 내용이 충격적이라는 뜻이다.

이성적이고 합리적인 눈으로 바라보면 이스라엘의 하나님께 성전을 봉헌하면서 부정한 이방인을 위해 기도를 드린다는 사실이 도저히 납득하기 힘든 일임에는 틀림없다. 그러나 하나님은 분명한 의도와 목적을 갖고 솔로몬을 성령으로 감동 시키셔서 이방인을 위한 기도를 드리게 한 것이다. 하나님은 그의 성전이 이스라엘 백성들만을 위한 예배 공간으로 남아 있기를 원치 않으셨다. 하나님은 자기의 집이 이방인들을 위한 예배 공간으로도 사용될 수 있기를 바라셨다. 하나님은 자기의 집이 "만민의 기도하는 집"이 되기를 바라셨다. 솔로몬의 기도는 장차 이방인들이 여호와의 성전에 들어와서 이스라엘 백성과 함께 하나님을 찬양하고 예배하게 될 날을 내다보고 드린 예언적 기도였다. 이 기도는 언젠가 이방인들이 하나님의 성전으로 모여들 것이고, 하나님이 그들의 간구와 기도를 들어주실 것을 확신하며 드린 기도였다. 솔로몬의 기도는 이스라엘과 이방인들이 하나님 앞에서 영적으로 동등한 자격과 권리를 지니고 있음을 간접적으로 드러내 주고 있다. 이스라엘이 부르짖을 때 그들의 기도를 들으시는 하나님이 이방인들이 부르짖을 때도 동일하게 응답하시기를 간구하고 있으며, 이스라엘의 예배를 받으시는 하나님이 이방인이 드리는 예배도 받아주실 것을 간구하고 있는 것이다. 이방인을 위한 솔로몬 기도의 핵심적인 내용은 이방인들이 주께 부르짖는 대로 응답해 주셔서 "땅의 만민"으로 하여금 주의 이름을 알게 하는 것이었다. 이스라엘 백성뿐만 아니라 "땅의 만민"에게 주의 이름이 선포되어 그들도 하나님의 백성과 동일하게 하나님을 경배하며, 그들의 기도가 하나님께 상달되어 이스라엘과 동일한 영적인 축복을 누리게 하는 것이 솔로몬이 기대하는 바였다. 사실, 이 기도가 솔로몬의 기도라기보다는 솔로몬의 입을 빌어 선포된 하나님의 소원과 계획이라고 보아도 무방할 것이다. 그런 의미에서 이 기도는 하나님의 기도요 하나님의 선포라고 할 수 있다. 나아가 미래에 이루어질 이방인 선교를 예언적으로 보여주는 '예언적 기도'라고 부를 수도 있을 것이다.

2) 선교 출정식

솔로몬이 성전을 완공하고 봉헌 예배를 드릴 시기는 이스라엘이 가장 안정되고 완벽한 국가의 형태를 갖추고 있을 때였다. 넓은 국가 영토와 막강한 군대, 지혜로운 왕과 경건한 백성 등 이스라엘 역사상 외형적으로나 내면적으로 가장 안정된 시기였다. 하나님이 아브라함에게 약속했던 그 땅을 얻었을 뿐만 아니라 약속대로 아브라함의 자손들이 큰 민족을 이루었다. 아브라함에게 주셨던 세 가지 언약 중 두 가지 언약은 모두 이루어진 셈이다. 이제 남은 약속은 아브라함의 후손인 이스라엘 백성들이 복의 근원이 되어 만민들에게 복을 나누어주는 것이다. 아브라함이 받아 누렸던 복, 즉 이스라엘 백성들이 받아 누렸던 복을 이제는 만민에게 나누어주는 제사장적 사명만 남은 것이다. 만민의 복의 근원으로서 이스라엘 백성들은 이웃과 이방인들에게 나가 아브라함의 복을 전하고 나누어야하는 선교적 사명을 실행에 옮겨야 하는 때가 온 것이다. 하나님의 완벽한 국가요 백성으로 준비된 이스라엘은 이제부터 본격적으로 그들의 제사장적 사명, 즉 이방인들을 위한 선교적 사명을 실행에 옮겨야 한다.

솔로몬의 성전 봉헌식은 마치 모든 훈련을 마친 군인들이 전쟁터로 나가기 직전의 출정식과 같은 것이다. 완벽한 훈련과 준비를 마친 이스라엘은 이제 하나님의 영적인 군사로서 영적인 전쟁터인 이방을 향해 진군해야만 하는 때를 맞이한 것이다. 온 인류의 구원을 계획하셨던 하나님이 아브라함을 부르시고 그를 복의 근원이 되게 하셨다. 그를 통한 만민 구원 계획은 이제 그의 후손인 이스라엘의 사명이 되어야만 한다. 이스라엘은 이제부터 이방의 빛이 되어 하나님이 누구인가를 드러내고 선포하는 선교적 사명을 감당해야 하는 것이다. 그래서 하나님은 솔로몬의 입을 통하여 이방인의 시대를 예언적으로 선포하신 것이다. 당시 이스라엘은 마치 선교 훈련을 갓 마친 선교 후보생과 같은 모습이었다. 훈련을 잘 마친 이스라엘은 이제부터 선교지로 나아가야만 한다. 이방에 가서 하나님이 누구신가를 선포하고, 가르치고, 그분의 뜻에 따라 살도록 격려해야만 한다. 완벽한 하나님의 영적인 군대로 거듭난 이스라엘은 이제부터 본격적으로 그들에게 주어진 선교적 사명을 완수해 나가야만 한다. 이런 의미에서 솔로몬 기도에 담긴 '이방인 주제'(gentile motive)는 매우 강한 선교적 의미를 지니고 있다고 할 수 있다.

6. 이사야서의 선교적 주제

1) 우주적인 신, 하나님

이사야서 기자는 이스라엘을 다스리는 하나님을 이스라엘의 하나님인 동시에 전 세계를 다스리시는 하나님으로 묘사하고 있다. 이사야서는 이스라엘의 하나님이 온 세상의 창조주요 심판자로서 온 우주를 다스리시는 분이라고 선포한다. 그분은 온 세상 역사의 주관자로서 모든 인류의 삶뿐만 아니라 모든 피조계를 직접 다스리시며 주관하시는 분이다. 모든 국가들의 운명과 왕들의 운명을 조정하고 결정하는 결정권이 그에게 있다(사 41: 45). 그분 앞에서 모든 국가는 '양동이의 물 한 방울' 같고, 세상에서 살아가는 모든 인간들은 '메뚜기' 같다. 하나님은 인간 세계뿐만 아니라 신들의 세계도 다스리시는 이시다. 하나님은 바벨론의 신인 "벨" 또는 "마르둑"을 심판하고, 바벨론 왕족의 신인 "느보"도 심판한다(사 46-48). 모든 신들은 그분 앞에서 없는 것이나 마찬가지다(사 40-48). 그분은 이방의 신들까지 다스리고 심판한다. 그분은 온 우주의 창조주요 모든 피조물의 주관자시다. 이사야의 주제를 한마디로 요약한다면 "하나님 외에 다른 신은 없다"(There is no God but Yahweh)라고 표현 할 수 있을 것이다. 참고로 케인(J. Herbert Kane)은 구약에 기록된 선교적 주제들을 다음과 같이 요약하였는데 그가 발견한 주제들은 이사야서가 보여주고 있는 관점과 매우 흡사하다. 첫째, 하나님은 온 우주를 창조하셨을 뿐만 아니라 그것들을 유지시키는 분이다. 둘째, 하나님은 온 우주의 지배자이시고 심판자다. 셋째, 하나님은 이방 국가들의 왕이시며 지배자다. 넷째, 하나님은 이스라엘의 아버지시며 구속자다.[13]

구약에 기록된 하나님의 통치가 피상적으로는 아브라함의 후손인 이스라엘에 한정된 것처럼 보이지만 하나님의 본 뜻은 이스라엘 통치를 통하여 하나님이

13　J. Herbert Kane, *Christian Missions in Biblical Perspective* (Grand Rapids: Baker Book, 1983), 18-25

어떤 분이신가를 드러내고, 그분의 성품- 공의, 사랑, 용서, 인내- 을 주변 국가들에게 보여주는 것이었다. 구약의 이스라엘은 이방 나라들에 앞서 하나님이 누구신가를 먼저 경험하고 배운 뒤 그 하나님을 이방인들에게 전하고 보여주는 도구로서 사용된 것이다. 언뜻 보기에 하나님이 구원의 방법과 비밀을 이스라엘 안에 감추어두신 것처럼 보이지만, 실은 그분은 그 구원의 비밀이 이스라엘에 머물러 있지 않고 온 세계로 널리 퍼져나가기를 원하시는 분이시다. 20세기에 들어오면서 이사야서를 연구하는 많은 학자들은 이사야서의 이러한 특징을 가리켜서 "원심적 보편주의"(centrifugal universalism)[14]이라고 부른다. 굳이 '원심적'이라는 단어를 삽입한 이유는 이스라엘이 경험한 하나님은 이스라엘 안에만 머물러 있거나 이스라엘 자손만을 위한 분이 아니라 자신의 이름과 영광이 온 세상에 퍼져나가기를 원하는 분이라는 사실을 강조하기 위한 것이다. 하나님은 단지 절차상 자기가 어떤 존재이며 자기가 베푸는 구원의 비밀이 어떤 것인가를 아브라함의 후손들에게 먼저 가르치시고 경험케 한 후, 그들로 하여금 이스라엘의 하나님을 만민에게 전파하여 이방인들로 하여금 하나님을 알고 그분께 영광을 돌리도록 계획하신 것이다. 이런 의미에서 이스라엘은 하나님이 사용하는 '대리인'(agent)이요 '중재자'(mediator)라고 할 수 있다.

이스라엘의 선택은 이방에 복을 나누어 주기 위한 방편이었다. 그들은 하나님의 중재자가 되어 자기들이 받았던 복을 이웃과 나눌 책무를 부여받은 자들이다. 문제는 그들이 지녔던 지나친 선민의식이었다. 그들은 많은 나라들 가운데서 빼내심을 받고, 특별한 율법과 규례들을 따라 살면서 하나님의 선민으로 훈련받고 단련되었다. 이방인들보다 거룩한 삶을 살았고, 선민으로서 절제하며 살았다. 선민으로서 그들은 어느 정도 성공적인 삶을 살았지만 그들의 선택과 훈련 속에 담긴 하나님의 속뜻을 헤아리는 데는 실패했다. 하나님의 소유가 되고, 하나님의 거룩한 백성으로 사는 데는 어느 정도 성공한 것처럼 보였으나(엄밀하게 말하자면 이 면에서도 실패했지만) 그들이 감당해야만 했던 영적 제사장 직무를 수행하는 데

---

14   Walter C. Kaiser Jr. *Mission in the Old Testament: Israel as a Light to the Nations*, 55.

는 실패하고 말았다. 선택이 '우상'(idol)이 되었기 때문이다. 그들은 구원의 기쁨에 머물러 있었다. 하나님의 선민이라는 사실 자체로 만족했고, 이방인들을 비천한 존재로 여겼다. 그들은 선택 받은 것에만 만족했지 선택의 목적과 책무는 유기했다. 선택 자체도 중요한 의미를 지니고 있는 것이 사실이지만 선택의 궁극적인 목적인 나눔의 정신이 결여되거나 생략되어서는 안 된다는 점을 간과한 것이다. 선택은 나눔을 통해서 완성되는 것이다.

2) 하나님의 종

이사야서 40-53장에는 "종"(servant)이라는 단어가 모두 20번 등장하는데, 그것들은 예외 없이 단수로만 표기되어 있다. 반면 이사야서 54-66장에서는 이 단어가 예외 없이 모두 복수로 등장한다. 40-53장에 기록된 20번 가운데 12번은 이스라엘을 총칭하는 의미로 사용되고 있지만, "이사야의 종의 노래"라고 불리는 네 곳에서는 한 개인을 지칭하는 의미로 사용되었다.[15] 카이저는 이스라엘을 지칭하는 곳과 개인을 지칭하는 곳을 비교 연구하며 매우 흥미로운 사실을 발견했다. 종이라는 단어가 이스라엘을 칭하든 한 개인을 칭하든 그 단어를 수식하는 표현이 정확히 일치하는 것은 매우 흥미 있는 일이다. "나의 택한 종", "나의 종", "이방의 빛", "(어미의) 태에서부터 부르심을 받았다", "너를 지명하여 불렀다" 등의 표현이 이스라엘뿐만 아니라 한 개인을 지칭할 때도 동일하게 사용되고 있다.[16]

이러한 동일한 수식어는 둘의 역할과 사명이 무엇인가를 암시해주고 있을 뿐 아니라 그 둘의 역할과 사명이 정확히 일치함을 보여는 주는 것이라고 해석할 수 있다. 한 가지 분명한 점은 하나님이 이 둘을 미리 택하셨다는 것이고, 자기의 일을 위하여 종으로 삼았다는 것이다. 그 둘은 하나님이 미리 계획한 일들을 수행하도록 선택되어 탄생한 존재라는 공통점을 지니고 있다. 그들은 하나님의 목적

---

15   Kaiser, *Mission in the Old Testament*, 56-57.

16   Kaiser, *Mission in the Old Testament*, 57.

을 위해 지음 받은 존재들이란 뜻이다. 하나님의 준비된 계획을 수종드는 종으로 지음을 받은 것이다. 이스라엘도 모든 민족들의 구원을 위하여 지음을 받은 종이고, 예수 그리스도도 모든 민족의 구원을 위하여 준비된 종이다. 그 둘은 공히 세상 모든 민족을 구원하시려는 하나님의 계획을 수종들기 위해 탄생했고, 그분의 종이 되어 자기들의 뜻이 아닌 하나님의 뜻에 따라 철저히 순종적인 삶을 살아야 하는 존재들이었다. 이방인 선교를 위해 자기를 부인하고 온전히 순종적인 삶을 살아야 할 책무가 그 둘에게 주어졌던 것이다.

3) 불순종의 종과 순종의 종

두 종 가운데 한 종은 철저히 순종적인 삶을 살아낸 반면, 또 다른 종은 순종적인 삶을 사는데 실패하고 만다. 메시아로 오실 예수는 철저히 순종적인 삶을 살아내는데 성공했지만 아브라함의 후손인 이스라엘은 하나님의 뜻을 따라 사는데 실패하고 말았다. 그래서 이사야서는 철저한 순종적 삶을 사는 메시아의 모습과 철저히 불순종의 삶을 사는 이스라엘의 모습을 강하게 대조시키며 그 두 종을 대조적으로 기술하고 있다. 미래에 오실 메시아는 "곤욕을 당하여 괴로울 때에도 그의 입을 열지 않았고, 마치 도수장으로 끌려가는 어린양과 털 깍는 자 앞에서 잠잠한 양 같이 입을 열지 않았다"(사 53:7). 그 종은 하나님이 미리 계획한 길을 따라 순종의 길을 갔다. 고난과 죽음의 두려움 앞에서도 굴하지 않고 그는 끝까지 순종적인 삶을 살았다. 하지만 또 다른 종은 "제 길로 갔다." "증인"으로 선택된 민족이 증인의 역할을 감당하지 못하고 자기가 원하는 길로 가버린 것이다. 좀 더 정확히 표현하자면 증인이 되기를 거부한 것이다. 그들은 자기의 삶을 통해서 하나님의 의와 공의를 드러내 보여주는 데도 실패했고, 증인으로서의 역할도 바르게 감당하지도 못했다. 열방들은 모여 있고 이방 민족들은 회집하였는데 그들에게 가서 하나님이 어떤 분인가를 증언해야 할 증인이 나타나지 않는 것이다. 이스라엘의 불순종으로 말미암아 그들을 "이방의 빛"으로 삼아 하나님의 구원을 베풀어서 땅 끝까지 이르게 하려는 하나님의 계획이 이루어지지 못한 것이다. 그러나 하나님께서는 포기하지 않고 다른 종 곧 순종의 종을 보내 자신의 구속 계획을 지속해 가신다. 모든 민족을 구원하시려는 하나님의 계획은 철저한 순종의 종인 예수 그리스도와 그의 제자들을 통해서 지금도 지속되고 있다.

4) 이방의 빛 이스라엘

이스라엘은 세상의 빛이 되기 위하여 빚어진 존재였다.(사 49:6) 그들은 이방에 하나님의 빛을 비추는 반사경이 되어 하나님이 어떤 분인가를 드러내고, 하나님의 구원의 소식을 전달하는 도구로 지음을 받았다. 이스라엘을 이방의 빛으로 세우기 위하여 여호와께서 이스라엘을 태에서부터 부르셨고, 어머니의 복중에서부터 그 이름을 기억하셨다(사 49:1). 이 구절은 이스라엘이 탄생될 때부터 하나님의 간섭이 있었을 뿐 아니라 일정한 목적을 지니고 태어났음을 보여주고 있다. 이 목적을 이루기 위하여 하나님은 그들의 "입을 날카로운 칼 같이" 만드셨고, "갈고 닦은 화살"로 만드셨다. 그들은 하나님의 종이 되어 하나님의 영광을 이방인들에게 보여주는 증인의 역할을 감당하도록 훈련을 받은 것이다. 하나님은 율법과 규례들을 사용하셔서 그들을 훈련시키셨다. 하나님은 그 훈련의 목적이 그들을 "이방의 빛"으로 삼아 구원의 소식을 땅 끝까지 전파하게 하는 것이라고 분명히 밝히고 있다(49:6).

문제는 이방의 빛으로 세움을 받은 이스라엘이 자기에게 주어진 사명을 제대로 감당하지 못한데서 비롯된다. 그들은 하나님의 율법과 규례들을 잘 지키며 하나님이 원하는 의로운 삶을 살아야만 감당할 수 있는 '증인의 삶'을 살아가는데 실패했고, 그들은 결국 바벨론으로 유배를 당하게 된다. 하나님과의 언약을 지키지 못한 대가였다. 하나님과의 언약을 철저히 잘 지켜야 가능했던 제사장 역할을 감당할 수 있는 준비가 덜 된 것이다. 시내 광야에서 하나님과 이스라엘 백성들이 맺은 약속의 핵심은 그들이 하나님의 말을 잘 듣고 하나님이 세운 언약을 지키는 것 이었다(출 19:5). 하지만 이스라엘은 이 언약을 지키는데 실패했고 응당한 징계를 받게 된 것이다. 결국 하나님이 세우신 본래의 계획은 실패로 돌아갔고 하나님은 또 다른 계획을 준비하신다. 이스라엘을 동원하여 모든 민족들을 구원하시려는 본래의 계획이 수포로 돌아가자 하나님은 자신의 계획을 수정하여 이스라엘 백성 중 "남은 자"(remnant)들을 통하여 이방인들을 구원하시기로 결정하셨다(사 49:8-26; 66:19-22).

이스라엘 백성들의 불순종으로 인하여 그들을 '이방의 빛'으로 세우려던 하나님의 계획이 사라지는 것처럼 보였지만 하나님은 이스라엘의 남은 자들을 동원하여 자기의 구속 계획을 지속적으로 이루어 가신다. 하나님은 남은 자들을 못 나라들로부터 "말과 수레와 교자와 노새와 낙타에 태워 올 것이다"(사 66:20). 하나님은 돌아온 자들 가운데서 택하여 제사장과 레위인을 삼아 이스라엘을 회복시키셔서 그들로 하여금 이방의 빛으로서의 역할을 감당케 하실 것이다. 비록 이스라엘을 '제사장 나라'로 사용하시려는 하나님의 계획이 수포로 돌아가기는 했지만 하나님은 그들 가운데서 남은 자들을 사용하셔서 온 세상을 구원할 계획을 차질 없이 진행해 가신다.

5) 이방의 빛 예수

이사야 42장은 미래에 오실 메시아의 역할을 묘사하며 "공의"[17]를 베푸는 것과 "이방의 빛"이 되는 것이라고 기록하고 있다. 오실 메시아의 역할을 이방의 빛이라고 묘사한 이사야의 의도는 오실 메시아의 역할이 과거에 하나님이 이스라엘에게 맡겼던 역할과 동일한 것임을 드러내기 위한 것이라고 볼 수 있다. 오실 메시아의 역할과 이스라엘의 역할이 이처럼 중복되는 이유는 이미 앞에서 언

---

17 Köstenberger and O'Brien, *Salvation to the Ends of the Earth*, 46.
cf. Kaiser, *Mission in the Old Testament*, 59-60.
cf. "공의"의 의미에 대해서 보다 상세한 해석은 kostenberger와 O'Brien의 의견과 Kaiser의 의견을 참고하기 바란다. Kaiser는 이 곳에 등장하는 공의의 의미가 긍정적인 면을 지닌 것인지 아니면 부정적인 면을 지닌 것인지 분명치 않다고 했고, Kostenberger와 O'Brien은 이 단어가 등장하는 문맥으로 보아 법정적인 의미를 지닌 것이라고 설명했다.

급된 것처럼 이스라엘이 이방의 빛으로서의 역할을 제대로 감당하지 못했기 때문에 그 역할을 이제는 오실 메시야가 담당하게 될 것이기 때문이다. 이스라엘이 실패한 사역을 오실 메시야가 이어 받아 그 사역을 완성시킬 것이란 의미로 해석할 수 있다. "이방의 빛"으로 오실 메시야가 모든 민족과 나라들에게 생명의 기쁜 소식을 전하는 선교 사역의 주인공 일 뿐 아니라 그 일을 성공적으로 성취할 분임을 예언적으로 묘사한 것이다. 그래서 시므온이 갓 태어난 예수를 안고 하나님을 찬송하여 이르기를 "이는 만민 앞에 예비한 것이요, 이방을 비추는 빛"이라고 한 것이다(눅 2:32). 시므온은 예수가 "만민"을 위해 탄생했으며, 그가 장차 이방 나라들의 구원을 위해 자기의 사역을 펼쳐나게 될 것을 예언적으로 선포한 것이다.

사도 요한 역시 예수를 가리켜 "사람들의 빛"이라고 표현하고 있다(요 1:4). 요한은 예수를 "참 빛"으로 세상에 와서 "각 사람에게 비추는 빛"이라고 기술하고 있다. 예수는 이스라엘의 빛일 뿐만 아니라 세상에 사는 각 사람 즉, 이 땅의 모든 민족들의 빛인 것이다. 아브라함의 언약에 따라 약속의 메시아가 자기 백성을 먼저 찾아 왔으나 자기 백성은 그 메시아를 영접하지 않았다. 그 결과 구원의 은총이 "영접하는 자" 곧 메시아를 영접하는 모든 이방인들에게 미치게 된 것이다. 문맥을 보아 "영접하는 자"는 자기 백성 곧 아브라함의 육체적 자손인 이스라엘이 아니라 이방인들을 지칭 한다고 보는 것이 옳다. 그래서 사도 요한은 "영접하는 자들"을 가리켜서 "혈통으로나 육정으로나 사람의 뜻으로 나지 아니하고 오직 하나님께로부터 난 자들"이라고 부르고 있다(요 1:12-13). 여기서 요한이 비록 예수 그리스도를 가리켜 "이방의 빛"이라고 부르지 않고 "참 빛"으로 부르고 있기는 하지만 요한은 그분의 역할이 이방인들을 구원하는 것이라는 사실을 적절히 암시하고 있다고 볼 수 있다.

바울과 바나바 역시 자기를 가리켜 "이방의 빛"이라고 칭하고 있다. 안디옥에서 바울과 바나바가 유대인의 회당에서 복음을 전하며 자기들의 직무를 설명하기를 하나님이 그들을 "이방의 빛"으로 삼고 "땅 끝까지 구원"을 베풀도록 선택한 것이라고 했다(행 13:47).

이와 같은 자료들을 분석해 볼 때 오실 메시아에게 부여된 매우 중요한 직무 가운데 하나가 바로 "이방의 빛"이 되는 것이었다고 할 수 있다. 예수는 메시아로서 스스로 빛이 되셨을 뿐 아니라 그 빛을 만방에 전하고 알리는 빛의 전달자로서의 사명을 완수하신 분이다. 비록 예수 자신은 온 세상에 다니며 복음을 전하지는 못했지만, 그는 자기의 사랑하는 제자들을 훈련시켜 세계 복음화의 비전을 실천하신 분이다. 예수는 십자가를 지셔야 했기 때문에 스스로 제한된 범위에서 활동을 하셨지만 그의 제자들이 예수를 대신하여 "이방의 빛"으로서 땅 끝까지 이르러 복음을 전했다. 아브라함 언약에 기록된 "땅의 모든 족속이 너로 말미암아 복을 얻을 것"이라는 약속이 새 언약의 주인이요 이 땅에 빛으로 오신 예수 그리스도로 말미암아 완성된 것이다.

6) 이사야서의 이방인 주제(gentile motive)

(1) 만민의 기도하는 집

앞에서 언급한 주제들 외에도 이사야서에는 매우 다양한 흥미 있는 선교적 주제들이 여러 곳에 기록되어 있다. 다양한 기록들 가운데 우리에게 가장 잘 알려진 구절이 바로 이사야 56장 6-7절 말씀일 것이다. 하나님은 이사야의 입을 빌어 여호와를 사랑하고, 여호와의 종이 되며, 안식일을 지키며, 여호와의 언약을 지키는 이방인들을 주의 성전으로 인도하여 그들을 기쁘게 하시겠다고 예언하셨다(사 56:6-7). 하나님은 이방인들의 번제를 받으실 것이고 그들의 기도 또한 받으실 것이다. 하나님의 성전은 마침내 "만민"의 기도하는 집이라고 일컬음을 받게 될 것이다. 아브라함의 후손인 이스라엘 백성의 제사와 예배를 받기 위해 건축된 성전이 이제부터는 모든 이방인들에게 개방되어 누구나 와서 제물을 드리고 예배할 수 있는 공간으로 변하게 될 것이다. 이 예언은 솔로몬이 성전 완공 시 드렸던 기도와 정확히 일치하는 내용이다. 이방인들이 여호와의 성전에 와서 기도하며 간구할 때 그들의 기도도 들어주시기를 간구했던 솔로몬의 기도가 고스란히 반복되고 있는 것이다. 솔로몬의 입을 통하여 선포되었던 기도의 내용이 이사야의 글을 통하여 동일하게 반복되어 등장했다는 사실은 이미 하나님이 솔로몬 성전 완공 때부터 지니고 있던 이방인 구속 계획이 장래에 확실히 실행될 것임을 강조하고 있는 것이라고 할 수 있다.

⑵ 애굽과 앗수르의 구원

이사야는 그 날에 애굽 땅에 여호와를 가리켜 맹세하는 성읍들이 등장할 것과 애굽의 중앙에 여호와를 위한 제단이 세워질 것을 예언하고 있다. 그 날에 애굽 백성들이 자기를 압제하고 착취하는 자들로 말미암아 여호와의 구원하심을 기대하며 여호와께 나와 부르짖는 일이 벌어질 것이고 여호와는 즉각 그들의 구원자를 파송하게 될 것이다. 이사야는 애굽 백성들이 여호와를 알고 그에게 제물과 예물을 드려 경배하는 날이 이를 것이라고 전하고 있는 것이다(사 19:18-22). 하나님은 이사야의 입을 빌어 하나님의 백성 이스라엘의 원수로서 늘 이스라엘을 괴롭히고, 이스라엘을 유혹하여 죄에 빠뜨리는 역할만 했던 애굽이 그 날에는 하나님 앞에 회개하고 돌아와 하나님을 경배한다는 놀라운 비밀을 선포하고 있는 것이다. 이스라엘 백성들이 쉽게 받아들이기 힘든 아니 감히 상상할 수도 없고 엄청난 일들이 그 날에 벌어질 것이란 사실이 예언적으로 선포된 것이다. 하나님은 그 날 곧 주님이 오시는 날 이러한 엄청난 일들을 수행하실 것이다. 그리스도로 말미암는 구원의 은총이 민족과 국경과 인종을 뛰어넘어 전 세계로 땅 끝까지 뻗어나갈 것임을 미리 예언하고 있는 것이다.

그 날에는 애굽뿐만 아니라 이스라엘의 원수인 앗수르까지도 구원의 은총을 맛보게 된다. 앗수르가 애굽과의 영적인 교류를 통하여 여호와를 알게 되고 그분을 경외하며 경배케 될 것이다. 이스라엘 백성들은 이스라엘의 육적인 원수요 동시에 영적인 원수인 앗수르의 회개와 경배라는 엄청난 변화를 받아들이기 힘들었을 것이다. 이스라엘 백성들에게는 상상하기조차 싫은 엄청난 영적인 변화가 이방인들 사이에서 발생하게 되는 것이다. 더욱 놀라운 사실은 앗수르가 애굽과 더불어 세계 여러 나라들 가운데서 복의 근원이 된다는 점이다(사 19:24). 이방인들이 아브라함의 복을 나누어 누리는 것만으로도 놀라운 변화인데 하물며 이방인들이 복의 근원이 된다는 사실은 매우 충격적인 사실이 아닐 수 없다. 심지어 하나님은 애굽과 앗수르를 내 손으로 지은 "내 백성"이라고 부르기까지 했다. 그 날에는 애굽과 앗수르가 하나님의 기업이었던 이스라엘과 영적으로 동등한 자격과 권리를 누리게 된다. 하나님은 이사야의 입을 빌어 이와 같은 엄청난 영적 변화를 미리 예언하신 분일 뿐 아니라 그 약속을 성취하신 분이다. 하나님의 구속 계획은 원래부터 이스라엘에 국한된 계획이 아니라 전 세계에 흩어져 사는 모든 이방 국가들과 민족들을 포함하는 우주적인(universal) 것이었다.

7. 시편과 선교

적지 않은 학자들이 시편에 삽입된 선교적인 주제들을 놓고 다양한 의견들을 내 놓았다. 다양한 학자들 가운데 시편에 기록된 선교적인 주제들을 가장 강력하게 지지하는 학자는 조지 피터스(George W. Peters)다. 피터스는 "실로, 시편은 세상에서 가장 위대한 선교적인 책들 가운데 하나다. 대부분은 그런 시각으로 시편을 바라보지 않을 지라도"라고 말했다.[18] 그는 시편에 등장하는 상당히 많은 구절들이 선교적 주제와 직접 관련되어 있다고 주장했다. 그는 시편을 연구하면서 시편에는 열방과 연관된 '우주적인 기록'(universal note)이 175군데 이상에 기록되어 있는 사실을 발견하였다. 그는 시편에 등장하는 상당수의 찬양들이 탁월한 '선교적 설교'(missionary preaching)라고 했다.[19] 심지어 그는 시편에 등장하는 모든 시들을 선교적 메시지와 도전을 담고 있는 "선교적 시"(missionary psalm)라고 부를 수도 있다고까지 말했다.[20] 퀘스텐버거와 오브리엔은 시편이 구약에 등장하는 하나님의 구속에 관한 다양한 주제들을 캡슐 속에 잘 모아놓은 것과 비슷하다

---

18   George Peters, *A Biblical Theology of Mission* (Chiago: Moody, 1972), 116.

19   Peters, *A Biblical Theology of Mission*, 115-16.

20   Peters, *A Biblical Theology of Mission*, 116.

고 했다. 그들은 시편에 등장하는 "열방"이라는 단어에 깊은 관심을 가지고 있는데, 하나님의 구속 계획에 있어서 열방이라는 단어가 차지하는 비중이 매우 크다는 사실을 강조했다.[21]

1) 우주적 구원관

시편이 지니고 있는 "우주적 사상"(universalism)을 가장 잘 드러내주고 있는 시가 아마 시편 67편 일 것이다. 이 시편에 등장하는 '우주적 기술'(universal description)만 해도 대략 여덟 군데가 넘는다. "모든 나라", "모든 민족", "땅 위의 나라", "땅의 모든 끝" 등과 같은 우주적인 표현이 거의 한절도 빠짐없이 등장한다. 모든 민족들과 열방들을 향한 하나님의 우주적인 관심을 잘 드러내 주고 있는 시라고 할 수 있다. 이미 잘 알려진 것처럼 대부분의 시편은 유대인들이 하나님께 예배드릴 때 일상적으로 사용되었기 때문에 유대인들에게 시편의 내용은 매우 익숙했을 가능성이 크다. 이것이 사실이라면 대부분의 유대인들은 시편 낭송과 암기를 통하여 하나님이 지니고 있던 우주적인 구원관을 어느 정도 이해하고 있었을 가능성이 크다고 볼 수 있다. 구약의 하나님은 이렇게 다양한 선교적 시들을 동원하면서까지 자기 백성들에게 당신의 우주적 구원관을 일상적으로 가르쳐 주셨다. 하나님은 자신이 지니고 있던 열방 선교의 비전을 시편 기자들의 입을 빌어 지속적으로 이스라엘 백성들에게 주지시켜 오신 것이다.

2) 우주적인 시편(universal psalms)

시편에는 다양한 우주적인 시들이 등장한다. 그런 시들 가운데서 우리에게 특별히 탁월한 선교적 도전과 가르침을 주는 시들을 뽑아 간단히 살펴보겠다.

---

21   Köstenberger and O'Brien, *Salvation to the Ends of the Earth*, 50.

(1) 온 우주의 주인이신 하나님 (시편 33)

이 시는 하나님의 우주적 통치와 자비를 담고 있는 시다. 창조주로서 하늘과 만상을 지으신 여호와를 찬양할 뿐 아니라 만물들을 다스리고 계신 하나님을 찬양하고 있다. 4-9절은 한마디로 하나님의 보편 계시를 다루고 있다고 할 수 있다. 10-17절은 하나님이 모든 민족들의 정치와 사상을 다스리는 분으로 묘사되어 있다. 여호와가 세상 모든 거민들을 굽어 살피시며 그들의 삶과 생각까지도 지배하고 있는 분임을 선포하고 있다. 그분은 인간의 마음을 지으시기도 하고 (15), 전쟁의 승패를 좌우하기도 한다(16-17). 헤드룬드는 이 시편에 등장하는 선교적 주제를 다음과 같이 세 가지로 요약하였다. 첫째, 이 시에는 선교의 궁극적인 목적인 하나님의 영광이 잘 드러난다는 점을 지적했다(1-3). 그는 이 구절을 해석하며 선교의 처음과 마지막이 하나님의 영광을 드러내는 것임을 분명히 했다.[22] 이러한 사상은 후일 파이퍼에게 큰 영향을 끼친 것 같다. 둘째, 그는 이 시에서 하나님의 '일반계시'(general revelation)를 발견할 수 있다고 했다. 그는 일반인들도 여호와의 피조물들을 보며 여호와가 온 세상의 창조주임을 발견할 수 있다고 했다. 셋째, 그는 이 시가 이방 나라들 가운데서도 역사하고 있는 여호와를 묘사해 주고 있다고 했다.[23] 이와 같이 시편 33편은 우주의 창조주요 통치자인 여호와를 잘 드러내 주고 있다.

(2) 열방의 구원과 찬송 (시편 67, 98, 117)

앞에서 이미 언급한 것처럼 시편 67편은 여러 시편들 가운데서도 특별히 열방과 민족들에 대한 관심과 기술이 두드러진다.[24] 시편 67편은 민수기 6장

---

22   선교의 궁극적인 목적이 '하나님의 영광'이라는 주제는 존 파이퍼가 그의 책에서 매우 비중 있게 다루는 주제다. cf. Piper, *Let the Nations be Glad: the Supremacy of God in Mission* (Grand Rapids: Baker, 1993)

23   Hedlund, *The Mission of the Church in the World*, 83-84.

24   Hedlund, *The Mission of the Church*, 87. 시편 67편 외에도 열방에 관한 언급은 시편의 다양한 구절들에서 발견되는데 특별히 시편 18:49, 22:27, 47:7-9, 86:9 등에 기록된 열방에 관한 언급이 두드러진다.

24-25절에 등장하는 아론의 축복을 기초로 쓴 시다.[25] 이 시의 초반은 이스라엘 백성들을 위한 하나님의 은혜와 복을 간구하는 내용으로 출발하지만, 이 시의 끝은 이스라엘이 받은 복으로 말미암아 땅 끝이 하나님을 경외하게 될 것이라는 매우 강한 선교적 메시지를 담고 있다. 이 시를 지은 기자는 "주의 도"와 "주의 구원"이 모든 나라에 알려지기를 간절히 원하고 있다. 이러한 표현은 마치 땅 끝까지 복음이 전파되기를 간절히 원하셨던 예수 그리스도의 마음을 보는 것 같은 느낌을 준다. 2-5절에는 주의 도와 구원을 모든 민족에게 전파하는 목적, 즉 선교의 목적이 무엇인가를 반복적으로 기술하고 있다. 저자는 선교의 궁극적인 목적이 "주를 찬송하는 것"임을 계속해서 강조하고 있다. "모든 민족들이 주를 찬송하게 하소서"라는 간절한 소망이 무려 네 번이나 반복되고 있는 것을 보면, 주의 도와 구원을 전파하는 목적이 여호와를 찬송하는 것임을 저자가 정확히 파악하고 있었던 것 같다. 동일한 내용이 시편 98편과 117편에도 기록되어 있는데 이러한 선교적 시들은 선교의 궁극적인 목적이 모든 나라들로 하여금 여호와를 찬송하고 경배하게 만드는 것임을 다시 한 번 깨닫게 된다.

(3) **이방의 구원** (시편 68, 72, 87)

시편에는 종종 이방인들의 구원에 관한 예언적 기술들이 등장한다. 그 중에서도 시편 68편과 87편은 이러한 주제를 매우 선명하게 표현해 주고 있다. 시편 87편은 이스라엘의 전통적인 적대국이요 사단의 지배를 받는 왕국으로 대표되는 몇몇 나라의 회심에 관한 기록이 등장한다. 구약 성경에서 늘 이스라엘을 괴롭히며, 하나님께 대하여 항상 적대적인 나라로 묘사된 바빌론, 블레셋, 두로, 구스 등이 회개하고 시온의 백성이 되는 놀라운 사실이 바로 이 시편에 기록되어 있다. 이 시의 저자는 미래의 일어날 일, 즉 이방인들의 회개와 구원을 미리 보고 그 사실을 예언적으로 기술해 주고 있는 것이다. 시편 68편에서는 애굽과 구스인들이 하나님께 나와 찬양하는 모습이 기록되어 있는데, 이는 그들이 하나님

---

25   Hedlund, *The Mission of the Church*, 84.

의 성전에서 살아계신 하나님을 경배하는 모습이다. 심지어 "이방의 왕들"이 주의 전에서 하나님께 예물을 드리게 될 것을 예언적으로 기술해 놓기도 했다(29). 시편 72편에는 이방 왕들이 여호와께 조공과 예물을 드리게 될 것을 예언적으로 묘사해 주고 있다. 다시스, 스바, 시바, 모든 작은 섬 등을 다스리는 왕들이 여호와 앞에 부복하고 그분을 경배하며 섬기게 될 것을 미리 보여주고 있다.

이와 같이 적지 않은 시편들이 이방인들의 회개와 구원에 대하여 기술하고 있으며, 이방인들이 하나님의 전에서 여호와께 예물을 드리고 여호와를 찬양하는 모습을 예언적으로 그려주고 있다. 하나님은 다양한 시편 저자들을 통하여 하나님이 미래에 이루실 놀라운 선교적 비전을 미리 보여주신 것이다. 그 날이 오면 모든 이방 나라들과 민족들이 여호와의 전에 모여 그분께 예물을 드리며 찬양을 올려드리게 될 것이다. 시편 기자들의 시를 통하여 예언된 이방인 구원의 모습이 완성된 사실을 잘 묘사해 주고 있는 성경 구절이 바로 계시록 7:9-12절이다. 시편 기자들의 예언처럼 "각 나라와 족속과 백성과 방언에서 아무도 능히 셀 수 없는 큰 무리"가 하나님 앞에 서서 하나님을 경배하는 날이 반드시 올 것이다.

8. 요나서와 선교

요나서는 성경학자들 가운데 많은 논쟁을 불러일으킨 책이다. 이 책의 역사성과 요나의 사상에 대한 다양한 해석들이 서로 상충되는 내용을 지니고 있기 때문이다. 요나서의 역사성에 대해서는 선지자 요나에 관한 예수님의 언급과 가르침에 근거해 볼 때 요나서가 역사적 사실을 기록한 책임을 부인 할 수 없다.[26] 다만 요나가 '선교적 마음'(mission mind)을 지니고 있었는가에 대한 논의에 있어서는 다소 상반된 의견들이 존재한다.

---

26   Kaiser, *Mission in the Old Testament*, 66-67. cf. 카이저는 이 책에서 요나의 역사성에 대해 비교적 상세히 다루고 있다.

1) 요나서에 관한 상반된 의견

요나서가 선교적 주제를 담고 있는 책이 아니라고 주장하는 학자들 중에는 다음과 같은 인물들이 있다. 레슬리 알렌(Leslie Allen)은 요나서가 신약 성경에는 상당한 영향을 끼쳤지만 선교적인 책이 아니라고 주장한다. 로버트 마틴 아카드(Robert Martin-Archard) 역시 요나서가 선교 사역에 대한 관심을 불러일으키기는 하지만, 요나 자신이 왕성한 이방인 선교에 적극적으로 참여한 것은 아니라고 했다.[27] 카우프만(Y. Kaufmann)은 요나서의 저술 목적이 하나님이 이스라엘 백성들에게 '공의'(justice)에 대한 교훈을 주기 위한 책이라고 주장했다.[28] 이들의 주장이 전혀 근거가 없는 것은 아니지만 요나서의 지술 목적이 이방인 신교의 정신과 가치를 가르쳐 주기 위한 책임을 부인하기에는 근거가 다소 부족하다.

근래에 와서는 요나서가 선교적 주제를 강조하기 위해 기록된 책이라는 사실을 부인하는 학자들은 거의 발견하기 힘들다. 단지 요나의 선교 정신이 자발적(voluntary)이었는가 비자발적(involuntary)이었는가에 대한 논의는 어느 정도 필요하지만 요나서 자체가 이방 선교와 무관했다고 주장하는 것은 분명히 무리가 있다. 마틴(H. Martin)은 "요나의 니느웨 선교는 출애굽 사건과 그리스도 강림 사건 사이에 벌어진 구속 역사 가운데서 가장 위대한 사건들 가운데 하나다"[29]라고 했고, 헤드룬드 역시 요나서를 구약 시대에 하나님의 '원심적 선교'(centrifugal mission) 정신을 보여주는 매우 중요한 선교적인 책이라고 주장하고 있다.[30] 이외에 많은 학자들이 요나서가 매우 강력한 선교 정신을 담고 있다는데 대해 전적으로 동의한다.[31] 블라우 역시 요나가 선민의식과 민족주의적인 성향을 지니고 있

---

27 Kaiser, *Mission in the Old Testament*, 68.

28 Kaiser, *Mission in the Old Testament: Israel as a Light to the Nations*, 68-69. cf. 이 곳에서 카이저는 이런 주장을 하는 학자들의 이름과 그들의 주장을 담고 있는 자료들을 상세히 나열하고 있다.

29 Hedlund, *The Mission of the Church in the World*, 125. 재인용. cf. H. Martin, The Prophet Jonah (London: Banner of Truth, 1958), p. 24.

30 Hedlund, *The Mission of the Church in the World*, 126.

31 Köstenberger and O'Brien, *Salvation to the Ends of the Earth: A Biblical Theolo-*

었던 것이 사실이지만 요나서 자체는 하나님의 선교적 관심을 분명히 보여주는 책이라고 했다.[32] 몇몇 지엽적인 부분에서 학자들 간에 다소 상반된 이견들이 존재하는 것이 사실이지만 요나서가 선교적인 주제를 담고 있다는 사실을 완전히 거부하는 학자들은 매우 드물다.

2) 요나의 시대상

요나서를 잘 이해하기 위해서는 요나가 살던 시대적 배경을 바르게 이해하는 것이 필요하다. 요나서에 기록된 사건이 발생할 당시 이스라엘은 영적으로 매우 퇴보한 상태였다. 스스로 의로운 체 하는 제사장들과 구약의 율법과 언약에 담겨 있는 선교적 정신을 부정하는 사람들이 만연한 시대였다. 이방인들도 이스라엘 백성과 동등하게 여호와의 전에 와서 제물을 드리고 예배를 드릴 권한이 있다는 성경의 가르침을 전혀 배우려고 하지도 않았고, 더욱이 이방을 향한 선교적 비전을 실천에 옮긴다는 것은 상상도 하기 힘든 상황이었다. 그들에게 이방인들은 개나 돼지와 마찬가지였다. 이방인들은 부정한 존재고, 심지어 적으로까지 인식했다. 그 시대에 유대인들이 지녔던 이방인들에 대한 인식은 하나님의 가르침과 전혀 달랐다. 이방인들이 선교의 대상이 아니라 경멸과 멸시의 대상이었던 것이다. 그들은 그릇된 선민의식으로 가득 차 있어서 아브라함의 육적인 자손(physical descendents)인 자기들만 구원을 받고, 모든 이방인들은 저주와 심판을 받을 것이란 생각을 하고 있었다.[33] 시내산에서 율법과 규례들을 하나님으로부터 직접 받은 민족으로서 하나님의 철저한 보호와 인도를 받고 있으며, 미래에는 영생이 확실히 보장되어 있음을 확신하며 살고 있었다. 자기들이 아무리 큰 죄를 짓고,

---

gy of Mission, 44-45. 그들은 구약 학자인 브라이트(J. Bright)와 카이저(Walter C. Kaiser Jr), 선교학자인 푸르까일(J. Verkuyl)과 헤드룬드(Roger E. Hedlund)등이 요나서의 선교 사상에 대해 매우 적극적인 지지를 보내고 있다고 했다.

32 Johannes Blauw, *The Missionary Nature of the Church: A Survey of the Biblical Theology of Mission*, 33-34.

33 Hedlund, *The Mission of the Church in the World*, 125.

아무리 그릇된 삶을 살아도 하나님은 이스라엘을 결코 버리지 않을 것이란 확신을 가지고 있었다. 그들은 그릇된 선민의식과 자부심으로 인해 이방을 섬기도록 지음 받은 백성이라는 사실을 완전히 잊고 산 것이다. 당시 유대인들이 지녔던 영적 우월감과 이방인 멸시 사상을 가장 잘 드러내 보여주고 있는 인물이 바로 요나였다.

3) 요나의 닫힌 사고

요나는 당대의 유대인들이 지니고 있던 사상과 의식을 대표하는 인물로서 손색이 없었다. 요나는 대표적인 민족주의자요 "자민족 중심주의자"(ethnocentrist)였다. 그는 자기 생각, 자기 전통, 자기 가치, 자기 풍습만 옳고 이방인의 사고와 삶의 방식, 가치, 전통들은 모두 그릇된 것이라고 여겼다. 구원관에 있어서도 그는 유대인만 구원을 얻을 수 있지 이방인들은 버려진 존재라는 확신을 지니고 있었다. 그래서 그는 하나님의 명령을 어기고 불순종의 길을 향해 떠난 것이다(1:1-3). 그는 이방인들이 구원 받을 수 있다는 사실을 받아드리고 싶지 않았다. 여호와의 구원의 손길이 이스라엘을 넘어 이방인들에게까지 미치는 것을 몹시 두려워 한 것이다. 행여 하나님의 사랑과 긍휼이 이방인들을 구원하는데 동원되는 것을 심히 염려했다(4:1-2). 이방인들이 구원받는 모습을 보느니 차라리 자기가 죽는 것이 더 낫다고 생각한 인물이다(4:3). 하나님의 한없는 자비와 사랑을 누구보다 잘 알고 있던 요나는 행여 그 대상이 유대인이 아니라 이방인들이 되는 것을 죽기보다 싫어한 것이다.

사실 요나는 누구보다도 하나님의 따뜻한 사랑과 용서를 깊이 경험한 인물이었다. 자기가 하나님의 명을 거역하고 다시스로 도망갈 때 요나는 죽음을 각오했던 것 같다. 그래서 제비뽑기에서 자기가 당하자 자기를 들어 바다에 던지라고 담대히 말할 수 있었을 것이다. 이방인 선교는 그에게 죽기보다 싫은 명령이었음을 간접적으로 보여준 사건이라고 할 수 있다. 하지만 하나님은 요나의 고집을 꺾어서 그를 굴복시키고 만다. 자비하신 하나님은 그에게 두 번째 기회를 허락하셨다. 그가 스올의 뱃속에서 부르짖을 때 하나님은 그의 기도를 들으시고 그를 구원하셨다. 요나가 죽음으로부터 구원을 얻은 것이다. 그래서 그는 "나의 하나님 여호와여 주께서 내 생명을 구덩이에서 건지셨나이다"(욘 2:6)라고 고백한 것이다. 요나는 죽었다 살아났다. 그는 죽음으로부터 구원을 얻은 것이다. 니느웨 백성이 용서 받기 전에 그가 먼저 하나님의 용서를 몸소 체험한 것이다. 이미 용서 받은 요나는 이제 용서가 필요한 이방 민족을 향해 가서 하나님의 용서를 선포하고 가르쳐야 한다. 하지만 그는 억지로 순종했다(욘 4:1-2). 억지로 한 순종임에도 불구하고 하나님은 반쪽짜리 순종을 받으시고 요나를 통하여 자기의 일을 이루어 가신다. 당시의 상황이 억지로 한 순종이라도 사용하실 수밖에 없는 절박한 상황이었음을 읽을 수 있다.

요나의 모습이 곧 이스라엘의 모습이었다. 복의 근원으로서 이방인들에게 복을 나누어 주고, 하나님의 용서와 사랑을 선포하도록 지음 받은 이스라엘이 자기 직무를 유기하고 있는 모습을 요나가 대신 보여 준 것이다(욘 1:5). 당시 유대인들이 지니고 있던 자의식 속에는 "나는 히브리 사람이요, 바다와 육지를 지으신 하늘의 하나님 여호와를 경외하는 자"라는 강한 선민의식이 자리 잡고 있었다(욘 1:9). 그럼에도 불구하고 그들은 하나님의 뜻과 계획을 도외시하고 그분의 선교명령에 순종하지 않았다. 스스로 하나님을 경외한다고 고백하면서 삶으로는 하나님을 거부하고 있는 것이다. 자기는 이미 하나님의 용서를 경험했으면서도 이방인들이 용서 받는 모습을 보기 싫어하는 요나의 모습이 곧 이스라엘의 모습이었다.하지만 요나는 하나님의 마지막 질문 앞에 숙연해진다. 요나서 기자는 요나가 하나님의 질문 앞에 어떤 대답을 했는지 침묵하고 있다. 요나는 요나서의 저자로서 하나님이 던진 마지막 질문의 무게와 충격으로 인해 더 이상 말을 잇지 못하는 자기의 모습을 의도적으로 묘사했을 가능성이 크다. "이 큰 성읍 니느웨에는 좌우를 분변치 못하는 자가 십 이만 여명이요 육축도 많이 있나니 내가 아끼는 것이 어찌 합당치 아니하냐?"는 하나님의 질문은 그에게 그 어떤 명령과 지시보다 더 강한 도전으로 다가왔을 것이다. 요나는 마지막 질문을 받고 자기가 지녀왔던 전통적 사고와 가치가 송두리째 무너져 내리는 경험을 했을 것이다. 그는 질문을 통해 온 몸이 떨리는 교훈을 받았을 것이다. 때론 지시보다 질문이 더 강한 도전과 교훈을 줄 수 있다는 사실을 요나서를 통해 배우게 된다.

4) 이방인의 믿음

예수님은 누가복음 11장 29-30절에서 니느웨 백성이 일어나 유대인들을 심판할 것이라고 말씀하셨다. 이 말씀은 니느웨 백성의 믿음과 유대인들의 믿음 없음을 경고하기 위하여 주신 말씀이다. 정결하지 못한 이방인인 니느웨 백성들은 자신들의 죄를 회개하고 하나님께 돌아온 반면 하나님의 자녀라고 자부하며 형식적 거룩과 선민의식으로 가득 찬 유대인들은 구주로 오신 주님을 영접하지 않았다. 요나서는 이와 같이 대조를 이루는 두 부류가 등장하는데 하나는 유대인이요 다른 하나는 이방인 사공들과 니느웨 백성이다. 요나로 대표되는 유대인은 여호와의 뜻을 거역하고 불순종하지만 죄와 악독함의 상징인 니느웨 백성들은 하나님을 믿고 하나님의 경고에 귀를 기울인다. 요나서에 등장하는 이방인들 가운데 먼저 등장하는 부류는 사공들이다. 대풍을 만난 사공들이 처음에는 자기들이 믿는 신의 이름을 부르다가 풍랑이 더욱 심해지자 차츰 요나의 신, 즉 여호와의 이름을 부르기 시작한다(욘 1:4-14). 요나는 하나님을 두려워하지 않는데 반해 그들은 차츰 여호와를 두려워하게 된다. 풍랑이 잔잔해진 뒤로 사공들은 마침내 여호와가 사람들의 생명과 자연계를 다스리시는 '우주적인 신'(universal God)임을 고백하며 여호와께 제물을 드리는데 까지 성장한다(욘 1:14-16). 이와 같이 요나의 믿음이 위기를 맞고 있는 반면 이방인들의 믿음은 점점 성장해 가는 모습을 발견할 수 있다. 이방인들의 믿음이 이스라엘 백성들의 믿음을 능가했다.

두 번째 등장하는 이방인은 니느웨 백성이다. 그들은 "악한 길"로 다녔고, "손으로 강포"를 행했다(욘 3:8). 그들의 악독이 "하나님 앞에 상달될" 만큼 사악한 민족이었다. 소돔과 고모라의 죄가 하나님 앞에 상달된 것처럼 니느웨 백성들의 죄도 하나님 앞에 상달된 것이다. "죄악이 하나님 앞에 상달되었다"는 표현은 성경에 극히 드물게 나타난다. 이런 표현은 인간의 죄가 지나치게 사악하거나,

죄악이 온 땅에 가득차서 하나님께서 더 이상 견딜 수 없을 때 등장하는 표현이다. 대표적인 경우가 아마 노아의 심판 때와 소돔과 고모라의 심판 때일 것이다. 두 사건 모두 하나님의 용서와 인내가 바닥이 났을 때였다. 요나서 기자는 당시 니느웨의 상황이 노아 홍수 심판 직전이나 소돔과 고모라 심판 직전의 상황과 매우 흡사했다는 사실을 보여주고 있다. 니느웨 백성들의 죄악이 더 이상 용서하고 참아내지 못할 만큼 심각한 지경에 이른 것이다.

요나는 바로 이런 민족을 향해 파송을 받았다. 당연히 심판 받아야하고 멸망해야 할 민족이다. 요나가 전한 메시지는 사실 나쁜 메시지였다. "사십 일이 지나면 니느웨가 무너지리라"는 소식은 '좋은 소식'(good news)가 아니라 '나쁜 소식'(bad news)이었다. 그럼에도 불구하고 니느웨 백성들은 요나의 메시지에 즉각적으로 반응했다. 그들은 "하나님을 믿고 금식을 선포했다"(욘 3:5). 온 국민에게 금식을 선포하며 회개를 촉구할 수 있었던 배경에는 하나님에 대한 신뢰와 "믿음"이 있었기 때문이다. 그들은 전능하신 하나님이 자기들을 심판하실 수 있을 뿐 아니라 구원하실 수도 있다는 믿음을 가졌던 것 같다. 그래서 그들은 여호와께 금식하며 부르짖었던 것이다. 그들은 마지막 희망을 여호와께 건 것이다(욘 3:8). 그들은 여호와께 구원을 위한 간구를 올려드리는 동시에 자기들이 지었던 죄로부터 완전히 돌아섰다. 아무 것도 먹지 않고 아무 것도 마시지 않았다. 심지어 동물들도 금식에 동참했다. 임금부터 동물까지 살아있는 생물들은 모두 참여한 것이다(욘 3:5-8). 말 그대로 전 국민과 동물들이 철저한 '회개'에 동참한 것이다. 하나님은 금식이라는 의식적 행위와 더불어 그들의 변화된 삶을 의미 있게 바라보셨다. 그들의 회개는 가식적이고 형식적인 회개가 아니라 삶의 변화를 동반한 진실한 회개였다. 이러한 회개는 여호와에 대한 정확한 인식과 믿음에서 비롯된 것이다. 심판 주로서 온 인류를 죽이기도 하시고 살리기도 하시는 하나님의 권위와 전능하심을 믿는 그 믿음이 그들로 하여금 진정한 회개와 간구를 드릴 수 있도록 만든 동력이 되었을 것이다.

5) 하나님의 자비와 긍휼

요나는 하나님의 지나친 자비와 긍휼에 대하여 항거한다. 그는 정당하게 받아야만 하는 죄의 대가도 면제해 주시고, 아무리 극악한 죄를 지어도 용서해 주시는 분에 대하여 분노를 폭발시킨다. 요나의 눈에 여호와 하나님은 지나치게 "은혜로우시며, 자비로우시며, 노하기를 더디하시며, 인애가 크신" 분이다(욘 4:1-2). 이러한 성품으로 인해 여호와는 뜻을 돌이켜 재앙을 내리지 않고 심판도 면제해 주신다. 니느웨가 요나에게는 저주와 멸망의 대상이지만 하나님에겐 자비와 구원의 대상이다. 니느웨는 큰 성읍이었다. 니느웨 성은 그 높이가 무려 200 피트에는 달했고, 그 성을 따라 1,500개가 넘는 탑들이 세워져 있었다. 그 성에는 엄청난 인구가 살고 있었는데 어린아이만 120,000명에 달했다. 카이저는 그 성에 살고 있던 인구의 수를 대략 100만 정도로 계산했다.[34] 문제는 이 큰 성 거민들의 삶에 있었다. 그들의 죄는 극에 달했고 강포와 포악이 삶의 일상이 되었다. 그들의 죄가 워낙 커서 하나님이 더 이상 견딜 수 없는 지경에까지 이르게 된 것이다. 하나님은 그들을 징계할 계획을 세우시고 요나 선지자를 그 곳에 파송하신 것이다. 요나는 절망적인 소식을 전해야 했다. 멸망의 소식이었다.

하나님이 비록 요나에게 그 성을 "쳐서 외치라"고 명하기는 했지만 하나님은 내심 그들이 요나의 경고를 듣고 회개하고 돌아오기를 기대했었다. 하나님의 본래 계획은 그들을 멸망시키는 것이 아니라 그들을 구원하는 것이었다. 요나의 경고를 통하여 하나님은 니느웨 백성들에게 회심의 기회를 주신 것이다. 그들을 향한 하나님의 소원은 파멸과 멸망이 아니라 회개를 통한 회복과 소생이었다. 요나에게 두 번째 기회를 주셨듯이 니느웨 백성들에게도 회복의 기회를 주신 것이다. 진정성이 동반된 회개를 보고 하나님은 자기의 "뜻을 돌이키셨다."(욘 3:10) "그들에게 내리리라고 말씀하신 재앙을 내리지 아니하셨다." 여기서 우리는 하나님의 무한한 자비와 용서의 진수를 발견하게 된다. 풍랑 속 뱃사공들의 부르짖음을

---

34   Kaiser, *Mission in the Old Testament: Israel as a Light to the Nations*, 70.

듣고 자비를 베푸셨던 하나님, 깊은 바다 속 스올에서 애타게 부르짖는 요나에게 다시 한 번 기회를 베푸셨던 하나님이 이제는 진정한 회개를 통해 악한 길에서 떠난 니느웨 백성들에게 또 한 번의 자비를 베푸신 것이다.

요나는 하나님의 성품을 누구보다 정확히 이해하고 있었다. 하나님은 "은혜로우시며, 자비로우시며, 노하기를 더디하시며, 인애가 크시사 뜻을 돌이켜 재앙을 내리지 아니하시는" 분임을 잘 알고 있었다(욘 4:2). 요나는 이러한 하나님의 성품이 자기와 자기 백성들에게만 적용되기를 바랐을 것이다. 하지만 하나님은 악인들에게도 동일한 성품을 발휘하신다. 이스라엘의 죄를 용서하고 참으셨던 하나님은 니느웨의 죄도 용서하고 참아내신다. 사막에서 혼곤했던 요나에게 박 넝쿨을 준비하신 하나님의 섬세한 사랑이 니느웨 백성들에게도 동일하게 나타난 것이다. 요나에게 베푸셨던 섬세한 사랑이 니느웨 성에 살고 있던 120,000명의 어린이들과 수많은 육축들에게도 적용된 것이다. 100만 명이 넘는 사람들과 수많은 육축들을 박 넝쿨 하나보다 못하게 여긴 요나에게 하나님은 매우 충격적인 질문을 던진다. 박 넝쿨과 니느웨에 사는 수많은 사람들과 육축들 중에 어느 것이 더 가치 있고 소중하냐고 물으신 것이다. 사실 니느웨에 대한 요나의 관심과 애정은 자기가 소중히 여겼던 작은 박 넝쿨 하나에 쏟은 관심과 애정만도 못한 것이었다. 요나를 향해 던진 마지막 질문은 진정으로 소중하고 가치 있는 것이 무엇인가를 가르쳐주려는 하나님의 의도가 담겨있었다. 하나님은 자기가 손수 빚은 인간과 육축을 무한히 사랑하고 용서하는 분임을 깨닫게 하려고 이 질문을 던진 것이었다. 요나는 하나님의 구원의 대상이 인간뿐만 아니라 모든 피조물을 포함한다는 사실도 배워야 했다. 하나님은 의인도 소중히 여기지만 악인도 소중히 여기는 분이라는 사실을 깨달아야 했다. 하나님은 의인과 악인에게 모두 선을 베푸시는 분이다.

마지막 질문에 대한 답은 침묵이었다. 요나의 침묵은 여러 가지 의미로 해석될 수 있다. 아마 그는 엄청난 충격을 받았을 것이다. 자기가 평생 지니고 살아왔던 이방인들에 대한 생각과 고정관념이 완전히 깨지는 충격을 받았을 것이다. 하나님의 도전적인 질문은 그의 가치관과 세계관을 송두리째 바꾸어 놓았을 것이다. 요나가 하나님의 질문에 대해 따지거나 대꾸하지 않은 것을 보아 그가 하나님의 가르침에 항복한 것으로 보인다. 늘 하나님을 향해 도전하고 묻고 따지던 요나가 마지막 질문에는 더 이상 묻지도 따지지도 않는다. 요나의 항복을 의미한다. 드디어 요나는 하나님의 무한한 사랑과 용서, 오래 기다리심의 참 의미를 몸소 깨달은 것이다.

9. 말라기와 선교

말라기는 구약의 마지막 선지서로서 다가 올 신약시대를 미리 예측하고 보여주는 예언들을 많이 담고 있다. 말라기에는 다양한 경고와 함께 '언약의 사자'가 임할 것이라는 소망의 메시지도 섞여있다. 이 외에도 새로운 시대가 되면 하나님의 이름이 이방인들 가운데서 크게 될 것을 예언하기도 한다. 여호와의 이름이 이스라엘 백성들 중에서가 아니라 이방인들 중에서 더 높임을 받게 될 날이 다가올 것을 미리 선포한다. 말라기 선지자가 활동할 당시 이스라엘 백성들의 영적인 상태는 최악이었다. 이스라엘의 영적 지도자인 제사장들은 하나님을 공경하지도 두려워하지도 않는다. 여호와를 가장 공경하고 두려워해야 할 영적 지도자인 제사장들의 종교적 타락과 직무유기가 극에 달했다. 영적 지도자들의 삶이 그 정도라면 일반 백성들의 삶의 모습이 어떤 상태였는지는 가히 미루어 짐작할 수 있을 것이다. 이스라엘 백성들의 영적인 타락이 이정도로 심화된 상황 가운데서 그들과 대조되는 한 무리가 등장하는데 그들이 바로 이방인들이다.

이스라엘의 영적 지도자인 제사장들의 기본적인 직무는 하나님에 관한 영적인 지식을 바로 깨달아야 하고, 백성들에게 율법의 내용을 잘 전달하고 가르치는 것이다. 제사장들은 하나님의 사자(messenger)가 되어 하나님의 뜻을 백성들에게 잘 전하고, 그들로 하여금 하나님의 말씀인 율법을 잘 준행토록 하는 것이다 (2:7-8). 문제는 백성들에게 율법을 바르게 가르치고, "레위언약"(Levi covenant)

에 따라 여호와께 드리는 제사를 바르게 주도해야 하는 제사장들이 정상적인 종교적 기능을 발휘하지 못한 것이다. 그들은 스스로 "레위언약"을 파하였을 뿐 아니라 백성들이 정도에서 떠나 율법에 거치는 삶을 살아가는 과정에 매우 부정적인 영향을 끼친 장본인들이다(2:8-9). 그들은 "더러운 떡"과 "눈 먼 희생"과 "병든 것"과 "토색한 물건"과 "저는 것"으로 여호와께 제물을 드렸다(1:6-13). 제사장들의 종교적인 행위는 매우 형식적이었고, 제사 자체를 매우 귀찮은 일로 여겼다. 그들의 종교적인 행위에서는 "레위언약"의 핵심 가치인 "경외"와 "두려움"의 모습을 전혀 찾아볼 수 없었다(2:5).

하지만 여호와 하나님을 대하는 이방인들의 태도는 전혀 다르다. 이스라엘의 제사장들은 더럽고 흠 있는 제물로 여호와를 섬겼지만 이방인들은 깨끗하고 흠 없는 제물로 여호와께 제물을 드리게 될 것이다. 이스라엘 백성들은 여호와의 이름을 경홀히 여겼지만 이방인들은 여호와를 경외하고 두려워하게 될 것이다. 이스라엘에서 작아진 여호와의 이름이 이방인들 가운데서 크게 될 것이다. 이스라엘 백성들은 여호와께 제물을 드리고 예배하는 일을 귀찮고 번거롭게 여기는 반면 이방인들은 자기가 거하는 각 처에서 여호와를 경배하며 예배하기를 즐거워하는 날이 곧 임할 것도 암시되어 있다. 여호와의 이름이 유대인들 사이에서 크게 되는 것이 아니라 이방 민족들 중에서 크게 될 것이다. 여호와의 "정한 날"이 오면 여호와의 이름이 "해 뜨는 곳에서부터 해 지는 곳까지" 전파되어서 땅 끝에 사는 모든 이방 민족들이 여호와를 경배하며 찬양하게 될 것이다. 새로운 시대는 하나님이 이방인들 가운데서 섬김을 받게 되는 시대다. 그 때는 예수님의 말씀처럼 "동서로부터 많은 사람이 이르러 아브라함과 이삭과 야곱과 함께 천국에 앉는" 시대가 될 것이다.

이처럼 말라기서는 이방인들이 이스라엘의 축복을 대신 받아 누리는 시대가 도래 할 것을 미리 선포하고 있다. 말라기 선지자가 미리 내다 본 새 시대에는 하나님의 영광이 더 이상 이스라엘 한 곳에 머물러있지 않고 동쪽 끝에서부터 서쪽 끝까지, 즉 온 세상의 모든 민족들에게까지 퍼져나갈 것이다. 하나님은 거룩한 백성으로 살아가지도 못하고 왕 같은 제사장 역할도 바르게 수행하지 못한 이스라엘을 대체할 새로운 대안 공동체, 즉 이방인 공동체를 준비시키고 있는 것이다. 하나님은 다가오는 새 시대는 이방인의 시대가 될 것임을 말라기 선지자를 통해 미리 알려주셨다. 이사야가 새 시대에 오실 메시야를 "이방의 빛"으로 지칭한 이유가 바로 여기에 있다. 누가 역시 예수를 "이방을 비추는 빛"으로 묘사하고 있다.

제2장

신약과 선교

피터스(George W. Peters)는 신약 성경이 매우 분명한 '선교적 신학'(missionary theology)을 담고 있는 책이라고 했다. 그는 신약 성경이 이성적이거나 개념적인 신학을 담고 있는 책이 아니라 '행동의 신학'(theology in motion)을 담고 있는 책이라고 했다.[1] 그의 말대로 복음서들과 바울의 서신들은 복음전파, 즉 선교의 역동성을 기록하고 있는 책들이다. 신약은 예수 그리스도의 오심으로 시작된 구원의 기쁜 소식이 예수님과 그의 제자들로 말미암아 어떻게 이스라엘에 전파되었고, 이후로 그 복음이 사도들로 말미암아 어떻게 이방 나라들에게까지 전파되었는가를 그려주고 있다. 따라서 전반부에서는 복음서에 등장하는 다양한 선교적 주제들을 살펴보고, 후반부에서는 세계 선교사역이 어떻게 진행되었는가를 사도 바울을 중심으로 살펴 볼 것이다.

학자들은 구약 선교의 특징을 흔히 "구심적 선교"(centripetal mission)라고 부른다. 구약의 이스라엘 백성들은 하나님의 은혜로 하나님을 직접 만나 경배하고 섬길 수 있는 특권을 부여 받았지만 이방인들은 그들이 누리는 특권을 받아 누릴 수가 없었다. 구원의 비밀이 이스라엘 백성들에게만 주어졌기 때문에 이방 민족들이 여호와를 경배하고 구원을 얻으려면 이스라엘로 와야만 했다. 이와 같이

---

1   George W. Peters, *A Biblical Theology of Missions* (Chicago: Moody, 1984), 131.

구원의 비밀이 이스라엘 내에 머물러 있고, 이방인들은 구원의 비밀을 얻기 위해 반드시 이스라엘을 방문해야만 하는 현상을 가리켜 구심적이라고 부른 것이다. 대표적으로 구원의 비밀(지혜)을 찾기 위해 이스라엘을 방문했던 시바 여왕, 나병을 고치기 위해 이스라엘을 찾아 왔던 나아만 장군, 성경의 비밀을 깨닫기 위해 이스라엘을 방문했던 이디오피아 내시 간다게 등 이방인들이 구원의 비밀을 찾아 이스라엘로 모여드는 현상을 가리키는 말이다.

반면 신약 시대에는 선교적 현상이 구심적이 아니라 원심적으로 퍼져나가는 특징을 보여주고 있다. 학자들은 이러한 현상을 가리켜 "원심적 선교"(centrifugal mission)라고 부른다. 구원의 비밀이 이스라엘에만 머물러있지 않고 전 세계로 퍼져나가는 현상을 지칭하는 용어다. 신약 시대는 복음이 예루살렘에서 시작하여 땅 끝으로 퍼져나가는 특징을 보여주고 있다. 오순절에 성령이 임한 이후로 복음이 온 유대와 사마리아, 안디옥과 소아시아, 유럽과 북아프리카로 퍼져나갔다. 예수 그리스도가 오신 이후로 복음이 어떻게 전 세계로 퍼져나갔는가를 상세히 기록해 주고 있는 책이 바로 신약 성경이다. 신약은 아브라함의 후손(씨, seed)으로 오신 예수 그리스도로 말미암아 어떻게 땅의 모든 민족들이 아브라함의 축복을 받아 누리게 됐는가를 기록해 둔 책이다. 신약은 "이방의 빛"으로 오신 예수로 말미암아 어떻게 열방이 아브라함의 영적 자녀가 되어가는가를 잘 그려주고 있는 책이라고 할 수 있을 것이다.

1. 마태복음과 선교

마태는 예수 그리스도를 아브라함과 다윗의 자손이라고 부른다. 유대인들은 이 구절을 읽을 때 아브라함 언약이 생각났을 것이다. 이 구절은 아브라함과 그 후손으로 말미암아 모든 민족이 복을 받을 것이란 약속이 이제 본격적으로 시작되고 있음을 알리는 서곡과 같은 느낌을 준다. 창세기 12장 3절에 기록된 "땅의 모든 민족이 너를 인하여 복을 얻을 것이니라"는 말씀이 마침내 역사 속에서 실현되기 시작한 것이다. 창세기 22장 18절은 아브라함으로 말미암아 천하 만민이 복을 받는다는 말의 의미를 좀더 구체적으로 설명해 주고 있는데, 이 말은 천하 만민이 "아브라함의 씨"로 말미암아 복을 얻게 될 것이란 뜻이다. 갈라디아서 3장 16절에서 바울도 이 구절의 의미를 설명하면서 "이 약속들은 아브라함과 그 자손에게 말씀하신 것인데 여럿을 가리켜 그 자손들이라 하지 아니하고 오직 하나를 가리켜 네 자손이라 하셨으니 곧 그리스도라"고 해석해 주고 있다. 좀 더 정확히 표현하자면 모든 민족들이 복을 받는 것은 아브라함 때문이 아니라 그 자손으로 오신 예수 그리스도 때문이라는 것이다. 결국 땅의 모든 민족이 아브라함을 인하여 복을 받는 다는 말은 땅의 모든 민족이 예수로 말미암아 복을 받는다는 뜻이다. 따라서 신약 시대는 아브라함의 후손으로 오신 예수로 말미암는 복이 온 천하에 미치게 되는 시대인 것이다.

마태복음을 바르게 이해하려면 마태의 선교적 비전을 바르게 이해하는 것이 중요하다. 마태복음은 아브라함의 후손인 예수로 말미암아 시작된 구속의 은총이 예루살렘에서부터 시작하여 땅 끝까지 이르도록 위하여 예수가 어떤 사역을 하였으며, 그의 제자들이 어떻게 준비되고 훈련되었는가를 보여주는 선교적 책이라고 할 수 있다. 그래서 보쉬(David J. Bosch)는 "우리의 첫 번째 복음(마태복음)은 근본적으로 선교적인 교재(missionary text)다"라고 했고,[2] 헤드룬드 역시 "마태복음은 실로 매우 강한 선교적 색채를 지니고 있다"고 했다.[3]

1) 이방인 주제(Gentile Motives)

마태복음에는 다양한 이방인 주제들이 기록되어 있다. 해리슨(Harrison)은 마

---

2   David J. Bosch, *Transforming Mission: Paradigm Shifts in Theology of Mission* (Maryknoll, New York: Orbis, 1992), 57.

3   Roger E. Hedlund, *The Mission of the Church in the World*, 154,

태복음에는 "이방인들에 대한 특별한 관심이 드러나 있다"고 했다.[4] 그의 진술처럼 마태복음에는 이방인들과 관련된 주제가 특별히 다양하고 의미 있게 기록되어 있다. 예수님의 족보에 등장하는 이방 여인들을 필두로, 이방의 사상과 삶을 대표하는 인물인 동방 박사들이 아기 예수를 경배하러 온 사건, 로마 백부장의 신기한 믿음, 가나안 여인의 믿음, 두 아들의 비유, 혼인잔치의 비유, 포도원 품꾼들의 비유, 포도원 농부의 비유, 십자가 사건을 지켜보던 로마 백부장의 고백 등 정말 다양한 이야기가 이방인들의 믿음과 구원에 대해 가르쳐 주고 있다. 심지어 예수님이 주로 사역했던 지역만 참고해 보더라도 예수님이 이방인들에게 얼마나 깊은 관심을 가지셨는가를 알 수 있다. 어린 예수의 피난처로 등장하는 애굽, 예수님이 주로 활동 헸던 지역인 "이방인들의 갈릴리", 이방인들의 성읍인 수리아와 데가볼리, 요단 건너 지역 등 마태복음에 등장하는 이방 땅의 명칭만 해도 정말 다양하고 많다는 사실을 쉽게 발견할 수 있다.[5]

(1) 백부장의 믿음(마 8:5-13)

마태복음 8장에 기록된 백부장 이야기는 이방인의 믿음이 유대인들의 믿음보다 훨씬 크고 탁월했다는 사실을 그려준다. 이방인인 로마 백부장의 믿음은 유대인들의 믿음과 강한 대조를 이룬다. 예수에 대한 유대인들의 믿음에 비하여 백부장의 믿음이 단연 돋보이는 사건이었다. 예나 지금이나 불치병 중 하나인 중풍병은 인간의 능력으로 고치기 힘든 질병이다. 백부장은 마지막 소망을 예수님께 두고 그에게 자기 종의 치유를 부탁한다. 당시에는 예수님께서 친히 병을 고치는 사건들은 종종 접할 수 있었기 때문에 예수님께 종의 치유를 부탁하는 것은 있을 수 있는 일이다. 하지만 예수님을 놀라게 만든 이유는 그가 가진 신기한 믿음 때문이었다. 백부장은 예수님의 방문이나 안수 없이도 자기 종이 나을 수 있다고 믿었다. 일반인들처럼 최소한 예수님의 옷깃을 스치거나 그분의 그림자라도 밟

---

4   Hedlund, *The Mission of the Church in the World*, 153. 재인용.

5   Andreas J. Köstenberger and Peter T. O'Brien, *Salvation to the Ends of the Earth: A Biblical Theology of Mission* (Downers Grove, Illinois: InterVarsity, 2001), 89-90.

아야 병이 나을 수 있다는 믿음을 훨씬 능가하는 믿음을 지니고 있었던 것이다.

멀리서 이 말을 전해들은 예수님은 늘 자기를 거부하고 믿으려고 하지 않았던 유대인들의 모습이 대조적으로 떠올랐을 것이다. 그래서 예수님은 멀리서 "말씀으로만 하셔도" 종의 병이 나을 수 있다는 확신을 지닌 이방인의 믿음을 "기이히" 여기셨을 뿐만 아니라 "이스라엘 중 아무에게도 이만한 믿음을 만나보지 못했다"고 말씀하신 것이다(마 8:8-10). 백부장의 신기한 믿음을 경험하신 직후 예수님은 "본 자손들"의 믿음 없음을 한탄하신다. 그리고 즉시 아브라함에게 약속하신 축복이 "본 자손"에게서 떠나 동서로부터 온 많은 이방인들에게로 옮겨 가게 될 것을 예언하셨다. 마지막으로 예수님은 유대인들의 운명에 대한 예언하시면서 "본 자손들은 바깥 어두운 가운데 쫓겨나 거기서 울며 이를 갈게 될 것"이라고 말씀하신다. 새 시대는 유대인들에게 약속했던 아브라함의 축복을 이방인들이 대신 받아 누리는 시대가 될 것을 예언적으로 가르쳐 주신 것이다.

(2) **가나안 여인의 믿음** (마 15:21-28)

예수님께서 이방 땅인 두로와 시돈 지역을 지나시다 가나안 여인 한 사람을 만난다. 이 여인 역시 인간의 능력으로 치유할 수 없는 현상인 귀신들린 딸의 문제를 갖고 예수님 앞에 나타난다. 백부장과 마찬가지로 이 여인도 마지막 소망을 예수님께 두었던 것 같다. 문제는 여인의 간절한 간청에도 불구하고 예수님은 한 말씀도 대답하지 않았다는 데 있다. 귀신들린 딸의 문제를 해결하려면 예수님의 반응이 필수적인데 예수님은 그녀의 간청에도 불구하고 한 말씀도 대답하지 않은 것이다. 정황으로 보아 여인은 더욱 간절히 소리 질렀을 가능성이 크다. 마침내 그녀에게 돌아온 대답은 희망이 아니라 절망이었다. 예수님은 자신이 유대인들의 구속자로 온 것이지 이방인의 구속자로 온 것이 아니라고 말하면서 여인의 요청을 단호히 거절한 것이다.[6] 이 대답을 들은 여인의 태도는 더욱 간절했다. 이

---

6   예수님의 이러한 발언에 대해 다양한 해석들이 존재하지만 본인은 이것이 단지 연대기적(chronological) 표현일 뿐 이방인들을 거부하는 것은 아니라고 생각한다. 이러한 표현은 마태복음에만 독특하게 등장하는데(10:5-6; 15:24) 예수님의 이러한 표현이 오해를 불러 올만한 여지는 있으나 마태복음 전체의 흐름과 사상을 볼 때 이 말이 이방인 선교를 거부

제는 예수 앞에 절을 하며 더욱 가까이 다가갔다. 예수님은 "자녀(유대인)의 떡을 취하여 개들에게 던짐이 마땅치 아니하니라"고 말하며 다시 한 번 단호히 거절하신다. 그 여인에게 예수님의 대답은 어쩌면 매우 모욕적으로 들렸을 가능성이 크다. 그럼에도 불구하고 그 여인은 자기의 간절한 소망을 포기하지 않았다. 자기를 개라고 부른 그분에게 마지막 소망이 있음을 놓지 않은 것이다. 그래서 이 여인은 "개들도 주인의 상에서 떨어지는 부스러기를 먹는다"고 고백할 수 있었던 것이다.

예수님은 그 이방 여인의 믿음을 보고 다시 한 번 놀랐을 것이다. 유대인들의 적은 믿음에 비하면 이 여인의 믿음은 대단히 "큰 믿음"이었다. 그래서 예수님은 그 여인을 향해 "여자아 내 믿음이 크도다"라고 말씀하신 것이다. 유대인늘의 믿음을 보고 한 번도 칭찬한 적이 없는 예수님이 이방 여인의 믿음을 보고 칭찬한 사건은 매우 이례적이라 할 수 있다. 백부장의 '기이한' 믿음을 경험하신 예수님은 이방 여인의 '큰 믿음'을 보고 다시 한번 놀랬을 가능성이 크다. 이 사건은 예수님이 유대인들의 구세주일 뿐만 아니라 이방인들의 구세주이기도 하다는 사실을 보여주기 위해 마태가 의도적으로 기록한 사건임이 틀림없다. 이방 여인의 간절한 부르짖음을 단지 소음으로 여겼던 제자들과 달리 예수님이 이 여인의 간절한 부르짖음을 들었을 때 그 음성은 마치 마지막 구원의 소망을 예수에게서 찾으려는 이방인들의 간청으로 들렸을 것이다.

(3) 포도원의 품꾼 (마 20:1-16)과 혼인 잔치 (마 22:1-14)

예수님은 포도원의 품꾼을 비유로 천국을 설명하셨다. 이른 아침에 포도원으로 일하러 간 품꾼과 늦은 오후에 일터로 간 품꾼의 삯이 같다는 것이다. 이 비유는 장차 이방인들이 유대인들에게 약속된 구원의 축복을 동일하게 나누게 될 것을 암시하고 있는 것이다. 이른 아침에 포도원으로 일하러간 자들은 유대인들을

하는 의미로 사용된 것은 아니다. 이 말은 반드시 "구속 역사적"(salvation-historical) 선상에서 이해되어 한다. 블룸버그(Bloomberg)나 카슨(Cason)은 구속의 은총이 먼저 유대인에게 전해진 후에 이방인에게 전해진다는 바울의 의견(행13:46; 18:6; 19:9; 롬1:6)에 동의 한다. cf. Andreas J. Köstenberger and Peter T. O'Brien, *Salvation to the Ends of the Earth*, 91-92.

상징하고, 십일 시에 온 자들은 이방인들을 가리키는 것이라고 해석할 수 있다. 동일한 임금지급으로 인해 일찍 온 자들이 주인에게 불평을 털어 놓을 때 주인은 그들에게 "나중 온 이 사람에게 너와 같이 주는 것이 내 뜻"이라고 대답한다. 이것은 하나님이 앞으로 이방인들에게 어떠한 은혜를 베풀 것인가를 잘 드러내 주고 있는 말씀이다. 하나님이 이방인들에게 베풀 은혜는 유대인들에게 약속한 은혜와 정확히 동일한 은혜이다. "내 것을 가지고 내 뜻대로 한다"(마 22:14)는 말은 유대인이나 이방인이나 구별하지 않고 동일한 은혜를 베푸는 것이 전적으로 주인의 "주권"에 달려있음을 의미하는 말이다. 예수님은 구원의 은총이 인간의 노력이나 공로로 말미암는 것이 아니라 하나님의 전적인 자비와 은혜로 말미암는 것임을 유대인들에게 가르쳐 주고 있는 것이다. 유대인들에게 더 충격적인 내용은 "나중 된 자가 먼저 되고 먼저 된 자가 나중되리라"는 말이었을 것이다. 이 말이 아브라함의 약속의 자손으로서 긴 세월 동안 하나님의 특별한 보호와 간섭을 받고 살아왔던 유대인들에게는 매우 충격적으로 들렸을 것이다. 이방인들이 구원을 받을 수 있다는 사실만으로도 충격적인데 하물며 이방인들이 먼저 구원의 대상이 된다는 사실은 더욱 충격적이었을 것이다. 마태는 예수님의 비유를 통해 유대인들보다 이방인들이 먼저 구속의 은혜에 참여하게 될 것을 드러내 주고 있는 것이다.

혼인 잔치의 비유 역시 이와 역시 비슷한 신학적 내용을 담고 있다. 임금이 잔치를 배설하고 손님을 청했는데 손님들이 임금의 초대를 거부한 것이다. 손님들은 각자 자기 일에 바빴고, 심지어 자기들을 초대하러 온 임금의 종들을 죽이기까지 했다. 이것은 자기 의에 갇혀 스스로 구원을 이루어 보려는 유대인들의 상태를 간접적으로 보여주는 것이다. 여기서 "잔치"란 하나님이 신약시대에 새롭게 시작하신 구원의 방법이라고 할 수 있다. 율법과 행위로 의로워질 수 있는 것이 아니라 예수 그리스도를 통해서만 의로워질 수 있다는 새로운 구원의 방정식을 의미하는 것이다. 유대인들은 바로 이 새로운 구원의 방정식을 거부하고 있는 것이다. 그래서 "청한 사람들(유대인들)은 합당치 않다"고 한 것이다(마 22:8).

임금(하나님)은 미리 청한 사람들이 잔치에 합당치 않은 것을 깨닫고 즉시 새로운 손님들을 모으기 시작한다. 이제는 아무나 "만나는 대로" 데려오라고 명한다(마 22:9-10). 지금부터 초대받는 사람들은 구약 시대부터 초대받았던 유대인들과 달리 '새로운 예복'을 입고 잔치에 참여하게 될 이방인들을 가리킨다. 그들은 율법이 아니라 예수 그리스도의 대속적 죽음을 통해 구원을 얻게 될 이방인들이다. 그래서 임금은 예복을 입지 않은 손님(유대인)을 결박하여 내쫓은 것이다(22:11-13). 혼인 잔치의 비유는 유대인들의 종교적 지도자였던 대제사장, 바리새인, 장로들 앞에서 베푼 비유로서 그들로 하여금 새 시대는 이방인들의 시대가 될 것이라는 것을 가르쳐 주기 위한 것이다. 마태는 이 비유를 통하여 하나님이 베푼 '구원 잔치'는 본래 유대인들을 위한 것이었으나 그들의 오해와 거부로 인해 새 시대에는 이방인들이 그 '구원 잔치'의 주인공이 될 것임을 예언적으로 그려주고 있다.

2) 대위임령 (마 28: 18-20)

많은 학자들은 마태복음에 흩어져 있는 다양한 선교적 주제들이 바로 이 구절에서 절정을 이룬다고 보았다. 보쉬는 마태복음 전체를 이해하려면 마태복음 28장 18-20절에 기록된 선교 대위임령을 바르게 이해해야만 한다고 했다. 그는 선교 "대위임령"(the Great Commission)을 가리켜 가장 마태다운 것이라고 주장했다.[7] 그의 주장처럼 마태복음은 선교적 주제를 통해 해석되고 적용될 때 그 의미가 더욱 선명하게 드러날 수 있다고 본다. 그는 마태의 관점에서 보면 기독교인의 진정한 정체성은 자신이 선교 사역에 직접 참여함으로서 발견될 수 있는 것이라고 했다.[8] 마태에게 있어서 기독교인이 된다는 것은 곧 선교사역에 동참하는 자가 된다는 것을 의미한다. 그에게 있어서 예수의 제자인 기독교인들이 주인 되신 예수의 선교적 비전을 공유하고 그분의 지도력에 순종하고 따르는 것은 매우 당연한 일이었다. 그런 의미에서 초대교회 당시 주님의 제자가 된다는 것은 곧

---

7 David J. Bosch, *Transforming Mission: Paradigm Shifts in Theology of Mission*, 57.
8 David J. Bosch, *Transforming Mission: Paradigm Shifts in Theology of Mission*, 83.

주님의 선교 사역에 동참하는 자가 되는 것을 의미한다.

마태복음에 등장하는 선교 "대위임령"(the Great Commision)은 선교의 본질이 무엇이고 선교사역이 감당해야 하는 과제가 무엇인가를 잘 보여주고 있다. 마태의 선교 대위임령에는 타 복음서에서 찾아볼 수 없는 몇 가지 특징들이 기술되어 있다. 예를 들자면 부활 후 예수가 "하늘과 땅의 모든 권세"를 가지셨다는 사실과 선교의 궁극적인 목적이 "제자 삼는 것"(making disciple)이라는 사실, 예수님의 참 제자를 만들기 위해서는 세례 받은 제자들을 제자리에 머물러있게 하는 것이 아니라 "가르침"을 통해 지속적으로 성장 시켜야 한다는 사실과 같은 내용은 유독 마태의 선교 대위임령에서만 발견된다.

(1) 하늘과 땅의 모든 권세(all authority): 선교의 전제 조건

선교 대위임령은 예수님이 부활 후에 주어진 명령이다. 예수는 애초부터 마음속에 세계 복음화를 위한 선교적 비전을 지니고 있었지만, 자신이 부활하기 전에는 제자들에게 땅 끝으로 가라는 명령을 직접 하달하지는 않았다. 자기가 부활한 후에 비로서 제자들에게 땅 끝으로 가라고 명하셨다. 이유는 분명하다. 예수는 제자들이 지닌 능력과 경험으로 세계 복음화의 과업이 이루어질 수 없음을 누구보다 잘 알고 계셨을 것이다. 그는 제자들의 연약함과 한계를 잘 알고 계셨다. 비록 제자들이 주님과 함께 동거하며 삼년 동안이나 '현장 훈련'(on-the-job training)을 받았을지라도 세계 복음화의 과업은 그들 스스로의 힘과 능력으로 감당하기엔 너무 벅찬 사역이었다. 특별한 영적 도움 없이 제자들 스스로 세계 복음화의 과업을 이룰 수 없다는 것을 누구보다 잘 알고 있던 주님이 부활하신 후 하늘과 땅의 모든 권세를 갖고 이 연약한 제자들을 돕겠다고 선언하신 것이다. 제자들이 세계 복음화의 과업을 완성하기 위해서는 주님의 권위(authority)가 절대적으로 뒷받침되어야만 했다.

그래서 주님은 "그러므로" 이제는 너희는 가서 모든 족속으로 제자를 삼으라고 말씀하신 것이다. 이제는 주님이 하늘과 땅의 모든 권세를 지녔기 때문에 제자들이 이방인들에게 가서 복음을 전하고, 세례를 베풀고, 가르칠 때 그 어떤 다른 권위와 능력도 제자들의 선교 사역을 방해하거나 무의미하게 만들 수 없다는 것이다. 이제 후로는 주님이 제자들을 직접 인도할 것이고, 보호할 것이고, 선교 사역을 감당할 수 있는 능력을 그들에게 친히 공급하실 것이다. 우주적인 권위를 지니신 주님이 제자들의 후견인이 되어 그들의 모든 사역에 적극적으로 개입하셔서 그들을 이끄실 것이다. 부활하신 예수가 우주적 왕좌에 앉음으로 인해 제자들이 이제까지 감히 엄두도 내지 못했을 세계복음화의 과업을 비로소 시작할 수 있게 된 것이다. 주님의 권위가 온 우주를 포함하는 것이라면 그 제자들의 사역 범위도 당연히 온 우주를 포함하는 것이어야 한다. 그래서 주님은 그의 제자들에게 '온 세상'에 흩어져 사는 '모든 민족과 나라들'에게 가서 복음을 전하라고 명령하신 것이다. 이제부터 제자들은 온 우주의 주인이신 주님을 후견인으로 삼고 온 세상에 나가 두려움 없이 선교 사역을 수행할 수 있는 시대를 맞이한 것이다.

(2) "제자 삼아라"(make disciple)

다른 복음서들과 비교해 보면 마태가 유독 제자도(discipleship)에 관해 깊은 관심을 지니고 있었음을 쉽게 발견할 수 있다. 마태는 선교의 궁극적인 목표가 주님 닮은 제자들을 만드는 것이라고 믿었던 것 같다. 그래서 그는 주님의 선교 대위임령을 기록하면서 타 복음서에서는 발견되지 않는 "제자 삼으라"는 명령을 삽입했던 것으로 보인다. 마태는 선교사역의 궁극적인 과제를 제자 삼는 것이라고 이해했기 때문에 그가 쓴 복음서 곳곳에서 그는 믿는 자들은 누구나 예수 삶과 가치를 닮은 제자가 되어야 할 것을 강조하고 있다. 그의 가르침에 따르자면 선교의 성패가 얼마나 많은 사회사업과 봉사 활동을 시행했는가에 달린 것이 아니라 얼마나 많은 제자들을 양육하여 세웠는가에 달린 것임을 알 수 있다. 그런 의미에서 사람을 키우고 세우는 제자 양육을 도외시한 지나친 프로젝트 선교는 바람직하지 않다고 보아야 할 것이다. 따라서 선교사들은 선교의 궁극적인 목적이 사람을 변화시키고 사람을 세우는 것임을 분명히 인식하고 온 역량을 제자 양육에 집중시켜야 할 것이다. 선교사가 선교지에서 아무리 크고 다양한 프로젝트들을 진행하고 있다고 하더라도, 주님 닮은 제자들을 양육하여 세우는데 실패한다면 그의 모든 사역은 한 순간에 물거품이 될 것이다. 프로젝트가 중요한 것이 아니라 선교사가 철수한 뒤에 그 프로젝트를 이어받아 성공적으로 이끌어갈 수 있는 사람, 즉 제자가 더 중요한 것이다. 선교사가 철수한 뒤 프로젝트를 놓고 벌어지는 현지인들 간의 갈등과 반목은 현지 교회를 서서히 무너뜨리는 매우 부정적인 요소로 작용하기 때문이다. 프로젝트보다 더 중요한 것은 프로젝트를 이어받을 수 있을 만큼 영적으로 장성한 사람이다. 잘 훈련되고 준비된 사람이 잘 마련된 프로젝트보다 훨씬 중요하다.

하비(John D. Harvey)는 마태가 머릿속에 그리고 있는 제자도의 의미를 다음과 같이 세 가지로 분석했다: 첫째, 제자도는 선교로 끝을 맺어야 한다. 이 말은 주님을 따르는 제자들이 고기를 낚는 어부로서 수동적이 아니라 능동적으로 이 일을 감당해야만 한다는 뜻이다. 둘째, 제자도는 순종을 요구한다. 주님이 첫 번째 제자들을 부르셨을 때 베드로와 안드레, 야고보와 요한은 주님을 즉각적으로 따랐다. 셋째, 제자도는 희생을 요구한다. 주님이 그들을 부르셨을 때 그들은 자기의 배와 그물을 내려놓고, 심지어 부모님까지 포기하고 주님을 따랐다.[9] 하비는 제자도의 핵심적인 내용을 선교라고 보며, 주님의 참 제자들은 주님이 지녔던 세계 선교의 비전을 능동적으로 감당하는 것이라고 했다. 이어서 그는 제자들이 이 일을 바르게 수행하기 위해서는 철저한 순종과 희생이 반드시 동반되어야 함을 강조했다.

보쉬 또한 제자들에게 요구되는 최고의 덕목은 '순종'이라고 했다.[10] 예수를 자기의 주로 고백하고 인정하는 자들은 그분의 계획과 뜻을 잘 헤아려 그분에게 철저히 순종해야만 한다는 것이다. 그는 예수의 제자가 된다는 것은 '예수의 주 되심'(Jesus' lordship)을 인정하는 것이라고 했다.[11] 예수의 주 되심을 인정하는 자가 그분께 순종적인 삶을 살아야 하는 것은 당연한 것이다. 따라서 현지인들에

9　John D. Harvey, "Mission in Matthew" In *Mission in the New Testament: An Evangelical Approach*, eds. William J. Larkin Jr. and Joel F. Williams (Maryknoll, New York: Orbis, 1998), 130.

10　Bosch, *Transforming Mission: Paradigm Shifts in Theology of Mission*, 133.

11　Bosch, *Transforming Mission: Paradigm Shifts in Theology of Mission*, 78.

게 복음을 전하는 선교사들이 먼저 주님의 제자로서 스스로 순종적인 삶을 살아가야하는 것은 물론이거니와 개종한 현지인들에게도 철저히 순종족인 삶을 살도록 가르칠 책임이 있다. 예수의 주되심을 인정한다는 것은 곧 그에게 순종적인 삶을 드리겠다는 선언인 것이다.

퀘스텐버거와 오브리엔은 제자 삼는 자(disciple maker)가 제자 삼는 일(disciple making)에 성공하려면 자신이 먼저 주님의 신실한 제자가 되어야 한다고 했다.[12] 예수가 친히 제자도의 역할모델(role model)이 되셨듯이 선교사들 역시 선교지에서 제자도의 역할모델로서 성공적인 삶을 살아내야 한다. 예수가 마치 자기가 시범을 보이지 않은 것을 제자들로 하여금 실천하도록 요구한 적이 없었던 것 같이 선교사들도 자신이 시범을 보이지 않은 것들을 현지인들에게 요구해서는 안 된다. 예수의 제자 훈련 방식이 말이 아니라 철저한 삶을 통해서 이루어졌다는 것을 명심하고, 선교사들은 하나님의 말씀을 삶으로 드러내는 일에 심혈을 기울여야 할 것이다. 때론 선포(proclamation)와 설득(persuasion)이라는 선교방식도 의미가 있지만, 때에 따라서는 단순히 그리스도인으로서의 삶의 모습을 보여주는 것(presence)만으로도 상당한 설득력이 있을 수 있다. 타인을 제자 삼고자하는 자는 자신이 먼저 몸소 제자의 삶을 살아야 한다.

모든 선교 후보생들은 선교지로 파송되기 전에 반드시 다양한 전도 방법들과 소그룹 양육 훈련 경험을 쌓는 것이 바람직하다. 모국에서의 이러한 경험들은 선교지에서 선교사의 초기 사역에 커다란 도움을 줄 수 있기 때문이다. 모국에서 복음을 전하고 양육하는 방식이나 선교지에서 복음을 전하고 가르치는 방식이 문화적 차이로 인해 서로 약간의 차이는 있을 수 있지만 근본적인 방식은 크게 다르지 않다. 제자 양육을 공개적으로 하느냐 비밀리에 하느냐의 차이는 있을지 언정 근본적인 방법은 동일한 것이다. 모국에서 제자 양육을 해본 경험이 선교지에서 매우 유용하게 사용될 수 있다는 사실을 염두에 두고, 가능하면 선교 후보생들은 선교지를 밟기 전에 자기가 직접 전도해서 얻은 영혼들을 소그룹을 통하

---

12   Andreas J. Köstenberger and O'Brien, *Salvation to the Ends of the Earth*, 104.

여 양육하는 훈련을 미리 경험하는 것이 필요하다고 본다. TMQ 연구소 소장인 돈 해밀톤(Don Hamilton)은 소 그룹을 인도해 본 경험이 있는 선교사들의 사역이 소 구룹을 경험해 보지 못한 선교사들의 사역보다 훨씬 효과적이고 열매가 많다고 한다.[13]

(3) "가르쳐라"(teaching)

대위임령을 기록하면서 마태는 가르침이라는 주제를 매우 비중 있게 다루고 있다. 가르침이란 주제는 다른 복음서의 선교명령에서는 등장하지 않는 주제다. 이러한 사실로 미루어 볼 때, 타 복음서 기자와 달리 마태가 유독이 가르침에 깊은 관심을 지니고 있었음을 알 수 있다. 사실 마태복음에 기록된 '산상수훈'이나 다양한 비유들을 보면 그것들이 타 복음서에 비해 좀 더 상세하고 깊이 있게 기술되어 있다는 사실을 쉽게 발견할 수 있다. 마태는 제자 삼는 방식으로 가르침이 가장 중요하다고 여겼던 것 같다. 바른 가르침을 통해서만 주님의 참된 제자들이 양육되고 세워질 수 있다는 사실을 누구보다 강하게 확신했던 인물이었던 것 같다. 실제로 신약 성경을 참고해 보면 주님의 제자들이 개종한 자들에게 세례를 베풀 때, 반드시 세례 전 가르침과 세례 후 가르침이 동반되었음을 발견할 수 있다. 마태의 강조점인 가르침이 초대 교회에서 이미 실제로 적용되고 실천되고 있었음을 알 수 있다.

케인은 세례가 단회적인 사건임에 반해 교육은 지속적인 과정(endless process)을 필요로 한다고 했다. 교육은 세례 받음으로 끝나는 것이 아니라 지속적으로 진행이 되어야하는 과업이다. 사도행전 2장 42절을 보면 주님의 제자들이 "사도의 가르침을 받아 서로 교제하며 떡을 떼며 기도하기를 전혀 힘썼다"고 기록되어 있는데, 이러한 기록을 참고해 볼 때 초대교회에서도 가르침이 매우 중요한 비중을 차지하고 있었음을 쉽게 발견할 수 있다. 성경의 기록을 보면 예수님도 실제로 자기가 승천한 뒤에도 성령을 통하여 제자들을 지속적으로 가르치

---

13   Tetsunao Yamamori. *God's New Envoys: A Bold Strategy for Penetrating "Closed Countries"* (Potland, Oregon: Multnomah), 71-72.

고 교훈하기도 했고(요 16:13), 위대한 선교사인 사도 바울역시 가는 곳마다 회당과 공회당을 통해 제자들을 가르치며 양육했다(골 1:28).[14] 이러한 초대교회의 기록들을 참고해 볼 때 주님의 제자인 사도들의 주된 업무가 교육이었음을 부인할수 없다. 주님이 교육을 통하여 어부였던 제자들을 탁월한 영적 지도자들로 양육하셨듯이 그의 제자였던 사도들 역시 교육을 통하여 초대교회를 세우고 이끌어 갔다.

예수님은 교육이 선교 사역의 중요한 축을 이루어야 한다는 사실을 가르치시면서 제자들이 가르쳐야하는 내용(contents)을 언급하셨는데, 교육의 내용(contents)은 다름 아닌 예수가 친히 가르치셨던 "모든 것"이었다. 제자들은 예수가 가르치신 모든 것을 또 다른 제지들에게 가르쳐야만 했다. 자기들이 원하는 내용이 아니라 예수가 가르친 내용을 전부 전해야 한다. 자기가 선호하는 구절과 내용만 발췌해서 가르치거나 주님이 가르치신 내용 중 일정 부분을 생략해서도 안 된다. 선교사들이 성경을 공부하고 신학을 공부해야 하는 이유가 바로 여기에 있다. 선교사는 가르치는 자가 되어야 하고, 가르치려면 성경 말씀을 폭 넓고 깊이 있게 알아야 한다. 대다수의 사람들이 전문인 선교사들은 적당한 신학적 지식과 선교학적 지식만 가지고 선교 현장에 파송되어도 괜찮다는 의식을 가지고 있다. 그러나 선교사들이 전통적인 방식의 선교 사역을 하든지 전문인으로서 사역을 하든 모든 선교사들은 기초적이고 필수적인 신학적 지식을 반드시 구비할 필요가 있다. 선교 사역이 단순한 구제사역이 아니라 성경의 비밀들을 드러내고 구원의 복된 소식을 전달하는 영적인 사역인한 어떤 종류의 선교 사역도 성경 지식을 배제시킬 수는 없다. 선교지에서 발생하는 다양한 영적 요구들과 이슈들에 대해 적절한 답을 주기위해서는 기초적인 성경지식을 뛰어넘는 잘 정리된 신학적 지식이 필요하다. 선교지의 종교, 정치, 경제, 문화 등에 대한 성경적 해석과 실천적 대안을 제시하기 위해서는 단순한 성경지식을 뛰어 넘는 정확한 신학적 지식과 틀이 필요하다.

---

14   Hertbert J. Kane. *Life and Work on the Mission Field* (grand Rapids; Baker: 1987), 48.

전문인 선교사라 할지라도 반드시 건강한 신학적 지식과 틀을 배워야 하는 이유가 여기에 있는 것이다. 특별히 현지 종교에 대한 기독교적 변증을 제시하기 위해서는 타 종교에 대한 깊은 이해뿐만 아니라 타 종교의 한계와 문제점들을 지적할 수 있는 충분한 신학적 지식이 준비되어 있어야만 한다. 전문인 선교사들의 사역 목적이 현지인들을 주님께 인도하고, 그들을 양육하여 현지에 신앙 공동체를 세우는 것이라면 전문인 선교사들이라 할지라도 일반적인 성경적 지식은 물론 신학의 여러 영역들-신론, 구원론, 성령론, 교회론, 종말론-에 관한 충분한 지식이 잘 구비되어 있어야 한다. 전문인 선교사들이 선교사역 초기에는 기초적인 성경 지식만 가지고서도 어느 정도 사역을 진행할 수 있지만 사역이 깊어질수록 성경 지식의 한계에 부딪히게 된다. 따라서 가능하다면 전문인 선교 후보생들도 반드시 일정한 수준 이상의 신학적 지식을 구비한 후 선교지로 향하는 것이 바람직하다.

케인은 선교사 양성 프로그램에 관하여 언급하면서 선교후보생들이 선교지로 파송되기 전에 반드시 충분한 성경지식을 쌓아야 한다고 주장했다. 그는 선교 후보생들에게 '형식적인 교육은 최소화'(little formal education)하고 '충분한 성경 훈련'(enough Bible training)을 제공할 필요가 있다고 했다.[15] 테일러(J. Hudson Taylor), 심슨(A. B. Simpson), 무디(D. L. Moody), 고든(A. J. Gordon) 등으로부터 시작된 성경 대학들은 대부분 처음부터 매우 강한 선교적 특징들을 지니고 있었을 뿐 아니라 선교 후보생들에게 기초적이고 필수적인 성경 지식을 공급하는 기관이었다.[16] 켄네스 물홀랜드(Kenneth Mulholland)는 전 세계에 흩어져있는 '성경 대학'(Bible College)들의 역사를 연구하면서 각 대학의 역사적인 배경과 교육 목적을 다음과 같이 진술하였다: "많은 성경 교육 기관들(Bible Institutes)과 성경 대학

---

15   Hertbert J. Kane. *Life and Work on the Mission Field*, 25

16   심슨이 1882년에 설립한 Missionary Training Institute(Nyack College), 무디가 1886년에 설립한 Training School of the Chicago Evangelization Society(현 Moody Bible Institute), 고든이 1889에 설립한 Boston Missionary Training School(현 Gordon College), 1894년에 설립된 Toronto Bible Institute(현 Ontario Bible College) 등이 선교사 훈련을 위한 대표적인 성경 학교들이었다.

들(Bible Colleges)의 분명한 설립목적은 모국과 외국에서 사역할 선교사들을 양육하는 것이었다. 다수의 초기 성경 대학들은 학교 이름에 '선교사'라는 명칭을 집어넣기도 했다."[17] 성경 대학의 역사를 깊이 연구한 위트머(Witmer) 역시 성경 학교와 성경 대학들이 서구 선교사 배출에 지대한 영향을 끼쳤음을 언급하면서 서구 선교사들 대부분이 성경 학교와 성경 대학에서 제공되는 성경 교육을 통해 열정적인 전도자로 성장할 수 있었다고 했다.[18] 성경 학교나 성경 대학에서 선교 후보생들에게 제공되는 성경 교육의 핵심은 "그들로 하여금 성경 전체를 이해하도록 해서 그들이 장차 사역하게 될 선교지 언어로 성경을 전하고 가르칠 수 있도록 하는 것"이었기 때문에 각 학교의 커리큘럼은 현지 언어로 된 성경을 완벽하게 마스터하는 것에 중심이 맞춰져 있었다.[19] 선교지 언어를 사용하는 귀납적 성경공부와 방법론이 거의 모든 커리큘럼에 포함되었을 뿐 아니라 성경 원어인 헬라어와 히브리어 교육도 병행되었다.

선교는 가르침이다. 선교란 결국 현지인들로 하여금 하나님 나라의 시민으로서 부족함이 없는 삶을 살아갈 수 있도록 가르치고 양육하는 사역이라고 할 수 있다. 선교사의 자질 가운데 가장 중요한 점이 있다면 아마 현지인들을 가르치는 능력과 가르칠 내용을 충분히 구비하는 것이라고 할 수 있다. 선교사라면 당연히 전통적인 선교사든 전문인 선교사든 상관없이 성경을 가르칠 수 있는 소양과 능력을 지니고 있어야만 한다. 성경 지식을 전달하지 않는 선교는 선교가 아니다. 선교사들이 선교지에서 아무리 다양하고 많은 봉사와 구제를 시행한다 할지라도 현지인들에게 성경 말씀이 전파되고, 그들이 말씀에 따라 양육되지 않는다면 그 사역은 온전한 선교 사역이 될 수 없다. 말씀 선포와 양육이 결여된 선교는 선교가 아니다.

---

17   Kenneth Mulholland. "Missiological Education in the Bible College Tradition" in *Missiological Education for the 21st Century* (Maryknoll, NY: Orbis, 1996), 47-48.

18   S. A. Witmer. *The Bible College Story: Education with Dimension* (Mahasset, NY: Channel), 111.

19   Mulholland, "Missiological Education in the Bible College Tradition", 48.

(4) 모든 민족(all nations)

주님은 제자들에게 선교 명령을 선포하면서 선교의 대상이 '모든 민족'(πάντα τὰ ἔθνη)이어야 함을 분명히 선언하셨다. '모든 민족'이 포함하는 범위에 대한 해석이 다양한 가운데 파이퍼(John Piper)의 해석이 상당히 설득력이 있다. 그는 신약에 등장하는 18번의 용례 모두를 살피고 난 후 마태의 선교 명령에 등장하는 '모든 민족'은 '모든 국가들'(all the nations) 또는 '모든 인종그룹'(all the people groups)을 지칭하는 것이라고 결론지었다.[20] 마태복음 25장 32절에 기록된 '모든 민족'만 "이방 개개인들"을 의미하고 있다는 사실 외에 모든 다른 용례들에 등장하는 '모든 민족'의 의미는 모두 모든 국가들이나 민족들을 의미한다고 했다. 그는 헬라어로 번역된 구약 성경을 조사하고 난 후 '모든 민족'이라는 표현이 헬라어 구약 성경에서만 대략 100회 정도 기록되어 있는데 그 의미는 하나도 예외 없이 이스라엘 밖에 살고 있는 민족들이라는 의미로서 "모든 나라들"을 가리키고 있다고 했다.[21]

아브라함 언약에서 이미 살펴본 대로 모든 나라들이라는 말의 의미는 땅의 "모든 가문들"을 의미한다. 아브라함에게 약속했던 축복이 모든 나라에 흩어져 사는 "모든 가문들" 가운데서 완성되어야 함을 가리키는 것이다. 파이퍼는 창세기 12장 3절과 28장 14절에 기록된 "모든 가문들"(כת משפחל)이 구약을 헬라어로 번역한 칠십인 경에서는 "모든 부족들"(πᾶσαι αἱ φυλαί)로 번역되어 있음을 상기 시키면서, 이 곳에 기록된 '모든 민족들'은 사실 부족보다 더 작은 공동체인 모든 씨족들(clans) 혹은 가문들(families)을 의미하는 것이라고 해석했다. 그는 자기의 주장을 뒷받침하기 위하여 칼 슈미트(Karl Ludwig Schmidt)의 주장을 참고로 제시하기도 했는데, 슈미트는 "미슈파호트"가 주요 집단이나 국가들 안에 있는 작은 씨족 같은 공동체(small clan-like society)를 가리키는 말이라고 주장한다.[22]

---

20   John Piper. *Let the Nations be Glad: The Supremacy of God in Missions* (Grand Rapids, MI: Baker Books), 177-180.

21   Piper, *Let the Nations be Glad: The Supremacy of God in Missions*, 181.

22   John Piper, *Let the Nations be Glad: The Supremacy of God in Missions*, 181-182. cf. 파이퍼는 70인 경에 등장하는 phulai는 대부분 부족을 지칭하는데 사용되었다고 주장한다.

파이퍼는 신약 성경에 아브라함 언약이 정확히 두 번 기록되어 있다는 사실을 언급하면서 사도행전 3장 25절의 "모든 가문들"(πᾶσαι αἱ πατριαὶ)과 갈라디아서 3장 8절에 기록된 "모든 나라들"(πάντα τὰ ἔθνη)은 같은 의미를 지니고 있는 것이라고 주장했다. 그는 사도행전 3장 25절에 기록된 "πᾶσαι αἱ πατριαὶ"는 칠십인 경의 "πᾶσαι αἱ φυλαὶ"를 변형시킨 것이고, 갈라디아서 3장 8절에 기록된 "πάντα τὰ ἔθνη"는 바울이 "πᾶσαι αἱ φυλαὶ"를 새롭게 번역한 것이라고 했다.[23] 그는 시편 22편 27절과 99편 7절을 예로 들어 아브라함의 축복이 각 부족들 가운데 살고 있는 작은 가문들에게까지 전달되어야 함을 강조하고 있다. 예를 들어 그는 시편 22편 27절에 등장하는 "모든 나라의 모든 족속"(πᾶσαι αἱ πατριαὶ τῶν ἐθνῶν)을 해석하면서 이 구절을 "나라들의 모든 가문들"로 해석하는 것이 더 정확한 해석이라고 주장한다.[24]

결론적으로, 파이퍼는 아브라함에게 주어진 축복이 온 땅 모든 민족들 가운데 살아가는 개개인들에게 전달되고 경험되어야 하는 것임을 강조한 것이다. 주님의 관심은 지금도 땅 끝에 있다. 복음을 한 번도 전해 듣지 못한 미전도 종족들에 대한 관심을 가져야하는 이유가 여기에 있다. 아직도 주님의 우리에 들지 아니한 3,000여 종족들에 대한 깊은 애정과 관심을 갖고 좀 더 구체적이고 체계적인 접근이 필요한 시점이다. 1974년 스위스 로잔에서 맥가브란(Donald McGavran)과 윈터(Ralph D. Winter)에 의해 시작된 "미전도 종족"(Unreached People Group) 선교 운동은 아직도 미완의 사역으로 남아있다. 21세기 선교운동(AD 2000 and Beyond Movement), 10/40 창 선교전략(10/40 Windows), 여호수아 프로젝트(Joshua Project), 미전도 종족 선교 연합(UPMA, Unreached People Missions Alliance), 과업 완성 운동(FTT, Finishing The Task), 종족 운동(Ethne), 종족 입양 운동(AAP, Adop-A-People) 등 아직도 수많은 기관과 단체들이 주님의 선교 명령에 따라 미전도 종족 복음화의 과업을 진행해 가고 있다. 각 선교단체 지도자들은 물론 교회의 영적 지도자들 모두는 아직도 복음을 한 번도 접해보지 못

---

23   Piper, *Let the Nations be Glad: The Supremacy of God in Missions*, 183.

24   Piper, *Let the Nations be Glad: The Supremacy of God in Missions*, 184.

한 미전도 종족에 대해 깊은 관심을 가져야 한다. 모든 성도들은 전 세계에 흩어져 살고 있는 모든 가정들이 아브라함의 축복을 함께 누릴 수 있도록 도와주는 선교 사역에 실질적이면서도 구체적인 참여를 해야만 한다.

(5) 보호와 인도

마태복음 28장 20절에 두 가지 중요한 사실이 기록되어 있는데 하나는 선교 사역이 어느 때까지 지속되어야 하는 가를 암시하고 있고, 또 다른 하나는 앞으로 선교 사역을 수행하게 될 제자들에 대한 보호와 인도에 대한 약속이다. 우선, 주님은 선교 사역이 "세상 끝날 까지" 지속되어야 함을 언급하고 있다. 모든 성도들이 선교 사역을 멈출 수 없는 이유가 바로 여기에 있다. 선교사역은 주님이 다시 오시는 순간까지 중단 없이 지속돼야만 하는 사역이다. 주님이 우리에 아직도 들어오지 못한 택한 백성들을 찾는 작업은 지상 교회가 존재하는 한 계속 되어야 한다. 택정함을 받은 아브라함의 자손들을 찾는 작업인 선교 사역이 주님의 재림 때까지 지속되어야만 한다는 사실을 염두에 두고 지상의 모든 성도들은 하나도 예외 없이 어떤 형태라도 주님의 선교 명령에 구체적으로 참여해야만 한다.

둘째로 본문은 제자들이 선교지에서 선교 사역을 감당할 때 예수님이 그들을 홀로 버려두지 않고 그들과 함께 하실 것을 약속하고 있다. 하늘과 땅의 모든 권세를 지니신 예수님께서 제자들을 보호하고, 인도하고, 사역에 필요한 능력을 공급해 주실 것을 분명히 밝히신 것이다. 자기가 다시 올 때까지 지속되어야 하는 선교 사역을 돕기 위해 예수님은 순종하는 제자들과 매일, 순간마다 함께하기로 작정하셨다. 본문을 통하여 예수님은 제자들에게 선교 명령을 주었을 뿐 아니라 제자들이 그 명령을 성공적으로 수행할 수 있도록 능력도 공급해 주는 분임을 발견하게 된다. 주님은 그의 제자들이 선교 사역을 수행하는 현장에 항상 함께 할 것이고, 그들을 인도하고 보호할 것이다. 본문에 등장하는 "항상"(πάσας τὰς ἡμέρας)이란 말을 직역하면 "모든 날 동안"이 되는 데, 이는 주님의 제자들이 선교 명령에 따라 선교 사역에 동참하고 순종하는 모든 과정과 실제적인 사역들 가운데 주님의 임재가 확실히 보장되어 있음을 보여준다.

2. 마가복음과 선교 (막 16:15-20)

복음서에는 서로 다른 강조점을 지닌 선교명령들이 등장하는데, 이 장에서는 서로 다른 선교 명령들을 비교 종합해 봄으로서 예수님께서 의도하신 선교명령의 의미와 깊이를 발견할 수 있게 된다. 마태가 가르침을 강조하였다면 마가는 믿음을 강조하고, 누가는 성령을, 요한은 위임을 강조하고 있는 모습을 발견할 수 있는데, 이러한 서로 다른 강조점들은 모두 우리들이 수행해야 할 선교사역의 원리와 안내가 되어야만 한다.

마가복음에는 선교와 연관된 주제가 타 복음서에 비해 상대적으로 적게 등장하는 것이 사실이다. 그럼에도 불구하고 마가복음은 매우 분명한 선교적 주제를 포함하고 있다. 바울과 함께 선교여행을 떠났던 마가는 비록 짧은 기간의 경험이었지만 선교가 어떤 사역인가를 몸소 체험했을 가능성이 크다(행 13:15). 헤드런드는 마가복음이 타 복음서에 비해 예수의 삶과 사역을 비교적 간략하게 묘사하고 있는데 그 이유는 아마 그가 방문했던 선교지에서의 특수한 경험들이 그에게 영향을 끼쳤기 때문일 것이라고 했다. 마가는 선교지에서 사도들이 자주 사용했던 전도 방식을 보고 들었을 것이다. 당시 사도들이 즐겨 사용했던 전도 방식은 예수 그리스도 사건을 비교적 단순하고 간단하게 선포는 것이었다. 마가복음에 기록된 복음의 내용이 비교적 짧고 선포적인(kerygmatic) 이유가 바로 여기에 있다. 마가복음의 간결성(brevity)을 언급하면서, 헤드런드는 마가복음이 선교사들의 전도지(tract)로 사용될 수도 있을 만큼 복음의 핵심만을 간결하게 담고 복음서라고 했다.[25]

마가복음 11장 17절에 등장하는 "내 집은 만민의 기도하는 집"이라는 표현은 하나님의 전이 모든 민족 또는 모든 이방인들에게 열려있음을 강조하는 표현이다. 마가가 언급한 선교의 범위도 "온 천하"와 "만민"을 포함하는 우주적이고

---

25   Hedlund, *The Mission of the Church in the World*, 155.

광의적인 것이라고 할 수 있다. 그는 선교의 범위를 온 천하에 살고 있는 만민들이라고 정의하고 있는 것이다. 선교의 대상과 범위에 있어서 마태와 크게 다르지 않음을 볼 수 있다. 마가는 세례와 구원을 밀접히 연관시키고 있는데, 그가 언급하고 있는 세례는 일반적인 세례의식과 달리 반드시 예수님에 대한 믿음을 동반한 세례가 되어야 함을 강조하고 있다. 예수님에 대한 믿음이 결여된 어떤 세례의식도 구원에 이를 수 없는 공허한 의식임을 가르쳐주고 있는 것이다. 선교 사역에 있어서, '가르침'이 마태에게 중요한 요소였다면 마가에게는 '믿음'이 중요한 요소로 강조되고 있다.

마가는 다른 복음서와 달리 '표적'에 대하여 구체적으로 기록하고 있는데, 그 표적 역시 '믿는 자'에게 동반되는 역사임을 강조하고 있다. 믿는 자들, 즉 그의 제자들에게 동반되는 표적은 표적 그 자체로서의 의미보다 표적을 통한 말씀 전파에 있음을 명확히 하고 있다는 점을 눈여겨 볼 필요가 있다. "그 따르는 표적으로 말씀을 확실히 증언하시니라"(막 16:20)는 구절은 표적의 궁극적인 목적이 말씀을 확실하게 전파하기 위한 '도구'임을 확실히 보여주고 있다. 마가는 이러한 표적들이 제자들 스스로의 능력으로부터 기인한 것이 아니라 승천하신 주님의 능력으로부터 기인하였음을 분명히 밝히고 있다. "주께서 함께 역사하사 그 따르는 표적으로"라는 표현 속에서, 표적을 만들어낸 원천적인 능력이 제자들에게 속한 것이 아니라 승천하신 예수님에게 속한 것임을 분명히 드러내 주고 있는 것이다. 예수님은 자기가 약속하신 대로 제자들과 함께 하셨고, 제자들에게 초자연적인 능력을 부으심으로 그들이 효과적으로 선교 명령을 수행할 수 있도록 직접 간섭하시는 분임을 역사 속에서 증명하신 것이다.

3. 요한복음과 선교 (요 20:21-23)

　　다른 복음서들과 구별되는 요한복음의 특징이 있다면 그것은 바로 요한의 '우주적인 구원관'(universal soteriology)일 것이다. 누가가 유대인과 이방인을 매우 날카롭게 구별하고 있는 반면, 요한은 이 둘을 심각하게 구별하지 않는다. 그가 유대인이든 이방인이든 "누구든지 주의 이름을 부르는 자"는 구원을 얻을 수 있다는 점을 강조한다. 이 구절에서 요한이 강조하는 "누구든지"라는 표현 속에는 이미 이방인들이 포함되어 있음을 부인할 수는 없다. "영접하는 자 곧 그 이름을 믿는 자들에게는 하나님의 자녀가 되는 권세를 주셨다"(요 1:12)는 구절 역시 이방인들을 염두에 둔 표현이다. 하나님은 세상(cosmos)을 사랑하셔서 독생자를 보내신 분이다(요 3:16). 요한은 예수님께서 '세상'을 구원하려고 오신 분이지 결코 세상을 심판하려고 오신 분이 아님을 분명히 선포한다. 예수님은 자기에게 맡긴 '모든 사람들'에게 영생을 줄 수 있도록 '만민'을 다스리는 권세를(요 17:2) 부여받으신 분이다. 이와 같이 요한은 '만민', '세상', '모든 사람', '누구든지'를 포함하는 우주적인 구원에 깊은 관심을 가졌던 인물이었다.

　　요한은(20:21) "아버지께서 나를 보내신 것 같이 나도 너희를 보내노라"는 말씀을 기록하면서 선교의 기원과 주체가 하나님이심을 드러낸다. 선교의 기원과 주체는 제자들도 아니고 심지어 예수님도 아닌 하나님 자신인 것이다. 예수님께서 하나님의 파송을 받아 세상에 오셨듯이 우리도 예수님의 파송을 받아 세상으로 나아가는 것이다. 21절의 내용을 상세히 들여다보면 이 구절이 단순히 제자들에게 선교 명령을 부여하는 장면이 아님을 알 수 있다. 단순히 선교 명령을 하달하는 장면이 아니라, 제자들에게 예수님 자신의 선교적 책무와 사명을 '위임'(commission)하는 장면이다. 위임은 위임한 자의 권위와 사명을 동시에 부여받는 의식이다. 위임받은 자는 위임한 자가 부여한 사명과 책무를 대신 수행해야만 한다. 위임받은 자가 직무를 유기하면 위임받은 사명과 책무는 더 이상 진행될 수 없다. 선교 명령은 타 명령들과 달리 쉽게 거부할 수 있는 성질의 것이 아니다. 선교 명령은 위임받은 제자들의 순종과 불순종에 따라 절대적인 영향을 받는다. 왜냐하면 위임받은 자들이 순종하지 않으면 그 사명을 대신할 사람들이 존재하지 않기 때문이다. 그런 점에서 위임은 단순한 명령 이상의 깊이와 무게를 지닌다. 주님의 모든 제자들은 주님으로부터 선교의 사명을 위임받은 자들이다. 주님의 제자인 우리들이 위임받은 선교 사명을 수행하지 않는다면 우리를 대신하여 그분의 선교 명령을 수행할 수 있는 주체는 이 세상에 존재하지 않는다.

요한은 선교 위임의 중요성을 강조할 뿐 아니라 성령의 간섭과 내재를 동시에 강조하고 있다. 제자들이 선교 사역을 성공적으로 수행하기 위해서는 성령의 임재가 매우 중요함을 언급하고 있는 것이다. 조병수 교수는 예수께서 제자들을 향해 숨을 내쉬면 성령을 받으라고 한 장면을 다음과 같이 해석하고 있다: 첫째로, 선교 사역을 위해서는 반드시 성령의 도움과 후원이 필요함을 보여준 것이다. 둘째로, "숨을 내쉬었다"(ἐνεφύσησεν)는 말은 정확히 창세기 2장 7절의 "불어 넣었다"(ἐνεφύσησεν)말과 동일한 의미를 지니고 있는데, 이 뜻은 창세기에서 하나님께서 흙으로 만든 인간에게 생기를 불어 넣으셨듯이 두려움에 사로잡힌 제자들에게 새로운 용기와 힘을 불어 넣은 것이다. 셋째로, 제자들에게 성령을 불어 넣어 주심으로 인해 비로서 제자들이 죄 사함의 능력을 가지게 된 것이다.[26] "성령을 받으라"(20:22)는 주님의 말씀은 제자들에게 성령의 도움과 인도, 권능과 보호가 동시에 필요함을 언급하고 계신 것이라고 할 수 있다. 그 뿐 아니라 요한은 선교의 목적에 대해서도 짧게 언급하고 있는데, 그에게 있어서 선교의 궁극적인 목적은 죄인들에게 '죄 사함'을 선포하는 것이다. 예수의 보혈로 말미암는 죄 사함을 선포하는 것이 선교의 중요한 주제임을 잊어서는 안 될 것이다. 선교지에서 아무리 다양하고 많은 봉사들과 사회사업들이 진행된다 할지라도 예수로 말미암는 죄 사함이 선포되지 않는다면, 그 모든 사역들은 진정한 의미에서의 선교 사역이 아닌 한낱 사회사업에 그치고 말 것이다. 궁극적으로 예수님의 죽으심과 부활, 심판과 구원이 선포되지 않는다면 선교지에서의 다양한 모든 사회사

---

26   조병수, 『신약성경 총론』, (수원: 합동신학대학원 출판부 2006), 178-79.

업들은 선교적 의미를 상실할 것이다.

4. 누가복음과 선교 (눅 24:46-53)

　　누가 복음과 사도행전을 상세히 들여다보면 누가가 이방인들과 가난한 자들에 대한 깊은 관심을 지녔던 인물이었음을 쉽게 발견할 수 있다. 누가는 이방인들의 구원과 그들을 향한 선교 사역에 대해 매우 깊은 관심과 통찰들을 기록으로 남기고 있다. 바울과 함께 이방인들을 위한 선교 사역에 참여하면서 선교 현상에서 직접 보고 배운 누가는 매우 선교적이며 우주적인 기록들을 많이 남겼다. 이미 잘 알려진 것처럼 그는 누가복음과 사도행전을 기록한 저자로서 주님의 선교적 활동과 바울의 선교적 활동을 매우 상세하고 깊이 있게 다루고 있다. 누가 복음과 사도행전이 마치 한권의 책과 같은 이유가 바로 여기에 있다. 실제로 누가복음과 사도행전은 선교적인 내용의 고리들로 서로 연결되어 있다.

　　누가가 누가복음에 기록한 선교적 주제는 매우 포괄적이고 구체적인 특징을 지니고 있다. 그의 글에는 선교의 범위, 선교의 내용, 선교 사역의 진행, 성령의 필요성과 역할 등 선교에 관한 다양한 내용들이 모두 망라되어 있다. 우선 누가는 예수님의 복음, 즉 예수님의 십자가 사건으로 말미암는 구속 사건이 선교 사역의 핵심이 되어야 함을 매우 강조한다. 누가는 선교사들이 이방인들에게 반드시 선포해야 하는 메시지의 핵심이 그리스도의 '고난'과 '부활', 그리스도로 말미암는 '죄 사함'과 '회개'가 되어야 함을 가장 먼저 언급하고 있다. 그에게 있어서 그리스도 사건은 선교 사역의 핵심이며, 기초인 동시에 필수적인 요소인 것이다. 누가가 강조하고 있는 것처럼, 예수 그리스도 사건이야 말로 현대 선교사들이 반드시 관심을 갖고 선포해야 할 복음의 핵심임을 잊어서는 안 될 것이다. '사회 복음'(social gospel)을 강조하는 사역자들이라고 할지라도 선교 사역을 수행해 나가는 과정에서 기독교 복음의 핵심인 예수 그리스도의 십자가 사건을 생략하거나 약화시켜서는 안 되는 이유가 바로 여기에 있다.

24장 47절을 보면 복음이 어떻게 온 세상에 편만하게 될 것인가가 지리적 관점에서 기술되어 있음을 발견할 수 있다. 그는 그리스도의 복음이 예루살렘에서 시작되어 '모든 족속'에게 전파될 것을 예언적으로 기술하고 있다. 사도행전에는 이 내용이 보다 상세하게 기록되어 있는데, 누가는 복음 전파가 예루살렘에서 시작되어 온 유대와 사마리아를 거쳐 땅 끝까지 이르게 될 것을 예언하고 있다. 누가의 비전은 이미 땅 끝에 있었음을 알 수 있다. 당시에는 마치 그리스도의 복음이 예루살렘에 묶여 있는 것처럼 보였지만, 시간이 지나면서 복음이 지리적 확장을 통하여 땅 끝에까지 이르게 될 것을 믿음의 눈으로 바라 본 것이다. 누가와 같이 우리의 관심과 꿈도 내 가족, 내 나라, 내 민족에 머물러 있을 것이 아니라 땅 끝을 바라보는 선교적 비전으로 바뀌어야 할 것이다.

24장 48절은 선교사의 역할이 '증인' 되는 것임을 명시하고 있는데, 증인이란 그리스도의 삶과 죽으심, 고난과 부활을 직접 목격한 자들을 지칭하는 말이다. 선교는 자기가 만나고 경험한 예수 그리스도를 있는 그대로 전파하는 사역이라고 할 수 있다. 현장을 목격한 사람만이 증인으로서의 자격이 있듯이 주님과의 인격적 만남과 교제를 경험한 사람만이 그리스도의 증인이 될 수 있는 것이다. 선교 사역에 직접 동참하거나 선교 후원을 소망하는 사람들은 반드시 그리스도를 인격적으로 만났거나, 그분과 깊은 영적인 교제를 나눈 경험을 지니고 있어야 한다.

누가는 24장 49절에서 사역자들이 선교사역을 수행하기 전에 먼저 성령의 능력으로 덧입혀져야 한다는 사실을 강조하고 있다. 어떤 사람도 성령의 도우심이 없이 선교사역을 수행해 나가는 것이 불가능함을 간접적으로 암시하고 있는 것이다. 예수님께서 제자들에게 예루살렘을 떠나지 말라고 명하신 이유와 의미를 깊이 이해하는 것이 매우 중요한데, 그 이유는 제자들이 성령 충만을 받지 못한 상태로는 주님의 선교 명령을 바르게 수행 할 수 없음을 예수님께서 잘 알고 계셨기 때문이다. 제자들의 경험과 실력만으로 세계 선교의 사명을 감당하는 것이 불가능함을 누구보다 잘 알고 계셨던 주님께서 그들에게 성령의 능력이 반드시 공급되어야 함을 아시고 내리신 명령이었다. 성령의 도우심과 인도가 없이는 어느 누구도 선교 사역을 바르게 이끌어 나갈 수 없다는 사실을 겸허히 받아들이는 겸손한 태도가 절실히 요구된다.

5. 사도행전과 선교

사도행전은 어떻게 복음이 예루살렘에서 시작하여 온 세계로 전파되어 나갔는가를 역사적, 지리적으로 기술한 책이다. 사도행전은 누가복음의 연속선상에 위치하는 책으로 내용에 있어서나 기술 방식에 있어서 누가복음과 매우 흡사하다고 할 수 있다. 누가복음의 끝이 사도행전의 전반부와 자연스럽게 연결되어 있어서 사도행전의 전반부를 이해하는 것이 난해하거나 복잡하지는 않다. 이질적이지 않은 두 책은 그리스도의 승천과 성령의 임함이라는 주제로 연결되어 있다. 제자들이 선교 사역을 보다 효과적으로 수행할 수 있도록 하기 위해서 성령이 하늘로부터 그들에게 임한다. 예수님께서 부활하신 후, 제자들은 사실 하나님의 나라가 곧 임하기를 기대했었다. 구약성경에 예언된 하나님의 나라가 즉시 임하기를 기대했었던 제자들을 향해 예수님께서 새로운 사명을 부여하셨는데, 그 명령은 제자들이 전혀 기대하지도 원하지도 않았던 선교 명령이었다. 예수님을 통해 자신의 정치적 야망과 비전을 성취하려고 했던 제자들에게 다시 한 번 선교명령이 주어진 것이다. 제자들이 기대하고 바라던 것과 전혀 상관없는 선교 명령이 그들에게는 다소 생소하게 들렸는지도 모른다. 하지만 제자들은 주님께서 자기들을 부르셔서 삼년 동안 쉬지 않고 가르치시고 삶을 함께 나눈 이유와 목적이 바로 세계 복음화에 있었다는 사실을 깨달아야만 했다. 주님께서 제자들을 부른 이유가 그들의 세속적인 성공과 출세를 위함이 아니라 세계 복음화에 있었음을 다시 한 번 일깨워 주신 것이다.

1) 선교 공식(Mission Formula)

주님은 제자들이 선교 사역을 효과적으로 수행하기 위해서 성령의 권능이 절대적으로 필요하다는 사실을 제일 먼저 가르치셨다. 사도행전 1장 8절 말씀은 이러한 사실을 간단하고 명료하게 기술하고 있다. "오직 성령이 너희에게 임하시면 너희가 권능을 받고, 예루살렘과 온 유대와 사마리아와 땅 끝까지 이르러 내 증인이 되리라"는 말씀은 명쾌한 "선교 공식"(mission formula)을 담고 있다. 증인이 되기 위해서는 권능이 필요하고, 권능을 얻기 위해서는 성령의 임재가 필요하다는 사실을, 짧지만 분명하게 가르쳐주는 말씀이다. 결국 제자들이 효과적인 증인이 되기 위해서는 성령의 도움이 절대적으로 필요하다는 사실을 가르쳐주고 있는 것이다. 사도행전에 기록된 선교 역사들은 거의 예외 없이 이 공식을 따라 진행되고 있는 것을 발견할 수 있다. 우리 역시 주님이 바라시는 효과적인 증인이 되기 위해서는 권능이 필요하고, 권능을 얻기 위해서는 성령의 도우심이 절대적으로 필요함을 인식하고 선교 사역에 임하기 전부터 철저히 성령님을 의지하는 훈련이 필요하다.

이방인 선교는 성령의 임함과 함께 시작된다. 사도행전 2장 4절은 어떻게 제자들이 최초로 증인 역할을 감당했는가를 보여준다. 마침내 제자들에게 주님의 약속하신 성령이 임하게 되고, 그들은 자신의 의지와 상관없이 "성령이 말하게 하심을 따라" 각종 방언을 하게 된다. 학자들은 그들이 말한 방언의 종류가 적게는 서너 종류, 많게는 열다섯 종류의 근동지방 언어였을 것이라고 추측한다. 언어 종류가 몇 개가 되었든 중요한 점은 그들이 선포한 방언으로 말미암아 근동지방 열다섯 지역에서 온 사람들이 그리스도의 고난과 부활에 관하여 들었다는 점이다. 제자들의 입에서 나오는 복음 선포로 말미암아 당일에만 적어도 3,000명 이상이 주님을 영접하고 세례를 받았다는 사실은 실로 기적이 아닐 수 없다. 이러한 영적 변화는 제자들이 본래 지니고 있던 지식이나 능력으로 말미암은 것이 아님은 분명하다. 개인의 회심은 성령의 역사로만 가능하다는 점을 고려해 볼 때 그들에게 주어진 능력은 분명히 성령의 역사로 말미암은 것이다. 오순절 날 제자들이 증인이 될 수 있었던 이유는 그들이 방언을 할 수 있는 능력을 부여 받았기 때문이고, 그들이 방언을 할 수 있도록 역사하신 분은 바로 성령님이시다. 결국 제자들이 능력 있는 증인이 될 수 있었던 근본적인 이유는 성령의 도우심과 역사 때문이었다. 현대를 살아가는 우리들도 능력 있는 증인이 되기 위해서는 그리스도의 영이신 성령의 능력을 힘입어야만 한다는 사실을 늘 기억해야만 한다. 영적인 열매는 인간의 능력이 아닌 성령님의 능력으로만 맺을 수 있는 것이다. 오순절 날 이 땅에 임하신 성령님께서 가장 먼저 하신 사역이 바로 선교 사역이었다는 사실을 기억하며, 세상의 모든 교회들이 사역의 우선순위를 어디에 둘 것인가를 깊이 고민해야 할 필요가 있다. 제자들은 오순절 사건 이후로도 지속적으로 선교사역을 펼쳐나갔다. 사도행전 3장에서는 앉은뱅이를 고쳤고, 4장에서는 예수님을 십자가에 못 박았던 산헤드린 공의회 앞에서 두려움 없이 복음을 전파하기도 했다. 성령의 능력으로 앉은뱅이를 고친 제자들은 다시 한 번 '증인'(3:15)이되었고, 뒤이어 지속된 사역들을 통해서도 '증인'(5:32)의 역할을 담대히 수행해나갔다. 성령께서는 제자들에게 인간들의 온갖 협박과 순교의 위협 속에서도 두려움 없이 복음을 증언할 수 있는 '담대함'과 용기를 주셨다. 이러한 담대함과 용기는 인간이 스스로 지닐 수 없는 것들로서 성령의 강력한 역사와 도움으로만 지닐 수 있는 것이다. 현재도 복음화를 거부하는 지역들에서는 날마다 살해의 위협을 마주하며 선교 사역에 종사하는 수많은 사역자들이 존재한다. 선교지에서 날마다 사역자들을 엄습해오는 두려움과 죽음의 공포를 극복하기 위해서는 성령님의 도우심이 절대적으로 필요하다. 성령 충만했던 스데반이 죽음의 위협과 공포를 두려움 없이 직면했듯이 성령 충만한 사역자들만이 선교지에서 찾아오는 두려움과 공포를 극복할 수 있을 것이다.

2) 예루살렘 교회와 안디옥 교회

(1) 예루살렘 공동체
예루살렘 교회는 초대 교회 당시 가장 많은 성도들로 구성되어 있었다. 작게는 삼만 명, 많게는 오만 명 정도의 성도들이 함께 신앙생활을 영위해 가고 있었다. 수많은 위협과 핍박 속에서도 성도로서의 정체성을 잃지 않고 꿋꿋하게 신앙을 지켜 나갔다. 예수님의 제자들은 주님의 이름으로 수많은 표적들과 기적들(signs and wonders)을 행했고, 성도들은 사도들의 가르침을 받아 거의 완벽한 공동체를 이루며 살아가고 있었다. 성도들은 물건을 서로 통용하면서 가난한 성도들의 결핍을 해결해 나갔다. 성도들은 자기 소유의 재물들을 팔아 선한 일들을 펼쳐나갔다. 인류가 꿈꿔 온 '유토피아'가 역사상 실제로 실현된 것이다. 기독교 역사와 일반 역사를 통틀어 가장 이상적이고 완벽한 공동체를 이루며 살고 있었다. 당시 예루살렘 공동체는 세상으로부터도 칭송을 받는 그야말로 성령 충만한 완벽한 공동체였다(행 2:43-47; 4:32-35).

그럼에도 불구하고 예루살렘 공동체는 매우 치명적인 핸디캡을 지니고 있었는데, 그것이 바로 이방인들에 대한 철저한 거부의식이었다. 동일한 신앙과 종교적 전통을 지닌 동족들에게는 매우 관대하고 열린 사고를 지니고 있었지만, 타 종교나 다른 전통과 가치를 지니고 살아가던 이방인들에게는 철저하게 냉정하고 닫혀있었다. 예루살렘 공동체의 한계는 자기와 다른 종교와 전통 속에 살아온 이방인들을 향해 복음을 들고 나가지 못하는 점이었다고 할 수 있다. 하나님을 잘 섬기고 있었고, 신앙 공동체로서도 전혀 손색이 없을 정도로 완벽했음에도 불구하고 그들은 이방의 장벽을 넘어서지 못했다. 그들의 이러한 모습을 적나라하게 보여주는 대표적인 사례가 바로 고넬료와 연관된 이야기다.(행 10장) 이방인이었던 고넬료를 대하는 사도 베드로의 태도는 예루살렘 공동체에 속해 있던 대부분의 성도들이 지니고 있던 이방인 의식을 잘 드러내주고 있다.

베드로의 '욥바 교훈'은 유대인들의 닫힌 사고를 열어주는 매우 중요한 사건이었다. 사도행전 10장에 등장하는 고넬료는 하나님을 경외하며 백성을 많이 구제하는 선한 이방인이었음에도 불구하고 베드로의 배척을 받았던 인물로 묘사된다. 수많은 표적들과 기적들을 향하며 유대인들에게 복음을 전파했던 베드로, 순교를 각오하고 산헤드린 공의회 앞에서 복음을 증언하던 베드로, 거의 완벽한 신앙 공동체를 이끌던 베드로조차 이방인에 대한 편견과 선입견에 사로잡혀 고넬료를 거부했던 것이다. 베드로는 "하나님께서 깨끗하게 하신 것"을 "속되고 깨끗하지 않은 것"이라고 여기며 철저히 거부했던 인물이었다(행 10:14-15). 예수님과 삼년 동안이나 함께 다니며 받았던 영적 훈련의 목적과 의미를 끝내 발견하지 못한 베드로를 교훈하기 위하여 하나님께서는 극적인 사건을 예비하셨다. 하나님께서는 '환상'이라는 매우 신비한 방법을 동원하면서까지 베드로에게 이방인 선교의 중요성을 가르쳐주시려고 했던 것이다. '세 번' 씩이나 거부하는 베드로의 고집은 베드로의 이방인 거부 의식이 얼마나 철저했는가를 잘 보여주고 있다. 분명히 부활하신 주님으로부터 세계 선교 명령을 받았음에도 불구하고 베드로는 철저한 선민의식으로 인해 이방인 선교를 철저히 거부하였던 것이다. 그럼에도 불구하고 하나님이 열심과 고집은 마침내 베드로를 굴복시키고 말았다.

하나님을 인격적으로 깊이 만나고, 수많은 영적인 체험을 지닌 성도들이라 할지라도 이방인의 장벽과 선입견을 극복하며 선교 사역에 적극적으로 동참하는 것이 그리 쉬운 일은 아니다. 주님으로부터 직접 선교적 사명을 부여받았던 베드로조차 이방인 선교 사역에 동참하기까지 긴 갈등의 시간이 필요했었다는 점을 감안한다면, 우리 역시 이방인 선교 사역에 동참하기 위해서 수많은 내면적 갈등과 타문화의 장벽을 극복해야만 한다는 사실을 명심할 필요가 있다. 우리 모두는 이미 선교 명령을 받은 자들이다. 교회 안에는 단지 두 부류의 성도들만 존재한다. 선교 명령에 순종하는 성도와 거부하는 성도다.

(2) 안디옥 공동체

안디옥 교회 탄생의 배경에는 아픈 역사가 있다. 스데반의 순교로 촉발된 '큰 핍박'으로 인해 흩어진 성도들이 설립한 교회가 바로 안디옥 교회다(행 11:19). 주님으로부터 선교 명령을 부여받았던 예루살렘 성도들의 불순종이 불러 온 핍박으로 인해 흩어진 성도들이 안디옥에 와서 전한 복음이 폭발적으로 성장하며 탄생한 교회다. 안디옥 교회는 많은 사람의 순종이 아닌 '소수의 순종'으로 인해 탄생했다. 핍박을 피해 안디옥으로 피신해 온 대다수의 성도들은 유대인에게만 복음을 전했지만, 그 중에 소수의 성도들이 이방인들에게 복음을 전하기 시작했고 주님이 함께하시는 역사로 말미암아 폭발적인 성장을 이루게 된다. 과거나 현재나 선교 사역은 선교 명령에 순종하는 소수의 성도들에 의하여 지속되고 있다.

안디옥은 로마 제국의 삼대 도시 중 하나였다. 로마, 알렉산드리아와 더불어 로마 제국을 대표하는 국제 도시였다. 다양한 인종들과 다양한 문화와 종교들이 혼재하는 도시였기 때문에 매우 개방적이고 자유로운 도시였다고 한다. 세계 복음화를 위해 하나님께서 선택한 교회가 예루살렘 교회가 아닌 안디옥 교회였다는 사실은 매우 흥미롭다. 하나님께서는 왜 더 크고 깊은 전통을 지닌 예루살렘 교회 대신에 신생 교회인 안디옥 교회를 세계 복음화의 전진 기지로 삼으셨을까? 아마 이질적인 것들, 즉 이질적인 전통과 가치, 종교, 문화 등을 거부해오며 살아온 예루살렘 공동체의 한계를 보신 하나님께서 다양한 전통과 가치들을 포용하며 살아온 안디옥 공동체의 '열린 사고방식'(open-mind)을 선택하신 것이 아닌가 싶다. 전통에 갇힌 예루살렘 교회보다는 순종할 줄 아는 안디옥 교회가 주님께는 더 필요했는지 모른다. '대립적 사고'(dichotomistic thinking)에 갇혀 모든 현상을 흑백으로 구분하려는 예루살렘 공동체보다는 '총체적 사고'(wholistic thinking)를 통해 모든 현상들을 이해하려는 통합적 사고를 지닌 안디옥 공동체가 선교 사역에 더 적합했을 것이다. 주님은 오늘날도 폐쇄적인 사고에 갇혀있는 공동체보다 열린 사고를 갖고 다양한 가치와 전통들을 수용하려는 자세를 지닌 공동체에게 선교 사역을 맡기길 원하실 것이다.

③ 안디옥 교회의 선교 사역

기독교 역사상 최초로 선교사들을 타 문화권으로 파송한 교회는 안디옥 교회였다. 안디옥 교회는 자기들이 가지고 있던 최고의 영적 자산인 지도자 두 분을 선교를 위해 포기한 공동체였다. 그들은 세계 복음화의 과업을 이루기 위해 자기들을 영적 지도자인 사울과 바나바를 포기할 줄 아는 용기를 지닌 공동체였다. 그들이 가지고 있던 가장 중요하고 가치 있는 것들을 세계 선교를 위해 내려놓을 줄 아는 교회였다. 선교를 위해 기꺼이 값진 대가를 치를 준비가 되어있던 공동체를 하나님께서 들어 사용하신 것이다.

두 명의 선교사가 파송되는 장면을 통하여 우리는 또 다른 도전을 받는다. 안디옥 교회의 지도자들이 지니고 있던 '영적 민감성'이 바로 그 것이다. 그들은 영적으로 민감하게 깨어있었고, 마침내 금식기도를 하는 가운데 성령의 음성을 들을 수 있었다. 영적으로 민감하게 깨어있지 않으면 성령의 음성을 들을 수 없고, 성령의 음성을 들을 수 없으면 하나님의 뜻과 계획에 동참할 수 없다. 안디옥 교회 지도자들은 깨어있었고, 마침내 주님의 계획에 순종할 수 있었던 것이다. 주님은 지금도 여전히 우리를 선교로 부르고 계시지만 영적으로 둔감해진 우리는 그의 음성을 듣지도 못하고, 따라서 순종할 수도 없다. 주님의 선교 사역에 동참하기를 원하는 성도들은 누구나 예외 없이 영적으로 민감하게 깨어서 성령의 인도를 받으려는 겸손함을 지녀야 한다.

성령께서 선교사들을 지정하여 파송할 때 선교사들에게 직접 말씀하시기도 하지만 안디옥 교회의 경우 '교회 지도자들'에게 먼저 말씀하셨다는 사실을 눈여겨 볼 필요가 있다. 선교는 교회의 지도자들이 주도권(initiative)을 갖고 수행해야 함을 가르쳐주는 장면이라고 할 수 있다. 본문은 선교의 주체가 선교사가 아니라 교회의 지도자 또는 선교사가 속한 공동체라는 사실을 분명히 전해주고 있다. 오늘날에는 선교의 주체가 교회가 아닌 선교사 개인이라는 사실이 매우 안타깝다. 교회와 교회의 지도자들이 영적으로 깨어서 세계 선교를 주도하고 이끌어야함에도 불구하고, 교회는 잠자고 선교사들만 깨어있는 한국 교회의 현실이 안타까울 뿐이다. 한국 교회가 하루속히 영적으로 민감하게 깨어나서 주님의 음성을 듣고, 세계 복음화의 과업에 적극적으로 동참할 수 있어야 할 것이다.

제2부

바울과 선교

제2부 바울과 선교

제1장 선교사 바울

제2장 바울의 선교원리와 방법

제3장 선교사 모델로서의 바울

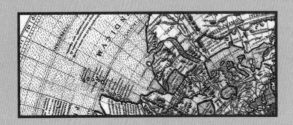

한국 교회가 이방선교를 위해 본격적으로 발을 내딛기 시작한 이후로 대략 30여 년이 흘렀다. 1970년대에도 이미 한국 선교사들이 여러 이방 나라들에 파송되어 선교활동을 해왔던 것이 사실이지만 한국 교회가 본격적으로 세계선교에 관심을 갖고 선교사들을 파송하기 시작한 시기가 바로 1980년대였다고 할 수 있다. 1970년대에 있었던 다양한 전도와 선교운동, 선교대회 등을 통해 도전을 받은 수많은 젊은이들이 세계선교에 헌신하고 파송을 받기 시작한 1980년대 이후로 한국 교회의 선교사 숫자는 줄곧 성장을 거듭해왔다. 현재 한국에서 파송된 선교사 숫자는 대략 21,000명에서 27,000명 정도다.[1] 한국 교회가 세계에서 세 번째로 많은 해외 선교사들을 파송할 수 있었던 이면에는 하나님의 특별한 섭리와 인도가 있었다고 할 수 있다. 지난 30여 년 동안 한국 교회가 많은 선교사들을 이방 나라들에 파송할 수 있는 축복을 받아 누린 것이 사실이지만, 그 이면에는 한국 선교의 어두운 면들이 숨어있는 것도 사실이다. 많이 보낸 만큼 많은 시

---

1   '한국 선교연구원'(KRIM)에서 발표한 통계에 의하면 2017년 12월을 기준으로 한국 선교사들이 159개국에 21,220명이 파송되었다고 한다. 반면 '한국 세계 선교사협의회'(KWMA)는 전 세계에서 사역하고 있는 선교사들의 숫자를 발표하며 172개국 27,205명이라고 했다. 두 통계 사이에는 대략 6,000명 정도의 차이가 있다. 두 단체의 통계로만 보면 한국 선교사 숫자는 대략 21,000-27,000명 사이가 될 것이다.

행착오와 폐해도 보고되고 있다는 점도 눈여겨보아야 할 필요가 있다.

어느 선교지에서는 한국 선교사들을 더 이상 파송하지 말아달라는 요청을 하기도 했다. 어느 선교지도자는 적지 않은 선교사들이 선교를 핑계로 자녀 교육과 신분 상승을 추구하기도 한다는 점을 지적하기도 했다. 어느 선교사는 수십억이 들어간 선교 프로젝트를 두고 철수한 후에 다시 들어가 보니 현지 지도자가 모든 재산을 다 팔아버리고 잠적해 버린 뼈아픈 경험을 하기도 했다. 일부 선교사들은 소명과 헌신의 결여로 인해 작은 핍박과 역경을 견디지 못하고 조기에 철수하는 사례도 있다. 적지 않은 선교사들이 동료와의 갈등, 건강의 악화, 문화 부적응, 자녀 교육, 파송 단체와의 갈등, 후원의 결여 등으로 인해 많은 본인이 작정한 기간을 다 채우지 못하고 미리 선교지를 떠나야하는 아픔을 겪기도 한다.[2] 분명히 한국 선교사들이 지닌 다양한 장점들이 있음에도 불구하고 동시에 이렇게 다양한 문제점들을 지니고 있는 것도 사실이다. 한국 교회가 지난 30년을 되돌아보며 한국 선교의 문제점과 개선점을 보완할 수 있다면 제한된 인적 물적 자원을 갖고도 보다 효과적이고 의미 있는 선교사역을 펼쳐갈 수 있을 것이다.

이 장은 한국 선교의 지난 30년을 되돌아보며 다양한 문제점들과 개선할 점들이 무엇인가를 살펴보고, 성경을 통하여 그 답을 찾는다. 바울과 연관된 기록들을 중심으로 선교가 무엇이고, 어떻게 해야 하고, 선교사가 누구이며, 어떤 선교 방법과 전략을 동원해야 하며, 선교의 궁극적인 목적이 무엇인가를 살필 것이다. 성경이 보여주고 있는 선교 사역의 모델이라고 할 수 있는 사도 바울의 선교 사역을 통하여 한국 선교의 문제점과 개선점을 발견하고, 그것들을 최소화시키고 발전시키기 위한 대안들을 제시할 것이다. 최초의 선교사요 신학자였던 사도 바울의 선교 사역이 담고 있는 다양한 통찰과 지혜를 통하여 한국 교회의 선교 사역이 좀 더 바른 방향으로 발전할 수 있기를 기대한다.

---

2   한국 선교사들의 중도탈락과 다양한 문제점들에 대한 상세한 정보는 WEF가 1997년에 발표한 통계를 참고하시오. cf. William D. Taylor ed. *Too Valuable to Lose: Exploring the Causes and Cures of Missionary Attrition* (Pasadena, CA: William Carey Library, 1997), 129-142.

제1장

선교사 바울
(Paul, the Missionary)

1. 바울의 정체성

1) 선교사 신학자(Missionary Theologian)

1960년대 이전까지만 해도 바울에 대한 이해가 주로 그의 신학에 머물러 있었다. 하지만 1960년대에 이르러서부터는 바울에 대한 이해가 새로운 전환을 맞이하게 된다. 바울을 단순히 신학자로만 이해해 왔던 신학자들 가운데서 바울을 선교사로 이해하려는 노력이 등장하기 시작한 것이다. 데이빗 보쉬(David J. Bosch)는 "바울이 최초의 신학자가 될 수 있었던 이유는 바로 그가 최초의 선교사였기 때문 이었다"라고 했다.[3] 보쉬는 Hengel, Dahl, Russell 등의 주장을 근거로 사도 바울이 최초의 기독교 선교사였다는 사실을 누구보다 강하게 주장한 학

---

3 Bosch, *Transforming Mission: Paradigm Shifts in Theology of Mission* (Maryknoll, NY: Orbis Books, 1992), 124.

자였다. 그는 홀트그렌(Hultgren)의 글을 인용하면서 "바울의 선교가 바울의 신학에서 비롯된 것이 아니라 바울의 신학이 바로 선교신학(missionary theology)"이라고 했다.[4] 이와 같이 바울을 선교사로 이해하려는 시도가 60년대 이후로 조금씩 발전되어 왔다. 근자에 와서는 히버트(Hiebert)가 몇 안 되는 장로교 선교학자 중 하나인 하비 콘(Harvie Conn)의 입장을 언급하면서 "하비 콘은 … 신학은 선교의 딸이지 선교의 어머니가 아니라는 사실을 지적했다"고 했다.[5] 콘의 주장처럼 신약의 모든 신학은 선교지의 문제점들을 해결하기 위해 만들어진 것이라고 할 수 있다. 바울의 신학은 공허한 이론과 관념에서 비롯된 것이 아니라 구체적인 선교 현장에서 비롯됐다는 사실을 발견하고 강조한 것이다.

헹겔(Martin Hengel)은 초대 교회 당시 있었던 선교적 성공은 고대 역사상 찾아보기 힘든 현상이었다고 지적하면서, 바울의 선교적 성공은 고대의 타 종교의 사례에서나 교회의 역사를 통틀어서도 발견하기 힘든 매우 예외적이고 독특한 현상 가운데 하나라고 언급했다. 그는 세계 복음화라는 명제를 바울에게서 최초로 발견할 수 있다고 하면서 바울 이후로 거의 20세기 동안 그의 사역에 필적할 만한 사역은 이루어진 적이 없다고 했다.[6] 헹겔은 "바울이 최초의 기독교 선교사였기 때문에 최초의 기독교 신학자가 될 수 있었다"[7]는 점을 매우 강력히 주장했다. 오브라이언(P. T. O'Brien)은 쥬웨트(Robert Jewett)와 홀트그렌(A. J. Hultgren)의 글을 인용하면서 바울이 얼마나 철저히 선교사였는가를 드러내기도 했다. 쥬웨트는 바울을 단순히 신학자로만 이해해서는 안 되고, 다양한 그룹이나 개인과 함께 동역했던 "자급하는 선교사"(self-supporting missionary)로 이해해야 한다는 점을 강조하였다. 홀트그렌 역시 바울의 신학을 "선교 신학"(missionary

---

4   Bosch,. *Transforming Mission: Paradigm Shifts in Theology of Mission*, 124.

5   Hiebert G. Paul. "Missiological Education for a Global Era," in *Missiological Education for the 21st Century*. eds. J. Dudley Woodberry, Charles Van Engen, Edgar J. Eliston. (Maryknoll. NY: Orbis Books, 1996), 38.

6   Hengel Martin. "The Origins of the Christian Mission", in *Between Jesus and Paul: Studies in the Earliest History of Christianity* (London: SCM, 1983), 48-52. 재인용.

7   Hengel, "The Origins of the Christian Mission", 49-50. 재인용.

theology)으로 이해할 필요가 있다고 주장하였다.[8]

　이상에서 살펴본 대로 현대 신학자들 가운데 상당수가 이미 사도 바울의 정체성을 언급할 때 그를 단순히 신학자로 뿐만 아니라 선교사로도 이해하고 있다는 점을 상기할 필요가 있다. 사도 바울 자신이 고린도전서 3장 6절에서 언급하고 있는 것처럼 그는 자기 자신을 선교사 내지 전도자로 인식하고 있었던 것이 분명하다. 본 구절에서 그는 자기 자신을 가리켜서 "심는 자"(planter)로 부르고 있다. "나는 심었고, 아볼로는 물을 주었으되, 오직 하나님은 자라나게 하셨나니"라는 구절에 담겨있는 자의식 또는 자기 정체(identity)는 매우 분명했다. 심지어 그는 자기 자신을 목회자와도 구별하고 있는 것을 발견할 수 있다. 고린도 교회의 목회자는 자기가 아니라 아볼로라는 사실을 분명히 신인하고 있는 것이다. 로마서에서 바울이 "이제는 이 지방에 일할 곳이 없고"(롬 15:23)라고 선언한 이유가 바로 그의 정체성에서 비롯된 것임을 알 수 있다. 전도자로서, 선교사로서 근동지방의 흩어진 교회들을 각 교회의 지도자들, 즉 목회자들에게 맡기고 그는 복음이 한 번도 전파된 적이 없는 곳에 가서 복음을 전해야 한다는 사실을 선언하고 있는 것이다. 예루살렘에서부터 일루리곤 지역에 흩어져 있던 교회들이 불완전하고 다양한 문제들을 지니고 있었음에도 불구하고 바울은 과감하게 복음의 처녀지를 향해 발걸음을 옮긴 것이다. 그때까지 한 번도 복음을 들어보지 못했던 미전도 종족을 향해 나아간 것이다. 그런 의미에는 바울은 선교사였다.

　바울은 한국 선교사들이 신학자가 될 것을 요구하고 있다. 바울이 한국 선교사들에게 주는 교훈이 있다면 선교사는 신학자가 되어야 하고, 신학자는 선교사가 되어야 한다는 점이다. 성경 지식이나 신학적 지식의 부재는 선교지에서 재앙을 가져올 수 있다. 선교지에서의 다양한 영적인 요구와 사회적 문제점들에 대해 신학적으로 바른 답을 제공해야 할 책임이 선교사들에게 있기 때문이다. 선교지에서 발생하는 수많은 과제들과 대면하기 위해서 충분한 신학적 지식이 동반되어야 한다. 선교사는 단순히 복음만 선포하는 자가 아니라 현지인들이 안고 살

　8　P. T. O'Brien. *Gospel and Mission in the Writings of Paul: An Exegetical and Theological Analysis* (Grand Rapids: Baker Books, 1995), Xi-Xii.

아가는 수많은 삶의 문제들에 대해서도 영적으로 바른 답을 제공할 수 있는 능력이 있어야 한다. 바울 서신은 모두 선교 현장에서 발생한 영적이고 육체적인 (physical) 문제들을 해결하기 위해 쓰여진 것이다. 고린도 지역의 다양한 문제 해결을 위해 고린도전후서를 썼고, 갈라디아 지역의 교회들이 지닌 영적 오해를 해결하기 위해 갈라디아서를 썼다. 일일이 열거하지 않더라도 바울 서신 모두는 바울이 개척했던 교회들에서 발생한 영적인 오해들과 그릇된 삶의 방식을 교정하고 바로잡기 위해서 쓴 편지들이다. 선교사 바울이 신학자였듯이 한국 교회에서 파송 받은 모든 선교사들은 신학자가 되어야 한다.

2) 보냄을 받은 자

선교사들은 보냄을 받은 자들이다. 선교사는 자의로 선교의 길을 선택한 것이 아니라 하나님께서 부르셔서 그 길을 가는 자들이다. 바울은 자기가 누구의 부르심을 받고 누구에게로 보내심을 받았는지 분명한 의식을 지니고 살았던 자이다. 바울이 복음 전파의 사명을 자기 생명과 바꿀 수 있었던 배경에는 하나님의 부르심에 대한 확신이 있었기 때문이다. 자기가 그 길을 선택한 것이 아니라 하나님께서 그 길을 걷게 하셨다는 확신이 바울에게 담대함과 인내심을 갖게 했을 것이다. 자의적 선택을 통해 선교사로 입문한 사람들은 작은 고난과 역경에도 쉽게 좌절하고 무너지지만 하나님께서 자기를 파송했다는 확신을 가진 사람들은 어떤 고난과 역경이 닥쳐와도 쉽게 무너지거나 포기하지 않는다.

예수님께서 열두 제자들을 세상으로 파송하셨듯이, 하나님께서 바울을 이방인의 사도로 파송하셨다. 안디옥 교회가 바울과 바나바를 파송한 것처럼 보이지만 사실은 성령님께서 그들을 파송한 것이다. 다시 말하자면 그들은 하나님의 파송을 받은 자들이었다. 사도행전 13장 2절과 4절은 이러한 사실을 분명히 보여준다. "성령이 가라사대 … 바울과 사울을 따로 세우라"는 기록과 "두 사람이 성령의 보내심을 받아 … 구브로에 가서"라는 기록은 바울과 바나바가 자의적으로 선교지를 향해 간 것이 아님을 분명히 보여준다. 이 구절들을 통해서 선교사 파송의 주도권(initiative)이 선교사 자신이 아니라 교회와 성령님께 있음을 배울 필요가 있다. 하지만 안디옥 교회의 지도자들이 금식하며 기도했다는 기록을 참고해 보면 바울과 바나바가 선교사로서 선교지를 향해 갈 때 안디옥 교회 지도자들과 논의했을(consulting) 가능성을 배제할 수 없다. 그런 의미에서 안디옥 교회가 선교사 파송의 주도권을 가진 것은 사실이고, 안디옥 교회의 지도자들은 선교사 파송에 관해 성령의 도움을 구했을 것이다.[9]

선교사들은 하나님의 보냄을 받은 자들이다. 자의적으로 가서도 안 되지만, 자의적으로 포기해서도 안 된다. 한국 선교사들의 상당수가 선교 사역을 중도에 포기하고 돌아오는 사례(case)가 점점 증가한다고 한다. 소위 "선교사 손실"(Missionary Attrition)이 점차 증가하고 있는 것이다. 자기가 약속한 기간을 다 채우지 못하고 미리 선교지에서 철수하는 사례가 늘고 있다는 말이다. 심각한 고난과 역경 속에서도 선교지를 떠나지 않고 버티는 선교사들의 수가 점차 줄어들고 있는 실정이다. 1994년대에 조사한 바로는 선교사 손실률이 대략 3.6%정도라고 한다. 1992년에 선교사 손실을 경험한 선교 단체가 23.4%였는데, 1993년에는 43.7%로 증가하였고, 1994년에는 43.7%로 조금씩 증가하는 양상을 띠고 있다.[10] 좀 오래된 통계이기는 하지만 이러한 현상은 현재도 지속적으로 일어나고 있다고 봐야 할 것이다. 선교사는 "보냄을 받은 자 의식"을 갖고 사역지에서 발생하는 다양한 고난과 역경을 인내함으로 이겨내야 할 것이다.

---

9   Eckhard J. Schnabel. *Paul the Missionary: Realities, Strategies, Methods* (Downers Grove, IL: IVP Academic, 2008), 392.

10   Moon Steve Sang-Cheol. "Missionary Attrition in Korea: Opinions of Agency Executives" in *Too Valuable to Lose: Exploring the Causes and Cures of Missionary Attrition.* William D. Taylor ed. (Pasadena, CA: William Carey Library, 1997), 134-135.

2. 바울의 소명(사명)

바울은 자기가 받은 소명에 대해 매우 확실하고 정확한 이해를 하고 있었다. 그가 전 생애를 통하여 오직 한 길만 달려 갈 수 있었던 배경에는 그의 의식 속에 자리 잡고 있던 분명한 소명의식 때문이었다. 그는 이방인의 사도로서 이방에 복음을 전하는 것 외의 어떤 사역에도 관심이 없었다. 바울이 생을 마감하기 전 마지막으로 남긴 서신에서 그는 자기가 마치 달리기 선수로서 트렉(track)을 벗어나지 않고 끝까지 달려왔음을 언급하고 있다.(딤후 4:7) 그는 또한 자기가 "예수 그리스도의 좋은 군사로"서 "자기 생활에 얽매이지" 않았음을 고백하고 있다.(딤후 2:3-4) 바울이 자기 생을 마감하면서 자신 있게 이러한 고백을 할 수 있도록 그를 격려하고 힘을 제공했던 요인은 아마 그가 지니고 있던 투철한 소명의식이었을 것이다. 수많은 역경과 고난을 이길 수 있는 힘과 능력의 원천이 바로 그의 투철한 소명과 사명 의식이었음을 부인할 수 없을 것이다.

신약 성경에 "부르다"(καλέω)라는 단어가 148번 등장하는데, 이 단어는 다양한 의미로 사용된다. 주님을 따르도록 하기 위해서나 거룩한 삶을 살아가도록 하기 위해서 이 단어를 사용하는 경우가 종종 발견된다. 하지만 '선교 사역'을 위해서 부르심을 받는 데 사용된 용례는 오직 한 군데 밖에 없는데, 바로 갈라디아서 1장 15절에서 그런 의미로 사용되고 있다.[11] 이 구절에서 바울은 "하나님께서 나를 은혜로 부르셨다"고 고백하고 있다. 누가는 사도행전에서 바울을 가리켜 "택한 나(하나님)의 그릇"(행 9:15)이라고 기록하고 있는데, '선택하다'(ἐκλέγομαι)의 명사형인 '선택'(ἐκλογή)이라는 말은 예외 없이 하나님께서 선택하는(election) 행위를 묘사하고 있다.[12] 누가는 하나님께서 바울을 부르셨다고

---

11   Robert L. Gallagher and Paul Hertig. eds. *Mission in Acts: Ancient Narratives in Contemporary Context* (Maryknoll, NY: Orbis Books, 2007), 125.

12   Coenen L. "Elect", *The New International Dictionary of New Testament Theology*, Colin Brown. ed. vol. 1 (Grand Rapids: Zondervan, 1971), 540 재인용.

표현하지 않고 그를 택하셨다고 표현함으로서 바울의 부르심이 하나님의 택하심의 결과임을 드러내고 있는 것이다. 누가는 또 사도행전 13장 2절에서 부르셨다는 표현을 대신해 "따로 세우라"(Ἀφορίζατε)라는 용어를 사용해서 바울이 특별한 사명을 감당하기 위해 일반인들과 분리되어 세움을 입은 사실을 드러내기도 했다.[13] 이러한 사실들을 종합해 보면 사도 바울의 부르심은 바울 스스로 선택한 것이 아니라 하나님의 주권적이고 주도적인 행위의 결과인 것임을 알 수 있다.

사도 바울이 수많은 고난과 역경 속에서도 굴하지 않고 선교 사역을 인내로 감당할 수 있었던 배경에는 자기가 지닌 소명이 자기로부터 비롯된 것이 아니라 전적으로 하나님께로부터 비롯되었다는 인식에서 기인한 것이라고 할 수 있다. 스스로 선택한 소명은 쉽게 무너질 수 있지만 소명이 하나님으로부터 부여된 것이라는 사실을 아는 사람은 자기 소명을 쉽게 포기하거나 내려놓을 수 없는 것이다. 한국 선교사들이 중도 탈락하는 이유들 가운데 하나가 바로 소명 의식의 부족이다. 한국 선교사들이 선교지에서 기한을 다 채우지 못하고 돌아오는 많은 이유들 가운데 하나가 바로 '소명 의식의 결여'라고 한다.[14] 그릇된 소명 의식, 건강하지 못한 소명 의식, 낭만적인 소명 의식 등은 선교사의 장수(longevity)에 매우 부정적인 영향을 끼치게 된다. 열악한 선교지에서 만나는 다양한 역경들과 맞서 싸우려면 분명한 소명 의식이 있어야 한다. 필자가 연구한 바에 의하면 고난과 역경을 이길 수 있는 가장 중요한 요인 가운데 하나가 바로 소명에 관한 분명한 인식과 확신이다. 예를들어, 일본에서 두 텀(term) 이상 장기로 사역하고 있는 선교사들의 경우 약 83%가 사역지에서의 역경과 고난을 극복하고 장기 사역을 감당할 수 있었던 비결이 바로 분명한 '소명 의식' 때문이었다고 대답했다.[15] 선교사들은 자기가 지닌 선교 사명이 자기로부터 비롯된 것인지 아니면 하나님으

---

13   Fritz Rienecker and Cleon Rogers. *Linguistic Key to the New Testament* (Gran Rapids: Zondervan, 1976), p. 291. 재인용.

14   Moon Steve Sang-Cheol. "Missionary Attrition in Korea: Opinions of Agency Executives", 136.

15   Hark Yoo Kim. *The Retention Factors among Korean Missionaries to Japan* (Trinity International University, Ph. D. Dissertation, 2001), 62.

로부터 비롯된 것인지 바르게 분별하는 것이 매우 중요하다.[16]

3. 바울의 선교적 동기(Missionary Motives)

그린(Michael Green)은 초대교회가 지녔던 선교적 동기를 연구하면서 바울의 선교적 동기를 세 가지로 분류하였다. 첫째는 구원과 부르심에 대한 '감사의식'(a sense of gratitude)이었고, 둘째는 소명에서 비롯된 철저한 '책임감'(a sense of responsibility)이었고, 셋째는 잃어버린 영혼에 대한 깊은 영적인 '관심'(a sense of concern)이었다.[17] Bosch는 바울의 선교 동기 중 가장 깊은 곳에 자리 잡고 있는 동기는 감사의식이라고 했다.[18] 그가 땅 끝까지 달려갈 수 있었던 배경에는 그를 강하게 사로잡았던 하나님의 사랑이 있었다. 하나님이 자기를 사랑하사 독생자를 주셨다는 사실과 하나님의 사랑이 자기 마음에 쏟아 부어졌다는 사실이 그로 하여금 선교를 거부할 수 없게 만든 중요한 요소였다. 이러한 사실은 선교사들이 하나님과 인격적인 만남을 경험하고, 구원의 확신을 갖는 것이 얼마나 중요한가를 보여주고 있다. 선교 후보생들은 반드시 하나님과의 깊은 인격적 만남을 가져야 하며, 구원의 감격을 맞본 사람이라야 한다. 하나님과 깊은 대면(encounter)을 경험하지 못한 사람은 타인을 깊이 사랑할 수 없기 때문이다. 이방인들을 사랑할 수 있는 힘의 원천은 자기가 경험한 하나님의 사랑이다. Bosch는 바울이 복음을 모든 사람들에게 선포할 수 있었던 가장 근본적인 이유가 잃어버린 영혼에 대한 관심에 있었던 것도 아니고, 그에게 주어진 책임감에 있었던 것

---

16   그릇된 선교적 동기에 대하여 구체적으로 살피기를 원하면 다음 책을 참고하시오. A. Scott Moreau. et al eds. *Introducing World Missions: A Biblical, Historical, and Practical Survey* (Grand Rapids: Baker Academic, 2003), 160-164.

17   Michael Green. *Evangelism in the Early Church* (Grand Rapids: Eerdmans, 1991), 236-255.

18   Bosch, *Transforming Mission: Paradigm Shifts in Theology of Mission*, 138.

도 아니고, 오직 그가 지니고 있었던 특권 의식(a sense of privilege)이었다고 했다. 바울은 그가 받은 은혜가 자기의 특권이라고 인식했다. 바울이 자기가 받은 선교 사명을 언급할 때마다 특권, 은혜, 감사라는 단어를 빼놓지 않고 사용하는 이유가 바로 여기에 있다.[19]

사도 바울은 사명을 생명과 맞바꾼 자다. 그는 주 예수께 받은 사명 곧 은혜의 복음을 증거 하는 일을 마치려 함에는 그의 생명을 조금도 귀한 것으로 여기지 않았다.(행 20:24) 바울은 복음 전하는 사명을 '피할 수 없는 일'(ἀνάγκη)이라고 했고(고전 9:16), 자기를 가리켜 복음에 '빚진 자'(ὀφειλέτη)라고 했다. 그는 자기가 복음을 전하지 않으면 자기에게 화가 임할 것이라고 스스로 고백하기도 했다. 이러한 다양한 고백과 표현들은 그가 복음 진파의 사명에 대해 얼마나 철서한 책임 의식을 지니고 살았는가를 보여주고 있다. 그린(Green)은 바울이 지녔던 책임 의식이 마치 사랑하는 주인(하나님)을 실망시키지 않으려는 신실한 종과 친구가 지녔던 '사랑스러운 두려움'(loving fear)이라고 표현했다. 그는 바울의 이러한 두려움이 그로 하여금 선교 사역을 향해 쉼 없이 달려갈 수 있는 원동력이 되었다고 했다.[20]

바울의 세 번째 동기는 버려진 영혼들에 대한 깊은 관심이었다. 바울은 주님 밖에 있는 영혼들은 완전히 버려진 자들로서 전혀 구원의 소망이 없는 자들이라고 인식했다. 보쉬는 바울이 하나님의 진노를 선포하는 대신 하나님의 사랑과 구원에 관한 '복음'(good news)을 선포했다는 점을 강조했다.[21] 바울은 심판보다 그리스도로 말미암는 구원과 회개와 회심에 초점을 맞추어 복음을 전했다. 그는 특별히 우상 숭배를 철저히 금했으며 우상 숭배의 허구와 죄악을 매우 비중 있게 다루었다.

선교사들이 선교지로 향하기 전에 반드시 자기 자신에게 물어야 할 질문이 있다면 아마 앞에 기록된 세 가지 동기에 대한 질문일 것이다. 자기 안에 구원의

---

19   Bosch, *Transforming Mission: Paradigm Shifts in Theology of Mission*, 138.

20   Green, *Evangelism in the Early Church*, 236-255.

21   Bosch, *Transforming Mission: Paradigm Shifts in Theology of Mission*, 134-135.

감격과 그로 인한 넘치는 감사가 있는가? 선교 사역과 자기 생명을 맞바꿀 용기가 있는가? 버려진 영혼으로 인해 가슴 아파하며 눈물을 흘린 기억이 있는가? 이 세 가지 질문 앞에 거리낌 없는 대답을 할 수 있는 선교사라면 그들은 선교사로서 충분한 자격을 갖춘 자들일 것이다. 그러나 만일 이 세 가지 질문 앞에서 대답할 자신이 없다면 그는 자기의 선교적 동기를 다시 한 번 점검할 필요가 있다.

제2장

바울의 선교 원리와 방법

알렌(Allen)은 초대교회 당시 바울이 채용한 다양한 선교 방법이 현 시대에 선교 사역을 수행하고 있는 선교사들에게도 매우 적합한 방법이라고 주장했다. 그는 새로운 교회를 개척하고 설립하는 과정이나 방법에 있어서 바울의 통찰들(insights)을 능가하는 방법은 없다고 잘라 말했다. 그는 현대 선교사들이 실패한 영역에서 바울의 선교 방법이 동원될 수 만 있다면, 선교사들이 선교지에서 경험할 수 있는 다양한 실패와 좌절을 얼마든지 극복할 수 있다고 주장하기도 했다.[1] 그는 바울의 선교 방법을 선교 사역의 가장 보편적인 방법이라고 칭하며, 바울 이후로 어떤 사람도 바울의 선교 방법보다 더 우수한 방법을 발견하거나 실행한 사람은 없다고 주장 했다.

1. 전도의 우선권(Primacy of Evangelism)

바울은 전도와 구제 외에는 선교 프로젝트를 진행한 기록이 없다. 바울은 영

---

1   Roland Allen. *Missionary Methods: St. Paul's and Ours?* (Grand Rapids: Eerdmans, 1991), 147.

혼 구원과 직접 관계되지 않는 사역들은 거의 손대지 않았다. 병원을 세우거나, 교육기관을 세우거나, 그 외의 다양한 프로젝트를 진행한 기록은 거의 전무하다고 할 수 있다. 그는 오로지 복음 전파를 통한 영혼 구원에 모든 시간과 에너지를 투자하였다. 예루살렘 교회 성도들의 궁핍을 해결하기 위하여 연보를 모아 전달한 사건 외에는 성경의 어떤 기록도 그가 선교지에서 프로젝트를 계획하거나 진행시켰다는 사실을 기록하고 있지 않다. 그는 현대선교에서 자주 언급되는 소위 "프로젝트 미션"은 하지 않았던 것이다. 선교사역에 다양한 프로그램들이 포함될 수는 있지만 동원된 다양한 프로그램들이 전도 사역을 위한 것임이 전제되지 않는다면 그 모든 프로그램들은 단지 현지인들의 육적인 필요를 채우는 것으로 끝날 수 있다.

선교 사역에 있어서의 우선권 문제는 이미 오래전부터 논쟁의 대상이 되어온 것이 사실이다. 1974년 스위스 로잔에서 있었던 선교 대회에서 이미 이 문제를 매우 비중 있게 다루었고, 동시대에 존 스토트(John R. W. Stott)는 그가 쓴 책 "현대 기독교 선교"(Christian Mission in the Modern World)를 통하여 이 문제를 매우 균형 잡힌 시각으로 다루었다. 지금도 대부분의 복음주의 진영에서는 '로잔 언약'(Lausanne Covenant)과 스토트의 견해를 따르고 있는 편이다. 두 견해의 공통점은 다양한 선교 사역의 형태들이 선교를 위해 유익하기는 하지만 복음전파 사역이 생략된다면 모든 사역들이 선교적 의미를 잃을 수 있다는 점을 강조하고 있다.[2]

알렌(Allen)역시 모든 선교사역들 가운데서 전도가 최우선이 되어야 함을 누구보다 강조하였다. 다양한 구제 및 교육, 의료 사업들이 선교 사역에 매우 유익한 것이 사실이지만 그러한 사역들이 영혼을 구원하는 직접적인 도구는 아니다. 알렌은 "전도 사역"(evangelistic missions)이 전제되지 않는다면 교육이나 의료 사

---

    2   이 주제에 대한 상세한 정보는 다음의 두 책에 잘 기록되어 있다. 1) John Stott. ed. *Making Christ Known: Historic Mission Documents from the Lausanne Movement 1974-1989* (Grand Rapids: Eerdmans, 1996). 2) John Sott. *Christian Mission in the Modern World: What the Church should be Doing Now* (Downers Grove: InterVersity, 1975)

역 자체는 설자리가 없다고 했다.[3] 바울의 선교 방법을 누구보다 깊이 있게 연구한 알렌의 주장은 매우 설득력이 있어 보인다. 전도가 생략된 구제, 전도가 생략된 교육, 전도가 생략된 의료, 전도가 생략된 총체적 사역 등은 선교를 위해 좋은 사역들이기는 하지만 선교를 완성시키지는 못한다. 선교는 전도를 통해서만 완성될 수 있다. 총체적 선교라는 미명아래 전도와 영혼구원을 생략한 선교는 선교가 아니다. 현대 선교 전략의 일환으로 총체적 선교가 바람직하긴 하지만 총체적 선교가 선교의 완성을 가져오는 것은 아니다.

한국 선교사들 가운데 상당수가 소위 '총체적 선교'(wholistic mission 또는 holistic mission)라는 미명하에 말씀 선포와 전도를 통한 영혼구원을 소홀히 여기고 있는 모습을 보면 심히 안타까운 마음이 든다. 말씀 없이 죽은 사람은 영과 육이 모두 죽지만, 말씀을 듣고 빵 없이 죽은 사람은 몸만 죽는다. 선교는 영혼 구원을 최우선으로 삼아야 하는 사역이다. 다양한 형식의 사역 방법들을 동원하는 총체적 선교 사역이 현지인들과의 접촉점을 만들고 그들의 마음의 문을 여는 데는 매우 효과적일 수는 있지만 현지인들에게 생명을 주지는 못한다. 총체적 사역이 현지인들에게 육적인 생명을 줄 수는 있어도 영혼의 생명, 즉 영생을 제공할 수는 없다. 총체적 사역이라는 미명하에 선교의 방향과 초점을 흐리게 하는 모든 유혹을 뛰어넘어야 한다. 선교사들은 바울이 가졌던 선교의 궁극적인 목표인 영혼 구원이라는 지상의 사명을 포기하지 말고 선교 사역에 임해야 할 것이다.

2. 교육을 통한 선교

바울은 설교와 교육을 선교의 중요한 방법으로 생각하였다. 사도행전에 등장하는 몇 편의 설교는 그가 전도 설교를 어떻게 했는가를 잘 보여준다. 그는 설교

---

3   Roland Allen. *"The Relation between Medical, Educational and Evangelistic Work in Foreign Missions,"* Church Missionary Society (March 1920), 27 재인용

를 통하여 사람들을 설득하고 도전했다. 설교가 그가 사용한 매우 효과적인 전도 방법이었음에 틀림이 없지만, 그는 자주 그리고 더 많은 시간을 설교보다 구도자 (seeker)나 초신자들에게 맞춘 교육에 할애하였다. 교육은 그가 신생 교회를 세우고 성장시키기 위해 선택한 매우 탁월한 방식이었다.

1) 예수님의 본을 따름

마태는 선교 사역의 궁극적인 목적을 '제자 삼는 것'으로 보고, 그 구체적인 방법으로 세례와 가르침을 강조하였다(마 28:19-20). 마태는 다른 복음서에 등장하는 선교적 주제들과 달리 교육이라는 주제를 선교 사역의 핵심 사역이라고 여겼던 것 같다. 예수님의 대표적인 가르침인 산상수훈을 보더라도 누가와 비교해 볼 때 마태의 기록이 훨씬 구체적이고 상세한 느낌을 준다. 마태가 기록하고 있는 '교육'은 사실 예수님의 주된 관심이기도 했다. 갈릴리 전도 여행을 묘사하면서도 마태는 예수님의 사역을 세 가지로 간단히 요약했다. 그는 예수님의 사역을 복음 전파(선교), 가르침, 고치심 등으로 기술했다(마 4:23; 마 9:35). 마태에게 있어서 복음 전파와 가르침은 뗄 수 없는 관계를 형성하고 있다고 해도 무리가 아닐 것이다. 사실 예수님께서도 많은 시간을 할애하시어 제자들을 가르치는 데 투자하셨다. 예수님은 상황에 따라 다양한 질문과 비유들을 통해 제자들을 가르치셨다. 필요에 따라 개인적으로 은밀한 교육을 시행하시기도 하고, 때론 집단적으로, 때론 제자들만 모아 놓고 다양한 교육을 시행하셨다.

바울은 디모데후서 1장 11절에서 "내가 복음을 위하여 반포자와 사도와 교사로 세움을 입었노라"고 고백하고 있다. 이 구절에서 바울은 자기 정체를 교사라고 밝히고 있다. 그는 복음을 위한 교사로서 가르치는 일에 사역의 대부분을 투자하였다. 특별히 그가 두란노 서원에서 삼 년이 넘는 기간 동안 밤낮으로 성도들을 가르친 사건은 그가 얼마나 교사로서의 책무를 철저하게 감당했는가를 보여주는 사례라고 할 수 있다. 바울은 복음을 듣고 회심한 자들을 모아 믿음과 신앙에 관하여 철저히 가르쳤다. 그는 새 신자들을 모아 놓고 새로운 가치와 새로운 행동 양식을 가르쳤다. 슈나벨은 바울이 각 지역에서 흩어져 살고 있던 새로운 신자들을 한 장소에 모이게 한 이유를 한 마디로 신앙 교육을 위해서 라고 했다.[4] 바울 자신도 여러 편지들을 통해 자기의 역할이 가르치는 것이었음을 분명히 고백하고 있다.(고전 4:17; 빌 4:9; 골 1:28) 특별히 고린도전서 4장 17절에서는 그는 자기의 사역을 '가르치는 것'이라고 했다. "예수 안에서 나의 행사 곧 내가 각처 각 교회에서 가르치는 것"이라는 표현을 통해 바울은 자신이 주님으로부터 부여받은 주된 사역이 가르치는 것임을 천명하고 있다. 한마디로 바울은 교사 선교사였다.

2) 새 신자 교육

슈나벨은 바울이 새로운 신자들에게 가르친 내용들을 분석해서 다음과 같이 세 가지 영역으로 나누었다: 가) 신학적 교육(theological instruction), 나) 윤리적 교육, 다) 교회에서의 생활 교육.[5] 그는 바울이 새롭게 거듭난 신자들에게 가르치려고 애썼던 가장 중요한 내용이 '신학 교육'(theological instruction)이었다고 했다. 유대인들에게는 구약의 율법, 언약, 할례 등의 신학적 의미와 더불어 메시아에 대하여 가르쳤고, 이방인들에게는 참 신의 개념과 더불어 예수 그리스도, 죄. 회개. 용서 등을 가르쳤다. 이러한 신학적 내용 외에도 삶의 현장에서 그들이 어떠한 윤리적 기준을 갖고 살아야 하는 가를 상세히 가르쳤다. 바울은 새 신자들이 하나님의 뜻에 따라 도덕적인 삶을 살아야 할 뿐 아니라 세속과 구별된 가치들을 실천하며 살아야 할 것을 가르쳤다. 나아가 바울은 신자들이 교회 안에서 어떠한 삶을 살아야하는가를 상세히 가르쳤다. 바울의 윤리적인 가르침은 매우 구체적이어서 결혼, 부부 관계, 부자 관계, 직장에서의 상하관계, 주인과 종의 관계, 영적 지도자와 평신도의 관계, 성도와 성도의 관계, 성도와 비신자들과의 관계 등을 포함한 매우 폭넓은 영역들을 포함하고 있다. 그는 성도들이 지켜야할

---

4   Schnabel. *Paul the Missionary: Realities, Strategies, Methods*, 237.
5   Schnabel. *Paul the Missionary: Realities, Strategies, Methods*, 237-241.

성적인 책무를 언급하면서 창기들을 멀리하고 동성애를 거부해야 할 것을 가르치기도 했다. 그들은 교회 안에서 새로운 '종교적인 형식들'(religious forms)을 배워야 했고, 성도들 간의 관계를 바르게 유지하는 방법도 배웠다. 바울은 새 신자들에게 교회 내의 지도력과 세속적인 지도력이 어떻게 다른지도 가르쳤다.[6]

선교는 가르치는 것이다. 예수님과 바울이 그랬듯이 선교사들도 가르치는 사역에 최우선권을 두어야 한다. 제자 삼는 방법은 말씀 가르침을 통해서만 가능한 것이다. 선교사들이 아무리 다양한 구제 사역과 사회사업을 펼친다 할지라도 선교 현장에서 말씀이 선포되지 못하고, 가르쳐지지 않는다면 그러한 사역들은 반쪽짜리 선교로 전락할 수밖에 없다. 말씀을 가르칠 때 진정한 주님의 제자가 탄생되고, 영적 지도자가 탄생하는 것이다. 한국 교회가 다양한 NGO들을 통해 선교 사역을 펼치고 있는 것을 정죄할 필요는 없지만, 말씀 교육이 생략된 어떤 형태의 선교 활동도 진정한 선교 사역이라고 부를 수는 없다. 사회 개발과 변혁을 통해 현지인들의 육체적 필요를 채울 수는 있을지라도 그러한 사역들이 그들에게 영원한 생명을 제공 하지는 못한다. 그들에게 영혼 구원을 통한 영원한 안식을 제공할 할 수 있는 유일한 방법은 오직 말씀 선포와 교육 밖에 없다. 따라서 한국에서 파송된 모든 선교사들은 그들이 평신도 전문인 선교사든 전통적인 선교사든 상관없이 말씀을 배우고 익혀서 말씀을 가르치는 전문적인 교사가 되어야 한다. 선교사는 교사다. 교사 자격증 없이 학생들을 가르칠 수 없듯이, 성경과 신학적 소양 없이 선교사가 되어서는 안 된다.[7]

---

6   Schnabel. *Paul the Missionary: Realities, Strategies, Methods*, 237-241.
7   선교사 교육을 위해 상세한 정보를 알기 원하면 다음 글을 참고 하시오. Kenneth B. Moulholland. "Missiological Education in the Bible College Tradition." in *Missiological Education for the 21st Century*, J. Dudley Woodberry. Charles Van Engen. Edgar J. Elliston. eds. (Maryknoll, NY: Orbis), pp. 43-53.

3. 미전도 지역 우선권

바울은 로마서를 마무리 지으면서 '이 지방'에는 자기가 더 이상 일할 곳이 없다고 했다(롬 15:23). 이 지방은 그가 말했듯이 예루살렘에서 일루리곤에 이르는 모든 지역을 지칭한 것이다. 실상은 그 당시 바울이 방문하지 않았던 많은 대도시들이 존재했었다. 알렌은 바울이 방문한 도시들이 당시 정치 문화적으로 중요한 지역들이었다고 주장하면서 그가 방문한 지역들은 주로 로마 정부로부터 보호와 안전이 보장된 지역들이었다고 주장했다. 그는 바울이 미시아(Misthia)나 바사다(Vasada) 지역을 피해 루스드라와 디베를 방문한 이유가 바로 여기에 있다고 했다.[8] 알렌은 바울이 마케도냐 지방의 중요한 도시였던 펠라(Pella)를 지나쳐 내려간 이유를 설명하면서 그가 철저하게 성령의 인도를 받았다는 사실을 강조하기도 했다.[9] 알렌의 주장과 같이 바울이 안전과 성령의 인도를 이유로 이러한 도시들을 방문하고 근방의 다른 도시들을 방문하지 않았다는 설명도 어느 정도 일리가 있지만 그러한 선택에는 아마 또 다른 이유가 있었을 것이다. 무명의 평신도들이나 전도자들이 이미 그 도시들에 와서 복음을 전했을 가능성이 있다.

바울이 이 지역에는 더 이상 일할 것이 없다고 선언했을 때 그 지역에는 그가 세운 교회들만 존재하거나 그가 세운 교회들이 그 지역을 모두 복음화 했다고 보기에는 다소 무리가 있어 보인다. 오순절 날 예루살렘을 방문했던 헬라파 유대인들 가운데 주님을 영접한 자들이 이미 자기가 살던 고향에 가서 복음을 전하며 교회를 세웠을 가능성이 충분히 있다. 당시 예루살렘을 방문했던 헬라파 유대인들이 흩어진 지역이 적어도 열다섯 곳(행 2:9-11)은 되었기 때문에 근동 지방의 상당한 지역에 이미 복음이 전파되었을 확률이 매우 높다. 바울에게 가장 중요한 선교의 원리와 원칙이 있었다면 그것이 바로 "주의 소식을 받지 못한 자들"이 보는 것이고, "듣지 못한 자들"이 깨닫는 것이다(롬 15:21). 그래서 그는 이미 "그리

---

8   Allen, *Missionary Methods: St. Paul's and Ours?*, 13.
9   Allen, *Missionary Methods: St. Paul's and Ours?*, 14.

스도의 이름을 부르는 곳에는 복음을 전하기 않기로" 작정한 것이다. 바울은 평생 선교 사역을 수행하면서 결코 "남의 터" 위에 건축하지 않는다"는 원칙을 철저히 고수한 인물이다(롬 15:20). 바울의 선교적 비전은 복음이 한 번도 전해지지 않았거나 복음화가 온전히 이루어지지 않은 지역에 복음을 전하는 것이었기 때문에 복음의 불모지인 스페인을 목적지로 삼았던 것이다. 바울은 늘 지경을 넘어(regions beyond) 복음 전하는 것을 최우선으로 삼았다(고전 10:16). 그는 종말의 긴급성을 늘 염두에 두었기 때문에 더욱 시급히 세계 복음화를 이루려고 했을 가능성이 있다. 따라서 그는 이미 복음이 전해진 곳이나 신앙 공동체가 존재하는 곳을 피해 복음을 전했을 것이다. 그는 인력과 물질의 중복 투자를 피했던 것이다.[10]

1974년 스위스 로잔 선교 대회에서 맥가브란(McGavran)과 랄프 윈터(Ralph Winter)가 '미전도 종족'(Unreached People)에 관한 문제를 제기한 이후로 지금까지 미전도 종족 선교를 위한 다양한 모임과 회의들이 진행되어 왔다. 'AD 2000 and Beyond Movement' 이후로 '여호수아 프로젝트'(Joshua Project), 갈렙 프로젝트(Caleb Project), GCOWE '95 대회(Global Consultation on World Evangelization), 암스테르담 2000 대회와 테이블71, FTT(Finishing the Task), 에드네(Ethne to Ethne), AAP, UPMA 등 다양한 전략적 단체들과 모임들이 미전도 종족 복음화를 위해 연구를 거듭해 왔다.[11] 미전도 종족 선교사역이 선교 사역들 가운데 유일하거나 반드시 최우선적 사역이 되어야 한다고 말할 수는 없을지라도 미전도 종족 사역이 다양한 선교 사역들 가운데서 우선적으로 다루어져야 할 필요는 있다. 31억 명의 7,000 미전도 종족 가운데서도 입양은 되었지만 아직까지 복음과의 구체적인 접촉이나 선교 사역이 전혀 시작되지 않은 3,000 "미접촉 미전도 종족"(UUPG, Unengaged Unreached People Group)에 대한 관심이 절대적으

10   Senior Donald and Stuhlmueller Carroll. *The Biblical Foundations for Mission* (Maryknoll, NY: Orbis Books, 1989), 184.

11   정보애. "한국 미전도 종족 선교 역사와 이해", *미전도 종족* (서울: 엄마 넷: 2014), 172-183.

로 필요한 시점이다. 비록 전문적인 미전도 종족 선교 단체가 아닐지라도 한국의 선교 단체들과 선교사들은 자기가 어느 지역에서 선교 사역을 감당하든지 미전도 종족 사역에 관심을 집중시킬 필요가 있다. 한국 선교사들은 바울의 사역 원리를 따라 "남의 터"위에 집을 짓지 말고, 복음이 한 번도 전해지지 않은 종족과 민족에게 복음을 전하려는 개척자적인 자세를 가질 필요가 있다.

4. 삼자 원리(Three-Self Principle)

1) 기초적이고 필수적인 원리(The fundamental and essential principle)

삼자 원리는 이미 과거의 수많은 선교 지도자들과 전략가들을 통하여 우리에게 익히 알려진 원리다. 현지 교회들이 스스로 물질적인 필요를 채우고(self-supporting), 스스로 전도하고(self-propagating), 스스로 다스리는(self-governing) 원리가 바로 삼자 원리이다. 비교적 간단한 원리지만 이 원리가 선교지에서 실천되고 실현되는 것은 그리 쉬운 일은 아니다. 이미 적지 않은 한국 선교사들이 선교지에서 이 원리를 철저히 실행하지 못한 데서 비롯된 다양한 실패와 아픔들을 경험하고 있다. 선교지에서 한국 선교사들이 삼자 원리만 제대로 지키고 따르기만 했어도 지금보다 훨씬 건강하고 많은 열매를 맺을 수 있었을 것이다.

한국 교회 성장에 가장 큰 영향을 끼친 선교 원리가 바로 삼자 원리라는 것을 부인할 사람은 아무도 없을 것이다. 네비우스(Nevius)가 한국에서 사역하던 선교사들에게 전해준 이 원리는 바울의 선교 원리였고 방법이었다.[12] 바울의 선교 원리와 방법을 깊이 연구했던 선교 학자들은 모두 동일하게 이 원리를 발견하

---

12   "네비우스 플랜"(the Nevius Plan)에 대하여 자세한 원리를 알기 원하면 다음 책을 참고하시오. Nevius John L. *Planting and Development of Missionary Churches* (Hancock, N. H.: Monadnock Press, 2003)

고 적용하였다. 1700년대의 경건주의 선교 운동, 19세기 초 영국 선교 지도자였던 헨리 벤(Henry Venn), 동시대의 미국 선교회 지도자였던 루푸스 앤더슨(Rufus Anderson), 중국 선교사였던 롤란드 알렌(Rolland Allen) 등 대부분의 선교지도자들이 자기가 속한 단체에서 이 원리를 철저히 적용하고 실천하였다. 그들은 공히 선교사들이 자기가 개척한 교회에서 목회를 하거나 교회를 유지하는 데 관심을 갖지 말고 신생 교회를 지속적으로 개척해야 할 것을 강조하였다. 삼자 원리 중에서도 각자의 강조점이 다소 다르긴 했지만 그들은 이 원리를 보다 철저하고 분명하게 적용하려고 애썼던 자들이다.[13]

2) 두 가지 원리

다음 글에서는 세 가지 원리 가운데서 한국 선교사들의 사역과 직접 관련이 있는 두 가지 원리만을 집중적으로 살펴 볼 것이다. 두 가지 원리를 살펴봄으로서 한국 선교사들이 개선하고 바꾸어야 할 선교 방법이 무엇인가를 발견하게 될 것이다.

(1) 자립의 원리(self-supporting principle)

알렌은 바울이 사역 초기부터 현지 교회가 재정적으로 독립하고 자립하는 것을 매우 중요하게 여겼다고 주장했다. 알렌 역시 선교사들이 현지인들과 관계를 맺는 데 있어서 가장 큰 영향을 끼치는 요소가 바로 재정(finance)이라고 했다. 알렌은 물질과 돈이 현지인들에게 절대적인 영향을 끼치기 때문에 복음이 전파되는 과정에 도움이 되기도 하고 방해거리가 되기도 한다는 점을 매우 강조하였

---

13   Venn과 Anderson은 공교롭게도 같은 해(1796)에 태어났다. Venn은 영국의 "교회 선교회"(Church Missionary Society)의 총무였고, Anderson은 "미국 해외 선교회"(American Board of Commissioners for Foreign Mission)의 총무였다. 둘은 깊은 교제를 통하여 서로의 선교 원리를 발전시켜 나갔다.

다.[14] 그는 바울의 선교 사역이 성공적일 수 있었던 배경에는 그의 철저한 재정 원칙이 자리 잡고 있었다고 믿었다. 알렌은 바울의 재정 원칙을 다음과 같이 정리하였다: 1) 그는 자신을 위해 재정적인 도움을 요청하지 않았다. 2) 그는 자기가 복음을 전하는 대상자들에게 재정적인 도움을 주지 않았다. 3) 그는 지역교회의 재정에 관여하지 않았다.[15] 바울이 현지인들과 처음 만날 때 가장 조심했던 부분이 바로 재정이었다. 그는 자기가 돈을 벌기 위해 종교적인 활동을 하는 것이 아님을 분명히 보여주려고 애썼다. 그는 재정 문제가 그리스도의 복음을 전하는 데 방해가 될까봐 모든 재정적인 권한을 포기했다고 고백했다(고전 9:12). 에베소 장로들과 이별하는 장면에서도 그는 자기가 성도의 금이나 옷을 탐하지 않았다는 점을 강조하고 있는 것을 발견할 수 있다(행 20:33). 그는 자기의 필요를 채우기 위해 스스로 일하며 사역했음을 언급하기도 했다.[16] 갤러거(Gallagher)와 허틱(Hertig)은 선교사들이 이러한 원리에 따라 선교 사역의 초기에 스스로 재정적인 부담을 책임지는 것이 가장 중요한 요소임을 강조하였다.[17] 선교지 어디서나 현지 교회의 재정적인 필요는 늘 많지만 이것들을 조심스럽게 다루기 위해 선교사들은 고도의 지혜를 발휘해야 한다.

알렌은 바울이 신생 교회로부터 재정적인 도움을 받지도 않았지만 신생교회를 재정적으로 돕지도 않았다는 사실을 강조하였다. 그는 바울이 세웠던 모든 교회들이 지역과 장소를 막론하고 재정에 관한 한 철저하게 독립적이었다는 점을 지적하기도 했다. 바울은 갈라디아 교회를 향해서는 그들이 스스로 교회의 교사들이 쓸 것을 공급하도록 명하기도 했고(갈 6:6), 각 지역의 신생 교회들이 형제교회의 가난과 궁핍을 채우기 위해 연보하는 일을 격려하기는 했지만 서로가 재정적으로 의지하도록 가르치지는 않았다.[18] 바울은 에베소 장로들에게 자기가 어

---

14 Allen. *Missionary Methods: St. Paul's and Ours?*, 49.

15 Allen. *Missionary Methods: St. Paul's and Ours?*, 49.

16 Allen. *Missionary Methods: St. Paul's and Ours?*, 50.

17 Robert L. Gallagher and Paul Hertig. *Mission in Acts: Ancient Narratives in Contemporary Context* (Maryknoll, NY: Orbis, 2007), 269.

18 Allen. *Missionary Methods: St. Paul's and Ours?*, 51-52.

떻게 살아왔는가를 보여줌으로서 그들도 그와 같은 삶을 살아야한다는 사실을 직간접적으로 가르쳐 준 것이다. 갤러거와 허틱은 신생교회가 재정적으로 독립하는 것이 매우 힘들고 어려운 과정이지만 선교사들은 이 원리를 반드시 지키고 이루어야 내야만 한다고 강조했다.

한국 선교사들이 사역하는 선교지에서 바울이 생명처럼 여겼던 원리인 현지 교회의 재정적인 독립이 잘 지켜지지는 않는 것 같다. 선교 사역의 초기부터 현지인들에게 재정적, 물질적 도움을 제공함으로서 현지인들로 하여금 지나치게 의존적인 삶을 살도록 만드는 사례가 자주 보고된다. 지혜롭게 도울 자신이 없으면 차라리 돕지 않는 것이 나을 수 있다. 현지인들에게 선교사가 물질을 제공하는 자로 인식되는 순간 선교는 망가지기 시작한다. 잘못된 물질의 사용은 오히려 현지인들을 교회 밖으로 몰아내는 역할을 할 수도 있다. 선교사는 영적 생명을 나누는 자다. 한국 선교사들이 한국 선교 역사로부터 배울 점들이 많이 있다. 철저한 네비우스 선교 원리가 한국 교회를 건강하게 성장 시켰듯이 한국 선교사들도 이 원리를 선교지에서 철저하게 적용하고 지켜내야 한다. 당시 경제적으로 자립하기 매우 힘든 한국 교회를 보면서도 타협하지 않고 이 원리를 끝까지 지켜냈던 선교사들의 강직함과 인내를 배울 필요가 있다.

(2) **자치 원리**(self-governing principle)

바울은 비교적 빠른 시간 안에 현지 교회를 독립시켰다. 짧게는 수개월, 길게는 몇 년에 걸쳐 현지 교회들을 독립시켰다. 루스드라를 예로 들자면, 바울이 첫 번째 선교 여행을 가서 그 곳에 머문 기간은 약 육 개월 정도였지만 그는 그 곳에 장로들을 세우고 무려 팔 개월 동안이나 떠나 있었다. 그가 루스드라를 두 번째 방문 했을 때는 대략 수개월 정도만 머물렀다. 데살로니가 교회의 경우도 매우 흡사했다. 바울은 그 곳에 대략 오 개월 정도만 머물렀다. 이후로 그는 거의 오년 동안 데살로니가 교회를 방문하지 않았다. 바울이 일 년 반 만에 세운 고린도 교회도 거의 삼사년 동안 방문한 기록이 없다.[19] 이러한 기록들을 종합해서 살펴보면 바울은 자기가 세운 신생 교회에 지나치게 오래 머물거나 간섭하지 않았음을 알 수 있다. 바울은 그들이 빠른 시일 안에 독립하기를 바랐던 것 같다. 바울은 그들이 재정적 독립뿐만 아니라 목회 행정과 목회 사역 전반에 걸쳐 스스로 운영하고 이끌어 가기를 바랐던 것이다.

한국 선교사들이 바울로부터 배워야 할 점이 있다면 그것은 아마 현지 교회를 속히 독립시키는 일일 것이다. 현지 교회가 스스로 돌보며 성장할 수 있도록 격려하고 기도해 주어야 할 필요는 있지만, 현지인들의 사역에 지나치게 간섭하거나 그들을 관리 감독하고 싶은 유혹을 떨쳐버려야 한다. 선교사는 '선교사 안락사'(missionary euthanasia)의 의미를 잘 깨닫고 실천할 필요가 있다.[20] 선교사는 개척자(pioneer) 단계를 거쳐, 부모(parents)의 단계, 동역자(partner) 단계, 참여자(participant) 단계로 차츰 발전해 나갈 계획을 구체적으로 세우고 있어야 한다. 현대 용어로 바꾸어 말하자면 소위 '출구 전략'(exit plan or exit strategy)이 있어야 한다. 선교사는 선교지에서 영원히 머무는 자가 아니라 현지 교회가 숨 쉬고 성장할 수 있도록 적당한 때 떠나야 하는 자들이다. 선교사가 신생 교회에 지나치게 오래 머무르면 신생교회가 숨이 막혀 성장하지 못하거나 시들어 죽어 버릴 수 있기 때문이다.

---

19   Allen. *Missionary Methods: St. Paul's and Ours?*, 84.

20   Henry Venn이 주로 사용하던 용어로서 선교지에서 자생력 있는 신생교회가 탄생한 후에는 가능하면 빨리 선교 사역을 현지인들에게 이양하라는 뜻이다. Venn은 "선교의 안락사"(the euthanasia of a mission)라는 말을 사용하였다. '선교사 안락사'에 관한 상세한 의미와 정보는 다음 글을 참고하시오. Wilbert R. Shenk "Hery Venn(1796-1873): Champion of Indigenous Church Principle" in *Mission Legacies: Biographical Studies of Leaders of the Modern Missionary Movement*. Gerald H. Anderson. et al. (Maryknoll: Orbis Books, 1996), 541-547.

5. 제자 훈련(discipleship training)

1) 제자 훈련의 중요성

공생애 기간 동안 주님이 행하신 사역의 핵심에는 늘 제자 훈련이 자리 잡고 있었다. 초기에는 열두 명으로 시작했지만 시간이 흐르면서 제자의 수가 차츰 증가하여 칠십 명으로 늘어났고, 주님이 승천하실 때쯤에는 약 백 이십 명 정도의 잘 훈련된 제자들이 있었다고 볼 수 있다. 로버트 콜만(Robert Coleman)은 성경에 기록된 주님의 행적을 낱낱이 추적해서 얻은 통계를 분석해서 다음과 같은 결론을 얻었다. "예수님은 지상에서 남은 여생의 대부분을 몇 안 되는 이 제자들에게 투자하셨다. 문자 그대로 예수님은 제자들에게 자기의 모든 것을 걸으셨다."[21] 그는 주님이 공생애 기간에 자기 시간의 반 정도를 제자 훈련에 투자하셨다고 했다. 콜만은 예수님께서 이렇게 많은 시간을 대중들보다 소수의 제자들에게 투자한 현상을 해석하면서, 이것은 예수님의 준비된 계획과 전략이었다고 분석했다. 세상에 있는 모든 사람들과 함께 지낸 시간보다 더 많은 시간을 제자들과 함께 보낸 것이 예수님의 전략이었다.[22]

예수님은 약 삼년 뒤면 자신이 이 땅을 떠나 하늘로 올라가게 될 것을 미리 알고 있었다. 따라서 그는 자기가 이 땅에서 사라질지라도 누군가 자기가 못 다한 선교적 사명을 대신 감당해 주기를 바랐다. 그래서 예수님은 공생애 초기부터 소수의 제자들을 택해서 곁에 두고 집중 교육을 시킨 것이다. 삼 년 뒤 자기를 대신해 세계 복음화의 사명을 감당할 제자들이 필요했던 것이다. 요한복음 20장 21절은 그가 삼년 동안 훈련시킨 제자들에게 자기의 사명을 위임하는 장면이다. 이제부터 주님의 일이 제자들의 일이 된 것이다. 세계 복음화의 과업이 제자들에게 넘어간 것이다. 제자들이 거부하면 세계 복음화의 과업을 이룰 사람들이

---

21   Coleman. *The Master Plan of Evangelism* (Grand Rapids: Revell, 1993), 25.

22   Coleman. *The Master Plan of Evangelism*, 37.

이 땅에는 존재하지 않는다. 그래서 주님에게 제자 훈련은 생명과 같은 것이었다. 주님이 공생 기간 동안 자기 시간의 반 이상을 제자훈련에 투자한 이유가 바로 여기에 있다.

선교사가 선교지를 떠난 후 그를 대신해서 남은 과업을 감당할 제자들을 훈련시키는 일에 생명을 걸어야 하는 이유가 바로 여기에 있는 것이다. 선교사는 잘 훈련된 제자가 세워지면 언제든지 그 지역을 떠나도 되지만, 훈련된 제자가 세워지지 않았다면 아무리 시간이 오래 걸리더라도 그 지역을 떠나서는 안 된다. 선교사가 선교지에서 철수할 수 있는 시기의 기준은 그가 제자를 세웠느냐 못 세웠느냐에 달린 것이다. 선교사들은 주님처럼 사역의 초기부터 '출구 전략'을 구체적으로 세울 필요가 있다.

2) 소수에 집중

바울도 예수님처럼 소수의 제자들을 키우고 훈련 시켰다. 그는 사역의 우선권을 사람을 키우고 훈련시키는 일에 두었다. 그에게 있어서 교회는 곧 사람이었다. 그는 소위 프로젝트나 사회사업에 우선권을 둔 것이 아니라 사람을 세우는 데 우선권을 두었다. 바울의 2차와 3차 선교 여행의 목적은 교회 건축이나 구제를 위한 것이 아니라 신생교회의 성도들이 말씀대로 살아가는지, 바른 교리위에서 있는지, 도덕적 흠결은 없는지, 교회 지도자들이 교회를 제대로 돌보고 있는지 등을 살펴보기 위함이었다. 바울은 사역 초기부터 소수의 제자들을 뽑아 '현장 훈련'(on-the-job training)을 시켰다.[23] 디모데, 디도, 세군도, 가이우스 등과 같은 제자들이 초기부터 바울과 함께 동역을 하며 훈련을 받은 자들이다. 바울은 젊은 사람들 가운데서 신실한 종들을 선택하여 지도자 훈련을 시킨 것이다. 그는 소수의 충성된 젊은이들에게 집중했고, 그들을 수시로 직접 멘토링했다. 빌립보서를 보면 바울이 디모데와 에바브로디도에 대하여 언급하면서 이 둘을 가리켜

---

23   Gilliland Dean S. *Pauline Theology and Mission Practice* (Lagos, Nigeria: Albisher Bookshops, 1983), 213-222.

모든 성도들이 따라야할 살아있는 모델이라고 자신 있게 말하고 있는 것을 발견할 수 있다(빌 2:19-30).

슈나벨은 바울이 디모데를 멘토링한 방법을 다음과 같이 요약하고 있다. 첫째, 그는 디모데가 아니라 바울이 멘토링의 주도권을 쥐었다는 점을 지적하였다.[24] 슈나벨은 바울이 현지 지도자들로부터 디모데에 관한 좋은 소문을 들었을 가능성이 크다고 했다. 실제로 디모데의 은사는 공동체로부터 인정을 받았었다(딤전 1:18, 4:14). 둘째, 두 사람은 서로 매우 깊은 인격적 관계를 맺고 있었다. 디모데에 관하여 바울 서신에 기록된 표현들이 이를 증명하고 있다. "주 안에서 나의 사랑스럽고 신실한 아들"(고전 4:17), "믿음 안의 참 아들"(딤전 1:2), "그가 나를 아들처럼 섬겼다"(빌 2:22) 등과 같은 표현들을 통해서 바울과 디모데가 얼마나 따뜻하고 깊은 인격적 관계를 맺고 있었는가를 엿볼 수 있다. 이러한 구절들을 해석하며 슈나벨은 진정한 '지도력 개발'(leadership development)은 어떤 프로그램에서 비롯되는 것이 아니라 관계에서 비롯된다는 점을 지적하였다.[25] 셋째, 바울은 디모데가 어느 부분에서 부족한지를 잘 알고 있었다. 그 당시 젊은 사람이 교회에서 사역하려면 노인들로부터 신뢰를 얻기가 매우 힘들었다고 한다. 따라서 그는 젊음으로 인해 종종 무시당했을 가능성이 크다. 디모데의 한계를 잘 알고 있던 바울은 젊은 디모데가 스스로 한계를 극복할 수 있도록 격려하며 구체적인 방법을 제시하기도 했다. 디모데가 젊은이로서 지닐 수 있었던 정욕, 소심하고 조심스런 성격, 육체적인 질병 등에 대한 바울은 매우 상세하고 자상한 자문을 해주었다.[26] 넷째, 바울은 디모데를 그의 삶 속으로 초대하였다. 바울의 삶을 곁에서 낱낱이 지켜보았던 디모데에게 바울은 그의 유언을 남긴다. 바울은 디모데와 함께 삶을 통한 지도력 전수를 시도했던 것이다. 슈나벨은 이러한 지도력을 "삶과 삶을 통한 지도력 개발"(life-to-life leadership development)이라고 불렀

---

24   Schnabel. *Paul the Missionary: Realities, Strategies*, 227.

25   Schnabel. *Paul the Missionary: Realities, Strategies*, 228.

26   Schnabel. *Paul the Missionary: Realities, Strategies*, 229.

다.[27] 다섯째, 바울은 디모데에게 그가 받은 소명을 스스로 완성하라고 도전했다. 바울은 디모데가 받은 은사의 소중함을 잘 알고 존중하였을 뿐 아니라 그가 받은 소명을 스스로 이루어갈 수 있도록 격려하고 인도해 주었다. 그는 디모데가 '따르는 자'(follower)의 신분에서 벗어나 '지도자'(leader)가 되기를 바랐을 것이다.[28] 디모데는 이제부터 바울에게서 보고 들은 것들을 스스로 사역에 적용하며 실천해야 한다.

바울은 몇 안 되는 지도자들을 키우고 세상을 떠났다. 그렇지만 그의 지도력은 그가 사랑하고 함께 했던 제자들을 통해 지속적으로 역사하며 온 유럽을 복음화 할 수 있는 기초를 놓았다. 바울은 예수님의 모델을 따랐고, 디모데는 바울의 모델을 따랐다. 과연 한국 선교사들은 누구를 따르고 있는가? 스스로 질문해 보아야 할 때인 것 같다. 사람에게 집중할 것인가 일에 집중할 것인가? 소수에 집중할 것인가 다수에 집중할 것인가? 일과 눈에 보이는 성과에 집중한 선교 사역이 당장은 멋져 보이지만 그 생명이 길지 못함을 많은 선교사들의 고백을 통해 들을 수 있다. 지도자 훈련은 당장 열매가 없어 보이고, 오랜 인내를 필요로 하는 긴 싸움임에는 틀림이 없지만 그 진가는 선교사들이 그 땅을 떠난 이후에 드러날 것이다. 선교사는 자기가 선교지를 떠난 뒤에 곧 무너질 연약한 공동체를 세워서는 안 되고, 자기가 떠난 뒤에도 지속적으로 성장하며 열매를 맺을 수 있는 건강한 공동체를 세워야 할 것이다. 단기 성장을 꿈꾼다면 프로젝트에 투자하고, 장기 성장을 꿈꾼다면 사람에게 투자하여야 한다. 기독교 역사를 살펴보면 선교는 항상 소수의 순종하는 자들을 통해서 이어져 왔다

---

27   Schnabel. *Paul the Missionary: Realities, Strategies*, 230.

28   Schnabel. *Paul the Missionary: Realities, Strategies*, 230-232

6. 협력 선교(cooperative mission)

한국 선교사들이 약속한 기간을 다 채우지 못하고 선교지를 미리 떠나는 원인들 가운데 가장 중요한 요인이 바로 동료 선교사들과의 갈등 때문이라고 한다.[29] 동료와의 부실한 소통, 인간관계 형성 및 유지 능력 부족, 갈등 해결 능력의 부족, 타인에 대한 배려와 존경심 부족 등 다양한 이유들이 한국 선교사들을 중도에 귀국하게 만드는 중요한 요인들이라고 할 수 있다. 선교지에서의 갈등은 선교사 개인의 소모는 물론 사역의 쇄락을 가져오는 매우 치명적인 요소다.

1) 협력 선교의 모델 바울

바울과 함께 동역했던 팀 멤버들은 협력 선교(cooperative mission)의 좋은 모델이라고 할 수 있다. 바울은 선교 사역을 홀로 감당하지 않았다. 그는 항상 수많은 동역자들과 함께 교회 개척 사역을 추진했다. 예수님께서 열둘을 훈련시켜 자기의 동역자로 삼으셨듯이, 바울도 자기가 개척한 신생교회들로부터 다양한 동역자들을 훈련시켰다. 사도행전과 바울 서신에 등장하는 사람의 이름이 대략 백여 개 되는데 그 가운데서 서른여덟 명이 그의 동역자였다. 바울이 동역자라는 용어를 사용한 대상들을 분석해 보면 다음과 같이 대략 아홉 가지로 나눌 수 있다고 한다: 1) 형제, 2) 사도 혹은 대리인(envoy), 3) 종(servant), 4) 노예(slave), 5) 친구 또는 파트너, 6) 일꾼, 7) 군인(함께 군사 된 자), 8) 함께 갇힌 자, 9) 동역자(fellow-worker).[30] 이러한 명칭만 보더라도 바울이 얼마나 다양한 동역자들과 함께 동역했는가를 엿 볼 수 있다. 슈나벨은 그 중에서도 '일꾼'(ergates) 이나 '동역자'(synergos)라는 용어는 특별히 바울과 함께 전도 여행에 동행했던 사역

---

29   Moon. "Missionary Attrition in Korea: Opinions of Agency Executives", 136.
30   Schnabel. *Paul the Missionary: Realities, Strategies*, 249.

자들을 지칭한다고 했다.[31] 몇몇 학자들은 일꾼이라는 용어가 초대교회 당시에는 '기독교 선교사들'을 지칭하는 기술적인 용어(technical term)였다고 주장하기도 한다.[32] 이와 같이 바울은 선교 사역을 수행하는 과정에서 단독으로 사역한 것이 아니라 일종의 팀을 이루어 사역을 한 것을 알 수 있다. 바울의 최측근에는 바나바, 디모데, 누가, 브리스길라와 아굴라, 실라, 디도, 아볼로, 두기고 등과 같은 동역자들이 있었을 뿐 아니라 다양한 여성 동역자들도 있었다.[33] 슈나벨은 바울의 동역자들이 감당한 사역들이 바울의 직접적인 사역에 비하여 결코 저급한 것이 아니라는 사실을 강조하였다. 바울의 동역자들의 사역은 바울의 사역과 동일한 사도적 권위를 지녔을 뿐 아니라 동일한 효력을 지니고 있었다. 바울은 디모데, 디도, 에비브로디도 등을 각 교회에 파송하면서 각 교회로 하여금 그들을 맞이하되 그들을 마치 바울을 영접하는 것과 같이 영접하라고 했다.[34] 바울은 자기 동역자들과 함께 삶과 재정을 나누었을 뿐 아니라 심지어 목숨까지도 나누는 매우 깊은 인간관계를 유지했던 선교사였다.

2) 유연성 훈련

한국 선교사들의 아픔 가운데 하나인 동료와의 갈등 문제는 한국 선교가 반드시 극복해야 할 과제임에 틀림이 없다. 단일 문화권역(mono-cultural society)에서 자라온 한국 선교사들이 타 문화와 다양성을 이해하고 용납할 수 있도록 도울 수 있는 다양한 프로그램과 훈련들이 개발될 필요가 있다. '다른 것'(different)과 '틀린 것'(wrong)을 구별할 줄 아는 분별력도 키워야 할 것이다. "대립적 사

---

31   Schnabel. *Paul the Missionary: Realities, Strategies*, 249.

32   Dieter Georgi. *The Opponents of Paul in Second Corinthians* (Philadelphia: Fortress, 1986), 40. 재인용.

33   여성 사역자들에 관해서는 다음의 글을 참고하시오. Andreas Köstenberger, "Women in the Pauline Mission," in *The Gospel to the Nations: Perspectives on Paul's Mission,* eds. P. Bolt and M. Thomson (Leicester UK: Inter-Versity Press, 2000), 221-247.

34   Schnabel. *Paul the Missionary: Realities, Strategies*, 253.

고"(dichotomistic thinking)에 함몰되어 있는 한국 선교사들의 사고방식을 "총체적 사고"(wholistic thingking) 방식으로 바꾸어줄 필요가 있다. 단편적 이해와 평가 방식에 익숙해 있는 그들의 사고방식을 다면적 이해와 평가 방식으로 바꿀 수 있도록 도와주어야 한다. 가능하다면 '인관 관계 기술'(interpersonal relationship skill)이나 건강한 의사소통 방식을 가르칠 필요도 있다.

한국 선교사들에게 사고의 다양과 유연성을 가르치기 위해서는 타문화 훈련이 매우 효과적 일 수 있다. 타문화 훈련을 받은 자들과 그렇지 못한 자들 사이에 다양성에 대한 이해력과 사고의 유연성에 있어서 상당한 차이가 드러난다고 한다. 이러한 목적을 보다 효과적으로 달성하기 위해서 선교 후보생들을 가능하면 많은 시간 동안 타문화에 노출시킬 필요가 있다. 타문화 경험이 많을수록 다양성에 대한 이해가 깊어지고 사고가 유연해 질 수 있기 때문이다. 따라서 한국 선교사들을 훈련시키는 선교 단체들은 가능하면 후보생들을 타 문화권에 자주 길게 노출시킬 수 있는 프로그램을 개발할 필요가 있다. 가능하면 타국에서 제공되는 타문화 훈련에 참여시키거나 아예 훈련 프로그램을 타국에서 진행하는 것이 바람직할 것이다.

이러한 훈련이 단 기간에 효과를 볼 수는 없을지라도 한국 선교사들의 손실을 막기 위해서 다양한 인간관계 훈련 프로그램이 선교 후보생들에게 제공될 필요가 있다. GMTC에서 사용하고 있는 '공동체 삶을 통한 선교 훈련'(communal life missionary training)과 같은 인간관계 훈련 프로그램을 한국의 모든 선교 단체들이 시범적으로 시행해 보는 것도 선교사 손실을 막을 수 있는 또 다른 방법이 될 수 있을 것 같다. 한국 선교사들이 지니고 있는 문화적 경직성을 완화시키는 데 도움을 줄 수 있는 다양한 인간관계 훈련 프로그램 개발이 시급한 실정이다.

제3장

선교사 모델로서의 바울
(Paul as a Missionary Model)

1. 성도들의 모델

바울은 자기가 쓴 서신들 여러 곳에서 "나를 본받으라"는 말을 서슴없이 사용하였다. 자기가 그리스도를 본받는 자 된 것 같이 그가 세운 교회의 성도들에게 그들도 자기를 본받으라고 요구하고 있는 것이다. 바울은 자기가 믿는 자들에게 본이 되기 위하여 날마다 죽었다. 자기를 유혹해 오는 수많은 육체적 정욕과 욕구들을 죽음으로 극복했다. 세속적인 욕망과 가치들을 날마다 십자가에 못 박았다. 날마다 죽는 처절한 영적 전투를 통해 비로소 그는 자기 삶 속에 주님의 모습을 드러낼 수 있었을 것이다. 바울은 자기가 개척한 교회의 성도들 앞에서 성도의 삶이 어떠해야 하며, 영적 지도자의 삶이 어떠해야 하는 것인가를 몸소 실천해보인 자다.[1]

---

[1] 론제네커(Longenecker)는 바울이 감당했던 역할을 대략 네 가지로 분류했는데, 그는 바울을 전도자, 목사, 학자, 선교 정치가로 불렀다. cf. Richard. N. Longeneker, *The Min-*

1) 가르친 것을 보여줌(demonstrating what he taught)

말허베(Malherbe)는 "바울이 신앙 공동체를 빚어가는 방법은 우선 회심자들을 그의 주위로 불러 모은 다음, 자신의 행동을 통하여 자기가 가르친 것을 몸소 보여주는 것이었다."라고 했다.[2] 바울은 말로만 복음을 전한 것이 아니라 '행동'으로 복음을 전했다. 빌립보서 3장 17절에서 바울이 빌립보 성도들을 향해 자기를 닮으라고 간청하고 있는 것을 발견할 수 있다. 바울은 스스로 자기가 온전함 (perfectness)에 이르지 못했다는 사실을 잘 알고 있었음에도 불구하고 빌립보 성도들에게 자기를 닮으라고 요구하였다. 그가 용감하게 그런 말을 할 수 있었던 배경에는 적어도 자기의 삶이 복음에 합당한 천국 시민으로서의 삶이었다는 사실에 근거한 것이라고 할 수 있다(빌 1:27). 그는 천국 시민으로서 모든 것을 견디며 견고히 서있었다(빌 1:27-30). 예수 그리스도가 인간의 몸을 입고 이 땅에 오셔서 십자가에서 돌아가신 것처럼 바울도 빌립보 교인들을 위해 관제로 부음이 되었다(빌 2:17). 바울은 빌립보 성도들에게 진정한 성도가 어떤 존재이며 어떠한 삶을 살아야하는가를 몸소 보여준 것이다. 그는 고난과 사랑과 목회적 돌봄에 있어서 빌립보 교인들에게 진정한 모델(typos)였다.[3] 그는 고린도 성도들을 대할 때도 스스로 극도로 조심하였다. 자기 자신이 그들에게 거치는 돌(stumbling stone)이 되는 것을 매우 두려워하였다. 그는 모든 방면에서 모든 사람들을 기쁘게 하려고 노력했다. 그는 성도들이 구원을 받을 수만 있다면 기꺼이 자기의 유익을 내려놓았다.

선교는 말로만 하는 것이 아니라 삶으로 하는 것이다. 선교사에 대한 신뢰는 곧 선교사의 입에서 나오는 메시지에 대한 신뢰로 이어진다. 슈나벨은 메시지를 전달하는 과정에서 화자(speaker)의 성품이 화자가 주장하려고 하는 것 보다 훨

---

istry and Message of Paul (Grand Rapids: Academie Books, 1971), 111.

    2   A. J. Malherbe. *Paul and Thessalonians* (Philadelphia: Fortress, 1987), 52. 재인용.

    3   P. T. O'Brien, *Gospel and Mission in the Writings of Paul: An Exegetical and Theological Analysis*, 86-87.

씬 중요한 영향을 끼친다고 했다. 특별히 처음 만난 사람과의 관계를 형성하는 데 있어서 화자의 대한 신뢰는 절대적이라고 했다.[4] 따라서 선교사는 처음 만난 선교지의 사람들로부터 신뢰를 얻기 위해 자기의 삶을 통해 인격적 감화를 주려고 노력해야 할 필요가 있다. 선교사는 말씀을 선포하는 자일 뿐 아니라 말씀을 삶으로 살아내는 자이어야 한다. 사람들은 듣고 배우는 존재가 아니라 보고 배우는 존재라는 사실을 염두에 두고 선교사들은 어느 때든 어디서든 자기의 삶으로 모범을 보여야 한다. 상대적으로 실천이 부족한 한국 교회의 모습이 선교지에서 사역하고 있는 한국 선교사들의 모습에서도 동일하게 드러난다. 무속적 세계관에 노출되어 있는 한국 기독교가 말씀의 실천보다 개인의 구복과 영달에 더 큰 관심을 가지고 있듯이, 선교지에서 사역하고 있는 한국 선교사들 역시 말씀의 실천에는 상대적으로 취약한 모습을 드러내고 있는 것이 사실이다. 그들은 보편적으로 열정은 있지만 지속성이 결여되어 있고, 기도는 하지만 실천엔 약한 모습을 보여 준다. 선교사는 사랑과 헌신에 대하여 말하는 자가 아니라 사랑과 헌신을 몸으로 실천해야 하는 자이다. 모든 선교사들은 자기가 세운 교회의 성도들 앞에서 "내가 그리스도를 본받는 자 된 것 같이 나를 본받으라"고 용감하게 말할 수 있는 자들이 되어야 한다. 그래서 선교사들은 날마다 죽어야하는 것이다.

2) 감독(supervision)과 목회적 돌봄(pastoral care)의 모델

바울은 자기가 개척한 교회들을 홀로 내버려두지 않고 늘 기도와 편지와 제자들을 통해 돌보며 격려하였다. 그가 비록 지역교회의 목회자는 아니었을 지라도 목회적 심정(pastoral heart)을 갖고 늘 교회와 교인들을 돌아보았다. 바우어스(Bowers)는 바울의 선교적 목적이 전도와 교육을 통해 교회를 세우고, 나아가 각 교회들이 사도적 전통 위에 굳게 세워질 수 있도록 교회들을 격려하고 돌보는 것이라고 했다. 전도, 교회 개척, 돌봄 이 세 가지는 바울 선교의 핵심 과제였다(골

---

4   Schnabel. *Paul the Missionary: Realities, Strategies*, 354.

1:24-2:7; 빌 1:19-27). 고린도 교회의 사례만 보더라도 신생교회를 위해 그가 얼마나 철저한 목회적 돌봄을 제공했는지 쉽게 알 수 있다. 바우어스는 바울이 고린도 교회를 위해 적어도 네 편의 편지와 두 명의 제자를 파송했을 뿐 아니라 두 번 몸소 그 곳을 방문하였다고 했다.[5] 바울은 '비거주 선교사'(non-residential missionary)로서 순회 사역(itinerant ministry)을 하면서도 자기가 개척한 교회들을 매우 세심히 돌보고 있었다. 하우웰(Howell)은 바울이 선교사로서 교회를 개척해야 하는 사역과 그가 개척 교회가 영적으로 건강하게 자랄 수 있도록 목회적 돌봄을 제공해야 하는 두 가지 사역 사이에서 늘 긴장을 유지하며 살았다고 했다. 그는 당시 바울이 지녔던 이러한 긴장을 "개척자-목회자 긴장"(pioneer-pastor tension)이라고 불렀다.[6]

선교사는 개척자로서 전도에 최우선권을 두어야 하지만 동시에 신생 교회 성도들을 위한 목회적 돌봄을 게을리 해서는 안 된다. 교회만 개척해 놓고 목회적 돌봄을 제공하지 않으면 그릇된 교리나 심지어 이단 교리가 공동체를 쉽게 무너뜨릴 수 있기 때문이다. 선교사들은 현지인들의 영적인 문제뿐만 아니라 그들의 구체적인 삶과 연관된 윤리적 문제까지도 세밀하게 살펴서 그들이 성경적 가치와 윤리를 실천하며 살아가고 있는지 상세히 보살필 필요가 있다. 바울은 당시 그리스 로마 지역의 매우 낮은 도덕적 기준을 바로 잡기 위해 많은 편지들을 통하여 다양한 권면을 했었다.[7] 선교사들이 선교지에서 추방을 당하거나 불가피하게 타 지역으로 사역을 옮기게 되더라도 가능한 방법을 최대한 활용하여 현지인들과 지속적인 접촉을 유지해야 할 뿐 아니라 적절한 돌봄을 제공할 필요가 있다. 현재 적지 않은 한국 선교사들이 선교지에서 추방당하거나 재입국 비자를 받지 못해서 본의 아니게 갑자기 사역을 남겨 놓고 떠날 수밖에 없는 상황에 놓이게 되었다. 이런 피치 못할 상황에서는 현지인들이 노출되거나 현지 사역이 노출

---

5   W. P. Bowers. "Fulfilling the Gospel: The Scope of the Pauline Mission," *JETS* 30 (1987): 185-198. 재인용.

6   Don N. Howell Jr. "Mission in Paul's Epistles: Genesis, Pattern, and Dynamics," *Mission in the New Testament: An Evangelical Approach* (Maryknoll: Orbis Books, 1998), 76.

7   Howell Jr. "Mission in Paul's Epistles: Genesis, Pattern, and Dyamics," 80.

되지 않는 범위 내에서 조심스러우면서도 섬세한 목회적 돌봄을 제공할 필요가 있다. 현지에 남아있는 선교사나 비거주 선교사들로 하여금 본인이 제공해 오던 목회적 돌봄을 대신 제공하도록 할 수 있을 것이다.

2. 선교사 삶의 모델

1) 선교사의 삶과 태도

예수님은 자기가 시범을 보이지 않은 사역이나 삶을 자기 제자들이 실천하며 살아가도록 요구한 적이 없었다. 바울이 성도들을 성장시키기 위해 사용했던 방법 역시 동일했다(고전 11:1). 그는 제자 양육을 위해 '역할 모델'(role model)이라는 실천적 방법을 채택했었다. 그는 설교와 가르치는 사역을 매우 중요하게 생각했을 뿐 아니라 자기 삶을 통해 성도가 누구이며 제자들이 어떠한 삶을 살아야 하는가를 몸소 실천을 통해 보여주었다. 바울은 자기 제자들이 '선교사적 삶'(missionary lifestyle)을 살아가기를 바라며 스스로 그들의 모델이 되어 열정과 헌신을 다하는 삶을 살았다.[8] 그는 자기가 전한 복음이 자기 삶으로 인해 권위를 잃지 않도록 하기 위해 노력했으며, 복음을 공격의 빌미로 삼는 자들에게 공격의 기회를 주지 않기 위해 스스로의 삶을 철저히 통제했다. 가능하면 그는 많은 사람들을 구원하기 위해 스스로 종의 자리에 까지 낮아지기도 했다(고전 9:19). 타인이 그를 종으로 만든 것이 아니라 스스로 자신을 종으로 만든 것이다.

바울은 자기가 어느 사역지에 도착하든 첫 날부터 자기 행동과 삶을 매우 철저하게 관리했었다(행 20:18). 바울의 이러한 행동은 선교사들이 선교지에 발을 딛는 순간부터 자기 관리가 철저하게 이루어져야 함을 가르쳐주고 있다. 그가 그

---

8   Bosch, *Transforming Mission: Paradigm Shifts in Theology of Mission*, 138.

토록 철저하게 자기 관리를 한 이유는 자기가 전하는 복음의 권위가 실추되지 않도록 하기 위해서였다. 개인적인 신뢰(personal credibility)는 새로운 지역에서 새로운 사람들과의 관계를 형성하는 데 있어서 매우 중요한 역할을 하기 때문에 선교사들은 처음부터 자기 행동을 철저히 통제하고 절제할 필요가 있다. 현지인들로부터 신뢰를 얻기 위하여 바울은 거짓, 교활함, 아첨, 욕심, 높아짐 등과 같은 행동으로부터 스스로를 멀리했다(살전 2:3-8). 그는 심지어 사람들로부터 오는 칭찬조차 거부했다. 바울은 자기의 능력이나 성공으로부터 신뢰를 얻은 것이 아니라 신앙을 몸으로 살아내면서 신뢰를 얻은 것이다. 그는 자기가 전한 메시지를 몸으로 실천하며 복음을 전했다.[9] 복음은 입으로 전해지기도 하지만 삶과 행동으로도 전해진다.

바울은 "겸손과 눈물"로 가르치며 훈계했고, 위협을 무릅쓰고 성도들에게 유익한 것들을 전부 가르쳤다(행 20:19-20). 바울 서신에 눈물이라는 단어가 세 번 등장하는데,[10] 그가 흘린 눈물은 그가 현지인들의 영적인 상태를 얼마나 안타깝게 바라보았는가를 잘 보여주고 있다. 그는 현지인들을 향해 깊은 영적인 연민(spiritual concern)을 가지고 있었고, 사역을 감당하는 과정에서 스스로를 매우 낮추었다. 한두 번 겸손했던 것이 아니라 매사에 모든 순간에 겸손하였다. 그래서 누가는 본문에서 그의 겸손을 가리켜 "모든 겸손"이라고 표현했을 것이다. 사도로서, 교사로서, 개척자로서 현지인들을 향해 얼마든지 교만할 수 있었음에도 불구하고 그는 현지인들 앞에서 철저히 섬기는 자로 겸손히 행하였다.

혹자는 한국 선교 방식을 가리켜 지나치게 '공격적인 선교'(aggressive mission)라고 비난하기도 한다. 한국 선교사들이 지닌 열정이 지나쳐서 나타난 현상이라고 볼 수 있다. 선교적 이해의 부족에서 오는 현상일 수도 있지만 한국 선교사들이 생각하는 가르치는 자의 신분에 대한 오해에서 비롯된 것일 수도 있다. 유교 문화권에서 성장한 한국 선교사들 대부분은 가르치는 직분을 맡고 있

---

9   Schnabel. *Paul the Missionary: Realities, Strategies*, 354-356.

10   Gallagher and Hertig. eds. *Mission in Acts: Ancient Narratives in Contemporary Context*, 260.

는 교사나 교수 혹은 선교사 신분이 가르침을 받는 자들의 신분보다 훨씬 높다고 오해하기 쉽다. 선교의 핵심이 가르치는 사역임에는 틀림이 없지만 문제는 가르치는 태도가 문제라고 할 수 있다. 현지인들의 문화와 전통을 존귀하게 생각하는 사람은 교만해 질 수가 없다. 더욱이 현지인들의 영혼을 진심으로 존귀하게 생각하는 선교사는 절대로 교만해질 수가 없다. 공격적인 선교는 그릇된 우월감과 타문화를 바르게 이해하지 못한 데서 시작된다. 타문화를 존경하고 이해하려는 노력 없이는 이러한 문제가 해결될 수 없다. 따라서 한국 선교사들은 '문화적 상대성'(cultural relativity)의 의미를 바르게 이해하고, '자문화 중심주의'(ethnocentrism)의 한계를 극복하는 훈련을 철저히 받을 필요가 있다. 타문화나 종교에 내한 '인식론석 오해'(cognitive misunderstanding)가 공격적인 선교를 만들어 내는 원인이라는 사실을 잘 인지하고 선교 후보생들에게 다양한 타문화 훈련의 기회를 제공하여야 한다. 선교 훈련을 담당하는 기관이나 교수들은 이러한 사실을 염두에 두고 선교 후보생들이 더 높은 '문화 지능'(cultural quotient)을 가질 수 있도록 그들에게 다양한 문화적 지식을 제공하여야 할 것이다.

2) 영적 훈련(spiritual formation)

바울은 자기 자신과 성도들을 위해 늘 깨어서 기도하는 삶을 살았다(엡 1:15-19). 바울 자신의 기도 생활은 매우 폭넓고 강렬하였다. 바울이 소위 성공적인 선교 사역을 감당할 수 있었던 배경에는 그의 철저한 기도 생활이 자리 잡고 있었다. 그는 타고난 언변이나 기술을 사용하지 않았다. 그는 탁월한 교회 행정가도 아니었고 현대인들이 자주 사용하는 사회학적이고 심리적인 방법도 채용하지 않았다. 선교사역을 진행하며 그가 의지하고 사용했던 방법은 오직 성령과 기도뿐 이었다(고전 2:4).[11] 바울이 신생 교회 성도들에게 여러 번 중보 기도를 부탁한

---

11   바울의 선교 사역과 기도에 대한 더 상세하고 깊은 연구는 다음 책을 참고하시오. Donald A. Carson, "Paul's Mission and Prayer" in *The Gospel to the Nations: Perspectives on Paul's Mission*, eds. P. Bolt and M. Thomson (Leicester, UK: Inter-Versity Press, 2000), 175-184.

것을 보아서 그는 선교의 열매와 성공이 기도에 달려 있음을 철저히 믿었던 것 같다.(데전 5:25; 고후 1:11; 엡 6:19-20; 골 4:3-4; 데후 3:1) 바울은 자기는 단지 심부름꾼이고 열매를 맺게 하시는 분은 오직 하나님 한 분 이라는 사실을 굳게 믿었다. 그래서 그는 성령을 의지하며 끊임없이 무릎을 꿇었다. 유대인의 위협과 선교지에 만날 수 있는 각종 두려움을 극복하기 위해서 그리고 전도의 문이 열려서 복음이 속히 땅 끝까지 퍼져갈 수 있도록 하기 위해서 자기도 기도했고 중보기도도 요청했다.[12] 바울은 자기가 교회 개척을 시작해서부터 새 신자들이 성장해서 '자생력 있는 교회'(viable church)로 성장할 때까지 성령의 인도와 개입을 위해 기도했다. 그는 오직 성령과 기도만이 새 신자들을 보호하고, 성장시키고, 완벽하게 만들 수 있다는 사실을 굳게 믿었다.[13]

선교사들이 선교지를 떠나는 다양한 원인들 가운데 하나가 바로 빈약한 영적 훈련 때문이다. 영적 훈련이 잘 형성되어 있지 않으면 선교지에서 만날 수 있는 다양한 역경과 고난을 이길 능력이 없어진다. 선교지는 영적 전투의 최전선이다. 많은 선교사들이 빈약한 열매와 영적인 공격으로 인해 선교지를 떠나게 된다. 하지만 필자의 연구에 의하면 영적 훈련이 잘되어 영적인 무기를 가지고 있는 선교사들은 그들이 선교지에서 만나는 다양한 고난과 역경을 잘 견디며 성공적으로 선교 사역을 잘 감당하고 있었다.[14] 적지 않은 한국 선교사들이 중도에 포기하고 선교지를 떠나는 이유 중 하나가 바로 선교지에서 만나는 영적인 압력(spiritual pressure)과 정신적인 압력을 견디지 못하는 것이라고 할 수 있다. 선교지에서 만나는 다양한 고난과 역경을 잘 견디고 승리하기 위해서는 개인적인 영적 훈련과 준비가 필수적이다. 선교지의 영적, 정신적, 신체적 압력을 건강하게 견디기 위해서는 정규적인 예배는 물론 성경 읽기, QT, 규칙적인 기도, 철야기도, 금식기도, 리트릿 등을 통해 영적인 건강을 유지하는 방법을 터득해야 한다. 선교사들

---

12 Schnabel. *Paul the Missionary: Realities, Strategies*, 371-373.

13 William J. Larkin Jr. and Joel F. Williams (Maryknoll, New York: Orbis, 1998), 83-84.

14 Hark Yoo Kim. *The Retention Factors among Korean Missionaries to Japan*, 92-93.

각자가 자기에게 맞는 방법을 잘 선택하여 스스로 영적인 건강을 유지하는 것이 중요하다고 본다.

지난 삼십여 년 동안 한국 교회는 세계 복음화를 위해 앞만 보고 달려왔다. 수많은 선교 이론들과 방법들을 채용하며 나름대로 다양한 열매와 성과를 이루어 낸 것도 사실이다. 하지만 이제는 지난 삼십년 동안 펼쳐왔던 다양한 선교 사역들을 다시 한 번 점검해 보고 평가해야 할 필요가 있다. 다양한 선교 전략과 방법이 난무하는 선교계를 바라보며, 한국 선교가 이제는 더 이상 세속적인 방법을 따르지 말고 성경이 가르쳐주는 방법으로 돌아갈 때가 되었다고 생각한다. 전략과 기술이 아니라 본질로 돌아가야 한다. 인간적인 경험과 방법이 아니라 하나님의 방법으로 돌아가야 한다. 선교 전략가들의 지혜가 아닌 예수님과 바울의 지혜로 돌아가야 한다. 모든 방법과 전략들은 말씀에 복종해야 한다. 바울은 정확한 신학적 지식을 지닌 선교사이며 동시에 정확한 선교학적 지식을 지닌 신학자였다는 사실을 기억하면서, 이제는 한국 교회도 정확한 신학적 지식과 선교학적 지식을 고루 갖춘 균형 잡힌 선교사들을 배출해야 한다.

한국 교회의 선교 지도자들은 선교 후보생들이 확실한 부르심을 받고 이 길을 가려고 하는지, 바른 동기를 지니고 있는지, 성경이 보여주는 선교 방법과 전략을 잘 이해하고 있는지, 선교사가 지녀야 하는 기본적인 신학 지식과 인격적 소양을 지니고 있는지, 영혼에 대한 깊은 사랑과 타문화에 대한 기본적인 이해를 지니고 있는지, 현지인들에게 모델이 될 수 있는 도덕적 삶과 영적인 훈련이 되어 있는지 등을 조심스럽게 살펴서 선교지가 필요로 하는 선교사들을 배출해야 할 것이다. 현지인들이 떠나기를 바라는 선교사가 아니라 붙들고 싶은 선교사들을 파송해야 할 책임이 훈련 단체와 파송 단체 지도자들에게 있다. 한국 교회 지도자들이 한국 선교를 다시 한 번 되돌아보며, 성경으로 돌아가 깊은 반성과 성찰을 통해 보다 성경적인 선교 전략과 방법을 찾아낼 수 있기를 바란다. 지난 30년을 치열하게 앞만 보고 달려온 한국 선교가 "바울신학은 선교적이었으며, 바울의 선교 사역은 신학적이었다"[15]는 하프만(Hafemann)의 말의 의미를 깊이 성찰할 필요가 있다.

---

15   Scott Hafemann. "'Because of Weakness'(Galatians 4:13): the Role of Suffering in the Mission of Paul," in *The Gospel to the Nations: Perspective's on Paul's Mission,* eds. P. Bolt and M. Thomson (Leicester, UK: Inter-Versity Press, 2000), 141.

제3부

개혁파 선교신학

제3부 개혁파 선교신학

제1장 칼빈의 선교사상

제2장 17세기 개혁파 선교신학

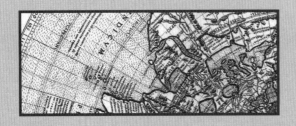

칼빈의 선교사상

칼빈에게서 선교적 사상을 찾아볼 수 있는가? 이 질문은 많은 선교학자들과 신학자들 사이에서 오랫동안 논쟁의 주제가 되어왔던 것이 사실이다. 칼빈이 선교적 관심과 비전을 가졌었다는 긍정적인 견해와 그렇지 않다는 부정적인 견해가 나름대로의 근거들을 가지고 있기 때문에 이 질문은 지금까지도 많은 선교학자들 사이에 적지 않은 논쟁거리로 남아 있을 수밖에 없었다. 선교신학의 아버지라고 불리는 바르넥(Gustav Warneck) 이나 라투렛(Kenneth S. Latourett), 니일(Stephen Neill), 혹(William Hogg), 부라텐(Carl Braaten), 페르까일(J. Verkuyl) 등과 같은 학자들은 칼빈이 선교적 관심을 가졌었다는데 부정적인 견해를 가지고 있는 반면 칼훈(David Calhoun), 휴즈(Philip Hughes), 슐라터(W. Schlatter), 보쉬(David Bosch), 채니(Charles Chaney) 등과 같은 학자들은 칼빈이 선교에, 특별히 해외선교에 직접 참여하지는 않았지만 그가 남긴 성경주석, 설교, 기독교강요 등을 살펴보면 그의 깊이 있는 선교사상을 엿볼 수 있다고 했다[1]

칼빈이 선교적 사상을 갖고 있지 않았다고 주장하는 학자들이 그 근거로 칼빈의 신학사상을 지적하고 있지만 칼빈 당시의 정치적, 종교적, 지리적 상황들을 고려해 볼 때 그가 해외선교에 직접 관여하거나 참여치 못한 것은 오히려 자연스

---

1   최정만, 칼빈주의 선교사상 (서울: 기독교 문서선교회, 1999), 99-119.

러운 현상이었다고 보아야 한다. 당시 개혁운동을 주도했던 칼빈의 경우 종교개
혁을 주도하는 과정에서 로마 가톨릭의 정치적 종교적 압박을 피하기 위해서 파
리에서 제네바로, 제네바에서 스트라스부르그로, 또 다시 스트라스부르그에서
제네바로 피해 다녀야 하는 급박하고 위험한 상황 속에서 살았다는 점을 고려해
볼 때 칼빈이 해외선교에 관심을 가질 만큼 안정된 삶을 살지 못했던 것이 사실
이다. 지리적으로는 칼빈의 주 활동 무대였던 스위스나 프랑스 남동부 지역이 바
다로부터 완전히 격리된 지역이었고, 당시의 모든 바다와 해외 식민지들은 스페
인, 포르투갈 같은 가톨릭 국가들이 이미 장악하고 있었다. 종교적으로 보면 칼
빈 자신이 주도했던 종교개혁의 신학적 타당성과 개신교 신학의 정체성 확립을
위해 신학적 작업과 교회 개혁에 총력을 기울일 수밖에 없는 상황이었다. 칼빈
당시의 이러한 종교적, 정치적 긴박성을 고려해 볼 때 칼빈이 해외선교에까지 관
여할 수 있는 여력이 없었고, 또 적극적으로 선교활동을 펼칠 수 없었던 것이 오
히려 당연했는지도 모른다.

비록 칼빈이 해외선교에 많은 관심을 가지지는 못했지만 그가 남긴 다양한
저술이나 자료들을 분석해 볼 때 칼빈은 분명히 선교적 소명과 비전에 대해 큰
관심을 가지고 있었던 것을 발견할 수 있다. 이미 여러 학자들이 지적한 바와 같
이 칼빈의 우주적 선교사상이 그의 저술들 속에 담겨 있다. 이 장은 칼빈의 다양
한 저술들 가운데 하나인 그의 복음서 주석에 담겨있는 선교사상을 살펴보고, 칼
빈이 결코 선교에 무관심했거나 무지하지 않았음을 드러내기 위해 쓰여 졌다.
이 장을 통하여 칼빈이 누구보다도 분명하고 확실한 선교적 관심을 가지고 있었
음을 밝힐 것이다. 저자는 본 연구를 위해 칼빈이 저술한 주석들만을 자료로 사
용했다. 본 연구에 사용된 자료는 토란스(David W. Torrance)와 토란스(Thomas F.
Torrance)가 공동 편집하여 어드만(Eerdmans) 출판사가 1972년과 1974년에 발
간한 "칼빈주석"임을 밝혀둔다.

1. 마태복음의 선교명령 (마 28:18-20)

1) 하늘과 땅의 모든 권세 (마 28:18)

칼빈은 이 구절을 해석하면서 여기에 언급된 "권세"라는 말은 단순한 권세가 아닌 초월적이고 신적인(supreme & divine) 능력을 의미한다고 했다. 이 권세로 말미암아 주님의 이름으로 영생이 주어지고, 전 인류가 복종하는 탁월한 권세이다. 주님은 여기서 사도들이 받았던 복음 전파의 사명이 사도 자신들 안에 있는 능력에 의해서가 아니라 그들에게 주어질 성령의 능력에 의해서 감당되어질 것을 언급하고 계신 것이다. 만일 사도들이 주님께서 하늘 위에 앉으셨다는 사실과 초월적 권능이 주님께 주어졌다는 사실을 알지 못했다면 복음 전파라는 어려운 사역을 부탁 받았을 때 그 사명을 쉽게 받아들일 수 없었을 것이라고 했다. 주님의 보호가 없이는 제자들이 어떤 일도 이룰 수 없었을 것이고, 주님께서 하늘과 땅을 다스리신다는 사실은 제자들로 하여금 그들이 만날 역경과 고난을 능히 이겨낼 수 있는 힘의 근거가 되었을 것이다.[2]

칼빈은 이 권세를 해석하면서 이 권세는 주님께서 창세전에 가지셨던 권세와 다른 "세상의 심판자"로서의 권세를 의미하는 것이라고 했다. 주님께서 여기서 언급하고 있는 권세는 주님께서 부활하시기 전까지는 공적으로 드러나지 않았던 권세로 하늘과 땅을 심판하실 주님이 부여받은 특별한 권세를 의미하는 것으로 해석했다.[3] 칼빈은 이 구절에 언급된 권세를 해석하면서 사도들과 그의 부르심을 받은 사역자들이 자신들에게 부여된 복음 전파의 사명을 감당하는데 있어서 필수적인 능력의 공급원으로 보고 있으며 역경과 고난을 이길 수 있는 힘의

3부 개혁과 선교신학

---

2   John Calvin, A Harmony of the Gospel: Matthew, Mark and Luke and the Epistle of the James and Jude, in *Calvin's New Testament Commentary*. eds. David W. Torrance and Thomas F. Torrance, tras. A. W. Morrison (Grand Rapids, MI: Eerdmans, 1972), 249.

3   Calvin, "A Harmony of the Gospel: Matthew, Mark and Luke, vol 3, 250.

제1장 · 칼빈의 선교사상   **141**

공급원임을 강조하였다. 특히 그는 주님이 가지였던 권세를 둘로 나누어 부활전의 권세와 부활 후의 권세로 해석함으로서 부활하신 주님에서 부여된 독특한 권세 즉 심판주로서의 권세가 제자들이 전파할 복음 사역과 밀접한 연관이 있음을 암시하였다.

2) 가르침 (마 28:19)

칼빈은 선교명령을 해석함에 있어서 마가복음과 마태복음 사이에 서로 다른 점이 있음을 언급하고 있다. 마가는 그리스도가 열한 제자에게 나타나서 곧 바로 복음을 전파하라고 명령하는 장면을 묘사하고 있는 반면 마태는 첫 번째 명령으로 "가르칠 것"을 언급하고 있다는 사실을 지적하였다. 주님이 선교명령을 주실 때 마태에게는 가르칠 것을 강조하고 있는 반면 마가에게는 가르치는 것의 또 다른 형태인 복음전파를 강조하고 있다는 것이다.[4]

마가에게 단순히 전파할 것(preaching)을 명령하고 있는 것에 비하면 마태에게는 훨씬 더 상세히 제자들의 할 일 즉 가르치는 일을 명령하셨다는 것이다. 칼빈은 마태복음 해석을 통하여 제자들의 선교사역 가운데서 가르치는 책임이 막중함을 지적하고 있는 것이다. 제자들이 선교지에서 수행해야 할 첫 번째 임무로 가르치는 것을 상기시키고 있는 것이다. 이러한 칼빈의 가르침은 선교사들이 선교지에서 어떤 사역에 우선을 두어야 하는가를 잘 가르쳐 주고 있다고 볼 수 있다. 선교사들의 첫 번째 임무는 현지인들을 살아있는 말씀으로 가르치는 것임을 알아야 한다. 칼빈은 당시의 교황과 그의 무리들이 성도들에게 바른 교회관을 가르치지 않는 것을 지적하면서 참된 복음을 가르치지 않는 어느 누구도 사도의 진정한 계승자가 될 수 없음을 언급하였다. 그는 가르치는 자로서의 역할을 제대로 감당치 못하는 어떤 사역자도 사도들의 이름을 사용할 수 없다고 날카롭게 지적하기도 하였다. 성령의 검인 하나님의 말씀으로 사람을 죽여 하나님께 제물을 드

---

4   Calvin, "A Harmony of the Gospel: Matthew, Mark and Luke. vol 3, 250.

리는 것이야말로 신약성경이 언급하고 있는 진정한 제사장 직무라고 했다.[5] 이와 같이 칼빈은 전도와 선교사역에 있어서 말씀에 근거한 바른 가르침이 매우 중요함을 강조했다.

3) 모든 족속 (마 28:19)

칼빈은 이 표현 속에서 그리스도가 차별의 담을 허물고 이방인들과 유태인들을 동등시 하고 있음을 발견할 수 있다고 했다. 이 구절은 이방인과 유대인 모두 언약의 동반자가 될 수 있음을 보여줌과 동시에, 구원에 관한 가르침이 온 땅의 모든 지역에 편만해야 할 것을 가르치는 것이라고 했다. 이 구절이 이사야 49장 6절의 예언이 완성된 것으로 해석하면서 그리스도야 말로 이방의 빛이요, 세상 끝까지 이르는 하나님의 구원의 은총임을 역설했다. 칼빈은 이 구절이야 말로 사도들로 하여금 주님의 관심이 이방인들의 구원 즉 땅 끝에 있음을 가르쳐주는 중요한 선교적 의미를 담고 있다고 했다. 주님의 제자들이 "대위임령"을 받고도 이방인들에게 가는 것을 꺼려했던 점을 지적하면서(행 10:28) 주님께서 여기서 특별히 강조한 내용이 "모든 족속"에 있었다는 점을 강조했다.[6]

이러한 칼빈의 주석을 참고해 볼 때 칼빈이 명백히 또 확신을 가지고 땅 끝까지 가는 선교에 큰 관심을 가졌다는 점이 분명해진다고 볼 수 있다. 이방인들이 살고 있는 "땅 끝"이 당시의 제자들에게 주어졌던 선교 사명에 있어서 매우 중요한 주제임을 강조했던 칼빈이야말로 해외 선교에 확고한 신념을 가지고 있었던 인물로 평가되어야 할 것이다.

4) 세례를 주고 (마 28:19)

칼빈이 이 구절을 해석하면서 세례야말로 복음을 진정으로 받아들인 자들

---

5   Calvin, A Harmony of the Gospel: Matthew, Mark and Luke, vol 3, 251.
6   Calvin, A Harmony of the Gospel: Matthew, Mark and Luke, vol 3, 251.

만 참여해야 하는 예식임을 특별히 강조한 것을 발견할 수 있다. 그는 또한 이 구절이 복음을 받아들이고 스스로 주님의 제자라고 고백한 사람들은 누구든지 세례를 받을 것을 명하고 있는 것이라고 했다. 그가 세례에 관하여 언급하면서 세례란 하나님 편에서는 영생의 표시로, 사람들 앞에서는 믿음의 외형적 표시 (outward sign of faith)라고 했다. 세례는 영적 씻음(spiritual washing)으로 하나님의 말씀을 바르게 배운 자만 참 세례를 받을 수 있다고 했다. 세례의 진정한 의미를 깨달은 자에게만 세례를 베풀어야 올바른 세례의 시행이 된다고 보았다.[7]

칼빈이 이 구절을 해석하면서 마가복음을 인용하고 있는 것을 볼 수 있는데, 마가복음에 "믿고 세례를 받는 자"(He that believeth and is baptized)라는 표현을 인용하면서 올바른 믿음이 전제되지 않은 세례, 즉 형식적 세례를 비판하기도 했다. 당시의 대부분의 이방인들은 하나님께 대한 지식이 전혀 없었기 때문에 말씀에 대한 믿음이 세례 전에 확실히 증명되어야만 세례식에 동참할 수 있다고 주장했다.

이상의 주장들을 종합해 볼 때 칼빈이 말하는 참 세례는 참 믿음과 교리에 근거한 것이어야 하고 참 믿음과 참된 교리들과 절대로 분리되어 시행되어서는 안되는 성례였다.[8] 이러한 칼빈의 주장은 선교사들이나 전도자들이 선교지에서 시행하는 세례의식이 얼마나 신중하고 철저한 검증을 거쳐 시행되어야 하는가를 가르쳐주고 있는 것이다. 철저한 신앙의 검증 없이 시행되는 세례의 위험성과 형식적 세례의 위험성을 지적하고 있는 그의 주장은 현대 선교사들과 전도사들에게 참 세례의 의미를 다시 한 번 생각하게 하는 영적 도전이 된다고 볼 수 있다. 선교지에게 흔히 발견할 수 있는 세례교인의 이탈문제와 타종교로의 개종문제 등을 고려해 볼 때 참 세례의 시행이야말로 선교지 교회를 세우고, 선교지 교회를 교회답게 만드는데 있어서 가장 기본적이고 중요한 요소임을 잊어서는 안될 것이다.

---

7   Calvin. A Harmony of the Gospel: Matthew, Mark and Luke, vol 3, 252.
8   Calvin. A Harmony of the Gospel: Matthew, Mark and Luke, vol 3, 252.

5) 아버지와 아들과 성령의 이름으로 (마 28:19)

칼빈은 이 구절을 해석하면서 율법과 선지자들을 통하여 희미하게 알려졌던 하나님에 대한 지식이 그리스도의 왕국 아래서(under the kingdom of Christ) 충분히 그리고 분명히 드러난 것이라고 했다. 복음서를 통하여 하나님께서 자신을 좀더 분명히 드러내시기 시작했는데 성부 하나님께서 성자 예수를 통하여 자신을 좀더 분명히 드러내셨고, 성령을 통하여 인간들의 마음속에 스스로를 나타내신 것이라고 했다. 칼빈은 마태가 세례를 언급하면서 삼위 즉 성부, 성자, 성령의 이름은 모두 언급한 사실에 관심을 갖고 있었다. 그는 마태가 삼위 모두의 이름을 언급한 이유를 다음과 같이 설명하였다. 세례의 능력이 하나님의 거저 주시는 자비로부터 기원한 것 일 뿐 아니라, 독생자 예수 그리스도를 통하여 하나님 자신과 인간을 화목케 하셨다는 사실 때문에 삼위의 성호가 등장한 것이라고 보았다. 그는 하나님의 사랑과 자비가 세례의 근원이요 출발점이 됐다고 본 것이다.[9] 칼빈은 스스로 인간과 화목의 길을 열어 놓으신 하나님의 사랑이 바로 세례의 근거가 된 것으로 이해하고 있음을 알 수 있다. 본문을 자세히 살펴보면 성자가 삼위 가운데 중간에 등장하는 것을 볼 수 있는데 이것은 우리가 잘 아는 바대로 예수 그리스도의 대속적 죽음을 의미하는 것이라고 했다. 성자의 이름을 언급함으로서 세례가 그리스도의 대속적인 죽음이 없이는 무의미한 것이고 존재할 수도 없다는 사실을 강조한 것이다.

마지막으로 등장하는 "성령의 이름으로"를 언급하면서 성령은 우리 인간들을 깨끗하게 씻고 중생케 하는 역할을 감당한다고 했다. 성령은 우리로 하여금 하나님의 믿음속에 참여케 하는 능력을 우리 안에 두시는 분임을 지적하면서 성령이 구속의 은총을 실행하고 효과있게 하는 분으로 이해하였다. 하나님의 사랑과 예수님의 대속적 죽음을 우리 인간들에게 적용시켜 우리를 변화시키는 능력이 바로 성령으로부터 말미암는다는 점을 언급하고 있는 것이다.

---

9   Calvin. A Harmony of the Gospel: Matthew, Mark and Luke, vol 3, 253.

결론적으로 칼빈은 "우리의 믿음이 본질적으로 한 분이신 삼위 하나님을 올바르게 이해하지 못했다면 우리가 하나님을 바르게 이해하지 못한 것이고, 삼위에 대한 올바른 이해를 통해서만 세례의 효과와 열매가 나타날 수 있다"고 했다.[10] 그는 세례의식을 하나님께서 우리를 예수 그리스도 안에서 양자 삼으시고, 성령을 통하여 우리를 의롭게 하신다는 복음의 진리가 집약된 의식으로 보았던 것이다. 세례의식이야말로 집약된 복음의 진리를 담고 있는 성례의식으로 삼위 하나님께서 구체적으로 관여한 구속사역을 집약시킨 예식임을 강조하였다.

6) 가르쳐 지키게 하라 (마 28:20)

칼빈은 마태복음의 선교 명령이 다른 복음서에 등장하는 선교 명령과 다른 독특한 내용을 담고 있다고 보았다. 마태복음에만 유일하게 기록되어있는 내용이 바로 가르치는 사역인데 이 가르치는 사역이 선교사역에서 매우 중요한 부분임을 마태가 강조한 것이라고 해석했다.

칼빈은 이 구절을 해석하면서 주님께서 비록 십자가에서 돌아 가셨지만 주님께서 가르치셨던 내용들이 그분의 제자들을 통하여 지상에서 지속적으로 가르쳐져야 한다고 했다. 즉, 제자들이 주님의 대리자로서 주님을 대신하여 가르치는 사역을 감당해야 할 것을 명한 것이라고 이해했던 것이다. 그가 또한 가르침의 내용에 대하여 언급하면서 제자들이 자신의 의견이나 견해를 가르치는 것이 아니고 주님이 가르치고 명하셨던 내용들을 순수하고 신실하게 가르쳐야 한다고 했다. 제자들이 가르치는 내용을 자기들 마음대로 변경하거나 바꾸어서는 안 되고 주님께서 그들에게 가르치셨던 내용 그대로를 전달해야만 한다는 것이다. 엄밀히 말하자면, 제자들의 사명은 교사로서가 아닌 전달자로서의 사명인 것이다.[11] 칼빈의 견해를 따른다면 선교사와 전도자의 사명은 가르치는 것이고, 이 가르침의 내용은 주님의 말씀을 벗어나서는 안 된다는 것이다. 모든 선교사나 전도

---

10   Calvin. A Harmony of the Gospel: Matthew, Mark and Luke, vol 3, 253.

11   Calvin. A Harmony of the Gospel: Matthew, Mark and Luke, vol. 3, 255.

자들은 주님의 가르치신 내용에 정통해야 하며 동시에 선교지에 있는 사람들을 가르칠 수 있는 능력을 구비해야 한다는 사실을 가르쳐주고 있는 것이다.

7) 세상 끝 날까지 너희와 항상 함께 있으리라 (마 28:20)

칼빈은 이 구절이 선교명령을 실행하는데 있어서 제자들 자신의 힘만 가지고는 감당할 수 없다는 사실을 잘 아시는 주님께서 제자들이 이 선교명령을 성공적으로 수행할 수 있도록 능력을 공급해 주실 것을 약속하신 것이라고 보았다. 주님은 제자들에게 선교 명령을 주셨을 뿐 아니라 그것을 수행할 수 있도록 제자들을 보호하고 지켜주실 것이라는 약속을 통하여 제자들의 용기를 북돋우고 있는 것이라고 했다. 주님은 승천 후에 부여된 하늘과 땅의 모든 권세를 가진 통치자로서 그의 제자들의 사역과 삶을 지키실 것이다. 전능자의 보호와 인도는 제자들이 선교 사역을 성공적으로 수행할 수 있는 힘과 능력의 근원이 되는 것이다.[12]

주님의 보호와 인도하심은 제자들이 살던 한 시대에만 국한된 것이 아니라 "세상 끝 날까지" 지속되는 것이다. 주님의 보호 아래 복음의 일군들이 지치지 않고 선교 사역을 지속할 수 있도록 매 순간 함께 하실 뿐 아니라 그들의 사역이 끝날 때까지 함께 하실 것을 보여주는 것이다. 칼빈은 자신이 살던 시대에서도 주님께서 보이지 않게, 기적적으로 보호하고 계신 것을 경험을 통하여 체험했다고 고백했다.[13]

모든 복음 전파자들은 주님의 능력 안에서 주님의 보호를 받으며 주님 오실 날까지 주의 복음을 전하는 자들인 것이다. 국내나 국외에서 주님의 선교 사역에 동참하고 있는 모든 사역자들은 칼빈이 믿었던 것같이 지금도 그리고 앞으로도 계속해서 전능하신 주님께서 지키시고 보호하신다는 사실을 믿고 어떠한 역경과 고난 속에서도 굴하지 않고 선교 사역을 지속해야 할 것이다.

---

12   Calvin. A Harmony of the Gospel: Matthew, Mark and Luke, vol. 3, 255.

13   Calvin. A Harmony of the Gospel: Matthew, Mark and Luke, vol. 3, 255.

2. 마가복음의 선교 명령 (막 16:15-20)

1) 온 천하에 다니며 만민에게 복음을 전파하라 (막 16:15)

칼빈은 본 구절과 마태복음의 선교 명령을 비교하면서 두 구절이 거의 동일한 선교 명령의 내용을 담고 있는 것으로 보았다. 마가복음 16장 15절에 등장하는 "온 천하"(εἰς τὸν κόσμον ἄπαντα)와 "모든 피조물"(πάσῃ τῇ κτίσει)-개역 성경에는 "만민"이라고 번역되어 있음- 을 동일시하며 온 천하에 있는 모든 이방인들이 여기에 해당된다고 보았다. 그는 마가복음에 기록된 "모든 피조물"이라는 말이 마태복음에 기록된 "모든 민족"이라는 말과 단지 대치되었을 뿐이라고 했다. 여기서 칼빈은 "모든 피조물"(τῇ κτίσει)이란 말이 인간을 포함한 모든 피조물을 가리키는 것으로 해석하지 않고 이방인을 포함한 모든 인류로 해석하고 있는 것을 발견할 수 있다. 칼빈이 "모든 피조물"을 해석하면서 인간 외의 다른 피조물들을 포함시키지 않은 이유가 그의 주석에는 분명히 나타나 있지 않다. 어쨌든 그는 복음을 들어야 할 대상이 일반 피조물이 아닌 인간임을 분명히 밝히고 있는 것이다.[14]

칼빈이 마가복음의 선교 명령과 마태복음의 선교 명령을 비교하면서 이 둘 사이에 존재하는 또 다른 차이점을 지적하고 있는데 이것이 바로 "가르침"에 대한 명령이라고 했다. 마태복음에는 가르침이 포함되어 있는데 마가복음에는 가르침에 대한 언급이 전혀 기록되어 있지 않다는 것이다. 마태복음에서는 가르치며 세례를 주어 제자 삼는 것이 명령으로 주어진 반면 마가복음에서는 모든 구체적인 방법들이 생략된 채 단순히 복음을 전파하는 것이(κηρύξατε) 명령으로 주어진 점을 지적하면서 이 차이점은 다음과 같이 해석하였다. 마태복음에 기록된 가르치라는 명령이 마가복음의 복음을 전파하라는 명령 속에 이미 포함된 것으로

---

14   Calvin. A Harmony of the Gospel: Matthew, Mark and Luke, vol. 3, 251.

보고 복음을 가르치는 것이나 복음은 전파하는 행위는 동일한 사역이라고 했다. 즉 마가가 언급하고 있는 복음 전파 사역 속에 주님께서 명하셨던 말씀을 가르치고 세례를 주는 사역이 이미 포함되어 있다는 것이다. 이와 같은 칼빈의 해석을 참고해 볼 때 그가 마태복음과 마가복음에 등장하는 선교 명령을 이해하는데 있어서 그 명령들이 서로 상치되거나 갈등관계에 있는 것이 아니라 도리어 보완적이고, 일치하고 있는 것으로 이해하고 있다는 것을 쉽게 발견할 수 있게 된다.

2) 믿고 세례를 받는 사람 (막 16:16)

칼빈이 이미 마태복음의 선교 명령에서 언급한 깃과 같이 이 구절을 해석하면서도 세례의 전제 조건으로서의 믿음을 강조하고 있는 것을 발견할 수 있다. 그는 믿음과 세례가 뗄 수 없는 관계에 있다고 하면서 세례 의식을 베풀기 전에 반드시 믿음에 대한 점검이 있어야 한다고 했다. 믿음이 없이 시행되는 세례는 무의미한 것이고 진정한 참 세례라고 볼 수 없다고 했다.

그가 "믿는 자"를 해석하면서 여기에 등장하는 "믿는 자"라는 표현은 온 인류를 포함한 우주적인 의미가 내포되어 있다고 했다. 여기에 표현된 "믿는 자"라는 말은 단순히 신앙을 표시하는 것 이상의 의미를 가지는데 이 말의 의미는 이방인이든 유대인이든 누구든지 믿는 자는 구원이 보장된다는 뜻을 담고 있다고 있다. 그리스도의 구원의 능력이 전 인류에게 효험이 있다는 사실을 강조하고 있는 것이다. 칼빈의 이러한 해석은 누구든지 주의 이름을 부르는 자는 구원을 얻으리라는 말씀에 담긴 구속의 보편성을 잘 드러내주고 있다고 볼 수 있다. 우리는 여기서 다시 한 번 칼빈의 이방인에 대한 깊은 관심을 발견할 수 있는 것이다.

칼빈이 이 구절을 해석하면서 이 구절에 담긴 또 다른 의미를 언급하고 있는 것을 볼 수 있는데 이 구절 속에는 믿는 자들의 소망만 담겨 있는 것이 아니고 믿지 않는 자들을 향한 경고의 메시지가 함께 담겨 있다고 했다. 그는 이 구절이

"믿지 않는 모든 자들이 멸망할 것"을 경고하고 있다고 해석했다.[15] 인류의 구원 사역이 전적으로 하나님께 속해 있으며, 하나님의 부르심에 대한 인간의 순종이 필요하다는 사실을 강조하고 있는 것이다. 하나님의 부르심에 불순종한 자들에게는 무서운 형벌이 부여되는데 이것은 전적으로 불순종한자들 자신의 책임이라고 했다.

칼빈의 이러한 주장은 "포함주의자"(Inclusivist)들과 "종교 다원주의자"(Pluralist)들에게 분명한 경고의 메시지를 담고 있는 것이다. 예수 그리스도에 대한 확실한 신앙의 고백이 없어도 타종교를 통해서도 구원에 이를 수 있다는 종교 다원주의 자들의 주장은 칼빈 앞에 설자리를 잃을 수밖에 없는 것이다. 예수 그리스도에 대한 믿음과 실제적인 만남(Empirical experience)이 없이도 예수 그리스도의 은혜로 구원에 이를 수 있는 길이 있다고 주장하는 자들(Inclusivist)의 신학적 도전이 칼빈의 분명하고 확고한 성경해석 앞에 어떤 변명도 늘어놓을 수 없을 것이다. 그리스도로 말미암은 복음을 받아들이는 자들에게 주어지는 영원한 구원과 거저 주어지는 복음을 거부한 자들에게 주어지는 영원한 형벌을 분명히 가르쳐 주는 이 짤막한 구절을 해석하면서 칼빈은 기독교의 타협할 수 없는 핵심 교리를 분명히 밝히고 있는 것이다. 그가 이 짧은 구절 속에 담겨 있는 복음의 비밀과 구원의 길을 분명하고 명쾌하게 밝혀준 것이다.

3) 믿는 자들에게는 이러한 표적이 따르리니 (막 16:17)

칼빈이 이 구절에서 등장하고 있는 "표적"(σημεία)을 해석하면서 두 가지 중요한 점을 지적하고 있는 것을 발견할 수 있다. 첫째는 공생애 기간 중 많은 표적을 행하셨던 주님께서 승천하신 뒤에도 동일한 주님으로 살아 계셔서 표적을 행하시는 분임을 나타낸다는 사실을 언급하였고, 둘째는 제자들이 복음을 전파하며 말씀을 가르칠 때 복음을 듣는 자들에게 확신을 주기 위한 방법으로 표적들이

---

15   Calvin. A Harmony of the Gospel: Matthew, Mark and Luke vol. 3, 253.

동원될 수 있다는 점을 언급했다. 칼빈이 첫 번째 주제를 설명하면서 다음과 같이 말했다. 이 구절은 주님께서 공생애 기간 중에 많은 이적들을 행하여 복음을 듣는 자들로 하여금 자신이 전한 복음을 확실히 믿도록 도우셨던 것처럼 승천 후에도 제자들의 사역을 통하여 표적들을 보여 주심으로 주님께서 계속해서 복음 전파 사역을 돕고 계실 뿐 아니라 주관하고 계신다는 사실을 보여주는 것이라고 했다.[16] 제자들은 자신들이 행하는 이적들을 보면서 주님께서 약속하신 것처럼 하늘과 땅의 모든 권세를 가진 전능하신 주님께서 몸소 함께 하신다는 사실(his bodily presence)을 확실히 믿고 더욱 담대히 복음을 전할 수 있었을 것이라고 했다. 제자들은 따르는 표적들을 보면서 주님의 가르침과 복된 소식이 주님이 돌아가신 뒤에도 여전히 생명력이 있고, 영원히 사라시지 않는나는 사실을 확신하게 되었을 것이고, 주님이 항상 함께 하신다는 약속이 자신들의 사역을 통하여 증명되고 있음을 깨닫게 되었을 것이라고 하였다.

두 번째 주제를 언급하면서, 제자들이 행했던 표적들이야말로 그들이 전하고 있던 복음이 확실한 진리임을 드러내고 듣는 자들로 하여금 그들이 전한 복음에 대한 신뢰와 믿음을 가져다주었을 것이라고 했다. 제자들과 믿는 자들이 행했던 표적들은 그들이 전파한 복음에 대한 확신을 주었을 것임에 틀림없다. 칼빈은 표적의 이차적인 목적이 제자들이 전한 복음에 대한 확신을 더하게 하기 위함에 있는 것으로 보았다. 칼빈은 요한복음 14장 12절에 기록된 말씀-"나를 믿는 자는 나의 하는 일을 저도 할 것이요 또한 이보다 큰 것도 하리니"-을 근거로 주님의 제자들이 행했던 이적들(표적들)이 주님의 약속에 근거한 것이라고 했다. 그가 본문을 해석하면서 믿는 자들이 행하는 모든 이적과 표적들의 목적이 그리스도의 영광을 드러내고 하나님을 증거 하는 것이어야 한다는 사실을 분명하고 확신 있게 주장했던 것을 볼 수 있다.

---

16   Calvin. A Harmony of the Gospel: Matthew, Mark and Luke vol. 3, 254.

4) 하나님 우편에 앉으시니 (막 16:20)

칼빈은 이 구절에 강한 선교적 메시지가 담겨 있다고 했다. 그는 본문이 부활하신 주님께서 모든 천사들과 피조물 위에 계실 뿐 아니라 하나님의 대리자로서 세상을 통치하고 계시는 모습을 보여주고 있는 것으로 이해했다. 그는 마가가 의도적으로 이러한 표현을 첨가했다고 하면서 마가가 이러한 표현을 첨가한 이유가 무엇인가를 다음과 같이 설명하고 있다. "그리스도가 하늘로 올리우심을 받은 이유는 우리로부터 멀리 떠나 단순히 휴식을 즐기기 위한 것이 아니라 모든 경건한 자들의 구원을 위하여 세상을 지키기 위한 것이다"[17]라고 했다. 다시 말하자면 아직도 구원받아야 할 주님의 백성들이 주님 품에 돌아올 때까지 그들을 기다리시며 또한 보호하시는 분이심을 나타내고 있다는 것이다. 칼빈은 마가가 이 구절을 통하여 예수 그리스도께서 승천하신 뒤에도 지속적으로 구속사역에 관여하고 계시며, 온 세상의 통치자로서 구속받을 백성들을 보호하고 인도하시는 분이심을 드러내려고 한 사실을 지적하고 있는 것이다. 승천 후에도 우주 만물을 통치하시는 주님의 사명이 다름 아닌 선교에 있었음을 지적해 주고 있는 것이라고 볼 수 있을 것이다.

5) 주께서 함께 역사하사 (막 16:20)

이 말씀은 연약하고 보잘 것 없는 제자들이 어떻게 땅 끝까지 복음을 증거 할 수 있었는지 보여주는 구절이라고 했다. 배우지 못하고 미천했던 주님의 제자들이 수많은 나라들을 어떻게 주님의 품으로 돌아오게 할 수 있었겠는가? 이러한 엄청난 회개의 역사들이 결코 인간적인 수단과 방법이 아닌 오직 하나님의 능력에 의하여 일어날 수 있었음을 보여주기 위하여 마가 이 구절을 덧붙였다고 지적했다. 많은 믿지 않는 자들이 주님께 돌아올 수 있었던 것은 제자들 자신의 능력

---

17   Calvin. A Harmony of the Gospel: Matthew, Mark and Luke, vol. 3, 257.

때문이 아니라 오직 하나님의 역사하심에 기인한다는 사실을 지적하고 있는 것이다. 다시 말해서 열방이 주님께 돌아올 수 있었던 이유는 주님의 제자들이 자신들이 가지고 있던 인간적 능력에 의해서가 아니라 하나님의 동역자로서 하나님께서 공급하시는 능력을 통하여 역사할 수 있는 것으로 보았다. 칼빈은 성령의 은밀한 역사가 없이는 인간들이 복음을 심고, 물을 주는 행위가 아무 소용없음을 분명히 지적하였다.[18]

"말씀을 확실히 증거하시니라"(막 16:20)라는 구절을 해석하면서 이 구절은 주님의 도우심으로 제자들의 복음 전파 사역이 헛되지 않았음을 보여주는 구절이라고 했다. 제자들의 선교 사역이 헛되지 않도록 하기 위하여 주님께서 그들의 사역에 직접 관여하여 열매를 맺도록 도와주었다는 뜻으로 해석한 것이다. 칼빈은 마가의 이러한 표현이 주님께서 제자들의 선교 사역을 돕고 있었다는 확실한 증거라고 했다. 그는 말씀 전파 사역이 철저히 주님의 도우심과 역사하심으로만 열매를 맺을 수 있으며, 어떠한 인간적인 방법과 노력을 동원한다고 하더라도 주님이 복음을 듣는 자들의 마음에 역사하지 않으면 아무런 영적 열매를 없다는 사실을 분명히 지적했던 것이다.

3. 누가복음의 선교 명령 (눅 24:42–49)

1) 예루살렘으로부터 시작하여 모든 민족에게 (눅 24:47)

칼빈은 이 구절을 해석하면서 주님께서 가져온 구속의 은총이 모든 민족들을 위한 것임을 분명히 보여주는 구절이라고 지적하면서 "그리스도께서 감추셨던 비밀을 열기 시작하셨다"[19] 라고 했다. 이방인의 부르심이 여러 선지자들에

---

18 Calvin. A Harmony of the Gospel: Matthew, Mark and Luke, vol. 3, 258.
19 Calvin. A Harmony of the Gospel: Matthew, Mark and Luke, vol. 3, 246.

의하여 여러 번 예언되었던 것이 사실이지만 예수님 당시의 유대인들은 이 사실을 이해하고 받아들일 만큼 영적으로 성숙하지 못했었다. 주님이 부활하실 때까지 주님이 이스라엘의 선택된 백성들만을 위한 구세주로 여겨졌던 것이 사실이다. 그러나 부활 직후에 제자들에게 주셨던 이 구절이야말로 이방인들에게 막혔던 담을 처음으로 헐어내는 선교적 내용을 담고 있는 구절이라고 했다.[20] 칼빈은 이 구절을 가리켜 이방인들 위한 구원계획이 공식적으로 선포된 선언문과 같다고 했다.

복음전파의 순서에 관하여 칼빈은 예루살렘의 중요성을 언급하기도 했다. 예루살렘을 언급하면서 "하나님의 언약"과 연관을 시키고 있는 것을 볼 수 있는데 이는 "하나님의 언약"이 일차적으로 이스라엘 백성들에게 주어졌기 때문이라고 했다. 그는 누가가 하나님의 언약을 근거로 이방인의 어떤 나라들보다도 이스라엘이 우선되어야 함을 강조한 것이라고 했다. 칼빈은 이러한 우선순위가 예레미야 31장 9절에 등장하는 장자 상속권과 연관이 있을 뿐 아니라 바울이 에베소서 2장 17절에 언급한 순서와도 연관이 있는 것이라고 했다.[21] 결국 칼빈이 복음이 전 세계에 전파되어야 함을 강하게 주장하고 있는 가운데서도 복음 전파의 순서를 무시하지 않았다는 사실을 눈여겨볼 필요가 있다.

2) 너희는 이 모든 일에 증인이라 (눅 24:48)

칼빈은 이 구절이 제자들을 선택한 목적을 분명히 보여 주고 있다고 했다. 이 말씀은 받을 당시 제자들은 자신들의 실패로 인하여 의기소침해 있었을 때이다. 좌절과 절망 속에 있는 제자들에게 찾아가 건네 준 새로운 사명은 그들에게 큰 격려가 되었을 것이고 한편 영광스러운 것이었다. 실패로 지쳐있던 제자들에게 새로운 임무가 부여된 것이다. 구원의 소식을 전하는 직무는 그들에게 영광스럽고 소중한 임무였을 것임에 틀림이 없다. 칼빈은 제자들이 받았던 선교 사명이야

---

20   Calvin. A Harmony of the Gospel: Matthew, Mark and Luke, vol. 3, 246.
21   Calvin. A Harmony of the Gospel: Matthew, Mark and Luke, vol. 3, 247.

말로 가장 값지고 영광스러운 직무라고 했다.[22] 영원한 구원의 소망을 땅 끝까지 전파하는 사명이야말로 영광스럽고 존귀한 사역임을 지적한 것이다. 그는 복음 전파 사역이 하나님 앞에서 그리고 전 인류 앞에서 참으로 영광스러운 사역임을 강조했다. 한편 제자들이 증인으로서의 사역을 감당하는데 있어서 어떠한 자세로 임해야 하는 가를 언급하면서 게으름과 나태의 모습을 버리고 부지런함과 성실함으로 복음전파 사명을 감당해야 한다고 했다.

이러한 칼빈의 해석은 선교를 통한 복음전파의 사역이 얼마나 영광스럽고 존귀한 사역인가를 깨우쳐 주고 있는 것이다. 우리가 참여하고 있는 선교 사역이야 말로 이 세상에서 가장 값지고 가치 있는 일임을 인식해야 할 것이다.

3) 내 아버지의 약속하신 것 (눅 24:49)

칼빈은 이 구절이 복음전파 사역에 있어서 성령의 도우심이 절대적으로 필요함을 보여주는 것이라고 했다. 연약한 제자들이 복음 전파 사역을 감당하려면 특별한 은혜, 즉 "성령의 능력"이 필요함을 역설한 것이라고 했다. 주님은 이 말씀을 하시면서 제자들에게 하늘의 아버지께서 보내시기로 약속한 성령을 상기시키고 있는 것이다. 한 가지 특이함 점은 칼빈이 이 구절을 해석하면서 성령을 보내시는 분이 하나님이 아닌 예수그리스도이심을 언급하고 있다는 것이다. 이전에 등장한 구절들에서는 하나님 자신이 약속하신 성령을 보내주시겠다고 말씀하셨지만 지금 이 구절을 자세히 살펴보면 성령을 보내주시는 분이 예수님이신 것을 발견할 수 있다고 했다. 그리스도께서 자신을 아버지의 위치에 놓고 그리스도 자신이 성령을 보내주시는 일을 맡고 있는 것이다. 칼빈은 이 구절이 주님의 신적권위(divine authority)를 나타냄과 동시에 주님 자신이 하나님이심을 보여주는 것이라고 이해했다. 그는 하나님께서는 사도들에게 특별한 은총 즉 성령을 약속하였고 주님은 그 특별한 은총을 제공하는 분이라고 했다.[23]

---

22   Calvin. A Harmony of the Gospel: Matthew, Mark and Luke, vol. 3, 247

23   Calvin. A Harmony of the Gospel: Matthew, Mark and Luke, vol. 3, 247.

칼빈은 이 구절의 중요한 가르침이 바로 성령의 도우심이 없이는 어느 누구도 복음전파사역을 감당할 수 없다는 점이라고 했다. 이 세상의 어떤 인간도 복음 전파에 적합한 자격을 갖추고 있지 않기 때문에 오직 성령의 은총을 입은 자들만 복음을 효과 있게 전할 수 있으며 성령의 도우심이 없이는 선교 사역을 감당하는 것이 전혀 불가능함을 역설한 것이라고 볼 수 있다. 그는 바울의 말을 예로 들면서 복음 전파의 책임을 맡은 사역자들은 반드시 성령으로 충만해야 한다고 했다.[24]

이러한 칼빈의 주장은 복음전파 사역을 감당하는 모든 사역자들에게 커다란 도전이 된다. 성령을 의지하지 않는 사역자, 성령의 인도함을 받지 않은 사역들은 모두 하나님의 구원 사역을 바르게 시행할 수 없으며, 쉽게 지치거나 주님의 구원사역을 망가뜨릴 수 있다는 점을 늘 기억해야 할 것이다. 성령의 도우심과 인도하심 이 없이는 선교 사역에 한 발자국도 드려 놓아서는 안 될 것이다.

칼빈이 "이 성에 유하라"는 주님의 명령에 관심을 집중시키고 있는 것을 볼 수 있는데 그는 여기서 주의 사역자들이 선교 사역에 앞서 "주님의 때"를 기다려야 할 것을 가르쳐 주는 것이라고 했다. 복음 전파 사역을 감당해야 할 사역자들의 자세에 대해 언급하면서 사역자 자신이 임으로 사역의 때를 정하는 것이 아니라 주님께서 허락하시는 때에 맞추어 사역을 감당해야 한다는 것이다. 그는 특히 사역자들이 복음을 전파할 수 있는 개인적인 능력이 갖추어 졌을 찌라도 하나님께서 손을 잡고 여러 사람 앞으로 이끄실 때까지 참고 기다려야 한다고 했다.[25]

이러한 칼빈의 가르침은 주의 사역자들이 사역지를 정하거나, 사역의 시기와 기간을 정하는 것에 대해 성령의 인도를 따라 조심스럽게 결정해야 할 것을 가르쳐 주고 있는 것이다. 칼빈의 가르침을 통하여 우리 속에 복음 전파에 대한 열망이 존재한다 할지라도 성령의 인도함과 도우심 없이 임의로 사역지를 정하는 것이나 사역의 기간과 파송의 시기를 정하는 일들을 피해야 함을 배워야 할 것이다.

---

24   Calvin. A Harmony of the Gospel: Matthew, Mark and Luke, vol. 3, 247.

25   Calvin. A Harmony of the Gospel: Matthew, Mark and Luke, vol. 3, 248.

4. 요한복음의 선교 명령(요 20:21-230)

1) 아버지께서 나를 보내신 것 같이 (요 20:21)

칼빈은 이 장면이 주님께서 제자들을 자신의 대사로 세우는 장면이라고 했다. 주님의 제자들이 이 세상에서 주님의 왕국을 건설하도록 위임을 받는 장면으로, 이제야 그들을 진정한 복음의 사역자로 세우고 있는 것이라고 보았다. 제자들이 이미 온 유대에 사역자로 파송되었지만 이전까지의 사역은 복음을 가르치는 사역이라기보나는 주님의 가르침에 접할 수 있도록 사람들을 주님께 안내하는 자로서의 역할을 감당했던 것이다. 하지만 이제부터는 제자들이 안내자가 아닌 복음의 내용을 직접 가르치는 교사로서의 역할을 감당케 될 것이다. 주님이 맡으셨던 교사의 역할을 제자들이 떠맡게 된 것이다. 이것은 마치 하나님께서 주님을 교회의 선생으로 세우셨던 것처럼, 주님께서 제자들을 교회의 선생으로 세우는 것이라고 했다. 주님의 공백을 메우는 역할을 제자들이 감당케 되는 것을 의미하는 것이다. 이제부터 제자들의 선포와 가르침은 곧 주님의 선포와 가르침이 된다는 것이다[26]

칼빈은 이 구절을 좀 더 상세히 주석하면서 다음과 같이 언급하였다. 이 구절은 "주님께서 제자들에게 그가 아버지로터 부여받았던 동일한 사역을 계승토록(in eandem fuctionem sucedere) 임명하는 것이고, 동일한 부분(eandem personam)을 넘겨주는 것이고, 동일한 권세(idem iuris)를 부여한 것이다"[27]라고 했다. 칼빈은 이 장면이 제자들의 연약함으로 인해 주님께서 자신이 아버지로부터 받았던 권세를 제자들에게 부여하기 위해 이러한 위임을 시행하고 있는 것으로 보았던

---

26   Calvin, The Gospel According to the John 11-12 and the First Epistle of John, in *Calvin's New Testament Commentary.* eds. David W. Torrance and Thomas F. Torrance, trans. A. W. Morrison (Grand Rapids, MI: Eerdmans, 1974), 203.

27   Calvin, The Gospel According to the John 11-12, 203.

것이다.

그러나 칼빈은 주님이 제자들에게 가르치는 역할을 계승토록 했다고 해서 주님 자신이 가르치는 역할을 포기한 것은 아니라고 했다. 주님께서 직접 가르치시지는 않지만 이제부터는 제자들의 입을 통하여 가르치시기로 한 것이다. 비록 육체로는 떠나 계시지만 탁월한 가르침(summo magisterio)을 포기하지 않으시고 교회의 유일한 선생(unicus Doctor)으로 지속적인 가르침의 사역을 하고 계신 것이라고 했다(Calvin, 204). 칼빈은 제자들의 사역이 영원한 교회의 선생이신 주님을 대신하여 복음을 전하고 가르치는 것이라고 본 것이다.

2) 저희를 향하사 숨을 내쉬며 (요 20:22)

칼빈은 이 구절을 해석하면서 성령이 복음전파 사역에 필수적인 요소임을 다시 한 번 지적한다. 그는 죽을 수밖에 없는 연약한 인간이 복음 전파라는 어렵고 힘든 일을 감당하기 위해 성령의 도우심이 필요하다는 사실을 상기시키고 있다. 칼빈은 하나님의 왕국을 이 땅에 세우는 일이 인간의 능력을 넘어선 일이라고 보고 있는 것이다. 아무도 성령의 도우심 없이는 복음 전파의 일을 감당할 수 없고, 성령이 그의 혀를 다스리지 않으면 아무도 그리스도에 관하여 한마디로 말 할 수 없다고 했다.[28] 칼빈은 주님만이 자신의 몸된 교회를 섬길 교사들을 세울 수 있는 분이라고 말하며, 성령 충만을 입으신 주님만이 성령의 능력을 자신의 제자들에게 나누어 줄 수 있는 분이라고 했다.

주님께서 숨을 내쉰 것은 하나의 외적 상징(outward symbol)으로 성령이 주님께로부터 나와 제자들에게 전달되는 것을 의미한다고 했다.[29] 만약 그 영(the Spirit)이 주님으로부터 나오지 않았다면 주님이 제자들을 향해 숨을 내쉬는 행위 자체가 전혀 무의미했을 것이라고 말했다. 또한 그는 주님 외에 어떤 사람도 숨을 내쉬며 성령을 준다고 말한다면 그는 하나님의 영광을 잘못 사용하는 것이라

---

28   Calvin, The Gospel According to the John 11-12, 204.
29   Calvin, The Gospel According to the John 11-12, 204.

고 지적했다[30]

칼빈은 제자들이 여기서 받은 성령은 훗날 오순절에 임할 성령의 임재에 비하면 약소한 것으로 성령의 은혜를 조금 경험한 것에 불과하고 성령의 능력으로 충만해진 것은 아니라고 했다. 왜냐하면 오순절 날 성령이 불의 혀같이 그들에게 임했을 때에야 비로서 주님의 제자들이 완전히 새로워졌기 때문이다. 주님께서 숨을 내쉬며 제자들에게 즉시 가서 복음을 전하라고 말씀하시지 않고 도리어 조용히 기다릴 것을 말씀하신 것을 언급하면서 숨을 쉬는 장면이 오순절 날 임할 성령의 임재와 연관이 있는 것으로 이해했다.[31] 칼빈은 오순절 날 임한 성령이 제자들에게 증인이 되는 능력을 제공했던 것과 같이 주님께서 숨을 내어 쉬시며 제자들에게 성령을 주신 사건은 당시의 제자들에게 복음을 전파하는 대사가 될 수 있는 능력을 제공한 사건이라고 보았던 것이다. 칼빈은 이 구절을 해석하면서 복음 사역자들에게 성령의 능력이 절대적으로 필요하다는 사실과 복음 전파 사역이 인간의 능력을 초월한 성령님의 사역임을 다시 한번 강조하고 있는 것이다.

3) 뉘 죄를 사하면 사하여 질 것이요 (요 21:23)

칼빈은 이 구절이 모든 복음의 내용을 축소시켜 놓은 것과 같다고 했다.[32] 이 구절은 21절에 나타난 파송의 목적을 명시한 것으로 제자들이 보냄을 받는 목적을 기술한 것이라고 보았다. 보냄을 받은 자들이 전하는 복음의 궁극적인 목적은 인간과 하나님 사이의 화해를 이루는 것인데 이러한 화해는 죄의 용서를 통해 가능해 지는 것이다. 복음에는 다양한 메시지들이 들어 있지만 죄 용서야 말로 하나님께서 인간에게 부여하는 하나님의 은혜 중 가장 값지고 중요한 것이라고 했다. 칼빈은 죄용서의 교리야말로 모든 기독교 교리들과 그리스도인들의 삶의 기

---

30 Calvin, The Gospel According to the John 11-12, 205.

31 Calvin, The Gospel According to the John 11-12, 205.

32 Calvin, The Gospel According to the John 11-12, 206.

초라고 했다.[33]

칼빈은 죄 용서의 의미를 좀 더 자세히 언급하면서 죄용서의 능력이 주님에게만 있다는 사실을 강조하였다. 그리스도께서 제자들에게 다른 사람들의 죄를 용서하라는 명령을 주셨다는 사실이 곧 제자들 자신에게 죄에 대한 용서의 능력이 있다는 것을 의미하는 것이 아니고 다만 "그의(주님의) 이름으로 죄 용서를 선포"하라는 것을 의미하는 것이라고 했다. 다시 말해서 예수 그리스도에게 있는 죄 용서의 능력이 제자들의 선포를 통하여 시행될 수 있다고 본 것이다.

"그대로 두면 그대로 있으리라"라는 구절을 해석하면서 이 구절은 복음을 거부한 자들의 운명에 관하여 가르쳐 주고 있는 것이라고 했다. 이 구절은 복음을 받아들이기를 거부한 자들에게 임할 영원한 형벌을 의미하는 것으로 복음을 받아들인 자들에게 영원한 구원이 주어지는 것처럼, 복음을 거부한 자들에게 주어지는 영원한 형벌은 매우 자연스러운 것이라고 주장했다. 복음이 모든 사람들에게 구원의 기회를 제공하는 것이 사실이지만 복음을 거부한 자들에게는 영원한 형벌을 가져오는 것이라고 했다. 복음에 대한 반응에 따라 개인의 운명이 결정된다는 칼빈의 주장은 복음을 듣지 못한 자들에게도 구원이 주어질 수 있다거나 죽은 뒤에도 구원의 기회가 다시 한 번 주어질 수 있다고 주장하는 신학적 도전들을 향해 분명한 성경적 근거를 통해 분명하고, 명쾌한 답을 주고 있는 것이다.

이상에서 살펴본 바와 같이 사복음서에 나타난 선교명령에 대한 칼빈의 주석에는 분명하고 확실한 선교적 사상이 들어 있다. 지금까지 살펴본 칼빈의 선교사상을 다음과 같이 요약해 볼 수 있을 것이다.

첫째, 칼빈은 선교의 범위에 대해 분명한 인식을 가지고 있었다는 점이다. 선교의 범위가 땅끝, 즉 복음을 듣지 못한 모든 민족을 포함하고 있다는 사실을 분명히 언급하고 있다. 칼빈의 이러한 선교적 관심을 참고해 볼 때 그가 해외선교에 직접 관여하거나 적극적으로 가담하지 못했던 이유를 그의 신학적 폐쇄성 내지 오류 때문이라고 주장하는 학자들의 견해가 옳지 않은 것을 쉽게 알 수 있을

---

33   Calvin, The Gospel According to the John 11-12, 206.

것이다. 이미 언급한대로 당시의 정치적, 종교적 상황이 칼빈으로 하여금 적극적으로 선교 사역에 참여치 못하게 했을 뿐 칼빈 자신은 철저하고 분명한 선교 의식을 가지고 있었던 자였다고 보아야 할 것이다.

둘째, 칼빈은 선교 사역에 있어서 선교의 주체요 주관자이신 성령의 역할에 대해 많은 관심을 가졌다고 볼 수 있다. 선교 사역을 시작하시고, 주도하시고, 인도하시는 분으로서의 성령의 사역을 구체적으로 언급했고, 성령의 도우심이 없이는 어느 누구도 선교 사역을 바르게 수행할 수 없음을 지적하기도 했다. 성령은 구속 사역을 인류에게 베푸시는 분으로 성령님의 역사 없이는 한 영혼도 구원받을 수 없고, 성령의 도우심이 없이 복음 전파자 자신의 능력과 지혜로 선교 사역을 감당할 수 없음을 분명히 가르쳤다. 성령의 능력을 받은 자만 선교 사역에 참여할 수 있음을 특별히 강조했다. 복음 전파자 자신이 직면하게 될 수 많은 환란과 역경을 이길 수 있도록 힘을 공급하시는 성령의 역할에 대해 여러 번 언급함으로 선교 사역을 수행하는 과정에서도 성령님의 도우심이 절대적으로 필요하다는 점을 간과하지 않았던 것이다.

셋째, 칼빈은 가르침으로서의 선교 사역에 큰 관심을 가지고 있었다고 볼 수 있다. 그가 복음서에 나타난 선교 명령들을 해석하면서 늘 강조하고 반복했던 주제가 바로 교육이었던 점을 고려해 볼 때 그가 생각했던 선교 사역의 핵심이 바로 교육이었다고 볼 수 있을 것이다. 칼빈에 의하면 선교 사역자들이 가장 관심을 갖고 추진해야 할 선교 사역이 다름 아닌 말씀 교육이라는 사실이다. 그는 또한 이 가르침의 내용에 대해서도 분명한 입장을 표명한다. 가르침의 내용은 인간에게서부터 비롯된 지식이 아니라 예수 그리스도의 말씀 즉 성경의 내용들을 담고 있어야 한다는 것이다. 가르치는 역할을 감당하는 자들이 선교사들이지만 그 가르침의 주체는 주님이시고, 가르침의 내용 또한 주님이어야 한다고 강조했다. 칼빈이 이해했던 선교 사역은 주님께서 행하셨던 가르침의 사역의 연속인 것이다. 칼빈에게 있어서 선교사들은 주님을 대신해서 주님의 말씀을 가르치는 역할을 감당하는 자들일 뿐이다.

넷째, 칼빈에게 있어서 세례야말로 선교 사역의 또 다른 중요한 부분이었던 것을 발견할 수 있다. 세례는 삼위 하나님께서 이루어 놓으신 구속 사역의 의미를 집약해서 담고 있는 예식으로 참된 세례가 복음 전파 사역에 바르게 시행되어야 함을 강조하였다. 그는 세례 의식에서 매우 중요한 요소가 바로 참 믿음, 참 교리에 근거한 복음에 대한 바른 이해라고 했다. 세례를 받는 자나 베푸는 자 모두 그리스도의 복음에 대한 바르고 분명한 이해를 전제로 세례를 베풀고 받아야 한다고 주장했다. 하나님의 사랑과 그리스도의 대속적 죽음 그리고 성령님의 중생케 하시는 능력 등에 대한 정확하고 확실한 이해와 믿음을 전제로 한 세례만이 참 세례요, 복음 전파자들은 이 참 세례의 의미를 가르친 후 세례를 베풀어야 함을 강조했다. 칼빈은 믿음과 세례가 불가분의 관계에 있음을 강조하면서 선교 사역자들이 반드시 참 믿음에 기초한 바른 세례 의식을 시행할 것을 주장했던 것이다.

다섯째, 칼빈은 복음을 거부한 자들에 대해 분명한 입장을 표명했다고 볼 수 있다. 칼빈의 요한복음 20장 23절 말씀에 대한 주해를 참고해 볼 때 칼빈은 복음의 수용을 거부한 자들에 대해 단호한 입장을 취하고 있는 것을 발견할 수 있다. 제자들이 전한 구원의 복음을 받아들인 자들에게는 영원한 구원이 주어지지만 이를 거부한 자들에게는 영원한 형벌이 주어진다는 사실을 역설하였다. 이러한 칼빈의 주장은 보편 구원론자들 (Universalists)이나 포함주의자들(Inclusivists)들 그리고 종교 다원주의자들(Religious Pluralists)의 주장을 직접 또는 간접적으로 반박할 수 있는 충분한 근거가 될 수 있다고 본다. 구원은 예수 그리스도와의 경험적 만남(Empirical encounter)을 통해서 결정되는 것이지 그리스도와의 실제적이고 경험적인 만남이 없는, 즉 복음을 들어보지도 못하고 접하지도 못한 사람들에게 주어질 수는 없는 것이다. 이러한 칼빈의 구원과 형벌에 대한 분명한 신학적 입장 앞에서 다양한 비복음적인 선교 신학 사상들은 설 자리를 잃게 되는 것이다.

이와 같이 칼빈의 선교 사상들을 참고해 볼 때 칼빈은 분명하고 확실한 선교 신학을 가지고 있었으며 근대뿐만 아니라 현대 선교 사역자들에게 성경적 선교 사상의 틀을 제공한 인물이라고 보아야 할 것이다. 실제로 칼빈의 선교 사상이 그의 뒤를 이은 많은 개혁주의자들, 특별히 청교도 선교사들의 선교 사상에 지대한 영향을 미쳤던 것이 사실이다.[34] 채니(Chaney) 또한 그의 저서인 「미국 선교의 탄생」(The Birth of Missions in America)에서 칼빈주의가 전 세계 개신교 선교운동의 사상적 기초와 틀을 제공하였다는 사실을 언급하고 있다.[35] 칼빈주의에 영향을 받았던 수많은 선교사들-토마스 메이휴(Thomas Mayhew), 존 엘리옷(John Eliot), 코튼 마더(Cotton Mather), 조나단 에드워즈(Jonathan Edwards), 존 코튼(John Cotten)-이 존재함을 볼 때 칼빈의 선교 사상이 후대에 지대한 영향을 미쳤던 것이 분명한 사실이다. 판 덴 버그(Van den Berg)의 주장처럼 칼빈의 선교 사상이 결코 모호하거나 불분명하지 않았고 매우 분명한 것이었다고 할 수 있다.[36]

이 장에서는 칼빈의 주석만을 자료로 삼아 그의 선교 사상을 살펴보았다. 칼빈의 선교 사상과 선교저 관심을 더 깊이 연구하려면 그의 더 많은 서서들, 예를 들자면 그의 신구약 주석들-특별히 선교와 관련된 구절들에 관한 주석들-과 설교들 그리고 '기독교 강요'와 같은 자료들을 살펴보면 도움이 될 것이다. 지금까지 연구된 칼빈의 선교 사상에 관한 자료들이 그리 많지는 않지만 앞으로 누군가 그가 유산으로 남긴 더 많은 자료들을 연구해서 그의 깊고 선명한 선교 사상들이 더 많이 밝혀지기 바란다.

34   Pierce R. Beaver, "Missionary Motivation Through Three Centuries," *in Reinterpretation in Americal History* (Chicago: University of Chicago, 1988), 113.

35   Charles L. Chaney, "The Missionary Dynamic in the Theology of John," in *Reformed Review*, (17): 24-38.

36   Van Den Berg, "Calvin's Missionary Message" in *The Evangelical Missionary Quarterly* (22): 174-87.

제2장

17세기 개혁파 선교신학

앞에서 살펴 본 대로 많은 학자들이 개혁주의자들의 빈약한 선교사상과 선교적 실천들에 대해 줄곧 지적해 왔다. 하지만 17세기 기독교 역사를 상세히 들여다본 학자라면 종교개혁이 진행되는 동안에 개신교 선교활동이 전무했다는 주장을 고집할 수 없을 것이다. 종교개혁 당시의 선교활동의 공백을 놓고 다양한 의견들이 공존한다. 혹자는 개혁자들의 선교신학적 이해의 오류를 지적하기도 하고, 혹자는 종교 개혁자들의 신학 뒤에 감추어진 적극적인 선교사상을 지적하기도 한다. 루터의 선교사상이 소극적이고 제한적이었다는 사실에는 대부분의 학자들이 동의하지만, 칼빈의 선교사상에 대해서는 의견이 분분하다. 혹자는 칼빈이 비록 직접적인 선교 활동에는 참여하지 않았지만 매우 적극적인 선교적 마인드(mission-mind)를 지니고 있었던 인물이라고 주장하는 반면, 혹자는 칼빈이 해외 선교 사역에 소극적이었던 점을 지적하면서 칼빈의 선교에 관한 소극적인 자세는 그의 신학의 당연한 결과였다고 주장하기도 한다.

하지만 화란 자유 대학(Free University)의 선교학 교수였던 판 덴버그(Van Den Berg)는 종교개혁 당시 루터나 루터파의 신학자들이 가지고 있던 소극적인 선교사상과 달리 칼빈은 보다 적극적이고 분명한 선교사상을 지니고 있었다는 점을 강조한다[1]. 칼빈의 선교사상이 당대에는 직접적으로 많은 열매를 맺지는 못했을 찌라도 후대의 선교사상과 사역에 직간접적인 영향을 끼친 것이 사실이다. 채니 (Chaney)는 칼빈의 선교사상이 전 세계의 개신교 선교사상의 기초와 틀을 제공했다고 주장하기도 했다[2]. 이 장에서는 칼빈이 지녔던 선교 사상을 간략히 살펴보고 그가 후대에 끼친 선교적 영향과 열매들을 살펴봄으로서 개혁 신학자들이 해외 선교사역에 소극적이었다거나, 개혁 신학이 해외 선교사역에 장애물이었다는 오해들을 불식시킬 수 있는 다양한 정보들을 살펴 볼 것이다.

1. 칼빈의 신교신학과 선교사역

1) 칼빈의 선교이해

실천적 관점에서 보면, 칼빈이 직접적인 해외 선교 사역에 소극적으로 참여했던 것은 사실이다. 하지만 그가 비록 해외 선교 사역에는 소극적으로 참여했을지라도 그의 신학과 사상만큼은 결코 비선교적 (non-missionary) 이거나 반선교적(anti-missionary)이지는 않았다. 당시의 정치적, 지리적, 종교적인 상황을 고려해 볼 때 칼빈이 선교사역에 소극적으로 참여했다는 사실은 매우 자연스러운 일이다. 대부분의 개신교 국가들이 지리적으로 바다와 동떨어져 있었을 뿐 아니라 로마 가톨릭 세력과의 신학적 논쟁, 개신교 안에서의 신학적인 논쟁, 국가 간의 전쟁 등에 연루되어 있었기 때문에 해외 선교 사역에 적극적으로 동참할 수 있는 여력이 남아있지 않았다[3].

---

1   Johannes Van Den Berg, "Calvin's Missionary Message" in *Evangelical Missions Quarterly* (22) (1950): 174-87.

2   Charles L. Chaney, "The Missionary Dynamic in the Theology of John Calvin" in *Reformed Review* 17 (1964): 24-38.

3   David Bosch, *Transforming Mission: Paradigm Shifts in Theology of Mission*

하지만 칼빈의 기독교 강요나 주석들을 참고해 볼 때, 그가 각 교회와 성도들이 분명한 선교적 사명을 의식하고 선교적 책무를 다해야 할 것을 강조하고 있음을 발견할 수 있다. 특별히 칼빈의 선지서 주석들을 참고해 볼 때 칼빈이 이방인들의 회심과 개종에 매우 적극적인 생각을 지니고 있었음을 쉽게 발견할 수 있다. 그는 온 세상 사람들이 그리스도의 발 앞에 엎드리기를 강력히 소망 했다. 루터나 그의 제자들이 소극적이고 부정적인 선교관을 가졌던 것과는 대조적으로 칼빈과 그의 후예들은 매우 적극적이고 참여적인 선교관을 가지고 있었다.[4]

당시 칼빈은 루터와 마찬가지로 복음이 모든 나라에 전파되지 않았다는 사실을 잘 알고 있었다. 칼빈이 종종 지구의 반대편에 관하여 언급하였다는 사실과 타국으로 이주한 사람들에 관하여 언급하였다는 사실은 그가 해외에 살고 있는 사람들에 대해 상당한 지식을 가지고 있었음을 알 수 있다. 회교도들에 관한한 루터가 회교도들에 대하여 알고 있었던 정도의 지식을 가지고 있지는 않았지만 칼빈 역시 해외, 특별히 브라질로 이민 간 개신교도들의 형편과 현지인들의 형편에 대해서는 상대적으로 잘 알고 있었다.[5]

칼빈의 선교관을 평가함에 있어서 반드시 참고하여 하는 부분이 바로 그의 신학적 사상과 더불어 선교와 연관된 성경해석이라고 할 수 있다. 그의 선교관에 대해 부정적인 평가를 내리고 있는 학자들의 대부분은 단순히 그가 해외 선교 사역에 직접 관여하거나 참여한 적이 없었다는 사실과 그의 신학적 명제들 가운데 하나인 예정론을 근거로 단편적인 평가를 내리는 실수를 범하고 있는 것이다. 칼빈의 신학적 입장과 선교와 연관된 성경주해들을 살펴보면 살펴볼수록 그가 가졌던 해외선교 사역에 대한 확신과 열정을 분명하게 발견할 수 있다.

(Maryknoll, NY: Orbis, 1992), 245.

4   Johannes Van Den Berg, *Constrained by Jesus' Love* (Kampen, Netherlands: Kok, 1956), 4-12.

5   Van Den Berg, *Constrained by Jesus' Love*, pp. 7-8. cf. 칼빈은 당시 브라질에서 설교가로 사역하던 P. Richier가 보내 준 편지들을 통해 브라질에 살고 있던 원주민들의 정황을 매우 생생하게 알고 있었다.

2) 칼빈의 선교신학

(1) 하나님의 주권

칼빈에게 있어서 선교사역은 철저히 하나님의 사역이라는 사실이 매우 강조된다. 인간적인 노력과 인위적인 조작이 아닌 하나님의 섭리와 계획에 따라 선교사역이 진행되어야 한다는 점을 중요하게 생각한다. 칼빈은 하나님께서 이방을 향한 선교의 문을 여실 때 까지 기다렸고, 다른 사람들에게도 하나님의 때를 기다릴 것을 가르쳤다. 그렇다고 해서 그가 철저히 수동성만을 강조한 것이 아니라 하나님의 때가 되면 적극적으로 선교사역에 임해야 함을 암시적으로 가르치고 있는 것이다. 루디의 가르침이 구원론(soteriology)에 집중되어 있었다면 칼빈의 가르침은 하나님 중심적인(theocentric) 성격이 강하다고 할 수 있을 것이다.[6] 칼빈은 선교의 궁극적인 목적이 하나님의 영광(Gloria Dei)에 있다고 보았다. 선교의 궁극적인 목적이 인간적인 성취나 보람이 아니라 하나님 영광, 즉 하나님을 위한 것이어야 함을 강조한 것이다. 그의 이러한 사상은 선교신학에서 뿐만 아니라 그의 신학 전반에 걸친 매우 중요한 주제이기도 하다.

(2) 종말론과 선교

칼빈의 종말론은 루터의 종말론과 달리 재림 전 세상의 변화(renewal)에 관심을 가지고 있다고 할 수 있다. 그는 세상의 변화의 주체가 교회라고 보고, 교회가 보다 적극적으로 사회 변혁에 참여해야 할 것을 가르치고 있다. 그는 교회의 적극적인 선교사역이 그리스도의 일하심에 동참하는 것으로서 세상의 변화를 가져오는 매우 중요한 요소로 인식하고 있다. 하나님 왕국의 건설과 확장을 위해 지상의 교회들이 주님 오시는 날 까지 쉬지 않고 일함으로서 교회 본연의 선교적 사명을 감당해야 함을 강조한 것이다. 이러한 지상 교회의 선교적 사명에 대한 칼빈의 이해는 선교사명이 사도들에게 국한된 한시적인 사명이라는 그릇된 인

---

6   Van Den Berg, *Contrained by Jesus' Love*, 10-11.

식에 대한 도전이라고 할 수 있다. 칼빈의 이러한 선교사상은 선교적 사명이 초 대교회의 사도 시대에 국한 된 것이라고 주장하던 루터와 그의 후예들의 선교사 상과 분명한 대조를 이룬다. 그는 지상의 그리스도인들이 주님이 다시 오시기 전 까지 지옥으로 향하는 믿지 않는 영혼들을 향해 나아가야 할 뿐 아니라 불쌍한 영혼들을 향한 진정한 사랑을 가져야 할 것을 요청하고 있다.[7]

(3) 선교의 범위

칼빈은 마태복음 28장 19절을 해석하면서 선교의 범위와 대상을 분명히 설 명해 주고 있다. 그는 이 구절을 해석하면서 "그리스도가 차별의 담을 허물고 이 방인들과 유대인들을 동등시 하고 있음을 발견할 수 있다"고 했다. 그는 이방인 과 유대인들이 언약의 동반자라고 해석하면서 구원에 관한 가르침이 온 땅의 모 든 지역에 퍼져나가야 할 것을 역설하였다. 칼빈은 이 구절이 이사야 49장 6절의 예언의 완성으로 보고 그리스도가 이방의 빛이요, 세상 끝까지 이르는 하나님의 구원의 은총임을 지적했다. 이 구절은 주님의 관심이 이방인들의 구원, 즉 땅 끝 의 구원에 있음을 보여주는 것이라고 했다. 그는 주님께서 여기서 강조하고 있는 단어가 바로 "모든 족속"이라고 하면서, 주님은 우리가 땅 끝까지 가기를 원하신 다고 했다. 이방인들을 향해 나가라는 주제가 이 구절에서 매우 중요한 요소임을 강조하면서 세계선교사역의 중요성을 언급하고 있는 것이라고 볼 수 있다.

그는 마가복음 16장 15-20절에 기록된 "온 천하"와 "만민"을 동일시하면서 온 천하에 있는 모든 인간들이 복음전파의 대상임을 지적하고 있다.

이와 같은 칼빈의 성경주해를 참고해 볼 때, 그가 분명한 선교적인 비전과 사 명을 지닌 인물이었음을 부인 할 수 없다. 칼빈의 선교관을 평가함에 있어서 혹 자가 지적하는 것 같이 그가 해외 선교에 무관심 했거나, 신학적 이유로 인해 선 교적 태만을 주장했던 인물이 아니라 누구보다도 해외 선교사역에 적극적이고 진취적인 자세를 지니고 있었던 인물로 평가되어야 할 것이다.[8]

---

7   Van Den Berg, *Contrained by Jesus' Love*, 11-12.
8   김학유, "복음서(주석)에 나타난 칼빈의 선교사상", 『칼빈의 신학과 한국교회

⑷ 선교와 성령

판 덴버그는 칼빈주의가 선교사역과 연관하여 성령의 절대적인 역할 강조하는 신학체계를 갖고 있다고 했다. 개인의 영적인 변화와 사회적 변화를 일으키기 위해서는 성령의 역할이 절대적임을 강조한 것이다.[9] 이러한 성령 의존 사상은 칼빈으로부터 비롯된 것이라고 할 수 있는데, 그의 성경 주해들을 참고해 보면 이러한 사실이 보다 분명해짐을 알 수 있다. 다음에 등장하는 그의 성경 주해들을 살펴보면 칼빈의 성령 의존 사상이 얼마나 철저하고 분명한 것인지를 발견할 수 있다.

칼빈은 마태복음 28장 18절에 기록된 "모든 권세"를 해석하면서 여기에 언급된 "권세"라는 밀은 단순한 세상적인 권세가 아니라 "초월적이고 신적인"(supreme and divine) 권세라고 해석했다. 그는 이 구절을 해석하면서 사도들이 받았던 복음 전파의 사명이 사도들이 가지고 있던 인간적인 능력에 의해서가 아니라 그들에게 주어질 성령의 능력으로 성취 될 수 있음을 의미하는 것이라고 해석했다[10]. 그는 "권세"가 사도들이 세계 선교 사명을 완수하는 데 있어서 필요한 능력의 공급원이라고 해석하면서, 사도들의 고난과 역경을 이길 힘이 바로 이러한 권세에서 비롯된다고 했다.

선교사역과 성령의 연관성에 관한 칼빈의 이해가 보다 분명하게 드러나는 곳이 바로 누가복음 24장 49절의 주해라고 할 수 있다. 그는 제자들이 복음전파 사역을 감당하기 위해서는 "내 아버지의 약속하신 것", 즉 성령의 도우심이 절대적으로 필요하다는 사실을 지적했다. 이 세상의 모든 인간은 예외 없이 복음 전파에 적합한 자격을 갖추고 있지 않기 때문에 오직 성령의 은총을 입은 자만 복음을 효과적으로 전할 수 있으며, 성령의 도우심이 없이는 선교 사역에 한 발자국

의 과제』 (수원: 합동신학대학원 출판부 2002), 329.

　　9　　Van Den Berg, *Contrained by Jesus' Love*, p. 18. 판 덴 버그는 칼빈주의가 어떤 다른 신학적 체계보다 성령의 역사를 강조하는 신학적 체계임을 지적하면서, 칼빈주의 구원론에 있어서 성령의 역할이 절대적이라는 사실을 언급하기도 했다. 성령의 역사로 말미암는 인간의 내면적인 변화뿐만 아니라 성령의 역사로 말미암는 인간 사회의 변화 또한 칼빈주의가 주장하는 성령의 중요한 역할이라는 점을 언급했다.

　　10　　김학유, "복음서(주석)에 나타난 칼빈의 선교사상", 237.

도 들여놓아서는 안 된다고 사실을 강조하고 있는 것이다. 그는 선교사들이 복음을 전파할 수 있는 개인적인 자격이 갖추어졌을지라도 반드시 하나님의 인도를 받을 때까지 참고 기다려야 할 것을 강조하기도 했다.[11]

(5) 선교 방법

칼빈은 선교사역의 방법과 내용을 언급하면서 선교사들이 가르치는 일에 깊은 관심을 가져야 할 것과 믿음에 근거한 세례 베풂을 선교사역의 중요한 요소로 보고 있다. 특별히 마태복음의 선교 명령을 해석하면서, 가르치는 사역이 선교사역들 가운데서 가장 중요하고 핵심적인 사역임을 여러 번 강조하였다. 선교 사역의 우선권이 가르침에 있다고 보고 모든 전도자들은 주님의 대리자로서 가르치는 일에 최선을 다해야 함을 주장하였다. 주님의 제자들이 자신의 의견이나 견해를 가르치는 일을 금하고 반드시 주님이 가르치신 것만을 가르치는 것이 중요함을 동시에 강조했다. 엄밀히 말해서 제자들의 사명은 교사로서의 사명이라기보다는 전달자로서의 사명이라고 보아야 할 것이다. 주님의 가르침을 가감 없이 가르치고 전하는 사역이 선교사들에게 있어서 가장 중요하고 우선적인 사역이어야 함을 강조하고 있는 것이다.[12]

칼빈은 또 다른 선교 방법의 하나로 세례의 올바른 시행을 강조하였다. 그는 이방인들의 경우 하나님에 대한 지식이 전혀 없거나 부족하기 때문에 말씀에 대한 믿음이 세례 전에 확실히 증명되어야만 한다는 사실을 지적했다. 참 믿음과 참된 교리를 근거로 해서만 선교사들이 이방인들에게 세례를 베풀어야 할 것을 가르쳐주고 있는 것이다. 선교지에서 종종 발생하는 세례 교인들의 이탈 문제와 타 종교로의 개종 문제 등을 고려해 볼 때 바른 교리와 신앙에 입각한 세례의 시행이야말로 선교사역에 있어서 매우 중요한 요소임에 틀림이 없다. 칼빈이 마가복음 16장 16절에 기록된 "믿고 세례를 받는 사람"이라는 구절을 해석하면서, 이 구절에서 언급된 "믿는 자"라는 의미 속에는 온 인류를 포함한 우주적인 의미

11　김학유, "복음서(주석)에 나타난 칼빈의 선교사상", 341-342.
12　김학유, "복음서(주석)에 나타난 칼빈의 선교사상", 328-329; 332-333.

가 담겨있다고 했다. 다시 말하자면, 이 말 속에는 이방인이든 유대인이든 누구든지 믿는 자들에게 구원이 보장된다는 폭 넓은 뜻이 담겨있다는 것이다. 그리스도의 구원의 능력이 전 인류를 포함하고 있을 뿐 아니라 누구든지 주의 이름을 부르는 자는 구원을 얻을 것이라는 구원의 보편적 의미가 담겨있다. 이와 같이 칼빈의 선교방법 가운데 하나인 세례는 단순한 종교적인 의식을 뛰어 넘어 의식에 참여하는 자들의 믿음을 전제로 한 철저한 예식으로서 선교사역의 필수적인 요소가 되어야 함을 가르쳐주고 있는 것이다.[13]

3) 칼빈의 선교사역

칼빈이 가지고 있던 선교에 대한 이해와 신학은 매우 분명하고 확고한 것이었음이 틀림없음에도 불구하고 그의 실제적인 선교 사역은 상대적으로 제한되었던 것이 사실이라고 할 수 있다. 이미 언급한 바와 같이 칼빈이 살고 있던 시대적인 상황과 불리한 환경적 요인들로 인해 직접적인 선교 사역에 개입하거나 후원을 한 흔적은 그리 많이 남아있지 않은 것이 사실이다. 그럼에도 불구하고 칼빈이 해외 선교 사역에 직접적으로 개입한 사례들이 종종 발견된다.

(1) 프랑스 선교사역

칼빈이 제네바에 머물던 시기-제1차 개혁기(1536-1538), 제2차 개혁기(1541-1564)-에 개신교와 로마 가톨릭 사이의 신학적 논쟁은 물론 유럽사회의 준 전시적 상황이 지속되었다. 로마 가톨릭의 정치, 종교적인 압박을 피해 수 많은 개신교도들이 유럽의 각지에서 제네바로 몰려들었고, 제네바는 이들의 종교교육과 안전을 책임지는 도피성 같은 역할을 감당하고 있었다. 당시 제네바의 개신교 지도자들은 화란, 영국, 독일, 헝가리 등에서 몰려온 개신교도들에게 개신교 신학, 특별히 개혁주의 신학을 가르치고 각 나라의 개신교 지도자들을 양육하

---

13   김학유, "복음서(주석)에 나타난 칼빈의 선교사상", 330-331; 335-336.

는 데 온 정열을 기울였다. 제네바시가 감당하기 어려울 만큼 늘어난 인구와 긴급한 종교적 필요를 채우기 위해 제네바의 개신교 지도자들은 분주했고 해외 선교사역에 눈을 돌릴 만큼의 여력이 없었다.[14] 이러한 시급한 필요들 외에도 제한된 정보로 인해 칼빈을 비롯한 제네바의 개신교 지도자들이 해외 선교 사역에 동참한다는 것은 거의 불가능한 상태였다. 유럽을 제외한 해외에 관한 정보나 지식이 극히 제한되어 있었거나 거의 전무한 상태였기 때문에 해외 선교사역에 관심을 갖는다는 것은 거의 불가능한 상태였다고 할 수 있다.

그럼에도 불구하고 칼빈을 비롯한 제네바의 개신교 지도자들은 유럽에 흩어져 살고 있던 개신교도들과 개신교 지도자들을 돕기 위한 적극적인 선교 활동에 동참했었다. 비록 문화를 뛰어넘고 인종을 뛰어넘는 타 문화 선교사역은 아니었을 지라도 개혁주의 신학과 신앙을 전파하는 데 온 힘을 기울였다. 제네바에서 신학 훈련을 받고 고국으로 돌아간 개신교 지도자들과의 끊임없는 교신, 필요시 개신교 목사들을 각 국으로 파송하는 일, 핍박 받는 개신교도들을 위한 실질적 지원과 기도 지원, 잘못된 교리를 가르치는 개신교 지도자들을 위한 교리적 훈계 등을 통해 적극적인 선교활동을 펼치고 있었다.[15]

이미 알려진 바대로 칼빈은 프랑스에 흩어져 살고 있던 개신교도들인 위그노(Huguenot)들을 돕기 위해 다양한 선교 활동을 벌였는데, 그 대표적인 사례가 바로 개신교 목사들의 파송이었다. 칼빈이 이끌고 있던 제네바 목사회는 1555부터 1562년 사이에 무려 118명의 선교사를 파송했다. 당시 도시에 8명 시골에 10명, 총 18명으로 구성된 목사회의 규모를 생각하면 118명의 선교사 파송은 매우 많은 수였다고 할 수 있다. 제네바 목사회가 프랑스를 제외한 국가들에 파송한 선교사들의 숫자는 다음과 같다: 왈도파의 주 거주지였던 삐에몽에 10명, 브라질 프랑스 식민지에 2명, 안트베르펜에 1명, 토리노에 1명, 런던에 1명.[16] 제네

---

14   W. Stanford Reid, "Calvin's Geneva: A Missionary Center", *The Reformed Theological Review*, 3 (1983), 65.

15   W. Stanford Reid, "Calvin's Geneva: A Missionary Center", *The Reformed Theological Review*, 57-58.

16   조병수, 위그노: 그들은 어떻게 신앙을 지켰는가? (수원: 합신대학원출판

바 목사회가 선교사를 가장 많이 파송한 국가는 프랑스인데 1555년부터 1563년 사이에 프랑스로 파송된 개신교 목사들의 숫자는 대략 88명에 이른다.[17] 1562년 당시 프랑스에 흩어져 있던 위그노 공동체가 대략 2,150개 정도였고, 각 공동체에 속한 성도들의 총 합계가 대략 300만 명 정도였다. 칼빈을 비롯한 개신교 지도자들은 프랑스의 위그노들이 요청하는 개신교 지도자들을 공급하기 위해 모든 힘을 기울여야만 할 정도였다고 한다. 프랑스에서 결성된 "개신교 네트워크"(Protestant Network)에 참가한 지역들의 이름은 대략 다음과 같다: 악생프로방스(Aix-en-Province), 미메(Mimes), 몽뻴리에(Montpellier), 뚤루스(Toulouse), 네라(Nerac), 보르도(Bordaux), 라로쉘르(La Rochelle), 낭드(Nante), 깽(Caen), 디쁘(Dieppe), 뚜르(Tours), 오를레앙(Orleans) 등.

(2) 브라질 선교사역

칼빈의 이방인들과 이방 나라들에 관한 지식은 주로 성경과 고전들(Classical Literatures)로부터 비롯된 것이다. 칼빈이 이교도들이 살고 있던 식민지 여러 나라들, 특별히 아시아나 아프리카의 식민지 국가들과 접촉했다는 기록은 전혀 찾아볼 수 없다. 그러나 그가 유일하게 접촉을 하고 있었던 식민지가 있었는데, 제네바 교회가 해외에 파송했던 브라질 선교사들을 통해서였다. 비버(R. Pierce Beaver)는 칼빈이 브라질로 파송한 선교사들이 남미 최초의 선교사였다고 주장했다.[18]

① 빌르가뇽(Villegagnon)

칼빈이 해외 선교 사역에 직접 관여를 했었다는 사실을 밝혀주는 중요한 역

부, 2018), 34-35. cf. R. M. Kingdon, *Geneva and the Coming of the Wars of Religion in France 1555-1563*, Geneve: Dorz, 2007.

[17] Reid, "Calvin's Geneva: A Missionary Center", *The Reformed Theological Review*, 69.

[18] Robert Pierce Beaver, "The Genevan Mission to Brazil." *The Reformed Journal*, 17 (1967): 14-20.

사적인 기록이 남아있는데, 그가 당시 프랑스의 식민지였던 브라질의 한 섬에 두 명의 목회자를 원주민 선교를 위해 파송한 기록이다. 이 두 명의 선교사는 제네바에서 훈련을 받은 목회자로서 브라질에 살고 있던 인디언들의 복음화를 위해 파송된 것이다.[19] 제네바 교회가 브라질에 있는 프랑스 식민지 지도자였던 빌르가뇽(Villegagnon)의 요청으로 앞의 두 목사들을 포함해 모두 14명의 선교사들을 브라질로 파송하게 되는 데, 결국은 빌르가뇽의 배신으로 실패하고 만다. 칼빈의 이러한 선교적인 노력은 브라질로 파송되었다가 유일하게 생존하여 제네바로 귀환한 쟝 드 레리(Jean de Lery)의 저술에 고스란히 담겨있다.[20]

빌레가뇽은 듀랑(Nicolas Durand)이라고도 불리는데, 위그노의 후원자였던 꼴리뉘(Gaspard de Coligny)의 도움과 앙리 2세(Henry Ⅱ)의 후원을 받아 1555년에 브라질로 식민지 정탐여행을 떠난 인물이다. 빌르가뇽과 함께 브라질로 식민지를 찾아 떠난 사람들 대부분의 사람들은 감옥에 있던 죄수 출신들이거나 위그노 출신들이었다. 프랑스 식민지였던 리오 데자네이로(Rio de Janeiro) 근방의 한 섬에서 정착해 살고 있던 사람들이 얼마 지나지 않아 소요사태를 일으키자 빌르가뇽은 칼빈에게 편지를 보내 좀 더 양질의 사람들을 보내 줄 것을 요청하게 된다. 이 편지의 영향으로 후일 브라질로 가서 현지에서 정착해 살던 레리가 당시 빌르가뇽이 보낸 편지의 내용을 그의 책에 고스란히 적어 놓고 있다. 식민지 상황을 누구보다 잘 알고 있었던 그가 빌르가뇽의 편지 내용을 다음과 같이 기록해 놓았다.

그 편지는 제네바 교회가 즉시 빌르가뇽에게 하나님의 말씀 사역자들(목회자들)과 "기독교 교육을 잘 받은 사람들"(well instructed in the Christian religion)을 보내 주어서, 자기 자신과 자기가 관리하는 사람들을 개혁하고 나아가서

---

19   W. Stanford Reid, "Calvin's Geneva: A Missionary Center", *The Reformed Theological Review*, 70-71.

20   칼빈의 브라질 선교 사역의 역사적 현장을 잘 그려주고 있는 가장 중요한 최초의 자료는 Jean de Lery가 쓴 "쟝 드레리의 브라질 항해사"(Journal de Bord de Jean de Lery en la terre de Bresil)(1557)인데, 이 책이 1578년 "브라질 항해사"(Histoire d'un Voyage fait en la terre de Brasil)라는 제목으로 출간되었다. cf. 김재성, "개혁주의 전통에서 본 선교사상과 실제,"『복음주의와 한국교회』(수원: 합동신학대학원 출판부, 2004), 72-73.

야만인들에게 구원의 지식을 전달하도록 요청하는 내용을 담고 있었다.[21]

빌르가뇽의 편지를 받고서 이방인들에게 복음을 전하는 문제를 놓고 제네바 교회가 의논한 사실을 레리가 다음과 같이 묘사해 놓고 있다.

이러한 편지들과 소식들을 접하자마자, 제네바 교회는 그렇게 먼 나라, 이국 땅에서, 그것도 참 하나님에 관한 지식이 전무한 국가에서 예수 그리스도의 통치가 확장되고 있다는 사실에 대하여 하나님께 깊은 감사를 드렸다.[22]

앞에서 언급한 바와 같이 이 후로 제네바 교회가 두 명의 목회자를 파송키로 결정하고 그들을 브라질로 파송케 된다. 제네바 교회의 기록을 상세히 살펴보면 당시 제네바의 "목사회"(Company of Pastors)가 내린 역사적인 결정 장면을 다음과 같이 기록하고 있다.

1556년 8월 25일 화요일, 프랑스가 정복한 브라질의 새로운 섬들로 목회자들을 파송해 달라는 요청을 담은 편지를 받은 결과, 리쉬에르(M. Pierre Richier)와 샤르띠에(M. Guillaume Charretier)가 선발되었고, 이 둘을 주님의 보호하심에 맡기며 이 교회의 편지와 함께 파송하였다.[23]

제네바 교회 목사회의 결정에 따라 두 명의 목회자들이 브라질로 파송되었고, 그들과 함께 레리를 포함하여 11명의 평신도들이 브라질로 파송되었다. 당시 칼빈이 비록 제네바에 있지는 않았지만, 제네바 교회에서 일어나고 있었던 일

21　David B. Calhun, "John Calvin: Missionary Hero or Missionary Failure?" *Presbyterian: Covenant Seminary Review* 5 No 1 (Spring, 1979), 30.

22　David B. Calhun, "John Calvin: Missionary Hero or Missionary Failure?" *Presbyterian: Covenant Seminary Review*, 30.

23　David B. Calhun, "John Calvin: Missionary Hero or Missionary Failure?" *Presbyterian: Covenant Seminary Review*, 30-31.

들에 대해 잘 알고 있었을 뿐 아니라 이러한 결정을 내림에 있어서 매우 중요한 결정적 충고를 했다. 그 때 파송을 받은 지도자들이 빌르가농에게 보내는 칼빈의 편지를 지니고 있었다는 사실로 미루어 보아서 이들을 파송하는 일에 칼빈이 매우 깊이 관여했었다는 사실을 쉽게 알 수 있다.[24] 제네바 교회의 파송을 받은 목회자들과 평신도들이 브라질에 도착한 후 그들이 전혀 기대하지 않았던 환란과 역경을 맞이하게 된다. 이미 가톨릭 총독의 위협과 강청을 받은 빌르가농이 가톨릭으로 회심함으로 인해 그들은 예기치 못한 순교와 추방을 경험케 된 것이다. 빌르가농은 칼빈과 종교개혁을 거부하며 칼비주의자들을 살해하거나 강제로 추방시켜 버렸다.[25] 빌르가농의 배신으로 인해 제네바 교회의 최초의 해외 선교 사역이 위기를 맞이한 것이다. 결국 순교와 추방이라는 아픔만 안고 최초의 개신교 남미 선교 사역은 막을 내려야만 했다.

② 리쉬에르 (M. Pierre Richier) 선교사

제네바 교회가 비록 남미에서 가시적인 선교의 열매를 얻지는 못했을지라도 원주민들과의 접촉을 통해 선교 사역에 대한 깊은 관심과 선교 전략에 관한 상당한 지식을 얻을 수 있었다. 브라질 선교지의 정황과 선교 전략을 편지를 통해 칼빈에게 지속적으로 보고한 선교사가 있었는데 그가 바로 앞에서 언급된 두 명의 선교사 가운데 하나인 리쉬에르 선교사이다. 그의 선교사역과 선교전략, 선교사의 삶과 자세 등은 후일 칼빈의 선교 사상에 적지 않은 영향을 미쳤다고 한다.

리쉬에르 목사는 서신을 통해 그의 선교지 경험을 칼빈에게 지속적으로 전달하였는데, 그가 1557년 4월에 칼빈에게 보낸 편지를 보면 브라질 "원주민들이 상상 할 수 없을 정도의 미개인들이었다"는 사실을 기록하고 있다. 그는 "결과는

---

24   David B. Calhun, "John Calvin: Missionary Hero or Missionary Failure?" *Presbyterian: Covenant Seminary Review*, 31.

25   R. B. Kuiper. *God-centered Evangelism: A Presentation of the Scriptural Theology of Evangelism*, (Edinburgh: Banner of Truth Trust, 1998), 175. cf. 카이퍼는 라이드(Stanford Reid)와 조금 다른 정보를 제공하고 있다. 카이퍼는 칼빈이 제네바 출신 4명의 선교사와 더불어 그 외의 지역에서 온 8명의 평신도를 포함해 총 12명의 선교사들을 브라질에 파송했는데 그들 가운데 5명은 살해를 당했고 7명은 추방당했다고 했다.

그들에게(원주민) 그리스도를 나타내 보이려는 우리의 소망이 결국 좌절되었다는 점이다."라고 기록하고 있다. 그러나 리쉬에르는 좌절하지 않고 그의 선교적인 비전을 내려놓지 않았다. 편지의 내용을 살펴보면 그가 여섯 명의 젊은이들을 원주민들의 마을로 드려 보내 원주민들의 언어를 배워 오도록 하는 매우 치밀하고 효과적인 선교 전략을 시행하기도 했다. 두삐남바스(Tupinambas)라는 인디언 부족에게 지속적인 관심을 갖고 그들의 언어를 배우려고 했다는 점은 현대 선교 전략의 관점에서 볼 때도 매우 현명하고 효과적인 선교전략이었다고 할 수 있다.[26]

리쉬에르 선교사는 "하나님께서 우리에게 이러한 선교의 사역을 맡기셨기 때문에, 이 에돔 같은 족속이 미래에 주님의 소유가 되기를 기대하고 있습니다."라고 말하면서 식민지에 있는 개혁교회의 ┼성원들이 일반인들과 ┼별된 거룩하고 성실한 삶을 살아가는 삶의 모범을 통해 원주민들에게 다가가야 한다는 사실을 강조하기도 했다. 리쉬에르 선교사의 이러한 선교적 접근 방법, 즉 삶을 통한 선교 방법(Life-style evangelism)은 다양한 현대 선교 전략들 가운데서도 매우 중요하고 핵심적인 선교방법 가운데 하나이다. 칼훈(Calhun)은 리쉬에르 선교사의 선교사상에서 놀라우리만큼 비슷한 칼빈의 선교사상을 발견하게 된다고 언급하기도 했다.

칼훈이 지적하고 있는 리쉬에르 선교사의 선교사상과 칼빈의 선교사상과의 유사성을 요약하면 다음과 같다. 첫째로, 선교지의 환경이 아무리 어렵다고 할지라도 선교사들은 하나님의 부르심 앞에 절대적으로 순종해야 한다는 점이다. 이것은 하나님의 부르심에 대한 절대 복종을 의미하는 것이라고 할 수 있다. 하나님의 부르심 앞에 장소나 인종이나 계층과 상관없이 절대적인 순종을 해야 함을 의미하는 것이다. 둘째, 아무리 어려운 환경이라 할지라도 하나님께서 복음을 전할 수 있는 기회를 반드시 마련해 주신다는 점을 믿는 것이라고 할 수 있다. 하나님께서 보내셨다면 하나님께서 현지 영혼들을 구원할 수 있는 기회를 반드시 준비하실 것이라는 확신을 갖는 것이라고 할 수 있다. 선교지의 상황이 아무리 힘

---

26   David B. Calhun. "John Calvin: Missionary Hero or Missionary Failure?" *Presbyterian: Covenant Seminary Review*, 31

들고 어렵다고 할지라도 하나님께서 주시는 기회를 인내함으로 기다려야 함을 강조한 것이다. 당장 눈에 보이는 열매가 없을 지라도 선교사는 하나님의 신실함을 의지하고 하나님이 주시는 선교의 기회를 인내함으로 기다려야 할 것이다. 셋째, 앞에서 언급한 것과 같이 말씀 증거와 선교의 도구로 우리의 삶을 적극적으로 활용해야 한다는 점이다. 칼빈이나 리쉬에르 선교사나 공통적으로 삶을 통한 선교와 전도의 중요성을 강조하고 있는 것이다. 기독교에 대한 아무런 정보나 지식을 가지고 있지 않은 선교지의 원주민들에게 기독교가 어떤 종교이며 어떤 진리를 지니고 있는 종교인가를 가르쳐 주기 전에 기독교가 어떤 종교인가를 삶을 통해 보여줌으로서 원주민들로 하여금 기독교에 대한 신뢰와 관심을 갖게 하는 매우 중요한 선교 전략이라고 할 수 있다. 특정한 종교에 대한 교리와 내용을 가르치기 전에 그 종교를 믿고 살아가는 사람들의 삶을 보여줌으로서 그 종교에 대한 관심을 갖게 할 수 있을 뿐만 아니라 그 종교에 대한 열린 마음을 갖게 할 수 있을 것이다. 현대 전도학이나 선교학에서 언급하고 있는 삶을 통한 전도(Life-style Evangelism) 또는 현존 전도(Presence Evangelism)와 같은 의미 있는 전도전략을 이미 시행하였던 것이라 할 수 있다. 넷째, 그들은 모두 하나님께서 반드시 하나님 왕국의 성장을 보장해 주실 것이라는 확신을 가졌다는 점이다. 하나님의 왕국은 겨자씨와 같이 작지만 서서히 그러나 중단 없이 성장하고 확장 될 것이라는 성경의 가르침을 절대적으로 믿고 전도나 선교 사역에 임했다는 공통점이 있다. 비록 선교 사역의 환경이 어렵고 사역의 열매가 없을 지라도 하나님의 말씀의 신실함을 믿고 하나님 나라의 성장과 확장을 기대하며 인내함으로 사역에 임하는 자세가 필요함을 강조한 것이라고 할 수 있다.[27]

③ 레리(Jean de Lery)

레리는 브라질에 살면서 원주민들을 누구보다 가까운 위치에서 지켜보았던 인물이다. 특별히 그는 두삐남바스(Tupinambas) 부족들을 매우 가까이서 지켜보

---

27   David B. Calhun, "John Calvin: Missionary Hero or Missionary Failure?" *Presbyterian: Covenant Seminary Review*, 31.

앉을 뿐 아니라 때론 그들 가운데 들어가 함께 살기도 했다. 그는 빌르가뇽이 칼빈을 배반하여 칼비주의자들을 죽이지만 않았다면 브라질에서 상당한 선교적 진전이 있었을 것이라고 언급하면서 그의 글에서 다음과 같이 기술하고 있다.

> 이것은 나의 의견입니다만, 만일 빌레가뇽이 개혁주의 종교로부터 돌아서지 않았고, 우리가 그 나라(브라질)에서 오랫동안 남아 머물 수만 있었다면 원주민들 가운데 몇몇을 주님께로 이끌어 오는데 성공할 수 있었을 것입니다.[28]

레리는 원주민들이 얼마나 악한 전통들 속에서 살아왔는가를 누구 보다 잘 알고 있었지만, 원주민들의 전통 속에 숨겨진 귀한 덕목들에 내해서는 진심으로 존경을 표하기도 했다고 한다. 그는 선교적으로 매우 탁월한 지혜를 지니고 있었기 때문에 원주민들에게 다가가 복음을 전할 수 있는 기회들을 만들어 보기도하고, 원주민 언어의 일부를 배워 간단한 그들의 언어로 복음을 전하기도 했다. 레리가 비록 평신도의 신분으로 브라질에 파송되었지만 그의 선교적 열정과 사명은 누구 못지않게 뜨거웠던 것을 발견할 수 있다. 원주민 선교를 위한 다양한 시도와 연구가 그의 선교 사역 가운데 언뜻언뜻 발견되는 것을 보아서, 선교를 향한 그의 열정이 얼마나 간절하고 진실한 것이었는가를 가히 짐작 할 수 있다.

레리는 그가 만났던 원주민들의 전설을 듣고, 혹 원주민들이 이미 사도들의 선교사역을 통해 복음을 이미 접했던 것이 아닌가하는 의문을 갖기도 했다고 한다. 원주민들의 전설 속에 "흰 피부를 가진 이방인이 오래 전에 그들의 땅을 방문하여, 그들의 조상에게 하나님에 대해 (선교사들의 가르침과) 정확히 일치하는 교훈을 가르쳐주었다"는 내용이 담겨있다는 사실을 발견하고 주님께서 보낸 열두 사도가 이곳 까지 와서 복음을 전한 것이 아닌가 생각했었다는 것이다. 이러한 관점은 레리가 살고 있던 당시 유럽의 교회 지도자들과 목회자들이 가지고 있던 관점이기도 했다. 이미 잘 알려진바 대로 루터나 그의 추종자들 가운데 주님

---

28 David B. Calhun, "John Calvin: Missionary Hero or Missionary Failure?" *Presbyterian: Covenant Seminary Review*, 31.

의 선교 명령이 사도들에게만 주어진 명령이고, 세계 선교 명령은 이미 사도시대에 완성되었다는 확신을 가진 목회자나 신학자들이 다수를 이루고 있었다. 그러나 레리는 유럽의 교회들이 주님의 선교 명령에 대한 책임에서 벗어난 것은 아니라는 확신을 가지고 있었다. 그가 제네바에서 배운 대로 선교사명은 그들에게 주어진 사명이며, 동시대의 모든 사람들에게 주어진 사명이라는 확신을 가지고 있었다.[29]

제네바 교회의 선교사역이 정치 종교적인 상황과 더불어 지리적 이유로 인해 어쩔 수 없이 국지적으로만 수행된 것이 사실이지만 선교사역 자체는 매우 진지하고 올바르게 진행되었다고 할 수 있다. 성경을 기초로 한 분명한 신학적 입장 위에 세워진 바른 선교신학과 방법이 적용되었을 뿐 아니라 비록 짧은 선교 기간이기는 하지만 매우 효과적이고 바람직한 선교전략을 통해 선교사역을 수행했다고 할 수 있다. 혹자들은 제네바 교회의 브라질 선교사역을 지나치게 확대 해석해서는 안 된다고 지적하기도 하지만, 제네바 교회의 브라질 선교 사역은 분명한 선교적 목적과 사명을 바탕으로 진행되었다는 점을 간과해서는 안 될 것이다. 리쉬에르 선교사와 레리 선교사의 선교 방법과 선교 전략은 훗날 개신교 선교사역의 모델이 되었으며, 선교지에서의 그들의 삶과 자세는 후배 선교사들에게 커다란 귀감이 되었다고 할 수 있다. 비버는 제네바 교회가 브라질에서 선교 사역을 요청해 왔을 때 즉각적인 반응을 보인 점을 매우 높이 평가하면서 제네바 교회가 남다른 선교적인 열정을 가진 공동체라고 지적하기도 했다.

---

29   David B. Calhun, "John Calvin: Missionary Hero or Missionary Failure?" *Presbyterian: Covenant Seminary Review*, 31-32.

2. 화란의 개혁주의 선교신학

1) 화란 개혁주의 선교학의 태동

17세기에 들어서면서 로마 가톨릭 국가들의 전유물이었던 식민지들이 차츰 개신교 국가들의 국력이 신장되면서 서서히 위협을 받기 시작한다. 기술과 학문의 발달과 더불어 개신교 국가들이 정치 경제적으로 영향력을 발휘하기 시작하면서부터 곧 바로 식민지 건설에 뛰어 들게 되고, 식민지 확장 정책은 자연스럽게 선교사역의 확대로 이어지게 된다. 이 시기에 영향력 있는 개신교 국가들 가운데 하나인 화란이 해상권을 확대하며 식민지 확장에 앞장서게 되는데, 그들은 동인도 회사와 같은 대기업들과 협력하며 합법적으로 식민지를 확대해 갔다.

당시 화란에는 칼빈의 영향을 받은 개신교 지도자들이 상당한 종교적 영향을 미치고 있었다. 제네바에서 개혁운동을 하다 쫓겨났던 1538년부터 1541년 사이에 머물렀던 스트라스부르그(Strasburg)에서 칼빈이 "스트라스부르그 아카데미"의 학장이었던 존 스트룸(John Strum)을 만나게 된다. 존 스트룸은 화란의 개신교 지도자들과 밀접한 관계를 가지고 있었고, 자연스럽게 칼빈은 그들과 친분을 쌓게 된다. 결국 화란의 개신교 지도자들이 제네바에 와서 개혁신학을 배우게 되고, 그들이 돌아가 화란에 개혁신학을 전파하게 된 것이다.[30] 칼빈의 영향을 받은 화란의 개혁주의자들이 화란에서 "제2의 종교개혁"을 주도하게 되고, 그들은 마침내 1618년 개혁주의 신앙에 입각한 "도르트 신경"(Canons of Dordt)을 완성하기에 이른다. 1618년 당시 도르트 총회는 선교에 관한 관심을 표명하게 되는데, 그들은 "모든 사람에게, 모든 민족에게, 동등하면서도 차별 없이, 회개하고 믿음을 가지라는 명령이 전파되고, 선포되어야 하는 것이 복음의 약속이다."라

---

30   W. Stanford Reid, "Calvin's Geneva: A Missionary Center", *The Reformed Theological Review*, No 3 (1983), 72.

고 했다.[31] 1622년에는 화란의 레이든(Leiden)에 선교사 훈련을 위한 '개혁신학교'(Reformed Seminary)가 설립되었다. 화란 개혁 교회들은 스페인으로부터의 독립을 위한 전쟁을 수행하는 과정 중에서도 동인도와 실론(스리랑카)에 선교사들을 지속적으로 파송하였다.[32] 화란의 개혁주의자들의 마음속에 이미 선교를 향한 마음의 문이 열리기 시작한 것이라고 할 수 있다.

17세기에 화란 개혁주의 선교학의 선봉이 된 인물들 가운데 훼르니우스(J. Heurnius)의 호소문은 화란 개혁교회에 선교에 대한 불을 붙이기에 충분하였다. 그가 발표했던 호소문인 "인도 선교를 위해 고려되어야 할 것들에 관한 교훈"(De Legatione Evangelica ad Indos capessenda Admonitio)이 담고 있는 내용은 많은 사람들에게 실천적 선교의 중요성을 가르쳐 준 매우 값진 것들이었다. 개신교 선교의 장애물들이 더 이상 존재하지 않기 때문에 개신교도들도 이제부터는 학문과 이론이 아닌 실천적인 선교사역에 동참해야 한다고 주장했다. 신학적 정통성에 얽매이거나 스콜라주의의 위험에 빠지지 말고 학문과 이론을 뛰어 넘는 실천적인 선교사역이 중요함을 역설하였다. 개혁교회에 대한 핍박이 더 이상 존재하지 않고, 세계만방을 향해 나갈 수 있는 해상로가 확보되었고, 화란과 동인도 회사(the East Indies)의 우호적인 분위기로 인해 화란 개혁교회가 해외 선교 사역에 동참할 수 있는 충분한 여건들이 갖추어졌음을 지적하였다.[33]

훼르니우스 외에도 틸링크(W. Teellinck)와 같은 탁월한 선교학자가 화란의 개혁교회들이 해외선교 사역에 동참해야 할 것을 강하게 주장하였다. 그는 "보라 이 사람이로다"(Ecce Homo)라는 책을 통하여 동인도회사가 이러한 해외 선교사역에 적극적으로 동참해야 한다고 역설하였다. 후일 그는 실제로 동인도회사와 화란 개혁교회의 연계를 통해서 동인도회사의 영적인 부분과 선교사역에 직접

---

31   김재성, "개혁주의 전통에서 본 선교사상과 선교실제", 『복음주의와 한국교회』, 오덕교 외 4인 엮음, (수원: 합동신학대학원출판부, 2004), 76.

32   R. B. Kuiper. God-centered Evangelism: A Presentation of the Scriptural Theology of Evangelism, 175.

33   Van den Berg, "Calvin's Missionary Message." The Evangelical Quarterly, 21 (1949), 182.

관여하기도 했다. 그 외에도 선교학의 이론을 정립한 후티우스(G. Voetius), 후티우스의 제자로서 선교의 교리를 완성한 후른베크(J. Hoornbeek) 등과 같은 탁월한 선교 신학자들이 많이 배출되었다.

2) 후티우스 (Gisbertus Voetius, 1589–1676)

(1) 최초의 개신교 선교학자

17세기 화란의 개혁주의 선교학자들 가운데서 선교학 이론의 기초를 놓는데 있어서 매우 중요한 역할 감당했던 인물이 바로 후티우스다. 그는 화란의 개혁주의 선교학사로서 뿐만 아니라 개신교 전체를 통 털어 선교학을 학문적으로 체계화한 최초의 인물이다. 그는 1589년 3월 하란의 후덴(Heuden)이라는 곳에서 태어나서, 레이든(Leiden) 대학교에서 신학을 공부한 후 홀리만(Vljimen)에서 7년간(1610-1617) 목회를 했다. 홀리만에서 목회가 끝난 후 그는 곧바로 자기 고향인 후덴으로 가서 다시 17년간(1617-1634) 목회를 하다가 1634년부터 우트레흐트(Utrecht) 대학교에서 신학을 가르치게 된다. 그가 우트레흐트 대학의 교수로 재직하던 시절 선교지에서 비롯된 신학적인 논쟁에 휘말리게 되고, 그 일로 인해 해외 선교사역에 깊이 관여하게 된다.[34] 1615년 암스테르담에서 안수를 받고 인도네시아 선교사로 파송된 야콥준 홀제보스(Adriaan Jacobszoon Hulsebos)가 본국으로 애매한 신학적 질문[35]을 해옴으로서 후티우스가 자연스럽게 선교지의 신학적 문제에 개입을 하게 된 것이다.

보쉬(David Bosch)는 후티우스를 가리켜 "포괄적인 선교신학을 발전시킨 최초의 개신교도"라고 했고,[36] 갈름(P. M. Galm)은 후티우스가 "중요한 선교학적 질

---

34   Jan Jongeneel, "The Missiology of Gisbertus Voetius: The First Comprehensive Protestant Theology of Missions" *Calvin Theological Journal*, 26 (Apr 1991): 47-48.

35   Adriaan J. Hulsebos 선교사가 본국에 보낸 신학적 질문은 다음과 같은 것이었다: 화란 출신 아버지와 현지 여인과의 사이에서 태어난 자녀에게 세례를 베풀어도 되는가? 이 질문에 대해 후티우스(Voetius)는 이 어린이가 적절한 요리문답 공부를 한 후 공중 앞에서 자기의 신앙을 공적으로 고백한다면 이 어린이에게 세례를 베풀어도 된다고 했다.

36   David J. Bosch, *Transforming Mission: Paradigm Shifts in Theology of Mission*

문들을 해결하기 위하여 매우 진지하게 과학적 방법들을 사용한 최초의 개신교 신학자"라고 불렀다. 판 안델(H. A. Van Andel)은 그가 "견고한 선교신학(theology of missions)의 아웃라인을 그려놓았을 뿐 아니라, 선교학을 신학이라는 학문의 범주 안에 속한 적법한 과학적 학문의 한 분야로 만들려는 시도를 한 최초의 인물"이라고 평하기도 한다.[37] 현대 개혁주의 선교학자인 바빙크(J. H. Bavinck)가 그를 가리켜 "그는 정직하게 성경 안에서만 선교의 원리들을 추구했고, 성경의 가르침의 인도를 따라 자신의 연구를 수행했던"[38] 선교학자라고 평할 정도로 선교의 원리와 방법 모두를 철저하게 성경에서 찾으려고 노력한 선교학자였다. 이상에서 살펴본 바와 같이 후티우스는 자타가 공인하는 최초의 개신교 선교학자요, 개신교 선교학의 틀과 기초를 놓은 사람이라고 할 수 있다. 그는 선교학의 이론적 기초를 놓았을 뿐 아니라 교회개척과 이교도들의 회심에도 많은 관심을 가졌던 인물로서, 실천적 선교사역에도 상당한 관심을 가졌던 인물이다.

(2) 후티우스의 선교신학

후티우스가 그의 선교신학을 정립해 나가는 과정에서 그에게 가장 깊은 영향을 끼친 사람들은 주로 로마 가톨릭 학자들이었다. 포세비누스(Antonius Possevinus, 1533-1611), 아조리우스(Joannes Ajorius, 1535-1600), 아코스타(Jose de Acosta, 1575-1651), 예수(a Jesu, 1564-1627), 로베니우스(Philippus Rovenius, 1575-1651)등의 영향을 받았는데 그 중에서도 후티우스에게 가장 중요한 선교학적 영향을 끼친 사람은 필리푸스 로베니우스(Philippus Rovenius)였다고 한다. 당시 로베니우스는 화란의 북부에서 대주교로 발탁되어 로마 가톨릭 교회 내에서 상당한 영향력을 행사하던 인물이었다. 후티우스는 로마 가톨릭 학자들과 끊임없는 대화(dialogue)를 하면서 혹은 논쟁을 하면서 자신의 선교신학을 발전시켜

(Maryknoll, NY: Orbis Books, 1992), 256.

37   Jongeneel, "The Missiology of Gisbertus Voetius: The First Comprehensive Protestant Theology of Missions" *Calvin Theological Journal*, 47.

38   J. H. Bavinck, *Introduction to the Science of Missions*, tr. David Hugh Freeman (Philadelphia: Presbyterian and Reformed, 1960), xiv.

나갔다.[39] 그의 학문적인 방법론은 아퀴나스(Thomas Aquinas)의 방법론을 따랐고, 신학적 내용은 칼빈의 신학을 따랐는데, 특별히 칼빈의 예정론과 "soli Deo gloria"(하나님의 영광)는 그의 중요한 신학적 명제가 되었다.

그는 선교학의 기초를 "신학"과 "교회정치"라는 두 기둥 위에 세워 나갔는데, 그의 이러한 사상은 "선별된 신학적 논쟁"(Selectae Disputationes Theologicae)(5권, 1648-1669)과 "교회 정치"(Politica Ecclesiastica)(3권, 1663-1676)에 잘 드러나 있다. "선별된 신학적 논쟁"에서는 주로 신학적인 문제를 다루었고, "교회 정치"에서는 주로 교회 정치적인 문제를 다루고 있다. 전자가 다루고 있는 주제는 무신론, 유대주의, 회교, 이방인, 국가의 사명, 진정한 종교의 검증, 교회 개척 등이고, 후자가 다루고 있는 주제는 교회정치의 한 분야로서의 선교사역을 다루고 있다.[40]

후티우스는 선교사역에 대해서도 비교적 구체적인 글들을 남겨 놓았는데, 그의 책 "교회 개척에 관하여"(De Plantatione Ecclesiarum)에 선교사역에 관하여 비교적 상세하게 기술해 놓고 있다. 그는 이 책에서 1) 누가 선교사들을 파송할 것인가? 2) 선교사들을 누구에게 보낼 것인가? 3) 선교사들을 어느 곳에 보낼 것인가? 4) 어떤 종류의 선교사를 파송할 것인가? 5) 어떤 수단과 방법으로 그들을 파송할 것인가? 6) 선교사들이 어떤 면에서 주의해야 하는가? 등과 같은 매우 구체적이고 실제적인 주제들에 관하여 상세히 다루고 있다.[41]

교회 개척 문제에 관해서 후티우스는 매우 단호한 입장을 취하고 있었다. 그는 로마 교황, 주교, 수도 단, 회중들은 선교사역의 주체로서 부적절하고 오직 교회만이 선교사역의 적절한 주체라고 했는데, 그 이유는 교회만이 교회를 개척할 수 있는 권한이 부여되었기 때문이라고 했다. 그는 또한 신생 교회(younger

39   Jongeneel, "The Missiology of Gisbertus Voetius: The First Comprehensive Protestant Theology of Missions" Calvin Theological Journal, 53-54.

40   Jongeneel, "The Missiology of Gisbertus Voetius: The First Comprehensive Protestant Theology of Missions" Calvin Theological Journal, 54.

41   Jongeneel, "The Missiology of Gisbertus Voetius: The First Comprehensive Protestant Theology of Missions" Calvin Theological Journal, 55.

church)가 반드시 자기교회를 세워준 모 교회(older church)에 종속될 필요가 없다고 하면서, 모 교회나 신생 교회 모두 하나님 앞에서 동등한 자격과 권한을 부여 받았기 때문이라고 했다. 특별히 로마 가톨릭 교회가 포르투갈이나 스페인의 왕에게 신생 교회를 다스릴 수 있는 권한을 부여하는 것을 거부했고, 신생 교회의 종교적인 문제는 신생교회가 자기의 신앙 양심에 따라 결정할 수 있어야 한다고 했다.[42] 후티우스는 선교학에 있어서 가장 중요한 신학적 기초는 "하나님의 뜻"(*Valuntas Dei*)이라고 하면서 선교에 세 가지 목적이 존재한다고 주장했다: 1) 이교도들의 회심(*conversio gentilium*), 2) 교회개척(*plantatio ecclesiae*), 3) 하나님 은혜의 나타남과 하나님의 영광(*gloria et manifestatio gratiae divinae*). 그는 교회개척이 선교사역 가운데서 가장 중요할 뿐 아니라 선교사역의 궁극적인 목적이 되어야 한다고 강조했다. 후티우스는 선교학은 반드시 성경을 기초로 하여야 할 뿐 아니라 결과적으로 신학적일 수밖에 없다고 했다. 선교학을 전개하고 발전시키는 데 있어서 신학적 지지와 뒷받침이 절대적으로 중요한 요소임을 지적한 것이다. 보쉬는 그런 의미에서 후티우스야 말로 진정한 의미의 "*Missio Dei*"(하나님의 선교)를 밝히고 찾아낸 인물이라 할 수 있다고 했다.[43]

용게넬(Jan Jongeneel)은 후티우스의 선교신학이 후대에 끼친 영향을 언급하면서 다음과 같이 정리하고 있다. 첫째로, 후티우스가 어느 다른 선교학자들 보다도 먼저 진정한 의미에서의 하나님의 선교(Missio Dei)를 부르짖은 선교학자라는 점을 지적하고 있다. 후티우스는 선교사역은 우선적으로 하나님의 사역이고, 사람들의 역할은 하나님의 사역을 돕는 보조적인 역할에 지나지 않는다고 했다. 용게넬은 후티우스가 "하나님께서 모든 선교활동의 원인(cause)일 뿐 아니라 선교의 궁극적인 목적(goal)"이라고 지적한 점을 상기시키면서, 후티우스야 말로 현 시대의 선교 사역자들이 잃어버렸던 선교의 궁극적인 목적을 다시 한 번 일깨운 선교학자였다고 했다. 후티우스는 선교사역이 하나님으로부터 비롯되었고, 하나님을 통하여 시행되고, 하나님에게 돌아간다는 확신을 가지고 있었다.

---

42   Bosch, *Transforming Mission: Paradigm Shifts in Theology of Mission*, 257.

43   Bosch, *Transforming Mission: Paradigm Shifts in Theology of Mission*, 256-257.

둘째로, 후티우스는 매우 광범위한 선교적 비전을 가지고 있었다는 것이다. 당시의 많은 신학자들이 지니고 있었던 선교적 비전이 단순히 서구선교사를 이방에 살고 있던 이교도들에게 보내는 것 정도였던 것에 반해 그는 전 세계에 흩어져 사는 하나님의 모든 종들이 전 세계에 흩어져 사는 모든 이방인들을 향해 나가야 한다는 보다 폭넓은 선교적 사고를 가지고 있었다.

셋째로, 후티우스는 교회가 선교사역을 수행하는 데 있어서 일정한 기관이나 권력으로부터 어떤 제제나 통제도 받아서는 안 된다는 사실을 강조했다는 점을 지적하고 있다. 지구상의 모든 교회가 선교사역을 수행 할 때 일정한 세력이나 기관의 통제로부터 자유로워야 한다는 점을 주장한 것이다. 교회의 선교활동이 일정한 이데올로기, 즉 어떤 국가나 다국적 협력체의 정신적 영향을 받아서는 안 된다고 하면서, 그들은 하나님의 능력과 방법이 아닌 자신의 힘과 방법을 따라 사역을 하기 때문이라고 했다.[44] 교회의 선교활동이 철저히 그리고 순수하게 하나님만 의지하고, 하나님의 방법을 따라 시행되어야 함을 다시 한 번 강조한 것이다. 인간들의 권력이나 인간적인 지혜를 의지하여 선교사역을 수행하려는 인본주의적이고 세속적인 선교관을 거부하고, 온전히 하나님만 의지하는 신본주의적 선교관을 설립하는 데 매우 중요한 영향을 끼쳤다고 할 수 있다.

3. 청교도 선교신학

칼빈주의 신학의 영향을 깊이 받았던 개신교 국가들 가운데서 화란과 영국이 세계선교 사역에 가장 적극적으로 참여했다고 할 수 있다. 이미 앞에서 언급한 것처럼 17세기 이후로 개신교 국가들이 보다 적극적으로 해상 무역에 참여하였고, 적극적인 해상 무역의 증가는 자연스럽게 해상권의 확대와 더불어 식민지

---

44   Jongeneel, "The Missiology of Gisbertus Voetius: The First Comprehensive Protestant Theology of Missions" *Calvin Theological Journal*, 78-79.

확장에도 상당한 기여를 했다. 개신교 국가들의 해상권 확대와 식민지 확장이 선교활동에 도움을 준 것은 사실이지만 그러한 것들이 해외선교의 동력을 제공했다고는 볼 수 없다. 개신교 국가들이 적극적으로 해외선교 활동에 참여할 수 있도록 도와준 것은 개신교 국가들의 지리적 확장이었다기보다는 그들이 가지고 있던 정신, 즉 선교적 열정과 비전이었다고 보아야 한다. 화란에서 발생한 "제2의 종교개혁"(Second Reformation)과 영국과 스코틀랜드에서 시작된 청교도 운동 (Puritanism)이 개신교 선교운동의 신학적 틀과 동인을 제공했다고 보아야한다[45].

후티우스(Gisbertus Voetius)의 사상적 영향을 받았던 화란의 선교운동과 후티우스의 적극적인 참여하에 작성된 도르트 신경(Canons of Dort)의 영향을 받았던 청교도 운동은 모두 칼빈의 신학적 영향을 받아 일어난 매우 적극적인 선교운동이었다고 할 수 있다. 화란의 해외 선교사역은 1627년 포모사(타이완)에서 처음 시작되었고, 청교도들의 해외 선교사역은 휘태커(Alexander Whitaker)의 영향을 받아 미국의 버지니아에서 첫 발을 디디게 된다.

1) 존 엘리엇(John Eliot, 1604-1690)

영국과 스코틀랜드 목사들의 간청으로 인해 영국 의회에서는 미국의 뉴잉글랜드(New England)지역 선교를 위한 선교기구를 탄생시켰다. 당시 영국 의회가 허락해 만든 선교기구가 바로 "뉴잉글랜드 지역 복음화를 위한 협회"(The Corporation for the Propagation of the Gospel in New England)였다. 1646년 이 협회가 뉴잉글랜드 지역으로 최초의 선교사를 파송할 것을 결의하였고, 이 때 선정된 선교사가 바로 존 엘리엇이었다.[46]

청교도 정신의 지대한 영향을 받았던 엘리엇이 신대륙에 발을 디디면서 청교도 선교 역사가 본격적으로 시작된다. 본래 그는 식민지에 있던 영국인들의

---

45   Bosch, *Transforming Mission: Paradigm Shifts in Theology of Mission*, 256.

46   Kuiper. *God-centered Evangelism: A Presentation of the Scriptural Theology of Evangelism*, 175.

교회에서 담임목사로 사역을 시작하였지만, 차츰 인디언들에 대한 관심을 갖기 시작하면서 최초로 인디언 사역을 시작하게 된다. 그는 1646년부터 록스버리(Roxbury)근처 인디언들에게 선교사역을 시작하여, 근방에 "기도하는 도시들"(Praying Towns)이라는 인디언 정착촌을 만들어 인디언 선교와 문명화에 커다란 기여를 했다. 1671년 경에는 14개의 인디언 정착촌에 약 11,000명의 인디언들을 모아 인디언 선교와 신앙 교육에 힘을 기우렸다. 후일 필립왕과의 전쟁에서 대부분의 인디언 정착촌들이 사라져 버리기는 했지만 그의 원주민 선교에 대한 열정은 죽을 때 까지 지속되었다. 그가 세상을 떠난 후 사람들은 그를 "인디언의 사도"(the Apostle of Indians)라고 불렀고, 그가 남긴 인디언 성경-1633년 엘리엇이 알공퀸(Algonquin) 언어로 번역한 성경-과 다양한 기독교 서적들은 후일에도 인디언 선교를 위한 귀중한 자산이 되었다.[47]

엘리엇 선교사의 선교적 유산들 가운데 빼놓을 수 없는 것들이 많이 있지만 특별히 그의 선교사상과 방법은 후대 선교사들에게 커다란 귀감이 되었다. 브레이너드(David Brainerd), 모라비안 선교사들, 윌리엄 케리(William Carey) 등 현대 선교의 주역들에게 강력한 선교적 도전과 성경적인 선교방법을 전수해 주었다고 할 수 있다. 특별히 현대 선교의 아버지라고 할 수 있는 케리의 선교사상에 끼친 영향은 후일 세계선교 전략과 사상에 의미 있는 기여를 한 것이라고 할 수 있다. 무엇 보다 성경의 중요성을 강조하고, 성경의 원리에 입각한 선교 방법을 적용하려고 노력했던 점은 후대에도 매우 중요한 선교의 원리로 남게 되어, 후배 선교사들에게 선교사역을 수행함에 있어 성경번역과 성경학습이 얼마나 중요한 사역인가를 깨닫게 해 주었다. 케리가 성경 번역에 관심을 갖고 과감하게 성경번역 사역에 뛰어든 것도 엘리엇의 영향을 받은 결과였다고 할 수 있을 것이다. 케리가 꾸준히 접했던 모라비안(Moravian) 선교사들의 사역 보고와 함께 엘리엇의 선교사역 방법이 그에게 지대한 영향을 준 점을 부인할 사람은 아무도 없을 것이다.

그의 뒤를 이어 브레이너드(David Brainerd), 매더(Cotton Mather), 에드워즈

---

47   Ruth A. *Tucker, From Jerusalem to Irian Jaya*, (Gran Rapids: Zondervan, 1983), 84-89.

(Jonathan Edwards) 등 많은 사역자들이 목회뿐만 아니라 선교사역에 직간접적인 사상적 영향을 끼쳤다. 매사추세츠 주의 경우 역사상 보기 드문 매우 특이한 선교 사역이 전개되었는데, 이 선교사역은 작은 가정 단위로 전개된 선교사역 이었다. "마르다의 포도원"(Martha's Vineyard)이라는 이름으로 시작된 가정단위의 선교사역이 메이휴 가문(Mayhew Family)을 중심으로 전개되었는데, 이 사역은 무려 150년 동안이나 지속된 매우 의미 있는 선교운동이었다고 할 수 있다.[48] 토마스 메이휴 경(Thomas Mayhew Sr.)은 에리엇이 미 대륙에 도착했던 때와 동시대인 1630년대에 영국에서 미국으로 건너왔다. 그는 신대륙에서 "마르다 포도원"에 정착한 후 차츰 주변 지역을 매입했고, 후일 그 지역을 다스리는 통치자가 되었다. 그는 자신의 아들을 신학교에 보내 목사 안수를 받게 한 후, 아들을 "마르다 포도원"으로 불러서 그 지역을 책임지는 목사로 세웠다. 그의 아들인 토마스 주니어(Thomas Jr.)는 근처에 정착해 살고 있는 인디언들에게 깊은 관심을 갖기 시작했고, 1643년에 히아쿠메스(Hiacoomes)라는 최초의 인디언 개종자를 얻게 된다. 이 후로 10여 년 동안 많은 인디언 마을들을 방문했고, 선교사역에 심혈을 기울인 결과 마침내 300여 명의 인디언 개종자를 얻게 되었다.[49] 후일 토마스 주니어는 개종한 인디언을 데리고 영국으로 항해하는 도중 실종되고 말았다. 토마스 주니어가 실종되자 70세가 넘은 토마스 경이 아들의 인디언 선교사역을 대신 감당하기로 결정했다. 인디언들의 영혼을 사랑하고 그들의 문화와 전통을 존중했던 토마스 경은 아들의 뒤를 이어 무려 22년간 인디언 선교사로 헌신했다. 92세에 세상을 떠난 할아버지의 뒤를 이어 손자인 존 메이휴(John Mayhew)가 인디언 선교사로 헌신했고, 존 메이휴가 죽자 그의 아들인 익스피어리언스 메이휴(Experience Mayhew)가 인디언 선교 사역에 또다시 헌신했다. 그는 토마스 메이휴 가문의 4대째 선교사였고, 무려 22년 동안이나 인디언 선교사로 사역하였다.[50]

---

48   김재성, 복음주의와 한국교회: 개혁주의 전통에서 본 선교사상과 선교실제(수원: 합동신학대학원출판부, 2004), 78.

49   Ruth A. Tucker, *From Jerusalem to Irian Jaya*, 89.

50   Ruth A. Tucker, *From Jerusalem to Irian Jaya*, 89-90.

1649년 영국에서 "뉴잉글랜드 회사"(New England Company)가 설립된 후, 신대륙에서의 선교사역이 한층 더 활발하게 전개되기 시작했다. 보쉬는 이 기관을 일컬어 해외 선교를 위해 세워진 최초의 개신교 선교 기관이라고 했다.[51]

2) 청교도 선교신학의 특징

보쉬는 청교도 선교신학의 특징들을 다음과 같이 여섯 가지로 정리하고 있다: 1) 예정론, 2) 하나님의 영광, 3) 하나님의 사랑과 은혜, 4) 종말론, 5) 식민정책, 6) 대위임령의 유효성. 보쉬가 정리한 청교도 선교신학의 특징들을 살펴보면, 앞에서 이미 언급했던 개혁주의 선교신학과 매우 흡사함을 발견할 수 있다.

(1) 예정론에 입각한 선교 사상

청교도 선교사들은 하나님께서 선택한 사람들을 구원하는 것이 곧 선교라고 인식했다. 때론 예정론이 선교사역을 수행하는 과정에서 커다란 걸림돌이 되기도 했지만 하나님께서 선택한 사람들을 구원하려는 청교도 선교사들의 열정을 약화시키지는 못했다. 청교도 선교사들은 하나님께서 자기를 선택하셔서 북아메리카의 선택된 사람들을 구원하도록 파송하셨다는 분명한 인식을 지니고 있었다.[52]

(2) 선교의 궁극적인 목적은 하나님의 영광을 위한 것임

"하나님의 영광"(*Gloria Dei*)라는 주제는 칼빈주의자들에게 있어서 가장 중요한 신학적 명제였다. 지구상의 모든 기독교인들은 하나님의 이름을 높이고 하나님의 영광을 드러내기 위해 존재하는 것이다. 모든 선교사역은 하나님의 주권을 전제로 시행하되 궁극적으로는 하나님의 영광을 드러내기 위해 시행되어야 만한다는 것이다. 어떠한 인간적인 동기도 용납될 수 없으며, 어떠한 인간적인 방

---

51 Bosch, *Transforming Mission: Paradigm Shifts in Theology of Mission*, 257.

52 Bosch, *Transforming Mission: Paradigm Shifts in Theology of Mission*, 257.

법도 용인하지 않으려는 선교 사상이라고 보아야 할 것이다. 선교의 시작이 인간으로 말미암은 것이 아니 듯이 선교의 끝도 인간의 영광을 위한 것이 되어서는 안 된다는 것이다.[53]

(3) 하나님의 무한한 자비와 은혜

청교도 선교사들은 하나님의 무한한 은혜와 자비를 선교의 동기로 삼고 있었다. 청교도 선교사들은 자기 자신이 하나님으로부터 무한한 사랑을 받은 존재로서, 하나님의 무한한 사랑의 대상인 이교도들에게 하나님의 사랑을 전하는 것이 그들의 선교적 사명이라고 여겼다. 청교도 선교사들이 자기의 선교사역을 수행하는 과정에서 늘 잊지 않고 기억해야 하는 덕목이 바로 버려진 영혼을 향한 하나님의 끝 없는 사랑이었던 것이다. 선교사 자신들이 경험했던 바로 그 사랑을 선교지의 영혼들에게 전달하는 것이 그들의 중요한 사명임을 늘 인식하며 선교사역에 임했던 것이다.[54]

(4) 식민지 확장 정책과 연관된 선교사역

청교도 선교사들에게 선교 사역의 또 다른 목적은 하나님이 허락한 새로운 식민지에 하나님의 왕국을 건설하는 것이라고 생각했다. 당시 유럽의 종교 지도자들은 서구 세계가 기독교 국가(Christendom)라고 생각했고, 그들이 점령한 국가들도 그들과 똑같은 기독교 국가로 만들어야 된다고 생각했다. 이러한 사상은 청교도 선교사들에게도 상당한 영향을 주어 청교도 선교사들이 사역하던 식민지를 서구의 기독교 국가처럼 만들어야 한다고 생각했다. 엘리엇(John Eliot)의 경우 "기도하는 마을"(Praying Towns)을 만들어, 하나님께서 출애굽기 18장에서 명하신 대로 통치하고 다스리는 마을을 만들려는 시도를 하기도 했다. 정치와 종교를 통합하려는 시도는 이미 영국 본토에서 크롬웰(Oliver Cromwell)에 의하여 시

---

53 Bosch, *Transforming Mission: Paradigm Shifts in Theology of Mission*, 257.
54 Bosch, *Transforming Mission: Paradigm Shifts in Theology of Mission*, 257.

도되기도 했다.[55] 청교도 선교사들은 이와 같이 식민지에 하나님의 왕국을 건설하려는 의도를 갖고 선교사역에 임했던 것이다.

(5) 종말론과 연관된 선교사상

청교도 선교사들은 선교사역을 종말론과 밀접하게 연관 지어 생각하였다. 종말을 앞두고 인간 사회는 점차 개선될 것이고, 기독교인들의 적극적인 사회 참여와 개혁 운동으로 인해 사회가 종말을 향해 갈수록 개선될 것이라는 믿음을 가지고 있었다. 그들 대부분은 칼빈의 종말론의 영향을 받아 자기들이 살고 있던 시대를 종말의 시대로 인식하고 하나님께서 적그리스도의 세력을 확실하게 몰아내서서 새로운 왕국이 건설될 것을 확신하고 있었다.[56] 그들은 종말을 앞두고 교회(하나님의 왕국)가 전 세계로 확장되어 갈 것을 확신하면서 북아메리카에서도 하나님 나라가 사단의 왕국을 몰아내고 곧 왕성해 질 것을 믿었던 것이다.

(6) 선교지 문화의 개선과 문명화 작업이 곧 선교라는 사상

청교도 선교사들은 선교 사역이 단순히 영혼 구원만을 목적으로 한 것이 아니라 현지 문화를 변화시키고 개선하는 것을 포함해야 한다고 믿고 있었다. 특별히 엘리엇은 이러한 확신 속에서 인디언들의 교육, 문화, 사회, 경제 등에 깊은 관심을 갖고 사회 개혁을 적극적으로 추진하였다. 매더(Cotton Mather)의 경우 "우리가 인디언들을 위해서 할 수 있는 최선의 일은 그들을 영국화(Anglicanize)하는 것"이라고 할 정도였다. 그들은 선교와 서구화(Westernization)을 구별하지 않고 사용하였다.[57] 그들의 이러한 사상은 후대 선교학자들로부터 호된 비판의 대상이 되기도 했다.

---

55   Bosch, *Transforming Mission: Paradigm Shifts in Theology of Mission*, 259.

56   Bosch, *Transforming Mission: Paradigm Shifts in Theology of Mission*, 259-260.

57   Bosch, *Transforming Mission: Paradigm Shifts in Theology of Mission*, 260.

(7) "대위임령"(Great Commission)의 중요성을 새롭게 인식함

청교도 선교사들의 위대한 업적 가운데 하나는 역시 "대위임령"에 대한 새로운 인식이었다고 할 수 있다. 이 전 세대가 선교명령이 사도시대에 국한되어 있었다거나, 이미 완성된 명령으로 인식했음에 반하여, 그들은 선교 명령이 아직도 유효하며 교회의 순종을 요구한다는 사실을 분명히 인식하고 순종했다.[58] "대위임령"'폐기설' 내지 '완성론'에 굴하지 않고 선교사역을 적극적으로 수행한 점은 크게 칭송을 받아야 한다.

이상에서 살펴 본 바와 같이 칼빈의 선교사상은 부정확하지도 불분명하지도 않았다. 그는 선교신학의 사상적 기초를 견고히 놓았을 뿐 아니라 선교사역에도 직접 참여함으로서 자신의 선교적 비전을 실천한 인물이었다. 칼빈이 살던 시대의 정치, 경제, 사회, 종교 등의 상황을 고려하지 않은 채 그가 선교사역에 소극적이었다고 평하는 것은 매우 편협한 평가라고 생각한다. 칼빈의 활동 무대였던 제네바는 로마 가톨릭 국가들과 달리 지리적으로 소외되어 있었고, 유럽의 핍박받는 개신교도들을 후원하는 일을 감당하기에도 부족했던 그의 시간과 여건들을 고려해 본다면 감히 그를 가리켜 선교에 무관심했거나 소극적이었다는 평가를 내리지는 못할 것이다. 성경에 기록된 선교적 주제에 대한 그의 주석이나 서적들을 참고해 보면, 그가 분명히 확고한 선교적인 비전을 가지고 있었을 뿐 아니라 선교명령에 깊은 관심을 가지고 있었다는 것을 너무 쉽게 발견할 수 있다. 비록 그가 해외 선교사역에 직접 관여한 기록은 많이 남아있지 않지만, 선교를 향한 그의 열망만큼은 결코 동시대의 다른 신학자들보다 뒤지지 않는다고 할 수 있다.

그의 후예들의 선교사상을 참고해 보면 칼빈의 사상적 영향이 얼마나 깊고 넓은 것인가를 쉽게 발견할 수 있다. 하나님의 주권을 기초로 한 선교사역, 하나님의 인도와 보호를 전제로 한 선교사역, 이 땅에 하나님의 나라를 건설하려는 열망, 주님이 다시 오시기 전까지 선교적 사명을 완수하려는 노력, 선교의 궁극

58　Bosch, *Transforming Mission: Paradigm Shifts in Theology of Mission*, 260.

적인 목적이 인간의 영광이 아니라 하나님의 영광이라는 점 등과 같은 개혁주의 선교사상이 모두 칼빈으로부터 비롯되었다는 사실을 결코 부인할 수는 없을 것이다. 성경의 권위와 성경의 가르침을 기초로 한 개혁주의 선교사상이야 말로 현대 선교사들이 본받고 따라야 할 가장 안전하고 완벽한 선교 사상이라고 감히 말할 수 있다. 한국 교회가 인간을 중심에 둔 인본주의적인 선교사상과 인간의 노력만으로 선교사명을 완수하려는 그릇 된 선교사상을 배격하고, 하나님을 중심에 둔 신본주의적 선교사상과 하나님의 도우심으로 세계선교 사명을 이루려는 겸손한 마음을 품고 주님 오시는 날 까지 선교사역에 동참해야 할 것이다.

제4부

선교신학의 변천

제4부 선교신학의 변천

제1장 WCC 선교신학

1. WCC 성경관

2. WCC 선교신학의 뿌리: "국제 선교사회"(IMC)

3. WCC와 하나님의 선교(Missio Dei)

제2장 WCC의 선교신학 비판

1. 땅의 구원

2. 예수의 인성과 도덕성 강조

3. 영적인 죄와 전도 개념의 약화

4. 종교적 혼합주의와 다원주의

5. 교회의 조직적 연합의 문제점과 한계

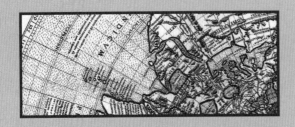

WCC 선교신학

1948년 네덜란드의 암스테르담에서 탄생한 WCC(세계 교회 협의회)는 한국 교회의 분열뿐만 아니라 전 세계 교회의 분열을 가지고 왔다. 현재 WCC는 110개국에 5억 6천만 명의 회원을 가지고 있고, WEA[1](세계 복음주의 동맹)는 128개국에 4억 2천만 명의 회원을 가지고 있다. 전통적인 개혁주의 신학과 노선을 달리하고 있는 WCC는 전 세계 교회의 분열을 가지고 왔을 뿐 아니라 전통적인 선교 운동에도 분열을 가지고 왔다. WCC의 급진적이고 좌경화된 선교 신학은 전통적인 선교 운동에 악영향을 주어 선교와 복음화의 의미를 왜곡시키는 결과를 가져왔다. WCC는 영혼 구원을 도외시한 채 물질적이고 육체적인 구원만을 강조하고, 개인 구원 대신에 사회 경제적(socio-economical)구원을 주장하고, 예수 그리스도의 신성(divinity)과 구속사역에 관한 관심보다는 그의 인성(humanity)과 도덕성만을 강조하고, 하나님 나라의 초월적이고(transcendental) 영적인 면을 간과한 채 현실적이고(here and now) 물질적인 면만을 강조하고, 성령에 대한 언급을 하긴 하지만 종교 다원주의적 입장에서 성령의 역사를 이해하고, 타 종교와의 "대화"(dialogue)를 언급함에 있어서도 전도와 선교를 위한 대화가 아니라 타 종교 안에 계시된 하나님의 진리를 공동으로 발견하여 상호 협력을 하기 위한 대화를

---

1   1951년 창설된 WEF(World Evangelical Fellowship)가 2006년부터 WEA(World Evangelical Alliance)로 명칭을 바꾸었다.

주장하고, 세계 교회의 연합을 주장함에 있어서도 영적이고 신학적인 일치를 근거로 한 연합이 아닌 물리적이고 기계적인 연합을 주장하는 등 매우 비성경적이고(unbiblical) 반성경적인(anti-biblical) 사상을 지니고 있다.

이 장은 WCC 선교신학의 뿌리와 내용들을 살펴보고, 그들이 주장하는 선교 개념이 전통적인 선교 개념과 어떠한 차이를 가지고 있는가를 드러내기 위해 썼다. 지면 관계상 WCC의 상세한 신학적 입장이나 신학적 해석에 관한 부분은 생략하고 WCC가 지속적으로 주장해 온 중요한 선교적 명제들과 문제점들에 관해서만 언급할 것이다. WCC 선교 사상이 개혁주의 선교 사상과 어떠한 차이점을 지니고 있으며, 어떠한 문제점들을 지니고 있는가를 지적함으로서 한국의 교회들로 하여금 WCC 선교 사상의 위험성 깨닫고 WCC 선교 운동에 유혹당하지 않기를 바라는 마음으로 이 글을 썼다.

1. WCC의 성경관

선교학을 포함한 모든 실천 신학은 바른 성경적 해석에 기초를 두어야만 한다. 바른 성경해석에 기초하지 않은 실천신학은 비성경적(unbiblical)이거나 반성경적(anti-biblical)일 수밖에 없다. 바른 기독교적 성경적 해석을 위해서는 성경의 권위와 절대성을 전제해야만 가능하다. 성경을 한 국가나 부족의 사회문화적(socio-cultural) 유산으로 보거나 한 시대의 종교적 산물로 보는 한 올바른 성경적 가르침에 도달 할 수 없다. 성경해석은 하나님의 말씀의 절대성에서 출발하여야 하며, 성령의 도움을 받아 하나님의 관점에서 해석되어야 한다. 하지만 WCC는 인간을 절대화하고, 인간의 이성의 절대성을 기초로 하며, 성령대신 인간 이성의 도움을 받아 인간적인 관점에서 성경을 해석하려는 경향이 있다. 그들은 인간들이 처한 상황을 절대화하고 성경을 상대화한다. 그들은 성경을 해석함에 있어서도 인간들이 처한 상화에서 출발한다. 각 상황에 대한 인본주의적인(humanistic)

답을 정해놓고, 그 답을 찾기 위해 성경의 증거 구절들을 찾아가는 연역적 해석 방법, 즉 성경을 이미 정해 놓은 자기주장과 결론을 뒷받침하는 증거자료(proof text)로만 사용하는 성경 해석 방법을 사용한다. 그러나 바른 성경해석이 되려면 상황이 성경을 해석하는 것이 아니라 성경이 상황을 해석하도록 하여야 한다.

WCC는 개혁주의 성경관과 다른 성경관을 가지고 있다. 이미 알려진 바대로 WCC는 성경의 절대적 권위(authority)와 무오류성(inerrancy)을 더 이상 인정하지 않는다. 1971년 벨지움의 루뱅 대학(University of Louvain)에서 결정된 문헌을 보면 WCC가 더 이상 성경의 절대적 권위를 인정하지 않는다는 점을 분명히 발견할 수 있다.[2] 이승구 교수가 지적한 것처럼 WCC는 성경의 뜻을 바르게 이해하려면 반드시 역사 비평적인 방법을 동원해야 한다고 믿는다. 존스톤(Johnston) 박사는 WCC의 성경관을 다음과 같이 정리하고 있다.

> 에큐메니칼 운동은 "역사 비평적인 편견"(historical-critical bias)을 갖고 성경을 대한다. 즉, 그들은 성경을 있는 그대로 받아들이지 않는다. 그들에게 있어서 현재의 성경은 다양한 오류들을 지니고 있기 때문에 성경이 '진정으로'(really) 말하는 것들을 정확히 이해하기 위해서는 "고등 비평"(higher criticism)이나 "형식 비평"(form criticism) 같은 학문적인 방법이 동원되어야 한다고 믿는다.
>
> 에큐메니칼의 관점은 성경을 하나님의 말씀으로 여기지 않는다. 그들은 성경 자체에 내재되어 있는 오류들(implicit errors)과 저자들의 오류들을 지적하면서 성경의 초자연적인 특성(supernatural quality)을 용납하지 않는다. 성경은 성령의 역사로 말미암아 특정한 시간에 하나님으로부터 온 말씀이 된다(becomes a Word from God). 성경은 항상(at all times) 하나님의 객관적인 말씀(objective Word)이 아니다. 성경은 특정한 경우들에 대하여 말씀하시는 하

2　WCC의 성경관에 관해서는 WCC의 "신앙과 직제"(Faith and Order)에서 1971년 벨지움의 Louvain 에 발표한 글을 참고할 것. cf. 이승구. 『광장의 신학』(수원: 합동신학대학원 출판부, 2010), 332-342.

제1장 · WCC 선교신학　201

나님의 음성이 되는 것이다(becomes the voice of God).[3]

이상에서 살펴본 바와 같이 WCC는 성경의 영감설이나 무오류성에 대해 지지를 보내지 않는다. 그들은 성경을 단지 여러 명의 저자들에 의하여 편집된 종교적인 서적 내지 윤리적인 서적으로 간주한다. 그들에게 있어서 성경은 예수 그리스도의 탄생과 죽음을 중심으로 한 구속역사를 기록한 책이 아니라 한 민족의 탁월한 도덕적, 윤리적 지도자인 인간 예수의 기록을 담고 있는 책일 뿐이다. 그들은 출애굽 사건도, 요나의 사건도, 주님의 죽으심과 부활의 사건도, 앞으로 도래할 하나님 나라도 모두 사실이 아닌 신화적 사건으로서 단지 종교적이고 윤리적인 의미를 담고 있을 뿐이라고 여긴다.

1948년에 WCC로 통합되는 "삶과 사역"(Life and Work)의 지도자였던 나단 쇠더블롬(Nathan Söderblom)은 세계 교회의 연합과 협력을 강조하면서 성경의 권위나 무오성이 중요한 것이 아니라 성경에 기록된 '복음'이 담고 있는 '메시지'가 중요하다고 했다. 그에게 있어서 중요한 것은 성경의 절대적인 권위나 교리적인 것이 아니라 성경에 기록된 '복음'을 어떻게 인류의 삶속에 적용하느냐가 더 중요한 것이다. 그는 성경 자체가 중요한 것이 아니라 성경이 담고 있는 윤리나 도덕이 더 중요하다고 믿고 있다. 그의 성경관은 후일 WCC가 표방하는 성경관에 커다란 영향을 준다.[4]

이미 언급한 바와 같이 WCC가 지니고 있는 성경관은 개혁주의적 성경관과 전혀 다를 뿐 아니라 성경 해석에 있어서도 전혀 다른 해석 방법을 사용하고 있다. 성경관은 신학에 영향을 주고, 신학은 실천 신학에 영향을 준다. 궁극적으로 WCC의 그릇된 성경관은 잘못된 신학을 낳았고, 그들의 잘못된 신학은 잘못된 선교학을 낳은 것이다. 올바른 성경관을 지닌 자들만이 올바른 선교 사역을 수행할 수 있다. 라투렛(K. Latourette)이 언급한 선교의 "위대한 세기"(the Great

---

3 Arthur Johnston. *World Evangelism and the Word of God* (Minneapolis, MN: Bethany Fellowship, 1974), 255-257.

4 Arthur Johnston, *World Evangelism and the Word of God*, 134-135.

Century)[5]였던 19세기에 가장 중요하고 핵심적인 역할을 감당했던 하나님의 말씀인 성경이 WCC 지도자들에겐 더 이상 절대적으로 필요한 선교의 도구가 아닌 것이다.

2. WCC 선교신학의 뿌리: "국제 선교사회" (International Missionary Council)

WCC의 선교 사상을 한 마디로 표현하는 것은 쉽지 않은 일이다. WCC에 동참하는 교파나 교단들의 범위가 워낙 넓고 광범위하기 때문에 그들의 선교 사상을 한 마디로 표현하는 것 자체가 무리라고 할 수 있다. 하지만 지금까지 전해 내려오는 WCC의 공식 또는 비공식 문서들이나 자료들을 참고해 보면 WCC가 지금까지 추구해 온 선교적 비전과 방향이 무엇이었는가를 비교적 상세히 알 수 있다. WCC가 공식적으로 발표한 문서들 외에도 WCC에 속한 연구위원회나 분과 위원회들이 만들어낸 문서들을 참고해 보면 그들의 선교 사상을 비교적 쉽게 발견할 수 있다. 여기서는 WCC 선교사상의 역사적 뿌리요 기초라고 할 수 있는 '국제 선교사회'(IMC)의 선교사상의 변화를 먼저 살펴 볼 것이다. IMC의 선교사상은 1961년 IMC가 WCC와 통합되면서부터 자연스럽게 WCC의 선교 사상이 된다.

1) IMC 선교신학의 변천

WCC 선교 신학은 하루아침에 형성된 것이 아니다. WCC가 오늘날까지 지니고 있는 선교사상은 오랜 기간 동안 수많은 신학자들과 선교학자들의 신학적 논의와 수정을 거쳐 만들어졌다. WCC 선교 신학을 바르게 이해하기 위하여 저자

---

5 K. Latourette는 19세기를 일컬어 "위대한 세기"(the Great century)라고 불렀다. 전 세계에 복음이 가장 빠르고 널리 퍼져나간 시대를 가리킨다.

는 중요한 선교 대회들의 주제와 논점들을 살펴보며 문제점들을 지적하려고 한다. 1910년 영국의 에딘버러 선교 대회를 필두로 지속적으로 이어 내려온 수많은 국제적인 선교 대회들과 세계 교회들의 모임을 통하여 발표되고 논의된 주제들이 바로 저자가 다루려고 하는 주제들이다.

(1) 에딘버러 선교 대회(World Missionary Council, 1910): 선교적 낙관론

에딘버러(Edinburgh) 선교 대회는 선교 역사상 최초로 열린 세계적인 규모의 선교 대회였다. 존 모트(John Mott)[6]의 지도력과 여러 국제 선교 단체 지도자들의 협력으로 말미암아 선교 역사적으로 매우 의미 있는 선교 대회가 열린 것이다. 1910년 6월 14일부터 23일 까지 에딘버러 대학의 뉴 칼리지(New College)에서 159개 선교 단체에서 온 1,200명의 선교 관련자들이 모였다. 에딘버러 선교 대회 이후로 존 모트의 지도력 하에 수많은 국제적인 선교 대회들이 열리게 되고, 그 영향으로 후일 WCC가 탄생하게 된다. 에딘버러 선교 대회는 "이 세대 안에 세계 복음화"(The Evangelization of the World in This Generation)라는 슬로건을 내걸고 세계 복음화를 외쳤던 매우 고무적인 선교대회였다. 자유주의 신학의 영향을 받은 몇몇 신학자들의 도전이 있었음에도 불구하고 비교적 온건하고 성경적인 선교사상이 논의되고 선언된 모임이었다. 에딘버러 선교 대회야 말로 19세기 선교 운동의 결산이었고, 20세기 선교 운동과 연합 운동의 시발이었다.

라투렛 교수는 에딘버러 선교 대회의 특징과 성격에 대해 다음과 같이 언급하였다: 1) 선교 단체들의 대표들만 참석하는 권위 있는 모임이었다. 2) 단순한 동원 운동이 아닌 연구와 협력을 위한 모임이었다. 3) 선교를 위한 연합을 강조하며 "국제 선교 협의회"의 필요성을 역설하였다. 4) 신생교회 지도자들의 참여

---

6   cf. C. Howard Hopkins, *20th Century Ecumenical Statesman John R. Mott: A Biography* (Grand Rapids: Michigan: Eerdmans, 1979) Hopkins는 그가 쓴 Mott의 전기에서 John Mott의 탁월한 선교 지도력을 표현하면서 "그의 얼굴에는 선교에 대한 정확한 감각이 새겨져 있다."고 했다. Mott는 "선교를 위한 학생 자발 운동"(Student Volunteer Movement for Foreign Mission)을 이끌었을 뿐 아니라 미국 YMCA의 회장을 역임했고, "국제 기독학생 연맹"(World's Student Christian Federation)의 총무, J. H. Oldham과 더불어 "국제 선교사 협의회"(International Missionary Council)를 창립하였다.

가 많았다. 5) 다양한 교파의 대표들이 참여하였다. 6) 에큐메니칼 운동을 이끌 지도자들을 배출하였다. 7) "신앙과 직제"(Faith and Order)를 태동시켰다. 8) 그리스도인들 간의 교류와 연합 의식을 고취시켰다. 9) 교회 연합운동의 시발점이 되었다. 10) 사역의 연속성을 위해 "연속 위원회"(Continuation Committee)를 두었다.[7]

셔러(James Scherer)는 에딘버러 선교 대회를 가리켜 "선교적 낙관주의"(missionary optimism)가 지배한 대회라고 지적하였다.[8] 그의 말처럼 에딘버러 선교 대회가 선교적으로 많은 긍정적인 면들을 지니고 있었음에도 불구하고, 의도적으로 분명한 신학적 입장을 표명하지 않음으로 인해 후일 자유주의 신학과 급진적인 선교 사상이 스며들어올 수 있는 가능성을 열어 놓았다. 결국, 기독교 역사상 최초로 시도되었던 선교 연합운동이 세계 선교를 위한 연합과 협력이라는 의미 있는 결과를 이끌어내는 데는 지대한 공헌을 하였지만, 각 단체나 선교 지도자들이 지니고 있던 교리적 차이나 교회의 의식적 차이에 관한 토론을 금함으로서 분열의 씨앗을 지니고 있었던 셈이다. 에딘버러 선교대회가 지니고 있었던 교리적 불명료성은 마침내 선교적 분열을 가져왔을 뿐 아니라 궁극적으로 선교적 좌경화의 길을 열어놓는 단초가 되었다.

(2) IMC, 모홍크(Mohonk) 대회 (1921): 비 신학적 입장(non-theological stance)

에딘버러 선교대회의 열매로 1921년 뉴욕의 모홍크(Lake Mohonk)에서 "국제 선교 협의회"(International Missionary Council)가 탄생된다. 구미 각국과 중국, 일본, 인도, 버마 등 14개국의 선교 단체들을 대표하는 61명의 선교 지도자들이 모여 세계 복음화를 위해서는 세계 교회들의 유기적인 협력 관계가 지속적으로 유

---

7   김명혁, 『현대교회의 동향』 (서울: 성광문화사, 1995), 42-44. cf. K. Latourette, "Ecumenical Bearings of the Missionary Movement and the International Missionary Council", in *A History of the Ecumenical Movement*, ed. by Ruth Rouse ans S. C. Neill (London: S. P. C. K. 1967), 357-362.

8   James A. Scherer, "Ecumenical Mandates for Mission", in *Protestant Crosscurrents in Mission*. N. A. Horner, Ed. p. 20.

지되어야 한다는 점을 재천명하였다. IMC의 특징은 그 구성원들이 모두 선교단체 지도자들이었다는 점이다. 교회나 교단이 중심이 된 모임이 아니라 선교 단체 지도자들이 중심이 된 순수한 형태의 선교 협의회였다고 할 수 있다. IMC 역시 에딘버러 선교대회의 선교적 입장을 고수하며 세계선교를 위한 연합과 일치를 강조하였다. 그러나 IMC 역시 에딘버러 선교 대회가 취했던 것과 마찬가지로 교리적 문제나 교회론적인 문제에 대해서는 모호한 태도를 취했다. 교리적인 문제나 교회론적인 문제에 대해서는 일절 언급이나 논의를 하지 않기로 결정한 것이다.[9] 앞에서 언급한대로 IMC의 이러한 신학적 모호성은 후일 급진적인 사회 참여적 선교사상을 받아들이는 창구 역할을 하게 된다. 결국, 그들은 신학적이고 교회론적인 교리문제와 상관없는 선교사역들, 즉 통계 수집, 마약 제거 운동, 교육, 성경 번역, 기독교 서적 출판, 학교 건립, 병원 건립 등과 같은 사역들을 위해서만 서로 협력하기로 결정하기에 이른다.[10]

당시 IMC가 결정한 또 다른 중요한 내용은 IMC가 선교 단체들을 대신하여 선교 정책을 세우거나 행정적인 기능을 대신하지 않기로 한 점이다. IMC의 이러한 결정은 IMC가 중앙 집권적인 통제 기관이 아니라 선교 단체들 간의 협력과 협의를 위한 기관이었음을 보여준다. 당시 IMC의 지도자들이 결정한 IMC의 기능들을 보면 그들의 사역 목표가 무엇이었는가를 쉽게 발견할 수 있다. 그들이 정한 IMC의 사역 내용은 대략 다음과 같다: 1) 선교적 질문들에 대한 연구와 조사를 격려하는 일, 2) 연구 및 조사 결과를 모든 선교부에 보고하는 일, 3) 각국의 여러 선교 단체들의 활동을 통합하고 조정하는데 협력하는 일, 4) 필요한 곳에서 선교 연합 전선을 형성하는 일, 5) 양심과 종교의 자유, 선교 활동의 자유를 지원하기 위한 통일된 기독교 여론을 형성하는 일, 6) 국제 문제와 인종 관계에 있어서 정의를 추구하기 위하여 세계의 기독교 세력을 결집시키는 일, 7) 국제 선교

---

9   1916년 "중국 내지 선교회"(China Inland Mission)는 에딘버러 선교대회의 "지속 위원회"(Continuation Committee)가 로마 가톨릭의 신학을 인정하고, 교리적 문제에 있어서 분명한 입장을 표명하지 않았다는 이유로 "지속 위원회"를 탈퇴하였다. cf. Arthur Johnston, 같은 책, p. 130.

10   김명혁, 『현대교회의 동향』(서울: 성광문화사, 1995), 47-48.

잡지(International Review of Mission)를 발간하여 선교 연구에 공헌하는 일, 8) 필요한 경우 국제 선교 대회를 소집하는 일.[11]

1921년에 IMC가 정한 사역 목표들을 자세히 들여다보면 초기 세계선교 운동의 성격이 잘 드러나 있다. 그 모임이 비록 신학적인 면에서는 선명한 입장을 드러내지는 못했지만 전반적으로 건강한 선교사상을 드러내고 있을 뿐 아니라 올바른 사역 방향으로 가고 있었음을 알 수 있다. 여러 가지 역사적인 사료들을 참고해 볼 때 처음 열렸던 "세계 선교사 협의회"의 선교 사상은 전반적으로 건전하고 바람직한 것이었다고 할 수 있다. 문제는 1928년 예루살렘에서 열렸던 제2차 IMC 선교 대회에서부터 IMC의 신학적 입장과 선교적인 입장에 커다란 변화가 일어나기 시작한다는 점이다.

(3) IMC, 예루살렘(Jerusalem) 대회(1928): 혼합주의의 등장(Religious syncretism)

1920년대부터 유럽과 미국의 신학자들 가운데서 성경에 관한 심각한 논쟁이 시작된다. 성경의 영감설과 권위 문제가 신학자들 사이에 매우 민감하고 첨예한 신학적 이슈로 등장한 것이다. 이러한 신학적 논쟁은 결과적으로 선교학적 논쟁을 낳게 된다. 자유주의 신학자들의 영향을 받은 교회 및 선교지도자들 사이에서 일어나기 시작한 예수님에 대한 이해의 변화, 하나님 왕국에 대한 이해의 변화, 구원에 대한 이해의 변화, 타 종교에 대한 이해의 변화 등으로 인해 전통적인 선교 사상이 치명적인 도전을 받기 시작한 것이다. 예루살렘 선교 대회의 주제들은 에딘버러 선교대회에서 등장했던 선교적인 주제들과 강한 대조를 이루었다.

제1차 세계 대전이 끝난 후 세계는 새로운 도전들을 직면하게 된다. 서구와 비서구 사이의 새로운 정치질서, 정의로운 경제의 구축, 종교의 자유, 인종문제, 기독교와 타 종교와의 관계 등과 같은 다양한 이슈들이 예루살렘 대회에서 다루어졌다. 이러한 다양한 주제들 가운데서 가장 큰 논쟁거리가 되었던 주제는 역시 기독교와 타 종교와의 관계였다. 타 종교들, 즉 불교, 유교, 힌두교, 이슬람교

---

11   김명혁, 『현대교회의 동향』(서울: 성광문화사, 1995), 47-48.

에도 하나님의 구속적인 계시가 존재하는가에 대한 신학적, 선교학적 논쟁이 매우 심도 있게 진행되었다. 칼 하임(Karl Heim)과 크래머(Hendrik Kraemer)를 중심으로 한 보수적인 신학자들과 후일 영국의 캔터버리 대 주교가 된 템플(William Temple)과 하버드 대학의 하킹(William E. Hocking)을 중심으로 한 급진적인 신학자들 사이에 타 종교의 이해에 관한 날카로운 대립이 있었다. 크래머는 제2차 IMC 대회를 위한 '준비 문서들'(preparatory papers)을 통하여 IMC가 지향하고 있는 혼합주의의 위험을 강도 높게 지적하기도 했다.

예루살렘 선교대회가 지지했던 템플의 타 종교에 대한 입장을 보다 정확히 이해하기 위해서 그의 말을 그대로 인용하는 것이 도움이 될 것이다. 그는 타 종교 안에 그리스도의 빛이 이미 비추고 있다는 사실을 인정하면서 다음과 같이 언급하였다.

> 우리는 그리스도 안에서 모든 사람을 비추는 바로 그 빛이 충만한 광채로 이미 비쳐진 사실을 생각하며 기뻐합니다. 왜냐하면 우리는 그리스도가 아직 알려지지 않은 지역이나 거부된 지역에서조차 그 빛이 비쳐지고 있는 것을 발견할 수 있기 때문입니다. 우리는 비기독교인들과 비기독교 제도들이 지니고 있는 모든 고상한 특성들을 환영합니다. 왜냐하면 그러한 것들은 바로 그의 아들을 세상에 보내신 하나님께서 이미 전 세계에 그리스도를 나타내시지 않은 지역이 하나도 없다는 사실을 더욱 확실히 보여주고 있기 때문입니다.[12]

템플은 그리스도로 말미암는 하나님의 은총이 이미 전 세계에 편만하게 퍼져 있을 뿐 아니라 심지어 그리스도를 거부한 사람들에게 조차 그리스도로 말미암는 구속의 효력이 적용될 수 있는 것처럼 생각했다. 그는 타 종교를 믿는 사람들 속에 이미 그리스도의 빛이 비쳐졌기 때문에 그들의 문화나 종교적인 제도들 속

---

12   "The Christian Life and Message in Relation to Non-Christian Systems", in *Report of the Jerusalem Meeting of the International Missionary Council*, March 24th-April 8th, 1928, Vol. I. (London: Oxford University Press, 1928), 481.

에도 이미 상당 부분의 진리와 계시가 존재한다고 믿는다. 템플은 타 종교인들이 지니고 있는 고상한 특성들 속에서 그들이 받은 그리스도의 은총들을 발견할 수 있고, 그러한 은총의 존재는 하나님께서 이미 그들에게 그리스도의 대속적인 사랑을 부어주셨다는 것을 의미한다고 확신한다. 결론적으로 말하자면 템플의 신학적, 선교학적 입장은 '선교적 정통주의'(Missiological Orthodoxy) 입장을 떠난 '종교적 혼합주의'(religious syncretism)내지 '포함주의적'(Inclusivistic)인 입장에 서있다고 보아야 한다. 템플의 선교학적인 입장을 살펴보면 IMC가 지녔던 선교학적 입장과 지향 점을 쉽게 발견할 수 있다. 예루살렘 대회가 가져온 선교사상의 변화는 후일 보수적이고 전통적인 선교사상에 매우 심각하고 파괴적인 영향을 끼쳤다.

하임과 크래머를 중심으로 한 선교적 정통주의자들과 하킹과 템플을 중심으로 한 혼합주의자들 사이의 긴장은 예루살렘 대회에서 그치지 않고 1938년 인도의 탐바람(Tambaram)에서 열린 제3차 IMC 선교 대회 때까지 지속된다. IMC는 이러한 선교학적 논쟁을 좀 더 학문적으로 정리할 필요가 있다고 생각하고 연구위원들을 선정하여 지속적인 연구를 하기로 결정한 것이다.

예루살렘 대회는 이 외에도 선교의 개념을 단순히 영혼 구원이나 자기의 교파나 교리를 전파하는 단순한 선교 개념이 아닌 '하나님 나라' 건설이라는 보다 포괄적이고 총체적인(comprehensive and wholistic) 차원에서 정의하려고 했다. 그들은 선교의 목적을 하나님 왕국의 실현(realization)으로 보고 선교활동을 하나님 나라를 이 땅에서 건설하는 과정으로 이해하였다. 그런 의미에서 선교는 하나님 왕국의 종(servant)인 셈이다. 전도와 영혼 구원에 주된 관심을 갖고 있었던 에딘버러 대회와 달리 예루살렘 대회는 복음의 사회적 측면에 더 큰 관심을 갖고 있었다. 그들은 '사회 복음'(social gospel)이 선교의 악세사리가 아니라 선교의 근본이요 전부가 되어야한다고 주장한다. 그들에게 선교란 인간과 사회를 향한 '총체적 접근'(comprehensive approach)을 의미하는 것이다.[13] 예루살렘 대회에서

---

13   David J. Bosch, *Witness to the World* (Atlanta: John Knox, 1980), 163-164.

는 영혼, 회개, 믿음, 영생, 영원한 하나님 나라, 심판 등과 같은 단어들이 더 이상 관심의 대상이 아니었다.

(4) IMC, 탐바람(Tambaram) 대회(1938): 계시의 연속성(Continuity) vs 불연속성 (Discontinuity)

1921년 IMC가 탄생한 뒤로 17년 만에 제3차 대회가 인도의 Madras 근교에 자리 잡고 있는 탐바람(Tambaram)에서 열렸다. 탐바람 대회에서는 제2차 예루살렘 대회에서 보수주의 선교학자들과 진보적인 선교학자들 사이에 심각한 긴장을 유발시켰던 주제인 '기독교와 타 종교와의 관계'와 더불어 '기독교 메시지'(Christian Message), '증거'(witness) 등의 주제어 들이 등장하였다.[14] 탐바람 대회에서도 다양한 선교적 주제들이 등장하였지만 가장 큰 논쟁을 일으켰던 주제는 역시 기독교와 타 종교와의 관계였다. 존스톤(A. Johnston)은 탐바람 대회를 가리켜 보수주의 선교학자들이 "예루살렘 대회에서 득세했던 '사회 복음'과 '자유주의'에 대항하여 매우 강력한 저항을 했던 마지막 모임"이었다고 했다.[15] 인도네시아에서 선교 활동을 했던 화란의 선교학자인 크래머의 지대한 영향으로 인해 전도, 죄, 성경, 기독교 계시의 유일성, 계시의 불연속성(discontinuity) 등과 같은 전통적인 선교 용어들이 다시 살아 돌아왔다. 그럼에도 불구하고 영국에서 대표로 온 퀵(Canon Quick)은 탐바람 대회를 평하기를 "전도의 개념에 관하여는 구학파(older school)와 신학파(newer school) 사이에 분명한 간격이 존재했었다"고 했다.

① 계시의 연속성

신학파의 주장은 예루살렘 대회의 주장과 크게 다르지 않았다. 그들은 호킹(William E. Hocking) 교수가 준비한 보고서의 내용을 여과 없이 받아들였다. 호킹 교수가 1932년에 펴낸 보고서인 "선교의 재고"(Re-Thinking Missions)에 등장

---

14   Arthur Johnston. *World Evangelism and the Word of God*, 166.
15   Arthur Johnston. *World Evangelism and the Word of God*, 165.

하는 선교 개념을 그대로 받아들인다. 그는 선교란 신자가 지닌 가장 고상한 영적인 가치들을 다른 사람들에게 나누어주는 것이고, 문명화를 통해 세계가 하나되도록 하기 위한 준비 과정이고, 교회의 내적 성장을 위한 필수 과정이라고 했다.[16] 그는 선교란 기독교가 타 종교와 함께 진리를 함께 추구해 나가는 과정이라고까지 말했다. 그의 보고서가 비록 많은 공격과 비난을 받기는 했지만 후일 WCC가 자신의 선교신학을 발전시켜 나가는 과정에서 상당한 직간접적인 영향을 주었다. 그의 보고서의 내용을 정리하면 대략 다음과 같다.

② 비기독교 안에 존재하는 진리

그는 기독교와 비기독교와의 관계를 설명하면서, 타 종교 안에도 진리의 파편들이 존재한다고 주장한다. 그는 타 종교를 신실하게 믿고 따르는 구도자들이 저주를 받을 것이라는 사실을 인정하지 않는다. 하킹은 타 종교를 성실하게 믿고 따르는 자들을 가리켜 "공통된 질문을 가진 형제들"(brothers in a common quest)이라고 불렀다. 그는 보고서를 통해 타종교가 가르치고 주장하는 교리들 속에 "종교적 진리의 핵"(nucleus of religious truth)이 존재한다고 말했다.[17] 호킹은 기독교가 많은 부분에서 타 종교와 공통된 교리들을 공유하고 있다고 말하면서 기독교가 지닌 유일신 사상은 이슬람과 비슷하고, 기독교의 윤리는 유교와 비슷하고, 기독교의 비 폭력성은 힌두교나 불교와 비슷하다고 했다. 그는 기독교인들이 타 종교인들과 함께 진리를 추구하는 동역자(co-worker)로서 모든 종교인들과 파트너십을 같고 진리를 공동으로 추구해야 한다는 점을 강조하기도 했다. 그럼에도 불구하고 그는 세상에 존재하는 어떤 종교도 동일한 교리들을 가지고 있지는 않다는 점을 지적한다. 한 걸음 더 나아가 그는 기독교가 하나님을 다양한 각도에서 이해할 수 있도록 도와주는 다신론적인 믿음들(polytheistic faiths)에 대한

---

16 David J. Bosch, *Witness to the World* (Atlanta: John Knox, 1980), 162.

17 Roger E. Hedlund, *Roots of the Great Debate in Mission: Mission in Historical and Theological Perspective* (Bangalore, India: Theological Book Trust, 1993), p. 82.

정보들을 제공하고 있다고까지 했다.[18] 결국 하킹은 기독교인들이 지니고 있는 진리에 관한 개념이 타 종교와의 교류와 공동 연구를 통하여 더 넓어지고 확대되어야 한다고 주장한 것이다.

③ 회심에 대한 거부

호킹은 그의 보고서에서 전도나 선포라는 용어를 거의 사용하지 않을 뿐 아니라 심지어 회심이라는 말에 강한 적대감을 드러낸다. 선교사들은 외국인으로서 타 종교인들을 기독교로 개종시키는 일을 할 권리를 가지고 있지 않다고 했다. 그에게 있어서 타 종교를 믿는 사람들을 기독교로 개종시키는 일은 매우 부적절한(improper) 행동이다. 그는 선교사의 역할에 대해 언급하면서 "기독교 선교사들의 책임은 타종교가 지니고 있는 종교적인 제도들에 대해 공격하는 것도 아니고, 선교사들이 타 종교에서 발견하는 오류들(errors)과 남용들(abuses)을 부정하는 것도 아니다."[19]라고 했다. 그는 나아가 선교사들이 타 종교인들을 개종시키는 것(conversion)이 아니라 개혁하는 것(reforming)을 사역의 목적으로 삼아야 한다고 덧붙이기도 했다.

더욱이 그는 기독교 선교사들의 궁극적인 목적이 복음 선포가 아니라 인간 사회를 위한 봉사여야 한다고 주장했다. 그는 기독교 선교사들이 복음전파라는 편협한 사고에서 벗어나 인류 공동의 발전과 정의를 추구해야 할 뿐 아니라 "자선 사업"(philanthropic service)을 위해 봉사해야 한다는 점을 강조했다. 이러한 선교적 목적을 달성하기 위해서는 신학교들이 신학교육 내용과 선교훈련 과정들을 송두리째 개편할 필요가 있다고 지적하기도 했다. 그는 한 걸음 더 나아가 사회 봉사와 자선 사업을 위해서 반드시 교회가 필요한 것이 아니라고까지 했다. 하킹은 그의 보고서를 통해 교회 무용론을 내세우면서 제 삼국에 있는 신학교의

---

18   Roger E. Hedlund. *Roots of the Great Debate in Mission: Mission in Historical and Theological Perspective*, 84.

19   Roger E. Hedlund. *Roots of the Great Debate in Mission: Mission in Historical and Theological Perspective*, 83.

숫자를 줄일 것을 요구하기도 했다. 당시에 중국, 일본, 인도 등에 있던 신학교의 숫자를 줄이고, 신학 교육의 내용도 바꾸어서 전도나 선교 대신 인류가 당면한 실제적이고, 사회적인 문제들을 해결할 수 있는 교육이 중심이 되어야 한다는 사실을 강조하였다.[20]

④ 계시의 불연속성

하킹의 보고서가 다분히 종교적 혼합주의 내지 다원주의적인 특성을 지니고 있었던 것과 반대로 크래머의 보고서는 다분히 전통적이고 복음주의적인 선교 개념을 지니고 있었다. 크래머는 인도네시아에서의 선교적 경험과 스스로 연구한 신학적 지식을 도대로 오랜 연구를 거쳐 선교학적으로 매우 중요한 한 권의 책을 들고 탐바람 대회에 나타났다. 그가 저술한 "비기독교 세계 속의 기독교 메시지"(The Christian Message in a non-Christian World)[21]라는 책 한 권이 선교 대회의 분위기를 완전히 반전시켰다. 그는 교회들이 기독교 선교사역의 끝에 서 있는 것이 아니라 시작점에 서 있다는 점을 강조하면서 교회들이 전통적인 선교사역에 적극적으로 참여해야 한다고 주장하였다. 그는 탐바람 대회를 통해서 서구와 비서구 교회들이 힘을 합쳐 왜곡된 선교 개념을 바로잡고 성경을 중심으로 한 성경적 선교사역으로 되돌아갈 것을 역설했다. 그는 "선교의 출발점이 모든 생명체에 대한 그리스도의 주님 되심을 선포하는 하나님의 명령"이라고 규정하면서 교회들이 전도를 향한 열정으로 되돌아가야 한다고 했다. 그는 자신의 책을 통하여 교회들이 선교의 기본, 즉 성경으로 돌아가야 한다고 주장한다.[22]

---

20 Roger E. Hedlund, *Roots of the Great Debate in Mission: Mission in Historical and Theological Perspective*, 85. cf. Hocking의 보고서에 전통적인 선교 개념이 전혀 결여 되어 있었던 이유 가운데 하나는 보고서를 작성하는 과정에 참여한 사람들이 전부 신학이나 선교학과 무관한 교육가, 일반 학자, 전문가들로 구성되었기 때문일 것이다. Hocking의 신학적 입장을 차치하더라도 보고서를 작성하는 과정에 단 한 명의 선교사나 선교 단체 지도자의 개입이 없었다는 사실만으로 그의 보고서의 한계를 쉽게 짐작할 수 있게 한다.

21 Hendrik Kraemer, *The Christian Message in a non-Christian World* (London: Edinburgh House, 1947)

22 Roger E. Hedlund, *Roots of the Great Debate in Mission: Mission in Historical and Theological Perspective*, 87-89.

크래머가 지니고 있는 선교사상의 핵심은 기독교 계시(revelation)의 유일성이라고 말 할 수 있다. 전통적인 선교로 돌아가자는 그의 주장은 곧 성경의 계시로 돌아가자는 의미이다. 그는 자연주의 신학(natural theology)이나 "보편 계시"(general revelation)를 철저히 배격하면서 하나님의 유일한 합법적인 (legitimate) 계시는 성경뿐임을 강조한다. 그런 의미에서 그의 입장을 "성경적 실재론"(Biblical Realism)이라고 부를 수 있을 것이다. 그가 주장하는 계시의 핵심은 예수 그리스도다. 그는 그리스도를 믿음으로 말미암는 의로움, 하나님과의 화해, 회개와 사죄 등을 강조하면서 하나님의 왕국(kingdom of God)이 사람의 손이나 능력에 의해서가 아니라 하나님 자신의 능력에 의해서만 건설될 수 있음을 지적하였다.

크래머는 기독교와 타 종교들과의 관계를 설명하면서 기독교와 타 종교 사이에 어떠한 "계시적 연속성"(continuity of revelation)도 존재하지 않음을 분명히 했다. 아무리 탁월한 종교라 할지라도 기독교가 지닌 계시와 동일한 권위나 내용을 지닌 종교는 존재하지 않으며, 타 종교를 믿는 사람들은 반드시 회심과 중생을 통해서만 구원을 얻을 수 있음을 분명히 했다. 따라서 교회와 선교사들은 하나님의 대사로서 타 종교를 믿고 살아가는 사람들에게 기독교만 지니고 있는 특별한 계시의 내용을 전파하도록 부르심을 받았다는 사실을 잊어서는 안 된다고 했다. 결국 그는 기독교 계시와 타 종교 사이에 '확실한 불연속성'(radical discontinuity)이 존재함을 인정한 것이다.

이상에서 살펴본 바와 같이 IMC 제3차 대회의 주요 의제는 기독교와 비기독교와의 관계였다. 진리가 기독교에만 존재하는가 아니면 타 종교들 속에도 존재하는가, 다시 말하자면 하나님의 계시가 기독교에만 존재하는가 아니면 타 종교들 속에도 존재하는가에 대한 선교학적 토론이 매우 진지하게 진행된 대회였다. 복음의 보편성(universality of the Gospel)과 복음의 유일성(uniqueness of the Gospel)을 주장하는 신구 학파들 간의 심각한 신학적 논쟁이 있었지만 결국은 기독교가 지닌 복음의 유일성을 지지하는 쪽으로 기울었다고 볼 수 있다.

3. WCC와 하나님의 선교(Missio Dei)

제2차 세계 대전 이후 IMC의 네 번째 모임이 1952년 독일의 빌링겐 (Willingen)에서 열렸다. 이 대회의 주제는 "교회의 선교적 의무"였는데, 그 대회를 기점으로 IMC의 선교 신학이 커다란 전환을 맞이하게 된다. IMC의 이러한 선교 신학적 변화는 IMC와 WCC가 통합한 후 고스란히 WCC의 선교신학에 영향을 주게 된다. 제2차 세계대전이 끝난 후 비관주의가 전 세계를 뒤덮고 있을 때 새로운 선교 신학의 바람이 불어 온 것이다.

1) 미시오 데이(*Missio Dei*)의 등장

*Missio Dei*는 라틴어로 "하나님의 보내심"(the Sending of God)이란 뜻이지만 대부분의 영미 권에서는 "하나님의 선교"(the Mission of God)라는 뜻으로 사용된다. 미시오 데이(*Missio Dei*)라는 용어가 보편화 된 것은 비체돔(George F. Vicedom)이 1963년 Mexico City에서 열렸던 WCC의 "세계 선교와 전도 위원회"(Commission on World Mission and Evangelism) 에서 그의 글을 발표하면서부터였다. 그는 그의 책(*The Mission of God: An Introduction to the Theology of Mission*)을 통하여 이미 독일의 선교학자들이 선교학 강의 시간에 자주 언급했던 Missio Dei라는 용어를 알리기 시작했다.[23] Missio Dei라는 용어를 선교학에 처음으로 도입한 사람은 독일의 선교학자인 하루텐슈타인(Karl Hartenstein)인데 그가 이 용어를 처음 사용한 것이 1934년이다. 하루텐슈타인 역시 1928년 바르트(Karl Barth)의 선교학 강의에서 도전을 받아 이 용어를 만들었다고 한다. 바르트가 그의 선교학 강의 시간에 사용한 용어인 "하나님의 사역"(*Actio Dei*)에서 힌트를 얻어 *Missio Dei*라는 용어를 만들어 낸 것이다. 바르트가 사용한 악치오 데이(*Actio*

---

23   A. Scott Moreau. ed. *Evangelical Dictionary of World Missions* (Grand Rapids, MI: Baker books, 2000), 631-632.

Dei)라는 말은 인간들이 스스로의 힘으로 구원을 얻을 수 있다고 주장하던 당대의 자유주의자들에 대항하여 인류의 구원이 오직 하나님으로부터만 주어진다는 사실을 강조하기 위하여 동원한 말이라고 한다.[24] 하지만 빌링겐 대회 이후로 WCC의 지도자들이 *Missio Dei*라는 용어를 차용하면서부터 그 의미가 급격히 변질되어 간다. 하나님만이 선교의 주체자요 선교의 주관자이심을 뜻하는 *Missio Dei*라는 용어는 WCC 안에서 차츰 그 의미를 상실해 가면서 급진적이고 정치적인 개념으로 바뀌게 된다.[25]

2) IMC, 빌링겐(Willingen) 대회(1952): 하나님의 선교(*Missio Dei*)

1952년 독일의 빌링겐에서 열린 IMC 대회에서부터 IMC의 선교 개념에 급진적이고 급격한 변화가 일어난다. 전통적으로 인식되어 온 "교회 중심의 선교"(Church-centered Mission) 개념이 사라지고 "선교 중심적인 교회"(Mission-centered Church) 개념이 등장하기 시작한 것이다. 전통적으로 선교란 교회가 지닌 그리스도 복음의 비밀을 타 종교인들이나 불신자들에게 전하는 것으로 인식되어 왔다. 그리스도로 말미암는 구원의 비밀을 지니고 있는 교회가 전도나 선교 사역을 통하여 세상에 복음을 전달해 주지 않으면 아무도 구원을 얻을 수 없다는 전통적인 선교 개념이 새로운 도전에 직면하게된 것이다. 선교의 중심 사역인 '전도'(evangelism)가 사라지고, 전도 대신 사회 개혁과 정치 참여가 선교의 중심을 차지한 것이다.

빌링겐 대회에서 새롭게 등장한 선교 용어인 '하나님의 선교'(*Missio Dei*)가 근본적으로 비성경적인 의미를 담고 있는 용어는 아니지만 WCC가 그 용어를 채용하면서부터 그 의미가 매우 급진적으로 변하게 된다. *Missio Dei*가 의미하는

---

24   A. Scott Moreau, *Evangelical Dictionary of World Missions*, 631-632.

25   Arthur Johnston, *World Evangelism and the Word of God*, 224-235. cf. Mission Dei의 신학적 배경과 의미를 좀 더 상세하게 이해하기를 원하는 사람은 다음 자료를 참고하시오. David Bosch, *Transforming Mission: Paradigm Shifts in Theology of Mission* (Maryknoll, NY: Orbis, 1992), 390-408.

바를 한 마디로 요약하면 "이 땅"에서 진행되어가는 "하나님의 왕국" 건설에 교회가 적극적으로 참여하여야 한다는 것이다. 하나님께서 직접 개입하셔서 세상 속에서 하나님의 왕국을 건설해 나가는 과정 가운데 교회들이 동참하는 것을 선교라고 본 것이다. 하나님의 왕국이 정치, 경제, 문화, 종교 등 모든 분야에 걸쳐 건설되어야 하는데, 이러한 왕국 건설에 교회가 직접 참여하는 것이 곧 선교라는 것이다.

하나님께서 세상에서 일어나는 모든 일들에 관심을 갖고 직접 개입하시는 것처럼 교회도 세상에서 일어나는 일들에 관심을 갖고 적극적으로 개입해야 한다고 주장한다. 그들에게 있어 선교는 세상의 정치, 경제, 사회, 문화 등 전 영역에 개입하는 행위이며, 특별히 불공정과 불평등이 지배하는 사회를 개혁하고 변화시키는 행위이다. 정치 경제적인 압제와 착취가 존재하는 곳이 바로 '하나님의 선교'가 필요한 곳이다. 복음을 듣지 못하고 버려진 지역이나 영혼들이 선교지가 아니고 억압과 착취가 존재하는 곳이 선교지가 되는 것이다. *Missio Dei*가 지니고 있는 선교 개념의 한계는 복음을 듣지 못한 영혼들에 대한 무관심과 영적인 구원에 대한 무관심을 드러내고 있는 점이라고 할 수 있다.

빌링겐 대회 이후로 *Missio Dei*라는 용어는 점차 그 의미를 달리하면서 '교회와 상관없는' 하나님의 활동을 지칭하는 용어가 되어버렸다. 앞에서 지적한 바와 같이 WCC가 *Missio Dei*를 채용하면서 *Missio Dei*는 교회와 상관없이 독립적으로 이 세상 속에서 은밀히 일하시는 하나님의 활동을 가리키는 용어로 변질되었을 뿐 아니라 세상에서 보이지 않게 일하시는 하나님의 활동에 참여하는 행위를 의미하는 것이 되었다.[26] 그들은 선교 개념을 교회론에 근거하지 않고 삼위일체론에서 찾으려 했고 그 결과 하나님께서 그리스도의 피 값으로 산 교회에게 맡기신 고유한 선교사역을 말살시키고 말았다. 그들은 하나님께서 그리스도를 통하여 세상일들에 직접 개입하시기 때문에 교회는 단지 하나님께서 일하시는 곳에 참여하기만 하면 된다고 주장한다. 그들의 주장에 따르면 교회는 더 이상 전

---

26   David J. Bosch, *Witness to the World* (Atlanta: John Knox, 1980), 179-180.

통적인 의미의 전도나 선교 사역을 감당할 필요가 없고, 단지 세상일들에 참여하기만 하면 되는 것이다. WCC는 교회가 하나님으로부터 부여받은 고유한 역할들, 특별히 전도와 선교의 사명을 배제시킨 채, 교회가 오로지 세상일들-정치, 경제, 사회, 문화, 군사-에 적극적으로 동참해야 할 것만 주문한다. WCC는 교회들로 하여금 전도나 선교 같은 영적인 사명을 저버리고 정치 사회적 변화와 개혁을 완성하기 위한 대 사회적인 책임을 적극적으로 감당해야 할 것만을 주문하고 있다.

제2장

WCC 선교신학 비판

1. 땅의 구원(Salvation of the Earth)

WCC가 지니고 있는 구원관은 전통적인 구원관과 거리가 멀다. 전통적인 구원관이 주로 인간의 영혼과 깊은 연관이 있었다면 WCC의 구원관은 주로 물질적이고 가시적인 것들과 깊은 관계를 가지고 있다. 영혼 구원 보다는 육체적인 구원에 관심을 갖고, 영원한 구원 보다는 이 땅에서의 구원을 갈망한다. 그들은 영원한 하나님의 나라 대신에 이 땅에서 이루어질 하나님의 나라에 관심을 갖는다. 구원의 미래적인 면보다 구원의 현재적인 면에 더 많은 관심을 기울인다. 기독교의 초월적인 차원(transcendental dimension)에 대한 언급은 거의 없고 기독교의 내재성(immanence)만을 강조한다. 그들의 선교 개념 속에서 영혼(soul)과 영원(eternity)이라는 단어는 더 이상 등장하지 않는다. 영혼과 영원이라는 용어가 사라지고 물리적인(physical) 것들과 현세적인(here and now) 것들 즉, 정치, 경제, 사회라는 용어가 그 자리를 대신 차지하고 있다.

1) 사회적 구원 (Bangkok, 1973)

WCC는 교회가 적극적으로 정치적인 현장에 참여할 것과, 사회 개혁과 변혁의 주체가 될 것을 주문한다. 왜냐하면 사회적 불의를 몰아내고, 정치적 억압과 경제적 착취로부터 인간을 해방시키는 것이 곧 구원이기 때문이다. 1973년 태국의 방콕에서 열렸던 CWME 모임의 주제가 "오늘의 구원"(Salvation Today)이었다. 주제만 보아도 그들의 관심이 어디에 있었는지 쉽게 발견할 수 있다. '오늘', 이 '땅'에서의 '구원'을 주제로 모임을 진행했다. 복음주의자들의 적극적인 참여가 있었음에도 불구하고 전도라는 주제는 거의 다루어지지 않았고 도리어 구원의 사회적인 측면들(social dimensions)만 강조되었다. 방콕 모임에서 채택된 선언문은 다음과 같다:

1. 구원은 인간들이 인간들에게 행하는 착취에 대항하여 경제적 정의를 이루기 위하여 투쟁하는 가운데서 이루어진다.
2. 구원은 동료 인간들에 의하여 인간들에게 행해지는 정치적인 압제에 대항하여 인간의존엄성을 찾기 위해 투쟁하는 가운데서 이루어진다.
3. 구원은 인간과 인간 사이의 소외에 대항하여 인간들의 연합을 위하여 투쟁하는 가운데서 이루어진다.
4. 구원은 인간들의 참혹한 현실에 대항하여 소망을 갖기 위해 투쟁하는 가운데서 이루어진다.[1]

위의 선언문이 보여주듯이 WCC의 구원관은 다분히 정치적이고 경제적인 것임을 쉽게 발견할 수 있다. 그리스도로 말미암은 영혼 구원에 대한 언급은 전무하고 오직 경제, 정치, 소외, 투쟁과 같은 용어들만 난무한 것을 보아 그들의 관

---

1   Roger C. Bassham, *Mission Theology: 1948-1975 Years of Worldwide Creative Tension Ecumenical, Evangelical and Roman Catholic* (Pasadena, CA: William Carey Library, 1979), 92-98.

심이 어디에 있었는가를 들여다 볼 수 있다. 방콕 대회만 보더라도 WCC의 구원관이 얼마나 정치적이고 경제적인 것인가를 발견할 수 있다. 방콕 대회는 WCC의 선교 신학이 또 다른 방향으로 발전하고 있음을 보여주는 사례일 뿐 아니라 복음의 핵심인 WCC의 구원관이 영혼이나 미래와 무관한 정치적 해방과 경제적인 정의를 이루는 것에 초점이 맞추어져 있다는 사실을 드러내 준 대회였다.

2) 인간화 (Uppsala, 1968)

웁살라 대회의 주된 관심은 "인간화"(Humanization)였다. 이 대회에서는 "선교의 회복"(Renewal of Mission)이리는 주제를 다루면서 "새로운 인산성"(the new humanity)의 회복이 선교의 주된 목적이 되어야 함을 강조하기도 했다. WCC는 그 모임을 통하여 정치, 경제, 종교인 이유로 억압받고 있는 인간들을 해방시키는 것이 선교의 궁극적인 목적임을 천명하였다. 그들은 선교적 관심이 인간들을 인간답게 살게 하는데 머물러 있어야 한다고 했다. 인간들이 인간답게 살 수 있도록 돕기 위해서는 "선교의 새로운 도구들"(new instruments of mission)이 필요하다고 했다. 웁살라에서 발표한 선교의 우선적 기준들(mission priorities)을 살펴보면 그들의 관심이 어디에 있었는가를 쉽게 발견할 수 있다.

1. 교회가 가난한 자들, 방어능력이 없는 자들, 남용당하는 자들, 잊혀진 자들, 지루한 자들(the bored)과 함께 하는가?
2. 기독교인들이 타인에게 관심을 갖고 그들의 문제와 구조 속으로 들어가고 있는가?
3. 기독교인들이 시대를 분별하고, 새로운 인간성(the new humanity)의 도래를 향하여 역사와 함께 움직이고 있는가?

이와 같이 웁살라의 선교적 관심은 억눌리고 소외된 인간들의 삶을 바로잡고 그들과 함께 '새로운 인간성'을 건설해 나가는 것에 있었다.[2] 하나님의 형상 (Imago Dei)을 닮은 인간들의 삶을 회복시키고 바르게 인도하는 것은 기독교의 본질적인 사명임에는 틀림이 없다. 그러나 억눌리고 소외된 인간성의 회복을 어떻게 가져올 것인가가 중요하다. 교회가 정치, 경제적 참여를 통해서 '새로운 인간성'을 회복시킬 것인가 아니면 교회가 그들의 영혼을 새롭게 만듦을 통해 '새로운 인간성을' 회복시킬 것인가를 놓고 우선순위를 정해야만 한다. 수많은 복음주의 선교학자들이 오랜 고민과 토론을 거친 끝에 내린 결론과 같이 '새로운 인간성'의 도래는 인위적이거나 구조적인 변화를 통해서 일어나는 것이 아니라 예수 그리스도를 통한 하나님과의 진정한 만남을 통하여서만 가능한 것이다. 인간이 만든 법, 규율, 제도 등이 모두 불합리하거나 모순을 지니고 있는 것이 아니라 그 법과 제도를 수행할 수 있는 능력이 죄인인 인간들 안에 존재하지 않기 때문이다. 인간들의 노력으로 어느 정도 '구조 악'(structural sin)에 변화를 가져 올 수는 있을 찌라도 근본적인 변화와 완성은 '변화된 인간'(transformed human)을 통해서만 가능하다고 믿는다. 복음으로 변화된 인간, 그리스도의 생명으로 채워진 인간만이 '새로운 인간성'을 회복시키고 완성시킬 수 있다. 복음의 수직적인 (vertical) 면과 수평적인(horizontal) 면 모두를 선교 개념에 포함시키는 것은 바람직한 일이라고 생각할 수 있지만 WCC 같이 복음의 단면, 즉 수평적인 면만 강조하는 것은 매우 위험한 발상이다.

2. 예수의 인성과 도덕성 강조

WCC는 그리스도의 영적인 사역에 대해 관심을 가지지 않고, 그분의 육체적

---

2   웁살라(Uppsala) 선교 대회의 주제와 사상을 개혁 주의적 입장에서 보다 잘 이해하기 원하는 사람은 피터 바우어하우스(Peter Beyerhaus) 박사가 쓴 책을 참고하기 바란다. Peter Beyerhaus, *Missions: Which Way? Humanization or Redemption* (Grand Rapids, Michigan: Zondervan, 1976), 73-93.

이고 물리적인 사역에만 깊은 관심을 갖는다. 그들은 그리스도로 말미암는 영혼 구원이나 영원한 하나님 나라의 도래 따위에는 관심이 없고 오직 그분의 탁월한 도덕적 삶에만 초점을 맞춘다. 그들은 그리스도의 신성을 부인하고, 죽은 영혼들을 구원하기 위해 십자가에서 당하신 대속적 형벌의 의미를 약화시키고, 그리스도로 말미암는 영적인 구속과 부활의 개념을 거부하고, 심판 주로 다시 오실 그리스도의 재림에 대해서는 관심이 없다. WCC는 그리스도로 말미암는 구원의 영적인 차원(spiritual dimension)에 대한 언급을 회피하며 그분의 윤리적인 삶만 부각시킨다. 구원의 근원이신 그리스도의 대속적 죽음에 대한 관심을 배제시킨 채 그분의 행동과 도덕적인 삶에만 관심을 갖는다. 그 이유는 인류에게 진정으로 필요한 것은 예수 자신이 아니라 예수의 도덕성이라고 믿기 때문이다. 그들이 필요로 하는 것은 예수가 아니라 예수의 도덕성이다. WCC의 선교 신학이 삼위 하나님을 강조하기는 하지만 실제로는 하나님과 성령님을 약화시키고 인간 예수만을 강조하는 이유가 바로 여기에 있다고 할 수 있다.

그들은 심지어 하나님에 대하여 언급할 때에도 하나님의 신성과 절대성에 대해 언급하지 않고, 그리스도 안에 담겨있고 그리스도를 통하여 나타나는 하나님만을 강조한다. 성경에 드러난 삼위 하나님 가운데서도 유독 예수 그리스도에게 집중하는 이유는 인간 예수의 탁월한 도덕적인 삶을 조명함으로서 기독교의 초월적이고(transcendental) 보이지 않는(unseen) 가치, 즉 성령의 역사로 말미암은 영혼 구원이나 영생 등과 같은 영적인 가치들을 묻어버리려는 의도에서 비롯된 것이다. 인간 예수의 도덕성을 지나치게 강조함으로서 기독교의 본질을 탁월한 도덕적인 삶으로 제한시키려는 의도를 나타내고 있는 것이다. 기독교의 본질을 단순히 도덕적 차원에 묶어두려는 WCC의 의도를 드러낸 것이라고 할 수 있다. 기독교와 인본주의적 윤리를 동등하게 여기며, 두 사이의 경계를 의도적으로 허물어서 기독교가 일반적인 윤리적 가치나 도덕을 뛰어넘는 종교가 아님을 드러내려고 한 것이다. 기독교가 영혼 구원을 통한 영생을 주는 종교가 아니라 인류 공통의 선과 윤리를 실천하는 윤리적 종교 이상의 것이 아님을 드러내고 싶었을 것이다. 결과적으로 WCC는 기독교를 단순히 윤리적 종교로 전락시키는 결과를 가져온 것이다.

이미 언급한 바와 같이 그들은 예수 그리스도의 신성에 더 이상 관심을 갖지 않는다. 그들은 예수 그리스도의 신성을 저버린 채 인간 예수의 사역과 삶만을 조명하려고 한다. 하나님 이신 예수, 초월자 이신 예수, 인류에게 영생을 주시는 예수의 모습은 완전히 감추어져 있다. 그 결과 예수 그리스도의 십자가를 통하여 인류에게 주어진 영생에 대한 언급은 거의 등장하지 않는다. 예수 그리스도가 항상 깊은 관심을 갖고 가장 중요하게 여겼던 영혼의 구원에 대한 관심은 배제한 채 인간 예수의 물리적이고 육체적인 사역에만 관심을 가진다. 인류의 죄를 지고 가는 어린양 예수의 모습은 감춰진 채 탁월한 도덕적인 삶을 성공적으로 살았던 하나의 사례로서만 예수를 묘사한다. 그들에게 필요한 것은 예수 자신이 아니라 예수의 정신과 삶뿐이다. WCC는 불공정, 불평등, 억압, 착취 하에 살아가고 있는 인류를 구원하기 위해서 예수 그리스도의 도덕적이고 윤리적인 삶뿐만 아니라 예수 자신이 필요하다는 점을 간과했다.

3. 영적인 죄와 전도 개념의 약화

WCC가 주장하는 선교 개념에는 전통적인 의미의 전도(evangelism) 개념이 약화되어 있거나 거의 빠져있다. 이러한 조짐은 제1차 "국제 선교사 회의"(International Missionary Council)에서 발표된 문서에서도 발견된다. 당시의 선교 지도자들이 작성한 IMC의 기능을 기술한 문서를 보면 "전도"라는 용어가 전혀 등장하지 않는다. 이러한 사실로 미루어 볼 때 WCC가 탄생되기 이전부터 이미 세계적인 선교 지도자들이 견지하고 있던 선교 개념에 적지 않은 변화가 시작되고 있었음을 알 수 있다.[3] WCC가 탄생되기 오래 전부터 이미 선교에서 전도

---

3   Arthur Johnston, *World Evangelism and the Word of God*, 114-115.

의 개념이 약화되거나 사라져가는 경향을 보여 온 것이 사실이지만 선교사역에서 전도의 개념이 본격적으로 사라진 것은 '하나님의 선교'(*Missio Dei*)가 WCC의 선교사상으로 자리 잡고 난 후 부터이다.

개인의 인격적인 죄나 영적인 죄에 대해 거의 언급을 하지 않고 있는 WCC 선교 신학자들에게서 전도라는 단어를 찾아 볼 수 없는 것은 매우 당연한 일일지 모른다. 그들의 관심은 온통 사회적인 '구조 악'에 가 있기 때문에 개인적이고 인격적인 죄나 악에 대해서는 상대적으로 무관심할 수밖에 없다. 전도는 개인을 대상으로 영혼의 구원을 선포하는 행위이지 단체의 구조적 변화를 목적으로 구원을 선포하는 행위가 아니다. 단체나 구조의 변화를 일시적으로 가져오기 위해서는 물리직이고 가시적인 힘이 필요하지 선노의 힘이 필요치 않다. 따라서 '구조 악'의 변화를 위해 싸우는 WCC의 선교 사역에 전도가 등장하지 않는 것은 매우 자연스러운 것이다. 인간 영혼을 구원할 수 있는 유일한 도구인 전도가 WCC 선교 사역에 전혀 등장하지 않는다는 점은 그들의 선교 개념이 얼마나 비성경적인 것인가를 잘 드러내 주고 있는 것이다. 인간의 죄를 인격적이고 개인적인 면에서 인식하고 있지 않는 WCC의 죄의 개념에 비추어 볼 때 선교 사역에서 전도 사역이 생략된 것은 매우 자연스러운 결과라고 할 수 있다. WCC가 최후의 심판에 대해 언급하지 않는 이유도 바로 여기에 있다고 할 수 있다. 개인의 인격적이고 영적인 죄를 간과한 WCC의 신학적 입장이 고스란히 드러난 것이다. WCC는 전통적인 의미의 죄와 전도의 개념을 가르치거나 지지하지 않는 매우 위험한 신학적, 선교학적 입장에 서있는 것이다.

4. 종교적 혼합주의와 다원주의(Religious Syncretism and Pluralism)

WCC가 지니고 있는 또 다른 위험성은 종교적 혼합주의 내지 다원주의를 표방하거나 지지하고 있다는 사실이다. 종교적 혼합주의나 다원주의적인 성향은

WCC가 탄생되기 오래 전부터 이미 자유주의 신학자들이나 선교학자들에게서 종종 언급되었을 뿐 아니라 상당한 지지를 받아왔다. 1989년 산 안토니오(San Antonio)에서 가졌던 WCC 선교 대회와 1990년 스위스의 바르(Baar)에서 가졌던 회합의 결과로 나온 문서들을 보면 그들의 타 종교에 대한 입장이 잘 드러나 있다. 그들은 하나님께서는 온 인류의 창조자시요 만물의 보호자이시기 때문에 기독교인들뿐만 아니라 타 종교를 믿는 사람들도 보호를 받으며 그들을 구원하시기를 기뻐하신다고 믿는다. 그들은 타 종교인들의 구원에 대해서도 열린 입장을 취할 뿐 아니라 하나님의 구속 역사가 기독교인들 내에서만 나타나는 것이 아니라 다른 시기와 다른 문화 속에서 살아온 타 종교인들 속에서도 나타날 수 있다고 생각한다. 하나님은 타 종교인들의 문화와 종교를 통하여 자신을 계시하셨다고 믿는다.

앞에서 언급한 바와 같이 이러한 종교 다원주의적 현상은 이미 오래전부터 기독교 신학자들이나 선교학자들의 지지를 받아왔다. 1938년 하버드 대학의 철학 교수인 위리엄 호킹(William E. Hocking) 교수가 연구하여 발표한 "선교의 재고"(Re-thinking Missions)라는 보고서에서 호킹 교수는 기독교인들이 타종교인들과 더불어 '진리'를 '공동'으로 발견하여 발전시켜 나가야 한다고 주장했다. 그는 이 논문을 통하여 기독교 신앙의 상대화를 외치면서 타 종교에 담겨있는 부분적 진리를 인정하고, 기독교 계시의 절대성을 포기해야만 한다는 점을 강조하였다. 그에게 있어서 기독교 선교의 궁극적인 목적은 타 종교와 함께 공동으로 진리를 발견해 가는 것이라고 주장했다. 호킹 교수는 그의 글에서 기독교와 타 종교와의 관계를 다음과 같이 묘사했다.

선교의 목적은 다른 나라 사람들과 함께, 예수 그리스도를 통해서 배운바 말과 행위로 표현되는 하나님에 대한 참된 지식과 사랑을 추구하는데 있다. … 비기독교적 종교 체계를 공격하는 것이 기독교 선교사의 의무는 결코 아니다. … 그리스도인은 모든 종교 체계 안에 의를 실현시키고 있는 세력들과 함께

일하는 동역자로 간주해야 한다.[4]

호킹 교수의 이러한 주장은 후대의 많은 신학자들과 선교학자들에게 지대한 영향을 끼쳤을 뿐 아니라 WCC의 선교신학에도 커다란 영향을 주었다. 호킹 교수의 이러한 종교 다원주의적 입장은 후일 WCC에 동조하는 많은 종교 다원주의자들에게 지속적인 영향을 주었을 뿐 아니라 WCC의 중요한 의제로 자주 등장하게 된다.

WCC가 지향하고 있는 종교 다원주의적인 특성이 1991년 호주의 캔버라에서 열렸던 제8차 WCC 대회에서 분명히 드러났다. 그 대회에서 한국의 이화여자 대학교 교수였던 정현경이 "성령이여 오셔서, 모든 피조물들을 새롭게 하소서"(Come Holy Spirit, Renew the Whole Creation)라는 주제로 전체 모임에서 성령에 관한 발표를 했다. 정현경이 발표한 글의 서문을 보면 그녀가 의도적으로 종교 다원주의적 성향을 매우 강하게 드러내고 있다는 사실을 쉽게 발견할 수 있게 된다. 그녀는 영의 길(the way of the spirit)을 예비하는 의미로 초혼제를 드리기 전에 먼저 청중이 피조물들의 외침과 성령의 외침에 귀 기울여야 할 것을 주문하면서 다음과 같이 외쳤다.

오소서! 아브라함과 사라에 의하여 유린당하고 버림받은 이집트의 검은 노예 여성, 하갈의 영이여(창 16-21). 오소서! 위대한 왕 다윗이 밧세바를 향해 품었던 욕정으로 말미암아 전장으로 보내져 죽임을 당한 왕의 군사, 우리아의 영이여(삼하 11:1-27). 오소서! 전쟁에서 이긴다면 딸을 제물로 바치겠다고 하나님과 맺은 아버지의 약속으로 인해 불에 타죽은, 아버지 믿음의 희생양인 입다의 딸의 영이여(삿 11:29-40). 오소서! 예수그리스도가 탄생하실 때 헤롯 왕의 군인들에 의하여 살해된 나자 아이들의 영이여. 오소서! 중세 시대

---

4   김명혁, 『현대 교회의 동향: 선교 신학을 중심으로』, 54. 재인용.
cf. William E. Hocking, *Rethinking Missions, A Laymen's Inquiry after One Hundred Years* (New York: Harpers and Brothers, 1932), 59.

에 "마녀 사냥"(witch trials)에서 불타죽은 여인들과 잔 다르크의 영이여. 오소서! 십자군 전쟁 시 사망한 사람들의 영이여… 오소서! 호로코스트 기간에 가스실에서 죽은 유대인들의 영이여… 오소서! 2차 세계 대전 당시 폭력에 굶주린 군인들에 의하여 유린당하고 찢겨진 일본 정신대 소속 한국 여성들의 영이여… 오소서! 광주와 천안문, 리투아니아 등에서 탱크에 짓밟혀 죽은 사람들의 영이여. 오소서! 십자가에서 고문당하시고 돌아가신 우리의 형제 예수, 자유하게 하는 자의 영이여.[5]

정현경 교수는 초혼제와 더불어 한국의 "한"에 대하여서도 소개했을 뿐 아니라 당시 한국 사회가 지니고 있던 정치 경제적인 불합리성에 대하여도 관심을 불러 일으켰다. 그녀는 교인들이 지닌 이원론적인 삶의 형태를 비판하면서 교인들이 회개해야 할 것을 주문하기도 했다. 교인들이 성과 속을 구분하고 영과 육을 구분하는 죄에서 돌아서야 한다고 했다. 정 교수는 동양의 "기"에 대하여 언급하면서 "기"는 호흡이요 생명의 바람이라고 했다.

그녀는 성령과 "관"(관세음보살)을 동일하게 본다. 성령의 이미지를 "관"의 이미지와 비교하면서, "관"은 여신으로서 이미 해탈의 경지에 도달한 "Bodhisattva"이지만 중생들을 구원하기 위하여 일부러 이 땅에 남아있는 존재라고 설명한다. 자기가 원하면 언제든지 "Nirvana"에 들어갈 수 있지만 의도적으로 이 땅에 남아 고난당하는 중생들을 구원하여 그들을 고통의 삶에서 해방시키는 것이 "관"의 목적이다. "관"은 우주의 모든 만물들이 모두 해탈에 이를 때까지 기다리고 또 기다린다. 마침내 "관"과 만물은 영원한 지혜와 사랑이 가득한 곳에서 함께 살아가게 될 것이다. 정 교수는 이러한 구세주 역할을 감당하는 여신인 "관"이 어쩌면 우리가운데서 먼저 나시고 다른 사람들을 그에게 이끄시는 그리스도의 여성적인 이미지일수도 있다고 본다.[6] 그녀는 "관"의 구속 사역을 성령을 통한

5　Roger E. Hedlund, *Roots of the Great Debate in Mission: Mission in Historical and Theological Perspective*, 461-462.

6　Hedlund, *Roots of the Great Debate in Mission: Mission in Historical and Theo-*

그리스도의 구속사역과 동일한 것으로 보고, 이 땅에서의 "관"의 역할이 그리스도의 역할과 동일하다고 본다. 정 교수의 이러한 주장들을 살펴볼 때 그녀가 가지고 있는 신학적 입장이 매우 비성경적인 종교 다원주의적 요소들로 구성되어 있음을 발견할 수 있다.

이 외에도 WCC의 종교 다원주의적 성향이 보다 구체적으로 드러난 문서들이 있는데 그 문서들이 보여주는 다원주의적 특징을 정리해 보면 대략 다음과 같다.

(1) 복음 속에 내재된 요구

WCC는 타 종교와의 연합이야말로 복음이 요청하고 지지하는 것이라고 생각한다. 그들은 타 종교와 선상한 관계를 건설해 가려는 노력 자체가 복음적이라고 믿는다. 따라서 기독교 선교사들은 하나님의 동역자로서 당연히 세상을 치유하는 일에 동참해야하며, 그 일환으로 타 종교와의 연합이 반드시 필요하다고 본다. 하나님께서는 전 세계에 흩어져 살고 있는 모든 인류와 신비한 방법으로 일정한 영적인 관계를 유지하고 계신 분이기 때문에 비록 기독교인들이 그 신비를 미처 이해하지 못할 찌라도 하나님께서 인류 가운데서 타 종교를 통하여 일해 오신 내용들을 이해하고 발견하기 위해서라도 타 종교를 깊이 연구하고 살펴볼 필요가 있다고 한다.[7] WCC는 모든 종교가 오랫동안 서로 영향을 주고받으며 변화와 성장을 통하여 지금의 모습을 띠게 됐다고 믿는다. 그들의 입장은 마치 '종교진화론'을 지지하는 것처럼 보인다. 그들은 기독교가 지니고 있는 복음이 그 본질상 타 종교인들을 향해 열린 마음과 포용하는 마음을 지니도록 요구하고 있다고 믿는다.

(2) 화해와 겸손

WCC는 기독교인들이 타 종교에 대하여 열림 마음을 갖고 겸손하게 접근

---

logical Perspective, 467.

7　WCC, *Religious Plurality and Christian Self-Understanding*, http://www. oikoumene. org./en/home.html.

해야 할 것을 주문하고 있다. 기독교와 타 종교의 차이를 극복하고 서로 '화해'(reconciliation)를 통하여 공동의 선을 추구해야 한다고 주장한다. 타 종교를 이해하고 그들과 공동의 진리를 추구해 나가기 위해서 '겸손함'(humility)이 요구된다고 했다. 타 종교인들을 향해 겸손과 존경과 이해와 열린 마음을 갖고 다가갈 때에만 진정한 화해가 일어날 수 있다고 한다. 이러한 목적을 달성하기 위해서는 타 종교와의 관계를 창의적이고 적극적으로 유지해야 할 필요가 있다고 했다.[8] WCC는 기독교만이 유일한 진리를 간직하고 있다는 생각은 교만한 것이며 겸손하게 타 종교 안에 계시된 하나님의 진리를 공동으로 발견하고 발전시켜 나가야 할 것을 주문하고 있다. 그들이 말하는 겸손은 인격적이고 도덕적인 겸손이 아니라 기독교 교리의 절대성과 유일성을 포기하는 겸손인 것이다.

(3) 신비한 하나님의 구속의 능력

WCC가 1989년 산 안토니오(San Antonio)에서 가졌던 선교 대회에서 타 종교인들에 대한 자신의 입장을 정리하는 글을 발표하였다. 그 글의 내용은 애매모호하게 표현되기는 했지만 분명히 다원주의적인 입장을 지지하고 있다. 그들은 하나님께서 타 종교인들의 삶에 개입하셔서 그들 속에서 일하고 계신다는 사실을 전제로 "우리는 예수 그리스도 외에 또 다른 구원의 길이 있다고 말할 수는 없지만, 동시에 하나님의 구속적 능력의 한계를 정할 수도 없다"고 했다.[9] 이 구절이 언뜻 보기에는 모호해 보이지만 상세히 들여다보면 타 종교를 통해서도 하나님의 구속 사역이 진행되어 왔다는 사실을 인정하고 있는 셈이다. 그들은 예수 그리스도를 통한 구원과 타 종교를 통한 구원 사이에 분명히 긴장(tension)이 존재하지만 굳이 이러한 긴장을 해결하려고 노력할 필요는 없다고 했다. 결국, 그들은 예수 그리스도를 통한 구속사역과 타 종교를 통한 구속사역 모두를 인정하고 있는 셈이다. 하나님께서 타 종교를 믿고 따르는 사람들을 구원할 수 있는 능력을 지니고 있다는 그들의 주장이 언뜻 보기에는 설득력이 있어 보이지만 성경적

---

8   WCC, *Religious Plurality and Christian Self-Understanding*.

9   F. R. Wilson ed., *The San Antonio Report* (Geneva: WCC, 1990), 31-33.

가르침이나 기독교 교리와는 전혀 일치되지 않는 매우 위험한 발상이다.

(4) 창조주와 부양자(Creator and Sustainer)

WCC는 하나님께서 지구상의 모든 종교들 속에서 '창조주'로 또는 '부양자'로 활동하고 계신다고 했다. 그들은 하나님께서는 만물의 창조주로서 다양한 종교들 속에 내재하셔서 그것들과 함께 활동하고 계신다고 믿는다. 그들은 한 걸음 더 나아가 '만물'의 창조주이신 하나님께서 그의 구속 사역을 펼쳐나가는데 있어서 만물 즉, '전 인류'와 사회를 모두 구속하시는 것은 매우 자명한 일이라고 했다. 하나님의 구속 사역을 일정한 대륙이나 나라, 문화, 종교, 인종 등으로 제한하는 것은 상상할 수노 없는 일이라고 한다.[10] 그들의 주장과 논리를 추적하다 보면 WCC는 결국 "보편 구원론"(Universalism)을 지지하고 있다는 사실을 발견하게 된다. 만인을 창조하신 하나님께서 만인을 구원하신다는 WCC의 보편 구원론적 입장은 복음주의뿐만 아니라 개혁주의 진영에서 이미 오래전부터 거부되어 왔다. 하나님께서 창조주와 부양자로서 믿지 않는 자들에게도 자연적인 은총들을 베풀기는 하지만 그들이 영원한 생명을 얻기 위해서는 반드시 하나님의 특별한 은총, 즉 계시된 하나님의 말씀을 듣고 믿어야 하는 것이다.

5. 교회의 조직적인 연합(Organizational Unity)의 문제점과 한계

1) 가시적 연합

1910년 영국의 에딘버러 선교대회(World Missionary Conference) 이후로 선교를 위한 교회 연합 운동은 선교역사에 자주 등장하는 매우 중요한 용어가 되었

---

10   *Current Dialogue*, no. 19, Jan. 1991, 47-51.

다. 교회의 연합은 세계선교의 과업을 성취하기 위해서 절대적으로 필요한 덕목이다. 비 기독교인들에게 복음을 전하기 전에 교인들의 일치된 모습을 보여주는 것은 매우 중요하다고 할 수 있다. 효과적인 선교 사역을 위해서라도 교회들의 연합은 필수적이다. 하지만 가시적이고 조직적인 연합을 이루려고 노력하기 전에 무엇이 세계 교회들의 연합을 방해하는가를 진지하게 고려해 볼 필요가 있다. Hudson Taylor가 이끌던 "중국 내지 선교회"(CIM)가 에딘버러 선교 대회 이후로 더 이상 이러한 선교대회에 참가하지 않았던 이유를 살펴볼 필요가 있다. WMC가 취했던 신학적이고 선교적인 입장들, 즉 모호한 성경관, 그리스도의 신성에 대한 불분명한 입장, 복음에 대한 부정확한 정의, 정리되지 않은 다양한 신학적 입장, 불분명한 선교 개념 등이 CIM으로 하여금 더 이상 이 모임에 참여할 수 없게 만든 이유일 것이다.

존스톤(Arthur Johnston)은 WCC가 왜 그토록 적극적으로 세계교회의 연합을 주장하는가를 설명하면서 WCC가 성령의 능력을 의지하는 대신 교회 조직의 힘과 능력을 의지하고 있다고 지적했다. 성령의 능력을 배제시킨 채, 교회 연합으로 얻어지는 자원과 잠재력을 동원하여 전 세계 복음화를 이루려는 인본주의적인 노력을 지적한 것이다. WCC는 더 이상 성령이라는 용어를 사용하지 않을 뿐 아니라 성령의 능력에 대해 언급하지 않는다.[11] WCC가 "가시적인 연합"(visible unity)을 통한 교회의 연합과 일치 운동을 펼쳐나가는 데는 여러 가지 이유가 있을 수 있지만 그 가운데서도 조직을 통한 힘의 결집을 통해 조직의 잠재력을 증대시키려는 의도가 중요한 요인이었을 것이다. 그들은 세상과 분리되어 그리스도의 보혈로 새로운 생명을 얻은 무리들로 구성된 교회의 존재(being)에는 관심이 없고 교회의 물리적이고 외형적인 사역(ministries)에만 관심을 갖는다.

교회의 진정한 연합과 일치는 성경관과 그에 따른 신학적 일치 없이는 불가능한 것이다. 설령 가시적인 교회 연합체가 형성되었다 하더라도 신학적 통일이 전제되지 않으면 그 연합체는 이미 연합체가 아니라고 할 수 있다. 자유주의 신

---

11   Arthur Johnston, *World Evangelism and the Word of God*, 118.

학과 보수주의 신학이 일치될 수 없듯이 WCC 선교 신학과 개혁주의 선교 신학은 일치될 수 없다. 아무리 교회의 연합이 중요하다 할지라도 신학적 일치가 전제되지 않는다면 연합은 불가능한 것이다. WCC가 비록 개혁주의 진영에서 자주 사용하는 선교적 용어들-전도, 선교, 회개, 구원, 영생, 하나님 나라-과 동일한 용어들을 사용하기는 해도 그 용어들이 지닌 의미가 결코 동일한 것이 아니다. 언어 형식은 하나라도 언어가 담고 있는 내용이 다르면 이미 하나가 아니다. WCC가 벌이고 있는 세계교회 연합운동은 신학적, 선교적 일치가 전제 되어야 하며, 이러한 일치가 배제된 정치적인 연합은 일시적인 사상누각과 같은 것이다. 성경의 권위를 기초로 한 신학적, 선교학적 일치를 통한 연합만이 진정한 연합이다. 연합을 위한 협력이 중요한 것이 아니라 세계 복음화를 위한 연합이 중요한 것이다.

2) 대화(Dialogue)를 통한 연합

WCC가 에반스톤(Evanston 대회, 1954) 이후로 지속적으로 강조해 온 단어가 바로 "대화"인데, 그들이 언급하고 있는 '대화'는 기독교를 전파하고, 타 종교인들을 설득하기 위한 선교적 '대화'라기 보다는 타 종교가 지니고 있는 부분적인 진리를 발견하여 배우고 그들과 함께 공동의 선을 추구해 나가기 위한 대화인 것이다. 이러한 움직임은 WCC가 탄생되기 오래 전부터 선교대회가 열릴 때마다 자주 등장했었다. 1910년 에딘버러 선교대회의 제4위원회의 책임자였던 케언스(D. S. Cairns)는 기독교와 타 종교와의 연속성(continuity)에 관한 연구를 하였다. 그가 작성한 보고서에는 상당부분 신학적으로 위험한 요소들을 포함하고 있었는데, 그 보고서에서 케언스는 "전통적인 기독교가 타 종교들로부터 새로운 통찰력들을 얻어서 끊임없이 새로워지고 업데이트 (up-to-date)되어야 할 필요가 있다"[12]고 주장했다.

---

12   Arthur Johnston, *World Evangelism and the Word of God,* 104-104.

WCC는 타종교와의 대화의 근거로 다음과 같은 몇 가지 사실들을 언급하고 있다: 1)기독교인들과 타종교인들이 공히 지니고 있는 '공통적인 인간성'(common humanity). 2)모든 인류 가운데서, 모든 인류를 위하여 일하시는 하나님. 3)세계 공동체(world community)를 만들어 나가야 하는 필요성. 4)지금까지 각 종교가 주장하는 어떤 내용도 보편적으로 받아들여진 적이 없었다는 사실.[13] WCC는 이와 같은 이유들을 들어 기독교가 타 종교들과 지속적으로 대화를 해 나가야 한다고 주장한다. 위에 기록된 내용들을 참고해 보면 그들이 대화를 추구하는 이유와 목적이 성경적이라기보다는 다분히 인본주의적이라는 생각을 감출 수가 없다. 그들의 대화는 기독교를 선포하기 위함도 아니요, 타 종교인들의 영혼을 구원하기 위함도 아니고 오로지 일반적인 사람들이 보편적으로 품을 수 있는 단순한 인류애를 성취하기 위한 노력의 일환으로 느껴진다.

그들은 각기 다른 종교를 믿고 있는 사람들이 열린 마음과 솔직한 마음으로 대화를 진행해 가는 과정에서 각 종교의 서로 다른 기본적인 신앙이(fundamental beliefs)이 서로에게 잘 전달될 수 있다고 믿는다. 한 걸음 더 나아가서 WCC는 대화를 통해 기독교인들과 타 종교인들이 세계의 평화와 정의를 실천하기 위해 어떻게 협력해 나갈 수 있는가를 발견할 수 있을 뿐 아니라 마침내 세계 공동체를 건설할 수 있다고 믿고 있다. WCC가 타 종교와의 대화를 지속하려는 또 다른 목적이 '세계 공동체'를 세우려는데 있다는 사실은 매우 흥미로운 일이다. WCC 지도자들은 타 종교와의 대화를 통해 인류 공통의 선을 추구해 나갈 뿐 아니라 '세계 공동체'를 만들어 나가기를 원하고 있다. 예수 그리스도께서 만물을 하나로 통일하신다는 의미를 오해하여 예수 그리스도께서 온 인류를 하나로 묶는 역할을 하실 것이라고 착각하고 있는 것이 아닌가 싶다. '세계 공동체'는 대화로 성취되는 것이 아니라 선포로 성취되는 것이다. 온 인류가 그리스도 안에서 한 몸을 이루는 방법은 오로지 온 인류의 구원자이시며 만물의 구원자이신 예수 그리스도를 선포하는 길 밖에 없다. 그리스도를 통하지 않은 인류의 연합은 불가능

---

13   Roger c. Bassham, *Mission Theology: 1948-1975 Years of Worldwide Creative Tension Ecumenical, Evangelical and Roman Catholic*, 84-91.

할 뿐 아니라 연합을 이루더라도 쉽게 소멸해 버린다. 인본주의자들이나 기독교인들에게 공히 '대화'라는 용어가 매우 매력적인 말임에는 틀림이 없지만 거듭난 그리스도인들은 혼합주의 양산의 위험을 지니고 있는 '대화'가 아닌 그리스도 안에 있는 진리의 '선포'를 통하여 인류를 구원하고 인류를 하나로 만들어야 할 책임이 있는 자들이다.

위에서 살펴본 바와 같이 WCC는 지난 60여 년 동안 전통적이고 개혁주의적인 선교 사상과 전혀 다른 매우 급진적이고 좌경화된 선교 사상을 발전시켜 왔다. WCC는 스스로 에딘버러 선교 대회의 전통을 이어 왔다고 주장하지만 그들이 주장하는 선교개념과 사상은 에딘버러 선교 대회의 주된 관심이었던 "전도"(evangelism)를 통한 영혼 구원과는 거리가 먼 변형된 의미로서의 '선교' 개념으로 바뀌었다. 1961년 IMC가 WCC와 통합된 후로 에딘버러 선교대회에서 매우 중요하게 취급되었던 "전도의 우선권"(primacy of evangelism)이라는 개념이 철저히 사라지게 되고, 사회 구원과 구조적 개혁이 우선시 되는 급진적인 선교 개념이 그 자리를 대신하게 된 것이다. 하나님의 유일하고 절대적인 계시의 말씀인 성경의 권위를 파괴하고, 총체적 선교를 이유로 신앙을 정치화하고, 개인적이고 인격적인 죄의 개념을 경제적이고 정치적인 '구조 악'과 대치시키고, 영혼과 심판에 관한 언급을 회피하며 대신 물질과 번영을 언급하고, 개인의 영적인 구원보다 사회적 구원을 우선시하고, 보이지 않는 영원한 하나님 나라를 거부하며 가시적이고 물질적인 하나님 나라를 추구하고, '세계 공동체'(Global Community)를 만들기 위해 교회들의 정치적인 연합을 꿈꾸는 WCC가 지닌 비성경적이고 (unbiblical) 반성경적인(anti-biblical) 위험성을 직시하며, 이 땅의 모든 보수주의 개혁주의자들은 WCC가 추구하는 선교적 비전을 비평적 시각으로 읽을 수 있어야 할 것이다.

로잔 선교운동

Lausanne Movement

제5부 로잔 선교운동

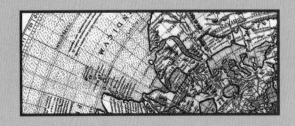

제1장

로잔운동

1. 로잔언약(Lausanne Covenant)

앞에서 살펴본 바와 같이 IMC와 WCC를 중심으로 한 급진적이고 좌경화된 선교신학이 전 세계 선교사역에 적지 않은 영향을 끼쳐왔다. 1910년 에딘버러 선교대회가 표방하고 지지했던 건강한 선교 사상이 서서히 변질됨으로 인해 복음주의적 선교사역을 지향하는 수많은 선교사들과 선교단체, 교회의 지도자들의 염려가 증폭되기 시작했다. 에딘버러 선교대회의 정신이었던 "이 세대 안에 전 세계를 복음화 하자"는 전통적인 선교 개념이 사라지고 정치, 경제, 사회를 개혁하고 바로잡는 것이 선교요 구원이라고 가르치는 WCC 중심의 진보적인 선교사상이 극에 달한 상황에서 미국의 "빌리 그래함 전도 협회"(Billy Graham Evangelistic Association)의 후원을 받은 복음주의 선교학자들이 1974년 스위스 로잔에서 국제적인 회의를 가지게 되었다. 이 회의의 공식 명칭은 "세계 복음화를 위한 국제회의"(The International Congress on World Evangelization)였는데, 이 회의에서 오랜 연구와 토론을 거쳐 마지막으로 채택된 선언문을 "로잔언약"(Lausanne Covenant)이라고 부른다.

1) 로잔운동의 태동

(1) 베를린 전도대회(World Congress on Evangelism)

로잔운동의 태동은 1960년대로 거슬러 올라간다. 전 세계의 선교사역에 부정적인 영향을 끼치던 급진적인 선교사상의 위험성을 간파한 빌리 그래함 목사는 복음주의적 선교사상을 확고히 하기 위해 "크리스채너티 투데이"(Christianity Today)의 편집자였던 칼 헨리(Carl Henry)박사와 함께 1966년에 베를린에서 "전도를 위한 세계 회의"(World Congress on Evangelism)를 개최했다. 빌리 그래함 전도협회와 크리스채너티 투데이의 후원을 받은 이 대회의 모토는 "한 종족, 한 가지 복음, 한가지 일"(one Race, one Gospel, one Task)였다.[1] 베를린 선교대회는 100개 국가에서 1,100명이 넘는 복음주의 지도자들을 불러 모았으며, 이디오피아 정교회의 보호자(Protector)였던 이디오피아 황제와 인도의 "마 토마 교회"(Mar Thoma Church)의 성도들, 1956년에 짐 엘리엇(Jim Elliot)을 포함해 다섯명의 선교사들을 살해했던 에콰도르의 아우카 종족 개종자들이 참여했던 매우의미 있는 모임이었다. 참가자들은 매일 영감 넘치는 설교들을 들을 수 있었고, 다양한 선교적 주제들을 놓고 진지한 토론들이 진행되었다. 한 가지 특이한 사실은 참석자 모두가 매일 성경 공부를 진행했다는 점이다. 회의 기간 중 200개가넘는 연구 보고서가 제출되었으며 보고된 자료들은 토론을 통해 공식 문서에 반영되기도 했다. 선교대회 기간 중 다루어졌던 다양한 주제들 가운데서 단연 돋보이는 주제는 베를린 대회의 주된 관심사였던 "교회와 세계 속에서의 전도의 위치"였다.[2]

---

1   John Stott, ed., *Making Christ Known: Historic Mission Documents From the Lausanne Movement*, 1974-1989 (Cambridge, UK: Eerdmans Publishing Company, 1996), xiii.

2   Rodger C. Bassham, *Mission Theology: 1948-1975 Years of Worldwide Creative Tension Ecumenical, Evangelical and Roman Catholic*, (Pasadena, CA: William Carey Library, 1979), 220

① 베를린 전도대회의 목적

빌리 그래함 목사는 베를린 전도 대회를 개최한 목적을 매우 분명하고 간결하게 진술했는데 그가 대회를 소집한 이유는 전도의 의미를 분명히 하고 전도에 관한 혼란스러운 주장들을 제거하기 위함이라고 했다. 그는 "왜 베를린 대회인가?"라는 강의를 통해 전도를 교육 사업이나 사회개혁을 위한 행동으로 가르치고 이해하는 사람들을 비판하면서, 전도는 한 개인이 예수 그리스도와 인격적인 관계를 맺고 구원을 얻을 수 있도록 이끄는 사역이라고 주장했다. 그는 당대에 기독교 전도를 저해하는 가장 큰 방해 요소로 "보편구원론"(universalism)을 언급하기도 했다.[3] 그는 베를린 전도대회를 여는 목적이 세계 교회들로 하여금 시급히 에딘버리 정신으로 돌아가 열정적으로 세계복음화를 위해 헌신하도록 하는 것이라고 했다.

크리스채너티 투데이는 베를린 선교대회가 가졌던 목적을 다음과 같이 간략히 요약했다: 1) 성경적 전도의 개념을 정의하는 것, 2) 현대 세계에 그리스도의 선교의 적절성을 보여주는 것, 3) 이 시대 안에 전 세계를 통해 복음적 선포(evangelistic proclamation)의 시급함을 강조하는 것, 4) 우리 시대에 적합한 성경적 전도 방법을 새롭게 발견하는 것, 5) 성경적 전도를 방해하는 장애물들을 연구하여 그것들을 극복할 수 있는 방법을 제시하는 것, 6) 현재 다양한 지역에서 사용되는 전도의 타입들을 고려해 보는 것, 7) 교회들로 하여금 전도에 최우선권을 두도록 인식시킬 것.[4] 이와 같이 베를린 선교 대회의 목적과 추구하는 바는 매우 명료하고 간결하였다. 베를린 대회는 WCC의 선교사상이나 로마 가톨릭이 추구하는 선교와 달리 성경의 절대적인 권위를 기반으로 한 인간 구원을 교회의 최고의 사명으로 천명했다. WCC나 로마 가톨릭과 달리 베를린 대회는 성경의 신적 권위를 기초로 삼아 그들의 선교사상과 선교신학을 전개해 나갔다. 대회의 마지막 선언문에 포함된 다음과 같은 표현들은 그들이 지니고 있던 확고한 성경관을 다시 한 번 분명히 보여주고 있다: "하나님의 백성들은 하나님의 말씀을 인간

---

3   Bassham. *Mission Theology: 1948-1975*, 222.
4   Bassham. *Mission Theology: 1948-1975*, 220-221.

의 말 위에 놓아야한다는 점을 다시 한 번 분명히 요구받고 있습니다. … 우리는 거룩한 성경의 신적 권위 밑에 복종하기를 거부하는 모든 신학과 비평을 거부합니다."[5] 베를린 전도대회는 전도와 선교의 근거를 철저히 성경으로부터 찾으려 했고, 비평적 성경관이나 신화적 해석에 근거한 신학이나 선교사상을 철저히 거부하였다.

② 성경적 전도개념의 확립

슈나이더(Schneider)와 오켄가(Ockenga)는 보다 깊이 있는 신학적 통찰을 통하여 성경적인 전도의 의미를 진술하였다. 슈나이더는 전도에 관하여 언급하면서 "전도의 권위는 부활하신 주님의 대위임령 안에 가장 깊고 최종적으로(most deeply and finally) 근거하고 있다"고 주장했다. 그는 전도의 주된 목적에 대해 언급하면서 전도란 "그리스도를 위해 사람들을 얻는 것"(to win men for Christ)이라고 간결하게 정의하기도 했다. 오켄가는 전도의 기초를 삼위일체 교리에서 찾았는데 그는 "아버지께서는 선택하시는데 이것이 곧 예정입니다. 아들은 구속하는 일을 감당하시는데 이것이 곧 사죄입니다. 성령께서는 중생시키는 역할을 감당하시는데 이것이 곧 구원입니다."라고 했다.[6]

베를린 전도대회는 "하나님께서 인간들의 정신과 의지에 제공하시는 모든 방법들을 동원하여 이 시대 안에 모든 인간들에게 복음을 전하는 것"을 목적으로 모였다. 그들은 "복음을 전해 듣는 모든 사람들이 복음에 반응하는 것은 아닐지라도 우리의 책무는 모든 사람들에게 그리스도를 믿을 수 있는 기회를 제공하는 것"이라고 믿었다. 공동 주체자의 한 사람이었던 칼 헨리는 대회의 마지막 부분에서 "이번 대회의 목적은 20세기의 남은 삼 분의 일 기간 동안 전 지구를 복음화하는 것"이라고 강조했다. 그들은 교회와 복음을 불가분의 관계로 보고, 교회는 복음 때문에 존재하고 복음을 위해서 존재한다고 확신했다. 그들은 전도가 교회의 최우선 과제임을 분명히 했다. 베를린 선언문(Berlin Report) 의 마지막 부분

---

5 Bassham. *Mission Theology: 1948-1975*, 221.
6 Bassham. *Mission Theology: 1948-1975*, 223.

에 포함된 내용을 상세히 들여다보면 세계 복음화를 향한 참여자들의 의지가 얼마나 강했는가를 쉽게 발견할 수 있다: "우리는 전 세계에 흩어져 있는 교회들에게 온 세상에 예수 그리스도의 가르침들이 편만해지고, 도전을 주고, 나아가 세상이 그것들과 대면할 수 있도록 하라고 명하신 하나님의 위임령에 순종하기를 간청합니다."[7]

③ 평신도의 적극적 참여

베를린 대회는 세계 복음화를 위해 평신도들이 적극적으로 선교 사역에 동참해야 할 것을 강조했다. 지역 교회에 속한 모든 성도들이 선교사역을 위해 지속적인 관심을 갖고 삶의 현장 속에서 구체적인 선교적 삶과 실천을 행할 것을 요청하였다. 성도들이 일상적인 삶과 세속적인 직업 속에서도 전도적 삶을 살아야 함을 강조한 것이다. 베를린 선언은 세계에 흩어져 있는 모든 지역 교회들이 교회를 선교적 구조로 바꿀 것을 강하게 요청하였다.

베를린 선언문 작성에 적극적으로 참여했던 칼 헨리는 세계 복음화의 과업을 속히 달성하기 위해서 평신도들의 적극적인 참여가 절대적으로 필요함을 다음과 같이 언급했다. 그는 "현대 전도사역에 있어서 가장 큰 약점은 전도의 무거운 짐을 몇몇 전문 전도자들에게만 맡기는 것"이라고 지적하면서 지역 교회들이 모든 기독교인들을 전도와 선교 사역에 적극적으로 동원해야 할 필요가 있음을 언급하였다.[8] 선언문은 세계 복음화를 위한 평신도들의 역할을 강조하기 위해 다음과 같은 내용을 담았다. "그리스도 안에 있는 모든 성도들이 구원의 말씀을 인류에게 전하는 공통된 과업을 위해 연합해야 합니다. … 우리가 살고 있는 세상을 향해 보다 효과적인 증거를 하기 위해 모든 신자들을 동원해야 하고, 모든 기독교인들의 서열을 없애버려야 합니다."[9] 이 글이 다소 과격해 보이기는 하지만 세계 복음화의 과업에 평신도들의 역할이 얼마나 중요한가를 강조한 것이라

---

7   Bassham. *Mission Theology: 1948-1975*, 224.

8   Bassham. *Mission Theology: 1948-1975*, 224.

9   Bassham. *Mission Theology: 1948-1975*, 224.

제1장 · 로잔운동 **243**

고 할 수 있다.

④ 전도와 사회 참여

베를린 선언문은 전도와 사회 참여가 서로 밀접한 관계를 지니고 있음을 인정했다. 베를린 대회 참여자들 대부분이 WCC의 선교 개념이 전통적인 선교사역을 왜곡시키고 파괴시킨다는 확신을 갖고 있었음에도 불구하고 그들은 전도가 사회적 책임을 외면하는 것이 아님을 분명히 했다. 다수의 참여자들은 사회구조의 혁명적 변화를 선교로 여기거나, 전도를 사회적 행동으로만 이해하려는 진보진영의 오류를 바로잡고 성경적 전도와 선교 개념을 재정립하려고 심혈을 기울였다. 그들은 에큐메니컬 운동(ecumenical movement)이 전도에 관해서는 완전히 마비된 상태임을 지적하면서 성경적 전도운동이 바르게 실천되기를 열망했다. 특별히 칼 헨리는 오랜 기간 전도사역을 등한히 해 온 에큐메니칼 운동으로 인해 온 세계 교회가 도리어 전도에 대한 열망을 가지게 된 것임을 밝히면서 세상의 모든 교회가 "대위임령"(the Great Commission)에 철저히 순종할 것을 요청하였다.[10]

베를린 대회가 WCC가 지닌 급진적 선교 사상의 문제점들과 위험성을 적극적으로 드러내기는 했지만 전도의 사회적 책임을 완전히 부인하지는 않았다. 그들은 복음주의자들이 "사회복음"(social gospel)을 지나치게 거부한 점과 복음이 지니고 있는 사회적 책무들을 지나치게 등한히 한 것에 대해서 반성하면서, 교회가 전도사역이나 선교사역을 수행하는 과정에서 전도사역과 동시에 사회적 책무를 잘 감당해야 할 것을 주문했다. 헨리는 이웃 사랑을 거부하거나 등한히 하는 것은 세상으로 하여금 복음을 효과적으로 듣게 하는데 방해가 될 수 있다고 지적하기도 했다. 그는 전도와 사회적 책무의 관계를 다음과 같이 설파했다:

성경에 쓰여 있는 하나님은 정의와 칭의의 하나님이십니다. 기독교 전도자들은 현대 사회를 향해 두 가지 메시지를 지니고 있어야 합니다. 전도자는 정의

---

10   Bassham. *Mission Theology: 1948-1975*, 225.

(justice)가 모든 인간들에게 합당하다는 사실을 알아야 합니다. 왜냐하면 정의로우신 하나님이 자신의 거룩한 이미지를 따라 인간을 창조하셨기 때문입니다. 그는 또한 모든 사람들에게 칭의(justifiation)가 필요하다는 사실을 알아야 합니다. 왜냐하면 거룩하신 창조주는 우리 인간들을 반역한 죄인들로 여기시기 때문입니다. … 복음은 좋은 소식입니다 왜냐하면 … 복음은 창조의 기초위에 보편적 정의를 요구한다는 사실을 확증하고 있기 때문입니다. 그러나 복음은 동시에 죄인인 반역적 인간들(rebellious men)에게 칭의와 구속을 제공하기 때문에 좋은 소식입니다. 칭의와 구속이 없이는 하나님을 뵐 수도 없고 생명을 얻을 수도 없습니다.[11]

헨리는 정의와 칭의의 관계를 설명하면서 이와 같이 잘 균형 잡힌 입장을 피력하였다. 그는 전도자나 선교사들이 구령의 열정 없이 지나치게 사회정의만을 추구해도 안 되고, 반대로 지나치게 영혼 구원과 칭의 에만 관심을 갖고 이웃의 물질적 필요나 사회적 정의에는 무관심해서는 안 된다는 입장을 견지하고 있다. 하지만 그는 사회적 변화와 개혁이 정치적이거나 세속적인 힘에 의해서 이루어지는 것이 아니라 전적으로 복음에 의해서 이루어질 수 있음을 분명히 했다. 그는 인간의 본성과 사회를 변혁시킬 수 있는 진정한 힘이 인간들이 세운 정치적인 제도나 법에 있는 것이 아니라 복음의 능력 안에 있다고 했다. 그는 전도자들이나 선교사들이 인권이나 정치적 개혁을 위해 힘을 쓰다보면 본연의 임무인 구령을 위한 전도나 선교 사역을 위해 시간과 에너지를 사용할 수가 없게 되어 선교사역의 우선권을 빼앗길 수 있다는 점을 경고하기도 했다.[12] 빌리 그레함 역시 교회가 복음을 효과적으로 전파하며 많은 사람들을 그리스도에게로 돌아오도록 하기 위해서는 사람들의 사회적, 도덕적, 심리적 필요들에 더 깊은 관심을 가져야 한다고 역설했다. 하지만 그는 역사상 가장 위대한 사회적 변화는 그리스도 안에서 거듭난 사람들의 영향에 의한 것이라는 점을 분명히 밝혔다.

---

11 Bassham. *Mission Theology: 1948-1975*, 226.

12 Bassham. *Mission Theology: 1948-1975*, 227-28.

⑤ 복음주의교회 연합의 중요성

베를린 대회에서 매우 중요하게 다루어진 주제들 가운데 하나가 바로 복음주의 교회들의 연합이었다. 대회 당시 이미 수많은 복음주의 교회들이 각 교파를 중심으로 나뉘어져 있었고 헨리는 이러한 현상을 가리켜 "추한 장벽들"(ugly barriers)이라고 불렀다. 그는 복음주의 교회들이 스스로 믿는 자들을 갈라놓는 이러한 추한 방벽들을 걷어내고 전 세계 복음화를 위한 협력을 도모해야 한다고 역설했다. 빌리 그레함 역시 분열이 교회에 비극적 혼돈을 가져왔음을 지적하면서 복음주의자들을 하나로 묶을 수 있는 세계적인 회합(worldwide consultation)이 절대적으로 필요함을 강조했다. 그는 복음주의 교회들이 선교사역을 위해 연합과 협력을 하는 것에는 적극적으로 찬성했지만 전 세계 복음주의 교회들을 하나로 묶는 조직적인 연합(organizational unity)은 찬성하지 않았다. 대회 참석자들 대부분도 이들의 의견에 동의하면서 그들의 모임을 "복음주의 연합 모임"(evangelical ecumenical gathering)이라고 불렀다.[13] 그들은 전도의 중요성을 믿고, 성경의 권위를 기초로 한 연합을 강조하였다. 그들은 기독교 교리와 선교가 상호간 밀접한 관계를 가지고 있다고 믿으며 건강한 교리를 기초로 한 연합이 기독교 선교 연합운동에 매우 중요한 요소임을 분명히 했다. 비록 그 모임에서 정확하게 일치된 교리적 결정이 확정되지는 않았지만 그들은 보수주의적인 복음주의 신학을 기초로 모든 회의를 진행하고 모든 보고서들을 작성해 갔다. 그들의 진정한 관심은 세계교회의 가시적이고 조직적인 연합보다는 잃어버린 영혼들을 구원하기 위한 전도와 선교사역에 있었다.

(2) 베를린 선교대회의 의의

앞에서 살펴본 바와 같이 베를린 선교 대회는 에딘버러 선교 대회의 정신과 가치를 재현하는 데 그 목적과 의의가 있었다. 베를린 대회는 WCC를 중심으로 한 급진적이고 좌경화된 선교신학을 바로잡고 성경이 요구하는 바른 선교사역

---

13   Bassham. *Mission Theology: 1948-1975*, 228-29.

을 위한 고민과 전략들이 진지하게 다루어진 대회였다. 베를린 선교 대회는 성경의 절대적인 권위를 전제로 한 선교의 의미를 구현하고, 오로지 성경이 지지하고 가르치는 전도의 의미를 찾아 회복시키려는 심도 있는 토론이 진행되었던 매우 중요한 대회였다. 베를린 대회야 말로 당시 심각한 위기를 맞고 있었던 선교신학과 사상을 바로잡고 전통적인 선교신학과 사상을 회복시키려는 매우 뜻 깊은 만남이었다고 할 수 있다. WCC 진영이 가르치고 강조해 왔던 왜곡된 선교개념을 바로잡고, 그들이 상대적으로 소홀히 해 왔던 전도사역을 선교의 중심과제로 되돌린 매우 중요한 모임이었다. 성경을 기초로 한 바른 선교개념을 회복시키고, 선교사역에서 사라져버린 전도사역을 다시 회복시키려고 노력한 베를린 대회야말로 복음주의 선교 역사에 한 획을 긋는 매우 중요한 모임이었다고 할 수 있다. 이런 의미에서 전 세계 복음주의 교회들과 선교 지도자들이 함께 모인 베를린 선교 대회는 주님의 지상명령인 세계복음화의 과업을 바르게 수행하고 완성시키려는 진정한 성경적 선교대회였다.

베를린 선교대회가 지닌 또 다른 의의는 서구를 포함한 2/3국가들이 세계 복음화 사역에 적극적으로 동원되었다는 점이라고 할 수 있다. 대부분의 선교 사역이 서구 교회들을 중심으로 진행되던 시대에 아시아, 아프리카, 남미 교회들에게도 세계 복음화 사역에 구체적으로 동참할 수 기회를 제공했다는 점에서 매우 의미 있는 모임이었다. 이제는 더 이상 세계복음화의 과업이 서구교회들만의 책무가 아니라 전 세계에 흩어져 있는 모든 복음주의 교회들의 과업임을 인식시킨 매우 뜻있는 대회였다. 서구 교회들과 비서구 교회들이 서로 협력하고 힘을 합쳐 선교사역을 함께 펼쳐나가기 위한 장을 마련한 셈이다.

베를린 대회는 전 세계교회들로 하여금 전도에 관한 깊은 관심을 갖도록 자극제 역할을 했고, 실제로 그 이후로 아시아, 아프리카, 아메리카, 유럽 대륙에서 수많은 복음주의 선교 운동이 활성화되고 다양한 선교대회들이 지속적으로 열렸다. 베를린 대회는 복음주의 권 안에서 전도에 관한 중요한 회의들과 대회들을 불러일으키는 촉매제 역할을 톡톡히 감당하였다. 세계 복음화를 위한 열망과 바른 선교 사상을 전파하려는 빌리 그래함의 순수한 열정은 그 이후로도 다양한 선교대회로 이어졌다. 베를린에서 시작된 바른 전도와 선교를 향한 열망은 그치지 않고 타올라 싱가포르(1968), 미니애폴리스(1969), 보고타(1969), 호주(1971)등 각국에서 국제적인 선교대회를 통해 지속적으로 이어져갔다.

2) 로잔 운동의 선교 신학

베를린대회가 복음주의 선교신학의 문을 열었다면 로잔 대회는 복음주의 선교신학을 완성한 모임이었다고 할 수 있다. 베를린대회가 남긴 적지 않은 선교적 과제들을 로잔대회가 마무리 짓게 된다. 베를린 선교 대회에서 출발한 복음주의 선교운동은 8년 뒤 스위스 로잔에서 꽃을 피웠다. 1974년 150여 개 국가에서 온 27,000명의 교회 대표들과 신학자들, 선교학자들과 선교단체 지도자들이 로잔에 모여 "온 땅으로 그의 음성을 듣게 하라"(Let the earth hear his voice)라는 슬로건을 내걸고 "세계 복음화를 위한 국제회의"(International Congress on World Evangelism)를 개최하였고, 이 대회의 결의에 따라 탄생한 문서가 바로 "로잔언약"(Lausanne Covenant)이다. 로잔대회 이전에 이미 많은 신학적, 선교적 고민들과 과제들이 탁월한 신학자들과 선교학자들에 의해 연구와 수정이 거듭된 끝에 거의 완벽한 복음주의 선교 선언문이 준비되어 있었다. 준비된 선언문이 각 분과회의를 통해 토론과 결의를 거쳐 최종적으로 수정 발표되었는데 이 선언문이 바로 "로잔언약"인 것이다. 복음주의 선교 지도자들의 주된 관심과 사상이 선언문 속에 매우 구체적으로 잘 드러나 있기는 하지만, 그들이 채용한 로잔 선교대회의 명칭 속에서도 선교대회의 사상과 의도를 어느 정도 엿볼 수 있다. 그들은 "세계 선교"라는 용어 대신 "세계 전도"라는 용어를 채용함으로서 선교의 주된 사역이 전도사역 이어야 함을 의도적으로 분명히 드러내 주고 있는 것이다. WCC 진영의 영향으로 선교의 의미가 왜곡되고 변질된 것을 염두에 두고 선교라는 용어대신 전도라는 용어를 선택한 것임을 알 수 있다.

로잔언약이 완성되기까지 적지 않은 신학자들과 선교학자들의 공헌이 있었다.

로잔언약의 선교사상에 가장 큰 영향을 끼친 학자는 존 스토트(John R. W. Stott)였고, 그 외에도 빌리 그레함(Billy Graham), 하워드 스나이더(Howard A. Snyder), 레네 빠디야(René Padilla), 사무엘 에스코바(Samuel Escobar), 올란드 코스타(Orland E. Costa), 스탠리 무니햄(W. Stanley Mooneyham), 도날드 맥가브란(Donald McGavran), 랄프 윈터(Ralph Winter) 등의 목회자들과 학자들이 로잔언약을 작성하는 과정에서 적지 않은 성경적, 선교적 통찰들을 제공했다.

(1) 로잔 선교대회의 전제들

로잔 대회는 로잔 선언문을 완성하기 전에 몇 가지 전제들을 가지고 심도 있는 선교학적 논의를 시작하였다. 이 전제들은 선교대회의 정신적 기초를 잘 드러내 주고 있는데 그중에서도 빌리 그레함 목사가 제시한 네 가지 전제들이 매우 인상적이다. 첫째, 로잔 선교대회는 전통적인 전도 운동을 표방하며, 복음주의자들의 모임이어야 한다. 둘째, 이번 대회는 전도사역이라는 한 가지 주제를 갖고 세계를 바라보아야 한다. 셋째, 이번 대회는 전도사역의 기초가 되는 성경적 이해들을 다시 한번 강조하는 모임이 되어야 한다: 1) 성경의 절대적인 권위를 인정할 것, 2) 그리스도 밖에 있는 인간들의 상실성(lostness)을 이해할 것, 3)오직 그리스도 안에만 구원이 있음 4)말과 행함으로 증인의 삶을 살 것, 5)영혼구원을 위한 전도사역의 필요성을 인식할 것. 넷째, 세계복음화를 위해 복음화되지 않은 지역들과 복음화를 위해 필요한 교회의 자원들을 잘 고려할 필요가 있다.[14]

빌리 그레함은 이어서 선교대회를 향한 자기의 개인적인 소망을 피력했는데 첫째는 전도에 관한 성경적 틀이 갖추어지기를 원했고, 둘째는 세계복음화의 과업이 완성될 수 있도록 세계 교회들에게 도전을 주기를 바랐고, 셋째는 전도와 사회적 책임에 대해 잘 정리되기를 원했고, 넷째로 전 세계에 흩어져있는 복음주의 교회들이 새롭게 교제하는 일이 시작되기를 원했다.[15] 로잔 대회에서 특별히 눈에 띄는 현상 중 하나는 모인 사람들 모두가 회의 기간 내내 열렬한 기도를 강조

---

14   Stott. *Making Christ Known*, xiv.

15   Stott. *Making Christ Known*, xiv.

했을 뿐 아니라 성령의 감화와 인도를 위해 기도했다는 점이다. 이러한 자세는 대회에 모인 모든 지도자들이 겸손과 진지함을 갖고 대회에 참석했음을 보여준다.

(2) 로잔 선교신학의 전제들

① 성경의 권위(the authority of the Bible)

로잔 선교대회는 성경을 기초로 하여 그들의 모든 선교 사상을 발전시켜나갔다. WCC가 자유주의적 성경관을 갖고 있음으로 인해 왜곡되고 그릇된 선교 사상을 만들어낸 것에 대한 염려와 반작용으로 로잔은 성경의 권위를 매우 중요하게 다루었다. 성경을 기초로 한 성경적 선교 사상을 재정립하려는 로잔운동이 성경의 절대적인 권위를 매우 중요하게 여기는 것은 당연한 일이었다. 로잔 지도자들은 그릇된 성경관이 그릇된 선교 사상과 원리들을 만들어 냈듯이 바른 성경관이 바른 선교 사상과 원리를 만들어 낼 것이라는 확신을 가지고 있었다.

스토트는 로잔 선교대회가 지닌 일곱 가지 강조점을 언급하면서 그 대회가 가장 중요시하고 강조했던 주제가 바로 성경의 권위였다고 지적했다. 그는 로잔 언약이 성경의 권위에 관한 공적인 선언을 포함하고 있다는 사실을 언급하면서 "성경이야말로 기록된 유일한 하나님의 말씀이고, 성경이 주장하는 모든 내용들은 오류를 지니고 있지 않다"는 점을 토대로 선언문이 작성되었다고 했다.[16] 스토트가 지적한 대로 로잔에 참석했던 모든 지도자들은 성경의 절대적인 권위를 인정했고, 성경이 유일하게 쓰여 진 하나님의 말씀이라는 사실을 분명히 믿고 있었던 것이 사실이다

바른 성경관이 바른 신학을 만들고, 바른 신학이 바른 선교학을 만든다는 원리를 잘 알고 있던 로잔의 지도자들이 건강한 선교 사상을 다시 세우기 위한 전제로 성경의 권위를 언급한 것은 매우 자연스러운 일이다. 이런 의미에서 로잔 선교대회는 WCC 진영에서 이미 무너뜨린 성경의 권위를 다시 회복시키는 일에 매우 지대한 공헌을 했다고 할 수 있다. 로잔의 지도자들은 자유주의 신학자들이

---

16 Stott. *Making Christ Known*, xiv.

견지해온 성경관의 영향을 받은 진보적 선교학자들과 달리 매우 건강하고 바람직한 성경관을 지지하였다.

② 그리스도의 유일성

로잔은 전도와 선교의 중심에 그리스도를 다시 앉혔다. WCC가 전도와 선교의 중심에 인간과 인간들의 필요를 갖다 놓은 것에 대한 반기로 그들은 전도와 선교의 중심에 그리스도를 되돌려 놓은 것이다. 인본주의적이고 인간애적인 사고와 관심이 만들어낸 진보적인 선교학의 위험성을 간파했던 로잔의 지도자들은 그리스도만이 인간들의 육체적, 영적 필요와 문제들을 해결할 수 있는 분임을 믿었던 것이다. 스토트는 로잔 대회가 선언문을 작성하는 과정에서 성경적 전도의 핵심 요소라고 할 수 있는 '그리스도의 유일성'을 전제로 논의하였다는 점을 지적했다.[17] 그가 지적한 대로 로잔 대회는 그리스도만이 유일한 구세주임을 전제로 그들의 선교사상을 작성해 갔다. 그리스도 안에 거하는 사람은 영원한 삶을 얻을 것이요 그렇지 않은 사람은 영원히 멸망한다는 성경적 전도의 의미를 분명히 한 것이다.

"구원은 그리스도 안에서만 완성된다."는 사실이 선언문에 포함되기를 원했던 빌리 그래함의 소원이 그대로 이루어진 것이다.[18] 로잔에 모였던 기독교 지도자들은 전도와 선교 사역의 핵심이 그리스도의 대속적 죽음을 선포하는 것이라고 굳게 믿었다. 그들은 모두 성경적 선교야 말로 그리스도를 선포하는 사역이요, 그리스도로 말미암는 구원을 선포하는 것임을 확신했다. 따라서 로잔은 그리스도로 말미암는 영적인 회개와 그에 대한 믿음을 강조할 수밖에 없었다. 종교 다원주의적 선교관을 지지하는 WCC와 달리 로잔은 그리스도의 유일성과 종결성을 분명히 선언한 것이다.

---

17 Stott. *Making Christ Known*, xiv.

18 Hedlund. *Roots of the Great Debate in Mission: Mission in Historical and Theological Perspective* (Bangalore, India: Theological Book Trust, 1993), 319.

(3) 로잔 언약의 주요 선교사상

① 전도의 우선권(primacy of evangelism)

로잔 언약의 가장 큰 공로 중에 하나는 IMC와 WCC를 중심으로 한 진보주의자들의 선교 사상에서 사라져버린 전통적인 전도(evangelism)의 의미를 다시 회복시켰다는 점이라고 할 수 있다. 선교라는 미명하에 사회구원을 표방하며 개인의 영혼 구원과 영생을 등한시하고, 하나님 나라 건설이라는 미명하에 사회악과 구조 악(structural evil) 제거를 명분으로 개인의 영적인 악(죄)과 회심(conversion)을 등한히 했던 진보주의자들에 반하여 성경적 전도와 구원의 의미를 다시 한 번 회복시켰다는 점이 로잔언약의 가장 큰 공헌이라고 할 수 있을 것이다.

로잔 언약은 제4장 "전도의 본질"(The Nature of Evangelism)이라는 곳에서 전도의 성격과 본질에 대해 다음과 같이 선언한다.

> 전도는 예수 그리스도가 성경대로 우리 죄를 위하여 죽으시고, 죽음으로부터 살아나셨다는 복음을 전하는 것이다. … 그는 지금도 죄를 용서해 주시고, 회개하고 믿는 자들에게 성령의 자유하게 하는 선물을 주신다. … 전도는 사람들이 친히 그리스도에게 와서 하나님과 화해할 수 있도록 하기 위한 목적을 갖고 역사적이고 성경적인 그리스도가 구세주와 주님이심을 선포하는 것이다.[19]

이와 같이 전도의 성경적 의미를 되찾고, 전도사역을 다시 한 번 선교사역의 핵심 사역으로 되돌렸다는 점이 후대 선교사역에 끼친 로잔 언약의 가장 큰 공로임에 틀림없다. 로잔 언약이 담고 있는 전도의 의미는 성경이 가르치고 지지하는 것처럼 유일하신 구주 예수그리스도를 선포하는 것이고, 회개와 믿음을 통한 영혼의 구원을 의미하는 것이다. 로잔 언약은 정치, 경제, 사회적 해방이 구원을 의미하는 것이 아님을 분명히 선언한 것이다. 개회사에서 "전도와 영혼 구원이 교회의 가장 중요한 사명"이라는 점을 강조했던 빌리 그래함의 소원이 선언문 속

---

19 Stott, *Making Christ Known*, 20.

에 잘 반영된 것을 발견할 수 있다.[20]

로잔 언약은 제6장에서 "전도가 교회의 희생적 봉사 가운데 최우선이 되어야 함"을 확언하였다.[21] 교회의 정치 사회적 참여가 중요함을 천명하기는 했지만 교회의 사명 가운데 가장 중요하고 우선되어야 하는 사역이 바로 전도라는 점을 강조한 것이다. WCC가 오랫동안 전도를 선교라는 이름 안에 가두어두고 더 이상 전도에 관하여 언급조차 하지도 않으면서 의도적으로 전도행위를 간과한 것에 대한 반작용으로 인해 전도의 우선권이 더욱 강조된 것이라고 할 수 있다. 교회들이 교회의 울타리(ecclesiastical ghetto)를 벗어나 비기독교 사회를 향해 침투해야 한다는 점을 강조하기도 했다.

② 그리스도인의 사회적 책임

로잔 언약은 구원받은 그리스도인들의 사회적 책무에 관하여 깊은 관심을 담고 있다. 영혼 구원에만 함몰되어 있던 전통적인 선교사역의 문제점과 한계를 지적함으로서 복음주의 선교사들과 지도자들에게 적지 않은 도전과 과제를 남겼다. 남미에서 참석한 몇몇 학자들의 사회적 관심과 예리한 지적들이 복음주의자들의 선교 사상에 적지 않은 영향을 끼친 것이다. 레네 빠디야(René Padilla), 사무엘 에스코바(Samuel Escobar), 올란드 코스타(Orland E. Costa)등 남미출신 지도자들의 사상과 도전이 선언문 작성에 실질적인 영향을 끼쳤다고 볼 수 있다. 스토트가 사무엘 에스코바의 발표문이 로잔 대회에 던진 충격을 묘사하며 "비둘기들 사이에 고양이를 던진 격"이라고 했을 만큼 발표문의 내용이 가히 충격적이었다.[22] 에스코바는 신자들이 회개의 열매로서 구체적으로 사회의 일들에 참여하는 것은 지극히 타당한 것이라고 주장했다. 그는 "전도와 사회 참여를 구분 짓는 것은 그릇된 것이고 반성경적"이라고 주장했다.[23] 비록 대다수의 사람들이 그의 발

---

20   Hedlund. *Roots of the Great Debate in Mission*, 322.

21   Stott. *Making Christ Known*, 28.

22   Stott. "The significance of Lausanne", *International Review of Mission*, 64/255 (Jul 1975): 289.

23   Stott. "The Significance of Lausanne", *International Review of Mission*, 64/255

5부 로잔 선교운동

표문에 동의하지는 않았지만 그의 도전은 로잔 언약을 작성하는 과정과 결과물에 엄청난 영향을 끼친 것이 사실이다.

로잔 언약은 "하나님이 모든 사람들의 창조주요 심판자이심을" 전제로 그리스도인들이 사회적 책무를 게을리 해서는 안 된다는 사실을 강조했다. 로잔 언약은 "그러므로 우리는 인간 사회 전반에 정의와 화해가 이루어지고, 인간이 모든 종류의 억압으로부터 해방되는 일에 관심을 가져야 한다"고 선언하고 있다.[24] 선언문이 비록 전도와 사회구원을 동등한 것으로 여기고 있지는 않지만, 사회 참여가 구원받은 자들의 당연한 의무임을 천명했다. 로잔 언약은 신자들의 정치 사회적 참여에 대하여 다음과 같이 정의하고 있다.

> 비록 사람과의 화해(reconciliation)가 하나님과의 화해가 아니며, 사회 참여(social action)가 전도가 아니고, 정치적인 해방(political liberation)이 구원이 아닐지라도 전도와 정치 사회적 참여가 그리스도인들의 양대 의무임을 천명한다. … 구원의 메시지는 모든 형태의 소외와 압박과 차별에 대한 심판의 메시지를 의미하기도 한다. … 행함이 없는 믿음은 죽은 것이다.[25]

로잔 언약은 전도와 사회적 관심이 서로 상반된 것으로 여겨온 전통적인 복음주의자들에게 반성을 촉구했다. 모든 그리스도인들은 자기가 살고 있는 지역의 불의와 악의에 대해 저항하는 것을 두려워해서는 안 된다는 것이다. 로잔 언약은 그리스도를 믿고 하나님의 왕국에서 새롭게 태어난 사람들은 누구나 불의한 세상 속에서 하나님 나라의 의를 실천하며 펼쳐나가야 한다고 강조했다. 로잔 언약이 비록 WCC에서 주장하는 것과 같이 "구원과 정치 경제적인 해방을 같은 것"으로 간주하지는 않을지라도, 모든 그리스도인들이 '사회적인 행동'(social action)과 '정치적인 행동'(political action)에 참여하는 의무를 수행해야만 한다고

(Jul 1975): 289.

24 Stott. *Making Christ Known*, 24.

25 Stott. *Making Christ Known*, 24

주장했다.[26]

하지만 로잔 선교대회에 참석했던 모든 사람들이 이러한 주장에 온전히 동의하지는 않았다. 로잔 대회 이후로 이어진 몇 번의 지도자들의 모임에서조차 신자들의 사회 참여 문제는 뜨거운 감자로 남아있었던 것이 사실이다. 사회 참여 문제에 관한 신학적, 선교학적 논쟁은 후일 복음주의자들 사이를 갈라놓는 단초가 되기도 했다. 복음주의자들 사이에서 조차 사회 참여에 관한 명확히 통일된 의견을 만들어내지 못했기 때문이다. 선교사역을 수행하는 과정에서 전도와 사회 참여 사이에 우선권을 정하는 일이 쉽지 않고, 각 선교지마다 서로 다른 다양한 선교적 환경을 지니고 있어서 이 둘 사이에 균형을 잡는 일이 쉽지만은 않은 것이 사실이다. 신교지 상황나나 선노와 사회 잠여의 범위와 한계가 모호하고, 사회 참여의 방법 또한 모호해서 그리스도인들이 사회 참여를 해야만 한다는 명분만 갖고 분별없이 사회적인 이슈들에 뛰어드는 행위가 바람직해 보이지는 않는다. 선교사나 신자들이 자신이 속한 국가에서 사회적 관심을 갖고 개인적으로 (personally) 정치 사회적 행동을 하는 것은 어느 정도 용인이 될 수 있지만, 교회나 교회에 속한 단체의 이름으로 정치에 참여하거나 사회적 행동을 하는 것은 바람직하지 않다.

③ 교회의 중심성 (The Centrality of the Church)

스토트는 로잔 언약이 지닌 특징 가운데 하나를 '교회의 중심성'이라고 했다.[27] 전도의 사명을 수행하는 기관으로서 교회의 역할이 세상 속에서 절대적인 위치를 차지하고 있을 뿐 아니라 하나님의 속성을 드러내야하는 공동체로서 교회 존재 자체를 매우 중요하게 여기고 있다. 교회 없이는 전도가 있을 수 없고, 건강한 교회 없이는 효과적인 전도가 이루어질 수 없음을 피력하기도 했다. 전도 사역을 수행함에 있어 유일한 수단인 교회의 역할이 절대적으로 중요한데, 그 가운데서도 특별히 교회의 건강한 정체성이 매우 중요함을 강조했다. 효과적이고

---

26   Stott. *Making Christ Known*, 26.

27   Stott. *Making Christ Known*, 28.

바른 전도를 수행하기 위해서 교회는 십자가의 표식을 지니고 있어야만 한다고 했다. 십자가를 전하는 교회가 십자가의 표식을 지니지 않고 있다면 그 교회는 진정한 전도 공동체가 될 자격이 없다는 것이다. 따라서 지구상의 모든 교회들은 십자가의 표식을 지니고 있어야만 한다. 교회의 성도들이 복음의 가르침에 반하는 삶을 살거나, 하나님 안에서 살아있는 믿음의 본을 보이지 못한다면 그들은 도리어 복음 전파의 방해(stumbling block to evangelism)가 되기 때문이다. 따라서 교회가 진정한 전도 공동체가 되기 위해서는 주위 사람들을 진심으로 사랑해야 하며, 모든 것에 있어서 정직해야 할 것을 주문하기도 했다.

로잔 언약은 교회들이 진정한 전도 공동체로 거듭나기 위해서는 갱신(renewal)과 협력이 절대적으로 필요함을 피력했다. 지상교회들이 전도 공동체로 거듭나기 위해서는 영적이고 도덕적인 갱신이 필요함을 지적하면서 지상의 모든 교회들이 하나님과 예수님의 속성을 닮기 위해 노력해야하며, 복음에 반하는 삶을 살지 않도록 노력할 것을 주문한 것이다. 더불어 로잔 언약이 강조한 내용이 바로 교회들의 협력과 연합(cooperation and unity)이다. 세계 복음화를 위해서는 교회들의 협력 사역이 절실히 필요함을 언급하면서 '죄악 된 개인주의'(sinful individualism)와 '불필요한 중복'(needless duplication)이 교회와 선교 단체들 안에서 사라져야 함을 강조했다. 동일한 복음을 지닌 자들로서 전 세계에 흩어져 있는 모든 교회들이 복음 전파를 위해 불필요하게 분리되어 있지 말고 서로 교제하고, 함께 동역하며, 함께 복음을 전하는 공동체로 거듭날 필요가 있음을 언급하기도 했다. 교회의 전도사역이 방해 받지 않고, 손상되지 않도록 하기 위해서는 교회들의 연합이 반드시 전제 되어야 함을 지적한 것이다. 이러한 목적을 달성하기 위한 구체적인 제안이 로잔 언약 속에 상세히 담겨 있다. 로잔 언약은 자국 교회들 간의 연합뿐만 아니라 서구와 비 서구, 교회와 파라처치(para-church) 기관들의 연합을 요청하고 있다.

④ 미전도 종족

로잔 언약 제9장은 "전도 사역의 시급성"(the urgency of the evangelistic task)

에 대하여 비교적 상세한 내용을 기술하고 있다. 인도 선교사 출신인 도날드 맥가브란(Donald McGavran)과 기독교 통계학자인 데이빗 바렛(David Barrett)의 헌신적인 연구와 도전이 참석자들에게 매우 실제적이면서도 의미 있는 선교적 도전을 주었다. 그 때를 기준으로 27억 명이 넘는 사람들이 복음을 접해 보지도 못하고 죽음을 맞는다는 사실이 알려졌고, 당시 미전도 종족의 숫자는 세계인구의 2/3을 차지하고 있었다. 로잔 언약은 이렇게 많은 사람들이 아직도 복음을 접해 보지 못한 것에 대해 부끄러움을 가져야 한다고 선언하면서 전 세계 교회들이 비난받아 마땅하다고 했다. 이어서 선언문은 지금이야말로 전 세계 교회들과 선교 단체들이 미전도 종족(the unreached)의 구원과 세계복음화를 달성할 수 있는 적기임을 인식하고 이러한 선교적 과업을 위해서 성실하게 기도해야 한다고 강조했다.[28]

나아가 선교사들이 수행하는 선교사역의 궁극적인 목적이 모든 사람들로 하여금 복음을 듣고, 이해하고, 영접하도록 하는 것임을 분명히 밝히며, 서구교회와 신생교회들이 힘을 합쳐 자기들이 지니고 있는 모든 자원들을 선교사역에 투자해야 함을 명시하였다. 그 때까지만 해도 세계 교회들에게 잘 알려지지 않았던 미전도 종족에 대한 관심을 불러일으키고, 선교의 목적이 복음을 전하고 가르치는 것임을 분명히 천명한 로잔 언약이야말로 이 시대가 본받아야 하는 매우 가치 있는 선교적 선언문이었다고 할 수 있다. 에딘버러 선교대회 이후로 좌경화되고 퇴색된 전통적인 선교의 의미와 목적이 로잔 언약을 통하여 비로소 회복된 것이다.

⑤ 성령과 기도

로잔 언약은 각 장마다 성령과 기도의 중요성을 종종 언급하고 있다. 세계 복음화를 이루기 위해 전 세계 교회들과 선교 단체들이 함께 기도해야 함을 강조하기도 했고, 선교의 과업을 완수해 가는 과정에서 성령의 도움이 절대적으로 필요함을 강조하기도 했다. 로잔 언약은 성령을 "선교의 영"(a missionary Spirit)이라

---

28 Stott, *Making Christ Known*, 33.

5부 로잔 선교운동

고 불렀다. 선교하지 않는 교회는 스스로 모순에 빠진 것이고, 성령을 소멸시키는 교회라고 했다. 로잔 선교대회 참석자들은 성령의 역사와 역할을 다음과 같이 고백했다.

> "우리는 성령의 능력을 믿는다. 아버지께서 아들을 증거 하기 위해 그의 성령을 보내셨다. 따라서 성령의 증거 없이는 우리의 증거는 무의미하다. 죄에 대한 확증(conviction of sin)과 그리스도에 대한 믿음, 거듭남(new birth)과 영적 성장은 모두 성령의 역사로 말미암는 것이다. 나아가, 성령은 선교의 영(missionary Spirit)이다. 따라서 전도는 성령 충만한 교회로부터 자발적으로 일어나야만 한다. 선교적 교회(missionary church)가 아닌 교회는 스스로 모순에 빠진 교회요 성령을 소멸시키는 교회다. 전 세계에 전도사역은 성령이 진리, 믿음, 거룩, 사랑, 능력 안에서 새로워질 때만 실제로 가능해 질 것이다."[29]

이와 같이 로잔 언약은 전 세계에 흩어져 있는 교회들이 세계 복음화를 이루어 나가는 과정에서 성령의 역할이 절대적임을 나타내 주고 있다. 성령의 역사가 없는 전도 사역은 효력이 없을 뿐 아니라 열매를 맺을 수 없음을 선언한 것이고, 성령만이 죄의 고백을 통한 중생을 가져올 수 있음을 분명히 밝힌 것이다. 심지어 거듭난 영혼이 영적으로 성장함에 있어서 성령의 역할이 절대적임을 언급하기도 했다. 로잔 언약은 성령과 개인의 중생을 밀접히 연관시켰을 뿐 아니라 성령의 본질이 선교적임을 확실히 전달하려고 했다. 전도 사역이 성령 충만한 교회들로부터 자발적으로 출발되어야 함을 선언한 것도 매우 인상적이다. 전도 사역을 감당할 수 있는 교회가 일반 교회들이 아닌 성령 충만한 교회(Spirit-filled church)라고 표현한 점 또한 매우 인상적이다. 성령 충만하지 않은 교회들은 선교적 사명을 수행할 수 있는 능력이 없음을 간접적으로 지적한 것이라고도 할 수 있다. 이 말은 어떤 교회든지 선교적 사명을 완수하기 위해서는 성령 충만해야만

---

29   Stott. *Making Christ Known*, 49.

한다는 사실을 나타낸 것이다.

이 외에도 로잔 언약은 성령 충만한 교회가 되기 위해서는 기도가 반드시 동반되어야 함을 피력하였다. 로잔에 참여한 교회 지도자들은 세계에 흩어져 있는 모든 기독교인들이 기도를 통하여 하나님의 통치와 능력이 선교지에서 실현될 수 있도록 노력해 줄 것을 주문했다. 성령의 능력으로 말미암아 그리스도인들이 풍성한 열매를 맺고, 다양한 성령의 은사들로 인해 그리스도의 몸인 교회가 풍성해 질 수 있도록 기도에 전념해 줄 것을 요청하기도 했다. 성령 충만한 교회만이 선교할 수 있다는 생각이 자연스럽게 기도하는 교회만이 선교할 수 있다는 결론으로 귀결된 것이다.

⑥ 주님의 재림과 선교

로잔 언약은 예수 그리스도가 그의 구원과 심판을 완성시키기(consumate) 위해 영광 가운데 친히(personally) 그리고 눈에 보이게(visibly) 돌아오신다는 사실을 확실히 선언하였다. 지상의 교회들은 이 약속을 바라보며 주님이 다시 오시기 전까지 전도의 일을 지속해야 하며, 게을러서는 안 된다는 사실을 강조했다. 그리스도의 다시 오심은 우리의 선교 사역을 더욱 자극하는 요소가 되는데, 그 이유는 복음이 모든 민족들에게 전파된 후에야 비로서 주님이 다시 오신다고 약속했기 때문이라고 했다. 따라서 주님의 초림과 재림 사이의 중간시대(interim period)는 주님의 백성들의 선교사역으로 가득 채워져야만 한다는 사실을 언급하면서 주님의 백성들은 마지막 날까지 멈출 수 있는 자유가 없다고 했다.[30] 로잔 언약은 교회의 선교 사역이 주님이 다시 오시는 순간까지 지속되어야 함을 역설하고 있는데, 이러한 주장은 예수 그리스도의 선교에 관한 가르침과 정확히 일치하는 지극히 성경적인 주장이라고 할 수 있다.

로잔 언약은 또한 이 땅에서 하나님의 왕국을 건설하고 완성시키려는 인간적인 노력을 거부하였다. WCC를 중심으로 한 진보적인 신학자들과 선교학자들이

---

30   Stott. *Making Christ Known*, 49.

하나님 나라 건설과 완성이 "이 곳에서 지금"(here and now) 이루어져야만 한다고 주장하는 것과 달리 로잔 언약은 하나님 나라의 완성이 주님의 재림을 통하여서만 가능하다는 사실을 확실히 밝힌 것이다. 따라서 그들은 인간의 능력을 과대평가하여 스스로 이 땅에서 하나님 나라를 건설할 수 있다는 인간적 교만과 자부심을 철저히 거부한다. 도리어 그들은 하나님이 친히 그의 나라를 완성시킬 것이라는 확신을 갖고 주의 백성들이 그 날, 즉 새 하늘과 새 땅이 임하는 날을 바라볼 것을 권하고 있다. 로잔 언약은 하나님 나라가 '이 곳에서 지금' 완성될 것이라고 믿지 않았다. 그들은 인간의 한계를 겸손히 받아들였으며, 인간이 최선을 다하되 인간 스스로의 힘으로 이 땅에서 하나님 나라를 건설하는 것이 불가능하다는 사실을 솔직히 고백한 것이다.

로잔 선교 대회는 빌리 그래함의 개인적인 소원과 바람을 잘 반영했을 뿐 아니라 진보주의자들에 의해 왜곡되고 망가진 전통적인 선교의 의미를 다시 한 번 회복시키고 되살리는 데 매우 큰 공헌을 한 대회였다.[31] 로잔 선교 대회의 산물인 로잔 언약은 성경의 권위가 선교의 기초적이고 필수적인(fundamental and essential) 요소임을 강조했고, 예수 그리스도만이 유일한 구세주임을 인정했으며, 선교의 궁극적인 목적이 영혼구원이라는 사실을 분명히 확인했고, 미전도 종족 선교를 통한 세계 복음화를 강조했으며, 신자들로 하여금 자신이 속한 공동체에서 사회적 책무를 잘 감당할 것을 주문하기도 했고, 이 모든 선교적 사명을 감당함에 있어 기도와 성령의 역할이 얼마나 중요한가를 잘 기술해준 매우 가치 있는 선언문이었음에 틀림이 없다. 성경적 가르침과 교리에 충실하려고 했던 로잔 언약의 선교 정신은 과거와 현재와 미래에 오는 모든 세대들에게 바른 선교의 의미를 가르치고, 세계 교회들과 선교 단체들이 본받아야 할 선교의 나침반이 될 것이라고 확신한다.

---

31   Hedlund. *Roots of the Great Debate in Mission*, 311-27.

2. 마닐라 선언문(Manila Manifesto)

1) 로잔 II

로잔 선교대회가 *끝난* 후 15년 뒤인 1989년에 필리핀의 마닐라에서 로잔 운동의 두 번째 모임이 개최되었다. 사람들은 이 모임을 제2차 로잔 대회(Lausanne II)라고 부른다. 마닐라 대회에는 170개국에서 온 3,600명의 공식적인 대표들이 로잔의 정신을 다시 한 번 확인하고 세계 교회가 당면한 새로운 선교적 도전들에 대처하기 위한 모임 이었나. 내회의 참석 인원으로만 보면 첫 번째 로잔 대회의 두 배 정도였고, 참석자들 가운데 반 정도가 2/3 세계에서 온 교회 및 선교단체 지도자들이었다. 러시아를 포함한 동구와 성공회에서 참석한 대표들이 거의 45%를 차지할 정도로 많았으며, 로마 가톨릭과 그리스와 러시아 정교회를 대표하는 지도자들과 더불어 WCC를 대표하는 지도자들 300명가량이 옵서버로 참여하기도 했다. 참석자들 가운데 약 80% 정도는 로잔 I에 참석한 경험이 없는 사람들이었고, 40% 정도는 45세 미만이었으며 20% 정도는 여성 사역자들이었다. 로잔 II에 참석한 사람들을 다 합치면 대략 4,700명 정도였다고 한다.[32]

마닐라 선교대회의 성격을 이해하기 위해서는 그 대회가 다루고 싶어 하는 주제들을 살펴보는 것이 가장 쉬운 방법이다. 다른 선교 대회들과 달리 마닐라 대회는 두 가지 주제를 선택했는데, 하나는 "그리스도가 다시 오실 때까지 그를 선포하라"(Proclaim Christ until He Comes)이고 다른 하나는 "모든 교회들로 하여금 전 세계에 총체적인 복음을 전하도록 하라"(Calling the Whole Church to Take the Whole Gospel to the Whole World)였다. 마닐라 대회는 로잔 대회와 달리 "총체적 복음"이라는 용어를 주제의 전면에 등장시켰는데 이런 새로운 용어를 등장시킨 이유는 앞으로 세계에 흩어져있는 모든 교회들이 더욱 사회 참여적이 되어

32　Robert T. Coot. "Lausanne II and World Evangelization", *International Bulletin of Missionary Research*, 14/1 (1990): 10.

야만 한다는 사실을 암시한 것이라고 할 수 있다. 이전까지 흔히 사용되던 용어인 "복음"(the Gospel)이라는 말이 "총체적 복음"이라는 말로 대체된 것만 보아도 마닐라 대회가 선포하고 싶었던 내용이 무엇인지 쉽게 짐작할 수 있다. 이 모임에 참석했던 많은 교회와 선교단체 지도자들이 최종적으로 만들어낸 선언문이 바로 "마닐라 선언문"(Manila Manifesto)이다.

2) 통전적(총체적) 선교(Holistic or Wholistic Mission)의 강조

(1) 선포(Kerygma)와 봉사(Diakonia)의 통합

로잔 언약이 전도와 사회적 책무를 동시에 강조하기는 했지만 선교의 우선권이 전도에 있음을 명확히 밝혔다고 볼 수 있다. 로잔 언약이 통전적 선교를 언급하기는 했지만 선교의 우선권이 전도에 있어야 한다는 주장에 대해 불만을 가진 지도자들도 상당 수 있었던 것이 사실이다. 특히 남미 출신인 레네 빠디야는 로잔 언약에 명기된 교회의 선교적 사명 가운데서 교회의 사회적 책무가 이론적으로는 인정되었지만 실천적인 면에서는 점점 관심 밖으로 사라져가는 것에 대해 매우 민감한 반응을 보였다. 그는 로잔 운동이 "로잔 언약에 명기된 총체적 선교의 개념으로부터 점점 멀어지고 있다"고 하면서 로잔 운동을 비관적으로 보기 시작했다.[33] 그는 "복음"(Good news)과 "선행"(good works)은 서로 뗄 수 없는 관계라고 주장하면서 로잔 운동이 이론뿐만 아니라 실천적인 면에서도 온전한 통전적(총체적) 선교를 시행해야 한다고 주장했다. 몇몇 학자들은 로잔 언약의 내용을 비하하며 언약에 선언된 내용들이 너무 나약하고 비겁한 것들이었다고 지적하기도 했다. 혹자는 스토트의 지적인 능력이 의심스럽다고까지 말하며 로잔

---

33 Coot. "Lausanne II and World Evangelization," 12. cf. 빠디야는 총체적 사역을 '선교적 통합'(integrity in mission)이라고 불렀는데 이 말은 1987년 독일의 스투트가르트(Stuttgart)에서 열렸던 WCC의 "선교와 전도 분과 위원회"(Commission on World Mission and Evangelism)에서 처음 사용한 "통합적 선교"(integral mission)라는 용어를 조금 변형시킨 것이다. "통합적 선교"란 선포와 봉사의 통합을 의미하는 용어로 쓰였다.

언약의 내용들은 매우 "낮은 정신 능력"(low mental capacity)을 보여줄 뿐이라고 혹평을 하기도 했다.[34]

로잔 언약의 초안을 작성했던 스토트 역시 사회 참여를 중시했던 여러 학자들의 주장과 견해에 깊이 동감하면서 나름대로 소위 로잔 언약의 한계를 극복하려고 노력했다. 스토트의 노력과 설득의 결과로 인해 마닐라 선언문에는 보다 적극적이고 급진적인 사회 참여가 포함되었다. 쿠트는 스토트의 이러한 노력으로 말미암아 마닐라 선언문에서는 전통적인 복음주의자들 사이에 존재해 오던 복음과 사회 참여에 대한 이분법적 사고가 어느 정도 극복되었다고 논평했다.[35] 대회 기간 중 로잔 위원회의 국제 총재로 뽑힌 톰 휴스턴(Tom Huston)은 북반구와 남반구 사이의 경제직인 격차를 통계를 통해 제시하면서 교회들이 가난한 자들의 가난 문제를 해결하는데 실제적인 관심을 가져야 된다고 역설했다. 톰 휴스톤 외에도 남아프리카에서 온 세자르 몰레바치(Caesar Molebatsi), 구 유고슬라비아에서 온 피터 쿠즈믹(Peter Kuzmic), 브라질에서 온 발디르 스뜌에르나겔(Valdir Steuernagel) 등이 합세하여 발표를 통해 총체적 선교의 필요성을 강조함으로 인해 대다수의 참여자들이 총체적 선교의 필요성을 깊이 인식하게 되었다. 특별히 남아프리카에서 온 몰레바치와 브라질에서 온 스뜌에르나겔의 연설은 청중들에게 매우 호소력이 있었다고 한다. 몰레바치는 압제가 성행하고 있는 남아프리카에서 복음주의자들이 침묵하고 있는 것에 대해 지적했고, 스뜌에르나겔은 교회들이 사랑의 복음을 아무리 열정적으로 전한다 해도 선교지의 정의를 도외시한다면 그것은 진정한 의미에서의 성경적인 선교가 아니라고 역설했다.[36] 2/3세계에서 온 교회 지도자들이 던진 이와 같은 일련의 도전들은 마닐라 대회의 분위기를 주도했고, 결국 마닐라 선언문은 교회와 선교단체들의 사회적 관심과 참여를 구체적으로 포함하지 않을 수 없었다.

---

34   Jonathan Bonk, "Has the Lausanne Movement Moved?", *International Bulletin of Missionary Research,* 35/2 (2011): 58.

35   Coot, "Lausanne II and World Evangelization," 12.

36   Coot, "Lausanne II and World Evangelization," 13.

(2) 복음과 사회적 책임(The Gospel and Social Responsibility)

결국 마닐라 선언문은 로잔 언약에서 언급된 것보다 훨씬 강하고 구체적인 사회 참여 문제를 선언문에 포함시키게 된다. 마닐라 선언문은 크게 세 주제로 나뉘어져 있는데 첫 번째 주제는 "총체적 복음"(the wholistic Gospel)이고, 두 번째 주제는 "총체적 교회"(the whole hurch), 세 번째 주제는 "모든 세계"(the whole world)에 관한 것이었다. 이 세 가지 주제 가운데서도 첫 번째 주제인 '총체적 복음'라는 부분이 특별히 참여자들로부터 많은 주목을 받았다. 첫 주제의 2장에 나오는 "오늘날의 복음"(Good News for Today)에서는 복음의 핵심이 예수 그리스도임을 전제로 교회들이 가난한자들에 대해 구체적인 관심을 가져야 할 것을 강조했다. 선언문은 특별히 누가복음과 선지서에 기록된 가난한자들에 대한 관심을 부각시켰다. 예수 그리스도의 가르침과 사역이 실제로 물질적인 어려움을 격고 있는 사람들의 권리와 보호에 관한 것이었음을 강조하며 가난한 자들의 곤고함에 대해 무관심했던 것을 회개하자고 했다.[37]

제4장 "복음과 사회적 책임"에서는 교회의 사회 참여 문제를 좀 더 구체적이고 현실적으로 다루고 있다. 그들은 교회들의 관심과 비전이 지나치게 좁았던 것에 대하여 회개할 것을 촉구하며 적극적인 사회 참여(social action)를 부르짖었다. 하나님 나라(Kingdom of God)에 대하여 언급하면서 모든 신자들은 자기가 속한 사회 속에서 하나님 나라의 속성인 정의와 평화를 추구해야 한다고 가르쳤다. 마닐라 선언문은 특별히 신자들이 파괴적인 폭력들을 마주할 때 그것을 거부해야한다고 주장하면서 이러한 행위를 "선지자적 거부"(prophetic denunciation)라고 불렀다. 그들이 언급한 파괴적 폭력이란 제도적 폭력(institutional violence), 정치적 타락, 인간과 땅에 대한 모든 형태의 착취, 가족 파괴, 강요된 낙태, 마약거래, 인권의 남용 등을 의미한다고 했다. 이외에도 교회가 인간들이 격고 있는 아픔과 고난, 자신을 억누르는 권력에 대항하여 정의를 위하여 벌이는 투쟁에 적극

---

37   James A. Scherer and Stephen B. Bevans, eds. *New Directions in Mission and Evangelization* (Maryknoll, NY: Orbis 1996), 296-97.

적으로 동참해야 한다고 역설했다.[38]

(3) 선교 신학적 변화

호주 퀸즈랜드 성경 대학(Bible College of Queensland)의 교수이며, 세계 복음주의 협의회 신학 위원이었던 데이빗 파커(David Parker) 박사는 로잔 언약과 마닐라 선언문 사이에 숨겨진 적지 않은 신학적 변화를 간파하였다. 그는 마닐라 선언문의 선교관이 로잔 언약의 선교관과는 적지 않은 차이를 드러내고 있다고 했다.[39] 그는 두 선언문 사이에 드러나는 큰 차이점을 세상에 대한 교회의 책무에 대한 강조점이라고 했다. 이미 마닐라 선교 대회의 주제가 드러내고 있는 것처럼 교회의 사회 참여 문제에 관하여 마닐라 선언문이 로잔 언약보다 훨씬 더 깊고 폭넓은 관심을 갖고 있다고 했다."[40]

로잔 언약이 복음을 그리스도를 중심으로 묘사하고 있는 반면 마닐라 선언문은 복음 자체보다 복음의 열매, 즉 복음을 눈으로 볼 수 있도록(visible) 보여주는 것(demontration)에 더 큰 관심을 지니고 있는 것처럼 보인다. "바른 복음(the authentic Gospel)은 남녀를 막론하도 그들의 변화된 삶을 통하여 눈으로 볼 수 있도록 드러나야만 한다."는 구절에서 마닐라 선언문이 드러내고 싶은 복음에 대한 이해를 쉽게 발견할 수 있다. 비록 마닐라 선언문이 그리스도를 부인하지는 않았지만 구세주로서 인류를 구원하기 위해 십자가에 달리신 그리스도 자체보다는 그분의 삶, 즉 그분의 도덕성과 윤리에 더 큰 관심을 가지고 있는 것이 사실이다. 그래서 스토트는 선한 행위와 사회적 관심이 결여된 복음을 "반쪽자리 복음"(half Gospel) 이라고 부른 것이다.[41] 그는 또한 "성경적 복음"(Biblical Gospel)이라는 용어를 종종 사용했는데, 이 말은 그리스도의 대속적 죽음으로 말미암는 구원의 기쁜 소식을 의미할 뿐만 아니라 그리스도의 가시적 행위들 모두를 포함

---

38   Scherer and Bevans, eds., *New Directions in Mission and Evangelization*, 297

39   David Parker. "A Commentary on the 'Manila Manifesto'," *Evangelical Review of Theology*, 14/3 (1990): 237.

40   Parker. "A Commentary on the 'Manila Manifesto'," 237.

41   Stott. *Making Christ Known*, xxi.

하는 매우 넓은 의미를 담고 있다. 선언문에서 스토트는 "성경적 복음"이라는 말을 또 다른 용어로 대체시켰는데 이 말이 바로 "총체적 복음"이라는 말이다. 따라서 그에게 있어서는 예수 그리스도의 대속적 죽음만 전하거나, 반대로 사회적 참여만을 전하는 복음은 반쪽짜리 복음이 되는 것이다.

하지만 성경에는 반쪽짜리 복음이라는 것이 존재하지 않는다. 성경이 지지하는 복음이 담고 있는 의미는 그리스도로 말미암는 영혼의 구원을 의미하지 그분의 삶의 실천을 본받는 행위를 의미하지는 않는다. 복음을 통하여 새롭게 거듭난 성도들이 신앙의 열매로 선행과 사회적 관심을 갖는 것은 매우 자연스러운 현상이지만 선행과 사회적 관심을 갖는 행위자체를 복음전파의 행위라고 부를 수는 없다. 정확히 지적하자면 마닐라 선언문이 언급하고 있는 "총체적 복음"이나 "성경적 복음"은 성경에 기록되거나 지지하는 복음은 아니다. 성경에 기록된 복음은 사도 바울이 가르치고 또 가르쳤던 예수 그리스도의 대속적 죽으심과 부활을 의미한다. 죄로 인하여 멸망 받을 수밖에 없는 인류를 구원하기 위하여 십자가에서 죽으시고 부활하신 그리스도의 대속적 은혜가 복음이다. 사도행전에 기록된 바울 설교의 내용들을 종합해 보면 바울이 전하고자 했던 복음의 내용은 매우 단순하고 명료하였다. 바울이 전한 복음의 내용은 간단히 말하자면 그리스도의 죽으심과 부활이다. 그는 십자가에서 완성된 그리스도의 대속적 죽음 자체를 복음이라고 여겼고, 그것을 전하기 위해 목숨을 건 것이다.

바울은 자기가 전한 복음 외에 다른 복음을 전하는 자들은 저주를 받을 것이라고 했는데, 그가 실제로 전한 복음의 내용은 예수 그리스도의 십자가 사건이 전부였다. 성경에는 복음만 존재할 뿐 "총체적 복음"은 존재하지 않는다. "총체적 선교"(wholistic mission)라는 용어가 의미하는 바는 충분히 동의 할 수 있지만 엄밀한 의미에서 "총체적 복음"(wholistic gospel)이라는 용어는 성경에 등장하지도 않고 기록되어 있지도 않다. 그런 의미에서 "총체적 선교라는 말은 성경의 지지를 받을 수 는 없다.

3. 케이프타운 서약(Capetown Committment)

2010년 10월 제3차 로잔 대회(Lausanne III)가 "그리스도 안에서 세상과 자신을 화목케 하시는 하나님"(God, in Christ, Reconciling the World to Himself)이라는 주제로 남아프리카 공화국의 케이프타운에서 진행되었다. 198개국에서 온 복음주의 신학자, 선교학자, 선교사, 교회 지도자등 4,000여 명이 모여 거의 10일 동안 다양한 신학적, 선교학적 의견들을 교환했다. 한국에서도 대략 100명 정도의 대표들이 이 대회에 참석하였다. 3차 로잔 대회에는 WCC, 로마 가톨릭, 동방 정교회 능에서 온 대표들도 방청객으로 자유롭게 참석했고, 특별히 세계 복음 동맹(World Evangelical Alliance)이 대회준비 과정에서부터 매우 적극적으로 참여한 대회였다. 이 대회의 결과물이 바로 "케이프타운 서약"(The Capetown Commitment)이다.[42]

케이프타운 대회는 로잔 언약과 마닐라 선언문의 정신위에서 열린 대회였다. 케이프타운 서약은 로잔 운동의 정신과 가치를 손상시키지 않는 범위에서 새로운 시대가 요구하고 있는 실천적이고 선교적인 과제들을 해결하기 위해 다양한 신학자들과 교회 지도자들이 많은 시간 투자한 연구의 결실이다. 케이프타운 서약은 크게 두 부분으로 나누어져 있는데 첫 번째 파트는 성경 안에서 우리에게 전수되어진 성경적 확신들을 담고 있고, 두 번째 파트는 성경적 실천들을 담고 있다. 첫 번째 파트는 "로잔 신학 작업 그룹"(Lausanne Theological Working Group)의 책임자인 크리스토퍼 라이트(Christopher J. H. Wright)의 주도로 모든 대륙에서 선발된 18명의 신학자들과 복음주의 지도자들이 참여하여 작성하였다. 두 번째 파트는 케이프타운 대회 3년 전부터 세계 각 지역에 흩어져있는 교회지도자들로부터 그들이 속한 지역이 안고 있는 주요 도전들과 사회적 이슈들을 제출하게 하여 교회들이 그러한 문제들에 관하여 어떻게 구체적으로 대처해야 하는가를 연

---

42 *The Cape Town Commitment*. available at: http://www.Lausanne.org/documents/cape-town-commiment/print.html. 1-2

구하며 작성되었다. 이 파트를 완성하는 과정에서도 크리스토퍼 라이트와 "선언문 작성 그룹"(Statement Working Group)이 함께 많은 수고를 하였다. 그들은 케이프타운 서약 서문에서 그 모임의 목적을 "로잔 운동의 목적과 비전을 이루기 위해 우리의 헌신을 새롭게 하는 것"이라고 했다.[43]

1) 급변하는 세계 속의 선교적 과제들

앞에서 지적했듯이 케이프타운 서약은 전 세계에 흩어져 있는 지역 교회들이 당면한 도전들과 문제점들에 깊은 관심을 가지고 있었다. 따라서 케이프타운 서약은 21세기 교회가 지니고 있는 수많은 현실적인 문제들 앞에 교회가 어떤 답을 제시하고, 그것들을 해결하기 위해 어떻게 행동해야 하는가에 대해 매우 구체적이고 실천적인 방안들을 담게 되었다. 서약문의 서두에 '변화의 실체들'(The Realities of Change)이라는 주제가 등장한 이유가 바로 여기에 있다. 세계화와 디지털 혁명의 영향으로 세계는 급속히 변하고 있고, 이런 영향으로 인해 세계의 정치와 경제에 다양한 문제들이 양산되었다. 가난, 전쟁, 윤리적 갈등, 질병, 생태학적 위기, 기후 변화 등과 같은 양상들이 인류의 걱정거리가 된 것이다. 케이프타운 서약은 인류가 당면한 이와 같은 문제들을 향해 답을 주기위해 고민했고, 세계 교회들이 감당해야만 하는 다양한 과제들을 구체적으로 제시했다. 케이프타운 서약은 교회의 선교적 사명이 바로 인류가 직면한 이러한 다양한 현실적인 문제들에 답을 주는 것이라고 했다.[44]

(1) 가난과 압제 문제

케이프타운 서약은 하나님이 억눌린 자, 이방인, 배고픈 자, 고아, 과부 등을 사랑하셨기 때문에 우리도 그들에 대해 깊은 관심을 가져야 한다고 했다. 따라서 모든 믿는 성도들은 우리가 속한 사회 속에서 함께 살아가고 있는 부족한 사람들

---

43   *The Cape Town Commitment*, 2.
44   *The Cape Town Commitment*, 3.

(the needy)을 향해 실제적인 사랑과 공의를 베풂으로서 하나님의 사랑과 공의를 드러내야 할 것을 가르쳤다. 모든 성도들이 가난한 자들을 억누르고 착취하는 모든 것들을 드러내고 반대함으로서 하나님의 공의를 실천해야 함에도 불구하고 이러한 일을 위해 열정을 갖지 못했던 것을 회개해야 한다고 했다. 그들은 또한 억눌린 자들과 사회의 주변부로 물러난 자들을 보호하고 그들과 연대함으로서 정의를 증진시켜야 할 것을 요구했다. 케이프타운 서약은 성도들이 악에 맞서 철저히 투쟁해야 할 것을 강조하면서 "우리는 우리가 악에 대항하여 투쟁하는 것을 … 영적 전쟁(spiritual Warfare)의 차원으로 이해한다."고 했다.[45] 케이프타운 서약이 성도들이 사회악과 구조 악을 향해 벌이는 투쟁과 갈등을 "영적 전쟁"이라고 칭힌 점은 매우 이례적인 깃으로서 로잔 언약이나 마닐라 선언문에서는 찾아볼 수 없는 표현이다. 이러한 표현은 구조 악과 싸우는 적극적인 사회 참여가 단순히 교회 선교의 한 부분을 담당하는 사역이 아니라 교회 선교의 본질이기 때문에 거듭난 성도라면 누구나 당연히 감당해야 할 영적인 책무임을 강력히 시사하고 있는 것이다.

케이프타운 서약은 전 세계에서 자행되고 있는 노예 제도와 인간 밀매(human trafficking), 어린이 강제 노동과 군대 동원, 불법 이민으로 말미암는 사회적 문제 등에 대해서도 깊은 관심을 보여주었다. 전 세계 2,700만 명의 노예들과 인도의 1,500만 어린이들의 강제 노동에 대해서도 세계 교회들이 관심을 갖고 구체적인 행동을 취해줄 것을 요청하기도 했다. 모든 성도들이 구조적인 경제 정의(systematic economic justice)를 실현하기 위해 노력해야 하며, 가난한 자들과 다양한 도움이 필요한 자들에게 인색하지 말 것과 그들을 존경할 것을 주문하기도 했다.[46]

(2) 생태학적 관심의 증가

케이프타운 서약은 "우리는 하나님의 세상을 사랑한다."는 장에서 그의 세상

---

45   *The Cape Town Commitment*, 9.
46   *The Cape Town Commitment*, 17.

을 향한 하나님의 열정과 하나님이 만드신 모든 것에 대한 사랑을 성도들이 공유해야 한다고 가르친다. 성도들은 모든 피조물과 모든 국가들을 향해 복음(good news)을 선포해야하며, 물이 바다를 덮음같이 하나님의 영광을 아는 지식이 온 세상을 덮는 날을 기대해야 한다고 했다. 지구는 하나님의 소유물이기 때문에 성도들은 마땅히 지구를 사랑하고 돌봐야 한다고 주장한다. 또한 지구가 그리스도로 말미암아 지음 받고, 유지되고, 구속받았기 때문에 성도들은 마땅히 지구를 돌보고 그 자원들을 바르게 사용해야 한다고 했다. 나아가 서약문은 "예수를 주님이라고 외치는 복음 선포는 곧 '지구를 포함하는 복음'(the gospel that includes the earth)을 선포하는 것이다. 왜냐하면 그리스도는 모든 피조물에 대한 주인이기 때문이다. 이와 같이 피조물을 돌보는 것은 그리스도의 주되심 안에서 복음의 문제(gospel issue)다."라고 했다.[47] 이 말의 의미는 지구가 우리를 부르신 하나님께 속했기 때문에 우리가 지구를 돌보는 것은 당연하다는 의미다. 그래서 케이프타운 서약은 "만약 예수가 온 지구의 주인이라면, 우리는 그리스도에 대한 우리의 관계를 지구와 관련하여 우리가 어떻게 행하는가로부터 분리해서는 안 된다."[48]고 한 것이다. 지구를 돌보는 것이 곧 주님의 소유를 돌보는 것이고, 지구를 돌보는 것이 곧 복음을 바르게 실천하는 것이다. 따라서 지구 자원의 파괴, 낭비, 오염 그리고 소비 만능주의를 철저히 배격하고, 지구를 보존하고 지키는 생태학적 책무(ecological responsibility)를 잘 감당해야 할 것을 주문했다.

이와 같이 케이프타운 서약은 지구와 생태학적 문제에 깊은 관심을 지니고 있을 뿐 아니라 환경 문제에도 깊은 관심을 가지고 있었다. 마닐라 선언문이 교회의 사회적 책임과 역할에 대해 깊은 관심을 가졌던 것처럼 케이프타운 선언문은 지구와 생태 문제에 관해 깊은 관심을 표명하였다. 이러한 현상은 로잔 운동이 어느 정도 동시대의 영향을 받았다는 사실을 보여주는 것이다. 21세기에 들어서면서부터 급격히 증가한 오염과 생태학적 문제, 자원의 고갈과 과소비 문제, 동서남북 간의 빈부 격차 문제 등이 교회의 선교가 감당해야 할 매우 시급하고

---

47   *The Cape Town Commitment*, 8.

48   *The Cape Town Commitment*, 8.

중요한 주제로 떠 오른 것이다.

2) 전도와 선교의 통합(Integration of Evangelism and Mission)

케이프타운 서약은 전도와 사회 참여를 통합하려는 시도를 하였다. 그들은 선교의 자원(source)이 하나님이 그리스도 안에서 온 세상을 위하여 행하신 모든 것이라고 하면서, 성도들이 감당해야 하는 전도 사역이란 이러한 복음을 전 세계에 전하는 것이라고 했다. 또한 그들은 선교의 상황(context)은 우리가 살고 있는 세상이라고 하면서 하나님이 우리를 그 세상 속으로 파송하셔서 죄와 고난, 부정과 무질서가 횡행하는 세상을 사랑하고 섬기도록 요청한다고 했다. 그들은 선교란 전도와 세상에 참여하는 모든 일들을 통합하는(integrated) 것이어야 한다고 말하면서, 전도의 결과는 반드시 세상 속에서의 책임 있는 봉사를 포함해야 한다고 주장했다. 결국 케이프타운 서약이 지지하고 추구하는 선교란 한마디로 전도와 사회 참여가 통합된 총체적 사역을 의미하는 것이다. 그리스도인들의 선교적 의무가 전도사역과 함께 사회정치적(socio-political) 일들에 참여하는 것임을 분명히 천명한 것이다.[49]

케이프타운 서약에 "통합된 선교"(integral mission)라는 용어가 처음 등장했는데, 이 말은 선교란 복음을 선포하는 행위와 복음을 삶으로 실천하는 행위 모두를 포함하는 것이란 의미를 담고 있다. 통합된 선교 안에서는 복음 선포가 사회적인 결과들을 가져오게 되고, 사회 참여가 전도의 효과들을 가져오게 된다고 했다. 케이프타운 서약은 우리가 만일 세상에 대하여 무관심하다면, 이것은 곧 세상을 섬기라고 우리를 세상 속으로 파송하신 하나님의 말씀을 배반하는 행위라고 까지 했다. "통합된 선교"라는 말은 로잔 언약이나 마닐라 선언문이 선포한 전도와 사회 참여의 관계를 뛰어넘는 또 다른 의미의 선교 개념을 포함하고 있는 말이라고 할 수 있다. 이 말은 WCC가 지지하는 "하나님의 선교 '(Missio Dei)와

49　*The Cape Town Commitment*, 12.

매우 흡사한 의미를 지니고 있기는 하지만 WCC가 주장하고 지지하는 급진적인 사회 참여를 의미하는 것 같지는 않다. WCC가 선포한 선언문들에서는 전도라는 용어가 거의 등장하지 않는 반면 케이프타운 선언문에서는 전도라는 용어가 비교적 자주 등장한다. 이러한 현상은 로잔 운동이 아직까지는 전도에 대한 중요성과 그 가치를 버리지는 않았다는 것을 보여주는 것이라고 해석할 수 있다.

3) 타 종교와 다원주의 문제

기독교와 타종교와의 관계에 대해서 케이프타운 서약은 전통적인 로잔 운동의 정신과 괘를 같이하고 있다. 기독교와 타종교 사이에는 어떠한 "연계성"(continuity)도 존재하지 않는다는 사실을 전제로 타 종교와 다원주의 문제를 지혜롭게 진술하였다. 종교적인 다원성(religious plurality)이 실존하는 현 상황에서 기독교인들이 어떻게 타 종교를 따르는 자들을 대하여야 하는가를 매우 실천적으로 다루고 있다. 타 종교에는 절대적인 진리나 보편적인 진리가 존재하지 않는 다는 사실을 전제로, 타 종교인들을 대할 때 "용납"(tolerance)의 자세를 가질 것을 주문했다. 타 종교인들에게 복음을 전하기 위해서는 강력한 변증학(apologetics)이 필요함을 역설하면서, 공적 자리에서 성경의 진리를 변호할 수 있을 있는 고도의 지식을 지닌 인재들을 키워야 할 것을 강조하기도 했다.[50]

전도의 방법에 관해서도 비교적 상세한 방안들을 제시하고 있는데, 바울이 유대인과 이방인들을 설득할 때 주로 사용했던 방법인 "대화"(dialogue)가 바람직하다고 했다. 비 기독교인들과 대화를 할 때는 그리스도의 유일성에 대한 확신과 성경에 쓰인 복음만이 절대적인 진리라는 확신을 토대로 타인의 진술을 경청할 필요가 있다고 했다. 대화나 전도를 할 때는 회심을 강요하지 말 것을 권면했고, 복음을 듣는 사람으로 하여금 스스로 결정할 수 있는 자유를 주라고 가르치고 있다. 복음을 전할 때는 사려 깊은 윤리의식이 필요함을 언급하면서 타인

---

50   *The Cape Town Commitment*, 13.

에 대한 "예의와 존경"을 갖출 것을 요구했다. 특별히, 케이프타운 서약은 "개종"(proselytizing)에 대하여 매우 조심스러운 접근을 하고 있다. 전도와 개종 관계를 설명하면서, 전도는 강요된 회심을 거부하지만 개종은 타인으로 하여금 자기 종교를 믿거나 자기 교단 따르도록 강요하는 행위라고 했다. 끝으로, 케이프타운 서약은 그리스도인들이 타 종교인들과의 교제를 거부한 것에 대하여 회개한다고 했다. 무슬림, 힌두교인, 불교도, 그 외의 많은 타 종교인들과 건강한 친교를 가질 것을 권함과 동시에 그리스도의 정신에 따라 그들에게 사랑, 선한 의지, 환대 등을 보여줄 것을 권하였다.[51]

4) 미전도 종족(unreached people)과 미접촉 종족(unengaged people)

케이프타운 서약은 미전도 종족과 미접촉 종족에 대해서도 깊은 관심을 표명하였다. 기독교 신앙을 믿는 신자들이나 교회가 없는 지역에 사는 종족을 미전도 종족이라 부르고, 교회나 선교단체들 가운데 어느 한 기관도 그들에게 복음을 전하려는 계획과 의도를 갖고 있지 않은 종족을 미접촉 종족이라고 부른다. 예수 그리스도가 그의 제자들에게 모든 족속들을 제자 삼으라는 명령을 주신 이후로 2,000년이 지나도록 교회들이 그들에게 복음을 전하지 못했다는 사실에 대해 반성해야 한다고 하면서 이러한 현상을 "영적 불공정"(spiritual injustice)이라고 했다. 지상 교회들이 아직도 수많은 미전도 종족들이 남아 있다는 사실에 대해 무지했던 과거를 반성하며, 그들의 언어와 문화에 더 깊은 관심을 가져야 할 때라고 했다.[52] 그들은 또한 성경과 복음전파는 떼려야 뗄 수 없는 관계이기 때문에 미전도 종족들에게 성경을 제공하는 사업이 매우 시급하다는 데 의견을 모았다. 소위 "성경 가난"(Bible poverty)을 속히 제거하는 일을 위하여 성경 번역의 중요성을 강조했다.

특별히 "구전 문화"(oral cultures) 속에 살고 있는 사람들에게 복음을 전하는

---

51 *The Cape Town Commitment*, 19.
52 *The Cape Town Commitment*, 22.

방법에 대해서도 매우 구체적인 방안들을 제시했는데, 현재 미전도 종족들 가운데 1/2 정도가 구전 문화 속에서 살아가고 있기 때문이다. 이들 가운데서도 약 3억 5,000만에 달하는 사람들이 성경의 한 구절도 모르고 죽어가고 있다는 사실에 대한 안타까움 표시하기도 했다. 문맹자들을 지칭하는 "일차적 구전 학습자들"(primary oral learners)외에도, 실제로는 문맹은 아니지만 "비주얼 러닝"(visual learning)이나 다양한 이미지들을 통해 교육을 받은 사람들 중에 "이차적 구전 학습자들"(secondary oral leaners)이 상당히 많다는 사실도 기술하였다. 다양한 구전 문화 속에 사는 사람들에게 효과적으로 복음을 전하고 그들을 효과적으로 훈련하기 위한 실제적인 방법들이 제시되었는데 그 방법들이 매우 인상적이다. 그들이 제시한 방법들은 다음과 같다: 1) 제자 훈련 과정에서 구전 방법들을 더 많이 사용할 것, 2) 미전도 종족이나 미접촉 종족들의 중심 언어로 구전 형식의 "이야기 성경"(Story Bible)을 편찬할 것, 3) 전도, 제자훈련, 지도자 훈련 등을 위해 구전 '이야기 성경'을 "레코딩"하여 나누어 주고, 전방 개척자들에게 구전 훈련을 제공할 것(이야기, 춤, 예술, 시, 암송, 드라마 등의 방법을 동원하도록 할 것), 4) 지구의 남부(Global South)에 위치한 교회들로 하여금 그 지역에 살고 있는 미전도 종족들을 복음화 하는데 관심을 갖게 할 것, 5) 신학교들로 하여금 목회자들과 선교사들이 구전으로 선교하는 방법을 배울 수 있는 커리큘럼을 제공하도록 권면할 것.[53]

미전도 종족에 대한 보고와 관심은 이미 로잔 언약에도 담겨있었지만 미접촉 종족에 관한 논의와 전략이 공식화 된 것은 케이프타운 선교대회가 처음이다. 케이프타운 서약이 미접촉 종족 선교에 관한 소개와 전략을 포함하고 있다는 사실은 로잔 운동이 아직은 로잔 언약의 선교 정신을 잘 이어받고 있다는 것을 보여준 것이다. 로잔 언약 이후로 전도와 선교에 관한 의미와 강조점이 조금씩 변해온 것은 사실이지만 아직은 로잔 운동의 근본정신과 가치가 크게 손상되지는 않고 보존되어 있음을 나타낸 것이다. 비록 케이프타운 서약이 선교와 전도의 의미

---

53 *The Cape Town Commitment*, 23.

를 구분하여 사용하고 있기는 하지만 전도의 일환으로 미전도 종족과 미접촉 종족 전도를 언급했다는 점은 매우 고무적이라 할 수 있다.

제2장
로잔운동의 선교사상 변화

1. 전도와 선교개념의 변천

WCC의 강력한 영향력으로 인해 한 동안 세계교회가 선교적 혼란을 경험한 것이 사실이다. 1910년 에딘버러 선교대회 이후로 전통적인 선교 개념은 지속적인 공격을 받아왔다. 자유주의 신학과 진보적인 선교학의 영향을 받은 다수의 세계 교회 지도자들이 전통적 선교를 위협해 왔고, 심지어 선교의 의미를 완전히 바꾸어 놓았다. IMC를 중심으로 한 다양한 선교 대회들이 개최 될 때마다 선교 사상에 심각한 변화가 있었고, IMC가 WCC에 복속되면서부터 그 변화의 속도는 점점 더 빨라졌다. 이러한 급격한 변화에 반기를 들고 등장한 운동이 바로 로잔 운동이다.

1) 전도사역의 회복과 갈등

로잔 운동은 전통적인 선교의 의미를 회복시키고 정상화 시키는데 매우 큰 영향을 끼쳤다. 성경의 권위를 전제로 성경에서 가르치고 명령하는 성경적 선교의 의미를 정확히 간파하여 정리하였다. 선교 사역들 가운데서 가장 중요한 전도의 중요성이 다시 부각되었고 전도의 우선권이 강조되었다. 사회정치적 참여를 통한 세상과의 화해만 강조했던 선교적 분위기가 완전히 반전된 것이다. 로잔 언약은 전도의 우선권을 확실히 선포했고, 사회적 책임은 그 열매로 인한 것임을 분명히 했다. 교회의 사회적 책임을 강조하기는 했으나 그것은 어디까지나 부차적인 관심의 대상이었다. 그런 의미에서 선교 역사에 있어서 로잔 언약의 역할은 매우 중요하고 결정적이었다고 할 수 있다. 전도가 다시 선교사역의 중심을 되찾게 되었고, 로잔 언약은 선교신학의 고전이 되었다.

하지만 로잔 운동 안에서도 적지 않은 갈등이 있었다. 미국을 중심으로 한 보수적인 복음주의자들과 남미와 유럽을 중심으로 한 진보적인 복음주의자들 사이에 다양한 선교적 이견이 존재해 왔다. 로잔 운동 안에서 남미와 진보적인 복음주의자들의 의견과 주장이 점점 설득력을 얻어갔고, 서서히 로잔 운동의 선교 사상에 영향을 주기 시작했다. 정치사회적 참여에 대한 요청이 점점 확대되었고, 이러한 요구들이 로잔의 선교사상에 직간접적인 영향을 주어 마침내 마닐라 선언에 적극적으로 반영되기에 이르렀다. 드디어 반쪽짜리 복음(half gospel)이라는 용어가 등장했고 선교사역을 수행하는 과정에서 전도와 사회 참여는 동등한 위치를 차지하기 시작했다. 선교사역에서 전도의 역할이 완전히 사라진 것은 아직만 사회 참여와 사회봉사가 점점 더 많은 비중을 차지하기 시작한 것이다. 이러한 사상적 변화는 점차 "사회복음"(social gospel)이라는 새로운 용어를 만들어내는데(coin) 기여했고, 로잔 운동의 방향 전환에 지대한 영향을 끼쳤다. 로잔 운동이 점차 사회 참여 쪽에 무게를 두게 되었고 마침내 마닐라 선언에 이러한 사상적 변화가 고스란히 담기게 된 것이다. 이러한 변화로 말미암아 선교사역 가운데서 전도의 비중이 점차 약화되어 가는 것은 매우 자연스러운 형상이라고 할 수 있다. 마닐라 선언문이 로잔 언약의 토대 위에서 작성되었다고 주장하기는 하지만 실제로 마닐라 선언문이 사회와 봉사에 더 많은 관심을 두었기 때문에 전도에 관한 한 로잔 언약에 비해 상대적으로 훨씬 더 약화되었다고 볼 수 있다. 혹자는 마닐라 선언문에 대해 언급하며 "그들이 사회 참여를 전도와 맞바꾸려고 한다."고 불평을 쏟아 내기도 했다.[1]

케이프타운 서약에는 로잔 운동의 또 다른 변화가 등장한다. 이 서약문에는 전도라는 용어가 절대적으로 줄어들었고, 대신 선교와 화해라는 용어가 자주 등장하였다. 총 30면으로 구성된 케이프타운 서약 가운데서 한 쪽 남짓한 분량만이 전도에 대해 구체적으로 언급하고 있다는 사실 하나만으로도 케이프타운 서약의 관심이 어디에 있었는가를 쉽게 이해 할 수 있다. 전도에 대한 관심은 급격히 줄어든 반면 사회와 사회 참여에 대한 관심은 급격히 증대되었다. 케이프타운 서약이 미전도 종족과 미접촉 종족에 관한 관심을 표명하기는 했지만 전체 분량에 비하면 그 양은 매우 적은 것이었다. 전도 사역에 관한 한 로잔 언약이나 마닐라 선언이 담고 있는 관심과 분량에 비하며 상대적으로 매우 적은 것이 분명하다. 로잔 운동의 주요 가치와 정신이 점진적으로 전도 운동에서 소위 선교 운동으로 변해가는 모습을 드러내고 있는 것이다. 마닐라 선언문에서 '사회복음'이 등장하더니 케이프타운 서약에서는 '하나님의 선교'(Mission Dei) 사상이 본격적으로 자리를 잡기 시작하였다. 전도를 선교의 일부로 보기 시작한 것이다. 로잔 운동의 핵심 가치였던 전도의 중요성이 차츰 퇴색되고, 하나님의 선교 개념이 점차 그 자리를 차지해 가고 있는 모습이 눈에 띈다. 선교의 핵심 가치인 전도가 주변부로 물러나고 그 자리를 사회적 책임과 관심이 차지하고 있는 현실이 매우 안타깝다.

2) 선교 의미의 변화

앞에서 살펴본 대로 로잔 운동은 전도 사역을 선교사역의 최우선에 두었었다. 1974년 열렸던 로잔 대회의 가장 크고 의미 있는 기여가 바로 변질되어 가는 선교의 의미를 다시 본래의 자리로 되돌린 것이라고 할 수 있다. 하지만 세월

---

1   Robert Coot, "Lausanne II and World Evangelization", *International Bulletin of Missionary Research*, 14/1 (1990): 13.

이 흐르면서 로잔 운동에도 적지 않은 변화가 찾아왔다. 전도의 개념이 약화되었고, 사회 참여의 영역이 점차 넓어졌으며, 선교의 개념이 전도의 개념을 누르기(subdue) 시작했다. 마침내 이러한 현상이 두드러지게 나타난 대회가 바로 케이프타운 선교대회였다.

케이프타운 서약은 "신학교육과 선교"(Theological education and mission)라는 부분에서 "신학 교육은 전도의 의미를 뛰어넘는 선교의 한 부분이다."(Theological education is part of mission beyond evangelism)라고 했는데, 우리는 이러한 표현 속에서 케이프타운 서약이 지닌 선교적 사상이 무엇인가를 쉽게 발견하게 된다. 그들은 신약 성경이 전도와 양육을 분리하고 있다고 본다. 비록 예수 그리스도의 '대위임령'(the Great Commission)을 예로 들면서 그 둘이 서로 밀접한 관계를 가지고 있다고 말하기는 하지만 결론적으로는 그들은 제자 삼는 사역을 전도로 규정하고, 가르치고 양육하는 사역을 선교로 구분하고 있다. 그래서 그들은 신학교육의 목적이 단순한 전도 사역을 뛰어넘는 선교교육으로 나가야한다고 주장한 것이다. 신학교육의 목적이 전도 사역을 가르치는 데 머물러서는 안 되고 선교 사역(missional task)을 가르쳐야 한다고 했다. 그들은 신학교육은 본질적으로 선교적(intrinsically missional)이어야 하고 모든 형태의 선교적 참여(missional engagement)를 가르치는 과정이 되어야 한다고 주장한다.[2]

케이프타운 서약이 신학교육의 목적을 진술하는 과정에서도 전도라는 용어가 현저히 약화되고 반면 선교라는 용어가 강화되는 모습을 보여주고 있다. 특별히 신학교육의 결론 부분에서 전도대신 화해(reconciliation)라는 표현이 더 많이 등장하는데 이것은 마치 WCC가 주장하고 강조했던 "세상과의 화해"라는 주제를 연상하게 한다. 교회를 세상을 위한 하나님의 화해의 대사로 묘사한 부분이나, 선교라는 용어가 전도를 대신해서 자주 등장하는 현상을 볼 때 케이프타운 서약이 전통적인 로잔 정신으로부터 다소 멀어진 인상을 준다. 마태복음에 기록된 전도 명령의 중요성을 약화시키고, 누가의 사회적 책임과 요한의 사랑과 화해

---

2   Coot, "Lausanne II and World Evangelization," 28.

만을 강조하며 '하나님의 선교'를 강조한 케이프타운 서약은 분명히 전통적인 로잔 운동의 선교정신과는 차이가 있어 보인다. 그리스도의 피로 거듭난 성도들이 마땅히 감당해야 할 윤리적 책무들을 교회가 감당해야 하는 선교적 과제로 간주하는 것은 다소 무리해 보인다. 케이프타운 서약은 성도들의 윤리적 책임과 교회의 선교적 사명을 명확히 구별 짓지 못한 것이 분명해 보인다. 거듭난 성도들이 반드시 감당해야만 하는 윤리적 책무를 선교적 책무라고 부르는 것은 선교의 성경적 의미와 성경적 가르침에 대한 많은 오해의 여지를 남기게 된다.

2. 로잔 운동의 신학적 변천(theological movement)

로잔 언약 이후로 등장한 모든 선언문들은 한결같이 로잔 언약의 정신과 신학적 입장을 토대로 작성되었음을 강조했다. 하지만 각 선언문 사이에는 적지 않은 선교 신학적 변화가 감지된다. 로잔 언약의 신학이 전통적인 복음주의적 입장에 서 있다면 마닐라 선언문과 케이프타운 서약은 그것과는 다소 다른 모습의 신학적 입장에 서 있는 것 같다. 모든 선언문들이 성경의 권위와 무오류성을 토대로 작성되었다고는 하지만 각 선언문들의 관심과 주제는 분명히 서로 다른 차이를 드러낸다. 시대의 변화에 따라 교회의 관심이 달라질 수는 있으나 교회의 존재 이유와 목적인 전도의 사명은 절대로 변해서는 안 된다. 하지만 로잔 운동이 각 시대의 필요들을 채운다는 명분하에 지나치게 정치사회적인 참여를 강조한 나머지 선교의 근본적이고 필수적인 사역인 전도의 사명을 서서히 약화시켜 놓았다.

1) 선교에 대한 신학적 이해의 변화

로잔 언약 이후로 등장한 두 선언문은 확실히 로잔 언약과 다른 신학적 입장을 보여주고 있다. 각 선언문은 서로 다른 국가와 지역을 대표하는 신학자들, 선교학자들, 교회 지도자들의 신학적 입장을 적극적으로 반영했기 때문에 모든 주제에 대해 정확히 일치된 의견을 반영하는 데는 분명히 어려움이 있었을 것이다. 여러 학자들이 이미 지적한대로 복음주의 내에도 서로 다른 다양한 신학적, 선교학적 입장을 지닌 학자나 목회자들이 많이 있기 때문이다. 로잔 운동의 변화에 대해 민감하게 반응한 학자들 대부분은 주로 북미지역에서 온 학자들이었다고 한다. 보수적인 복음주의의 본산인 미국 침례교회의 참여가 점차 약화된 이유도 바로 여기에 있다. 로잔 언약과 마닐라 선언문을 작성하는데 절대적인 영향을 끼쳤던 빌리 그래함과 스토트, 케이프타운 서약 작성에 깊은 영향을 끼쳤던 라이트의 신학적 입장이 완선히 동일하다고 볼 수는 없다. 신학적 입장으로 볼 때 빌리 그래함이 복음주의 우파에 속한다면, 스토트는 중도파, 라이트는 좌파에 속한다고 볼 수 있을 것이다. 빌리 그래함이 전도에 깊은 관심을 가지고 있었다면, 스토트는 전도와 사회 참여 모두에 깊은 관심을 가졌다고 볼 수 있었고, 크리스는 전도보다 사회 참여 쪽에 훨씬 더 많은 관심을 가지고 이었다고 할 수 있을 것이다.

(1) 선교에 대한 신학적 이해

로잔 선교 대회가 발표한 선언문의 명칭이 로잔 언약(covenant)이다. 로잔이 다양한 신학적 용어들 가운데서 유독 '언약'이라는 말을 사용한데는 분명한 이유가 있을 것이다. 언약이란 말은 주로 개혁 신학자들이 많이 사용하는 용어로서 하나님과 인간들의 관계 속에서 맺어진 약속을 의미한다. 선언문에서 채택된 용어만 보더라도 그 선언문 안에 담겨있는 신학사상을 조금은 엿볼 수 있다. 그렇다면 로잔 언약이 하나님 앞에서 약속한 내용이 무엇인가? 그것은 다름 아닌 성경에 기록된 선교의 의미와 동기를 명확히 밝혀서 세계에 흩어져 있는 모든 교회들이 선교를 바르게 이해하고 실천하도록 돕는 것이었다. 마침내 그들이 성경을 통하여 밝혀낸 내용은 선교는 전도이고, 전도는 개인의 회심과 헌신을 포함하는 것이라는 점이다. 선교는 하나님 왕국을 확장시키는 것이고, 이 일을 위해 구원 받은 성도들이 세상에 나가 복음을 전하는 것이다. 복음을 전하는 방식은 선포(proclamation)와 삶을 통해서 이루어지고, 복음 전파의 궁극적인 목적은 하나님의 영광을 위한 것이다. 로잔 언약은 마태의 선교 대위임령에 깊은 관심을 가지고 있었으며, 선교란 말씀 선포를 통해 세상 사람들을 그리스도에게 데려 오는 것이라고 했다. 그리스도로 말미암는 회심과 그리스도를 향한 헌신이 선교의 주된 관심과 목적이었다. 로잔 언약의 선교신학을 깊이 들여다 본 로버트 슈라이터(Robert Schreiter)는 마태복음에 기록된 대위임령이 로잔 언약의 신학적 기초를 이루고 있다고 평가했다.[3]

마닐라 선언문은 로잔 언약을 기초로 그들의 선교 신학을 발전시켰다. 로잔 언약이 마태복음의 선교 대위임령에 관심을 가졌다면, 마닐라 선언문은 누가복음 4장의 "나사렛 선언"(Nazareth Manifesto)에 큰 관심을 가지고 있었다. 가난한 자들과 억눌린 자들, 눈 먼 자들과 갇힌 자들에 깊은 관심을 갖고 그들의 선교신학을 발전시켰다. 마닐라 선언문의 주된 관심은 세상의 소외된 자들을 향한 사랑과 자비였다. 그들에게 있어 선교적 과업이란 "모든 교회들이 총체적 복음을 전세계에 전하는 것"이었다. 여기서 특별히 눈에 띄는 단어가 바로 "총체적 복음"이라는 단어인데, 이 단어에 담긴 신학이 바로 마닐라 서약의 정신을 대표하는 선교신학이라고 할 수 있다. 그들은 대위임령과 더불어 사회적 책무를 강조하는데, 이 둘을 합한 것이 바로 총체적 선교인 것이다. 로잔 언약이 대위임령을 선교의 중심으로 삼았다면 마닐라 선언문은 대위임령과 사회 참여를 동등한 선교적 과제로 삼은 것이다. 당시 대부분의 선교학자들이 관심을 갖고 있던 신학적 동기(theological motivation)인 가난과 정의와 평화가 마닐라의 선교적 동기로 채택된 것이다.[4] 마닐라의 선교신학은 전통적인 의미의 전도사역과 사회적 책무를 합친 전체주의(holism) 위에 건설된 것이다. "모든 세계"(the whole world)라는 단어 역시 선교의 범위가 특정한 공동체, 즉 미전도 종족이나 비 기독교인들만을 지칭하는 것이 아니라 우리와 함께 살아가고 있는 가난한 자, 눌린 자, 착취당하는 자,

---

3   Robert J. Schreiter, "From the Lausanne Covenant to the Cape Town Commitment: A Theological Assessment", *International Bulletin of Missionary Research*, 35/2 (2011): 88-89.

4   Schreiter. "From the Lausanne Covenant to the Cape Town Commitment," 89.

소외된 자 모두를 포함해야 한다는 폭넓은 의미를 담고 있다.

케이프타운 서약은 세상 속에서 일하시는 하나님으로부터 그들의 선교신학을 끌어낸다. 하나님은 신앙공동체 안에서 뿐만 아니라 교회 밖 세상에서도 일한다는 신학적 전제를 갖고 그들의 선교신학을 정립해 나갔다고 할 수 있다. 그들은 세상 속에서 일하시는 하나님의 다양한 사역들 가운데서도 특별히 "세상을 향한 하나님의 사랑과 화해"라는 주제에 깊은 관심을 가지고 서약서를 작성했다. 요한의 서신들에 자주 등장하는 사랑이라는 주제와 더불어 바울 서신들에 자주 등장하는 화해(reconciliation)라는 주제들을 성도들에게 뿐만 아니라 세상에 속한 모든 사람들에게도 적용시킨 것이다. 세상을 향한 하나님의 사랑을 강조했던 요한의 신학과 그리스도로 말미암아 자기와 온 세상을 화목케 하신 하나님의 화해의 정신을 강조했던 바울의 신학을 그들의 선교신학의 중심 사상으로 삼은 것이다.[5] 사도 요한의 무한한 사랑의 정신과 바울의 우주적 구원(universal salvation) 정신이 케이프타운 서약 속에 고스란히 녹아있는 것이다. 결론적으로 말하자면 케이프타운 서약은 이전 서약들의 정신과 주장을 뛰어넘는 매우 포괄적인 신학(comprehensive theology)을 담고 있는 선언문이라고 할 수 있다.

⑵ 선교와 세상의 관계

로잔 언약은 세상과 교회를 대립적으로 본다. 교회는 구원 받은 자들의 공동체고 세상은 구원이 필요한 공동체다. 따라서 교회는 복음전파를 통하여 세상을 구원해 내야 하는 사명을 지닌 공동체로 인식된다. 유일하게 복음의 비밀을 간직한 신앙공동체인 교회가 세상의 버려진 영혼들을 구원하기 위해 세상을 향해 나가는 행위가 바로 선교인 것이다. 로잔 언약은 교회와 세상이 서로 거리를 두고 항상 긴장 관계를 유지하고 있다고 본다. 하나님으로부터 멀어진 인간들과 세상을 향해 구원의 소식을 전해야 할 책임이 교회에 있고, 교회만이 이일을 감당할

---

5   Schreiter. "From the Lausanne Covenant to the Cape Town Commitment," 89.

수 있다고 믿는다. 인간을 포함한 세상의 모든 것들은 영적으로 철저히 타락했기 때문에 그리스도로 말미암는 구속이 절대적으로 필요하고, 교회는 이러한 비밀을 세상에 전해야 하는 사명을 가지고 있는 유일한 공동체다. 세상은 그리스도를 통해서만 의로워 질 수 있고, 그리스도를 통해서만 구원을 받을 수 있는 것이다.

마닐라 선언문은 교회의 전도적 사명에는 동의하지만 세상을 지나치게 적대적으로 보지 않고 단지 교회의 봉사와 도움을 필요로 하는 공동체로 본다. 따라서 교회는 세상의 다양한 필요들을 채워야하며, 세상이 교회의 도움을 필요로 할 때 교회는 세상의 필요나 요구들을 채우기 위해 언제든지 자기희생과 봉사를 아끼지 말아야 한다. 교회는 세상의 고통과 아픔에 동참해야 하며, 세상의 불의와 착취에 대항해야 한다. 사회 참여를 통한 사회변혁(social transforming)은 교회의 당연하고 필수적인 임무다. 마닐라 선언문에 담겨있는 선교사상은 전도를 통해 세상의 구원하려는 선교 행위와 세상의 아픔에 적극적인 동참하는 행위 모두를 긍정적으로 인정하고 있다.

케이타운 서약은 세상을 사랑의 대상으로 여긴다. 그리스도 안에서 하나님이 이미 세상과 화해를 이루셨기 때문에 세상은 더 이상 교회의 적대 세력이 아니라 사랑의 대상인 것이다. 여전히 세상에는 죄악이 남아있기는 하지만 하나님이 세상을 적극적으로 사랑하시기 때문에 교회들 역시 세상을 사랑해야만 한다. 로잔 언약이 성과 속을 철저히 분리했던 것에 반해 케이프타운 서약은 성과 속을 날카롭게 분리하기를 거부한 것이다. 성과 속을 지나치게 날카롭게 구분하는 것을 극복하려고 했던 케이프타운의 노력은 분명히 로잔 언약의 신학과 선교적 입장에서 한 발 멀어진 것을 보여주고 있다고 해도 과언이 아니다. 슈라이터는 세상에 대한 케이프타운의 입장이 다소 애매하다고 하면서, 케이프타운과 로잔 사이에 분명한 불일치가 보인다고 했다. 그는 케이프타운 서약이 담고 있는 세상에 대한 이해가 전통적인 개혁신학이나 복음주의 신학이 견지해 온 세상에 대한 이해와 적지 않은 차이점을 보여준다고 했다.[6]

---

6   Schreiter. "From the Lausanne Covenant to the Cape Town Commitment," 90.

케이프타운 서약은 하나님의 "구속 역사"(salvation history)와 "세속 역사"(secular history)를 구별하지 않았던 WCC의 오류를 범한 것처럼 보인다. 하나님은 온 세상의 주인이시고 세상을 사랑하지만 세상을 구속하지는 않는다. 구속 역사와 세상 역사의 주인이신 하나님은 구속 역사와 세속 역사를 분명히 구분하신다. 모든 인류를 사랑하는 하나님은 모든 인류를 구원하지는 않는다. 인류를 구원할 수 있는 유일한 방법은 전도이고, 세상 사람들에게 전도는 미련해 보이는 것이다. 세상은 전도라는 미련한 방법으로 구원을 받는 것이지 성도들의 선행이나 봉사를 통해 구원을 받는 것이 아니다. 세상은 전도를 통해서만 구원을 얻을 수 있다. 성경은 세상 속에 존재하는 다양한 무질서와 불의 그 자체가 하나님의 형벌임을 분명히 가르쳐 주고 있다.(롬1:28) 케이프타운 서약은 전도에 대한 관심과 중요성을 덜 강조한 반면 성도들의 실천적 윤리를 지나치게 강조하고 있다. 케이프타운 서약은 기독교 선교를 위한 선언문이라기보다 기독교 윤리 선언문이라고 할 수 있다. 구약 윤리에 깊은 관심을 가지고 있는 크리스토퍼 라이트의 관심과 사상이 그대로 반영된 선언문인 것 같다. 전도의 우선권과 중요성을 강조했던 로잔언약(1974)의 선교정신이 분명히 약화되었고, 선교사역이 윤리적 행위로 대체되거나 축소되었다. 케이프타운 서약이 기독교인들의 윤리적 책무를 잘 표현해 주기는 했지만 전도와 더불어 전통적인 선교의 의미를 약화시키거나 축소시키는 결과를 가져온 것은 사실이다.

3. 로잔 운동의 선교학적 의미

1) 성경 중심적 선교

⑴ 성경의 권위

로잔 운동이 세운 가장 큰 공로가 있다면 모든 선교와 선교신학의 전제로서 성경의 권위를 회복시킨 것이라고 할 수 있다. 로잔 운동은 WCC의 영향으로 말미암아 사라졌던 성경의 권위가 다시 회복시켰고, 성경의 권위와 무오류성을 근거로 선교신학을 연구 발전시켜 나갈 수 있는 단초가 되었다. 성경만을 근거로 선교신학을 정립하고, 성경만을 근거로 선교사역들을 해야 한다는 로잔의 정신은 개혁 신학(Reformed Theology)의 전통과도 정확히 일치한다고 할 수 있다. 그릇된 성경관은 그릇된 선교신학을 만들게 되고, 그릇된 성경관은 그릇된 선교적 실천들을 만들어 낸다. 성경관이 바르지 못하면 잘못된 신학을 만들게 되고, 잘못된 신학은 그릇된 선교신학을 만들어 내기 때문이다. 선교신학을 비롯한 모든 실천신학이 반드시 성경적 권위에 기초해야 하는 이유가 여기에 있다.

앞으로도 전 세계에 흩어져 있는 수많은 교회들은 각각의 장소에서 다양한 선교적 과제들과 마주하게 될 것이다. 각 지역과 나라들이 맞이하게 될 수많은 선교적 과제들을 해석하고 극복하기 위해서는 절대적인 판단 기준이 필요한데, 그 판단의 근거와 기준이 반드시 성경이 되어야 한다. 각 교회들과 선교단체들이 현장에서 마주하게 될 수많은 실천적 과제들을 해석하여 답을 주어야 할 책임이 있는 신학자들과 선교학자들이 절대적으로 의지하고 신뢰해야 할 최종 권위는 반드시 성경이어야 한다. 성경의 권위 위에 세워지지 않은 신학이나 선교신학은 한 낱 종교적이고 인간적(humanistic)이기는 하지만 하나님의 뜻과 목적과는 거리가 멀다. 성경의 지도와 가르침에 따른 신학과 선교신학만이 하나님의 마음을 기쁘게 해 드릴 수 있는 것이다. 따라서 지구상의 모든 교회들과 선교단체들은 자신이 마주하고 있는 당면한 과제들뿐만 아니라 앞으로 다가올 다양한 과제와 문제들을 해석하고 답하기 위해서 반드시 성경의 지도와 인도를 받아야 한다.

(2) 그리스도의 유일성

로잔 언약이 후대의 선교신학에 끼친 또 다른 공로 가운데 하나는 복음의 핵심인 그리스도의 유일성을 회복시킨 것이라고 할 수 있다. WCC를 중심으로 한 진보적인 신학자들과 선교신학자들은 예수를 주변화 시키고, 그 자리를 윤리와 도덕으로 대체시켰다. 성경이 가르치고 제시하는 유일한 구세주인 예수를 몰아내고 인본주의적인(humanistic) 사랑과 희생을 그 자리에 앉힌 것이다. 예수의 죽음과 부활을 통한 영혼 구원을 생략한 채 예수가 가르친 도덕과 윤리의 정신만을 가르친 것이다. 인류가 구원을 얻기 위해 반드시 필요한 예수의 죽음과 부활은 선포하지 않고 그분의 윤리적 가르침만을 선포하는 행위를 선교라고 가르쳤다. 인류가 구원을 얻기 위해서는 예수 자신이 필요한 것이지 그분의 윤리나 도덕이 필요한 것은 아니다. 예수가 가르친 윤리나 도덕은 타 종교에서도 종종 발견된다.

우리의 영혼이 구원받기 위해 우리에게 필요한 것은 예수 자신이지 그분이 남겨놓은 윤리적 가르침이 아니다. 예수가 가르친 윤리와 도덕은 구원받은 백성들이 반드시 지키고 따라야 할 삶의 기준이기는 하지만 그것이 우리를 구원시키지는 못한다. 구원받은 성도들은 예수의 가르침에 절대적으로 복종해야 하지만, 예수의 도덕적 가르침을 철저히 지키고 따르는 사람들이 반드시 구원받는 것은 아니다.

로잔 언약은 예수를 윤리적인 역할모델로만 해석하고, 가난하고 억눌린 자들의 구원자로만 해석하던 진보적인 신학자들과 선교학자들을 향해 예수는 도덕적인 삶을 통해서가 아니라 십자가의 죽으심과 부활을 통해 온 인류에게 영생을 주시는 분임을 명확히 선포한 것이다. 예수의 탁월한 도덕성만을 강조해 온 종교다원주의자들을 향해 성경이 가르치고 선포하는 진정한 구원의 비밀이 무엇인가를 확실히 선언한 것이다. 탁월한 윤리적 삶을 산 사람은 구원을 받을 수 없지만, 윤리적으로 부족하고 연약해도 예수를 믿고 영접한 사람은 영생을 얻는 것이

5부 로잔 선교운동

다. 이것이 바로 성경이 가르치고 땅 끝까지 전하려고 하는 구원의 비밀인 것이다. 타 종교를 믿고 살아가는 아무리 신실한 신자들이라 할지라도, 그들의 탁월한 도덕성으로 인해 구원 받는 것이 아니라 예수의 대속적 죽음을 믿음으로서만 구원을 얻을 수 있는 것이다.

2) 복음주의 선교신학의 정립

1910년 에딘버러 선교대회 이후로 복음주의자들 사이에 적지 않은 선교대회들이 열렸지만 선교에 관한 이해가 총체적으로 정리된 대회는 많지 않았다. 각 교파나 교단들 사이에는 어느 정도 일치된 선교적 이해가 존재했지만 전 세계에 흩어져 있던 복음주의자들 사이에는 일치된 선교적 이해나 해석들이 존재하지 않았다. 약간의 갈등은 있었지만 IMC와 WCC를 중심으로 한 진보적인 선교대회들에서는 상당히 일치된 선교신학적 선언문들이 매번 발표되었다. 반면 대부분의 복음주의자들은 각자 스스로 이해하고 있는 선교신학을 토대로 선교사역을 펼쳐갔다. 정작 전 세계에 흩어져서 가장 열절정적으로 선교사역을 수행해온 복음주의자들 사이에는 정확히 일치된 선교 선언문이 없었다. 이런 차에 빌리그래함과 스토트의 헌신적 노력으로 복음주의자들이 믿고 따를 수 있는 건강한 선교적 선언문이 작성 발표된 것이다.

로잔 언약은 복음주의자들 사이에 선교적 교과서가 되었고, 시대마다 선교적 주제나 관심의 대상이 바뀌기는 했어도 여전히 복음주의자들에게 가장 바르고 정확한 선교적 길라잡이로서의 역할을 톡톡히 감당하고 있다. 각 선언문 마다 강조된 주제가 다르고 약간의 신학적, 선교학적 해석과 이해가 다르기는 하지만 로잔 운동은 여전히 복음주의자들의 선교적 이정표로 남아있다. 로잔 운동이 다루는 내용이 매번 바뀌는 이유는 각 시대가 처한 각각의 선교적 환경들이 다르기 때문에 각자의 환경에 바르게 대처하기 위해서는 다른 주제와 관심들이 다룰 수밖에 없었기 때문이다. 각 선언문 사이에 약간의 서로 다른 신학적, 선교학적 내용들이 포함되어 있기는 하지만 현재로선 로잔 운동에서 발표된 선언문들이 가장 성경적이고 건강한 선교적인 내용들을 담고 있다고 말할 수 있다. 로잔 운동은 현재와 미래에 우리가 만날 다양하고 복잡한 선교적 환경을 이해하고 대처하는데 적지 않은 통찰들을 제공할 것이다.

4. 로잔 운동의 열매

1) 선교운동과 선교단체들의 탄생

(1) GCOWE 운동

로잔 운동이 끼친 영향으로 인해 각 대륙에서 다양한 선교 운동들이 결성되고, 특별한 선교전략을 목표로 하는 다양한 선교기관들이 등장하였다. 열매로 나타난 다양한 선교 운동 가운데서 가장 눈에 띄는 선교운동이 바로 "21세기 선교운동"(AD 2000 & Beyond Movement)이다. 1989년 약 50개국에서 온 314명의 복음주의 지도자들이 싱가포르에서 "세계 복음화를 위한 국제 협의회"(Global Consultation on World Evangelization by AD 2000 and Beyond)가 창설되었고, 이 모임의 목적은 전 세계의 흩어져있는 미전도 종족에게 복음을 전하는 것이었다. GCOWE에 참석자 지도자들 가운데 과반 수 정도는 제3세계 출신이었는데 그들 가운데서도 특별히 중국계 토마스 왕(Thomas Wang)과 아르헨티나 출신 루이스 부쉬(Louis Bush)가 전체 지도력의 중심에 있었다.[7] 루이스 부쉬는 북위 10도와 40도 사이에 세계에서 가장 많은 미전도 종족들이 분포되어 있다는 사실을 발견하고 이 지역 선교의 중요성을 강조하였는데, 그는 이 지역을 "10/40 창"(10/40 Window)이라고 불렀다. GCOWE의 중요한 정신은 그들이 외친 "2000년까지 모든 종족에게 하나의 교회를, 모든 사람에게 복음을"(A Church for Every People

---

7   노봉린. "로잔대회 이후의 복음주의 운동,"『선교와 신학』 5 (2000): 55-56 cf. "AD 2000: Eleven Years to Reach the World," *Christianity Today* (Feb 1989): 48-49.

and the Gospel for Every Person by 2000)이라는 슬로건 속에 잘 드러나 있다.

첫 번째 대회가 끝나고 6년이 지난 1995년에는 서울에서 GCOWE '95 선교 대회가 개최되었는데, 이 대회에는 200여국에서 온 4,000명의 선교 관심자들이 참석하였고, 특히 700,000명이 여의도에 모여 세계 복음화를 위해 기도하였다는 점은 그때 까지 열렸던 수많은 선교대회들 가운데서도 매우 드문 사례라고 할 수 있다.[8] 1997년에는 남아프리카 공화국의 프레토리아(Pretoria)에서 제3차 GCOWE 대회가 열렸는데 이 대회에서는 135개국에서 온 3,930명의 지도자들이 함께 모여 아프리카의 222개 미전도 종족들을 중심으로 전 세계 579개 미전도 종족들에게 복음을 전하자는 결의를 하였다. 한 가지 흥미로운 점은 프레토리아 선교대회가 250명의 신학교 교장들과 교학처장들의 모임을 주선하였다는 점이다. 여러 나라에서 온 신학교 학장들은 전 세계에 흩어져 있는 4,000여 신학교들도 미전도 종족 복음화에 적극적으로 참여해 줄 것을 강력히 요청하였다.[9]

(2) 여호수아 프로젝트 2000 (Joshua Project 2000)

루이스 부쉬 박사의 지도력을 중심으로 또 다른 미전도 종족 운동이 탄생하게 되는데, 이 운동의 주된 목적은 전 세계에서 복음이 가장 덜 전해진 미전도 종족을 입양하여 세계 복음화의 과업을 속히 완성하려는 데 있었다. 인구 10,000명 이상의 미전도 종족 1,685개를 선정하여 최우선적으로 복음화를 완성하기로 하고, 각 나라와 교회들이 이러한 미전도 종족들을 입양하도록 하는 선교전략을 적극적으로 펼쳐나갔다. 이러한 운동과 괘를 같이하는 미전도 종족 입양운동이 1993년에 한국에서도 시작되었는데, 한국은 AAP(Adopt-A-People)라는 독자적인 선교단체를 설립하여 적극적으로 미전도 종족 선교운동에 동참하였다. AD 2000년까지 2,000개의 미전도 종족을 입양하는 것을 목표로 삼았고, 1995년 이후 10년 동안 550개의 종족을 입양시키는 운동을 전개해 갔다. 1996년 시카고

---

8 노봉린. "로잔대회 이후의 복음주의 운동," 56-57.
9 노봉린. "로잔대회 이후의 복음주의 운동," 65-67.

에서 열렸던 한인 선교대회에서는 300종족을 입양할 것을 결의하기도 했다.[10] 여호수아 프로젝트는 75억의 인류 가운데서 아직도 복음화가 완성되지 못한 32억의 미전도 종족을 위해 매우 구체적인 통계를 기초로 전략적 접근을 시도하고 있다. 여호수아 프로젝트는 현재 32억 명에 달하는 7,000여 미전도 종족(unreached peolple group)과 3,000여 미접촉 미전도 종족(unengaged unreached people group) 복음화를 위해 전력을 다하고 있다.

(3) 남미 선교운동

로잔 운동은 남미의 선교운동이 태동하는데 지대한 영향을 끼쳤다. 1988년에는 남미의 브라질 상파울로에서 제1회 선교대회가 열렸다. 이 대회를 수최한 기관은 COMIBAM(Cooperacion Misionera Ibero Americana) 선교협의회였는데, 이 대회에 남미 전역에서 참석한 교회 지도자들의 숫자가 무려 3,000명에 달했다. COMIBAM '88에서는 남미가 중심이 되어 전 세계에 적극적으로 선교사들을 파송하기로 결의 하였다. 그들의 이러한 선교적 열정은 당장 열매로 나타나서 1988년 당시 900명 정도의 남미 출신 선교사들이 파송되었고, 1994년에는 4,075명의 선교사들이 남미로부터 타국으로 파송되었다. 약 7년 만에 4배의 선교사를 파송한 것이다. 제2차 COMIBAM 선교대회는 1997년에 멕시코의 아카풀코에서 열렸는데 이 대회에는 남미 25개국에서 온 3,000여명의 교회지도자들이 모였다. 제2차 대회에서는 남미에서 진행되고 있는 선교 활동들을 점검하고, 선교사역을 위한 구체적인 계획을 세우며, 선교사들을 훈련시키고, 21세기에 대비한 남미 선교운동을 적극적으로 추진하기로 했다.[11]

---

10   노봉린. "로잔대회 이후의 복음주의 운동," 62-64.
11   노봉린. "로잔대회 이후의 복음주의 운동," 73-74.

2) 복음주의 교회들의 연합

앞에서 이미 언급한 바와 같이 로잔 운동은 복음주의 교회들 안에서 다양한 선교학적 영향력을 행사해 왔을 뿐 아니라 로잔 정신에 입각한 다양한 선교단체들과 선교 운동들이 태동하는데 지대한 영향을 끼쳤다. 특별히 로잔 운동은 복음주의 교회들이 서로 협력하고 연합할 수 있도록 다양한 계기들을 제공하는데 큰 공헌을 하였다. 종종 복음동맹(World Evangelical Alliance)과 함께 다양한 선교대회들을 개최함으로서 복음주의 교회들 내에서 진정한 일치와 연합운동을 실천하기도 했다. 복음동맹에 속하지 않은 많은 복음주의 교회들조차 로잔 운동에는 매우 적극적으로 참여했으며, 로잔의 선교 정신을 공유하였다. 전 세계의 복음주의 교회에 속한 교회의 지도자들, 신학자들, 선교학자들, 선교단체 대표들, 평신도 지도자들을 동원하고 동역하는 구심점으로서 로잔 운동은 복음주의자들의 진정한 연합 운동이라고 할 수 있다. 각 대륙을 대표하는 전 세계의 모든 복음주의 교회 지도자들이 모여 다양한 선교적 주제를 놓고 진지하고 열정적으로 고민하며 토론하는 모임은 아마 로잔 선교대회가 유일할 것이다.

3) 교회와 선교단체의 연합

로잔 운동 이전에는 교단은 교단대로 선교단체는 선교단체대로 나름의 선교사역을 각각 수행해온 것이 사실이다. 로잔 운동이 시작되기 전에는 각 기관들이 각각의 선교철학과 가치를 공유하며 나름대로의 선교사역을 진행해 왔지만 로잔 운동이 본격화 되면서부터는 로잔을 중심으로 한 협력과 연합사역이 매우 활발해졌다. 교회 지도자들과 선교단체 지도자들이 함께 머리를 맞대고 성경이 가르치고 지도하는 대로 인도함을 받으며 진정한 성경적 선교의 의미를 찾으려고 노력하였다. 교회 지도자들은 신학적 통찰을 통해 선교를 배우고, 선교학자들이나 선교단체 지도자들은 그들의 경험과 통찰을 교회 지도자들과 나눔으로서 진정한 연합을 통해 하나님이 원하시는 선교가 무엇인가를 하나씩 정리하며 배워

나갔다. 선교라는 주제를 앞에 놓고 교회와 선교단체가 함께 고민하며 연구해서 왜곡된 선교의 의미를 바로잡고 선교의 성경적 의미를 찾아내려는 로잔 운동이 야말로 진정한 의미의 에큐메니칼 운동이라고 부를 수 있을 것이다. 신학적 일치가 전제되지 않은 교회 연합운동이나 선교대회는 진정한 의미에서 연합운동이라고 할 수 없다. 성경의 권위에 입각한 신학적 일치 없이는 어떤 연합과 통합 운동도 진정성이 결여된 피상적이고 정치적인 연합 운동에 불과하다. 성경의 가르침과 지시를 따르는 바른 신학에 기초한 선교만이 바른 선교다. 성경에 기초한 선교학 만이 모든 시대가 직면한 수많은 과제들과 문제점들을 바르게 해결할 수 있을 것이다. 전 세계에 흩어져 있는 모든 교회 지도자들과 선교 지도자들은 "모든 시대는 그들 나름대로의 독특한 질문과 문제점들을 지니고 있기 때문에, 모든 시대는 늘 성경과 새로운 만남(encounter)을 가져야하고, 어느 것도 성경으로부터 듣는 것보다 더 건강할 수는 없다"[12]는 블라우(Johannes Blaw)의 말에 다시 한번 귀 기울일 필요가 있다. 성경만이 모든 선교 행위와 사역을 위한 절대적이고 유일한 기준임을 잊지 말아야 한다.

---

12   Johannes Blaw, *The Missionary Nature of the Church: A Survey of the Biblical Theology of Mission* (Grand Rapids, Michigan: Eerdmans, 1974), 12.

전문인 선교

제6부 전문인 선교

제1장 전문인 선교의 필요성

제2장 전문인 사역의 성경적 근거

제3장 전문인 선교의 정의와 역사

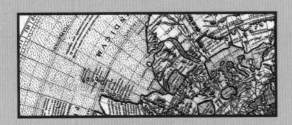

1970년대 까지만 해도 한국에서 전문인 선교사라는 이름을 거의 들을 수 없었을 뿐 아니라 전문인 선교사를 선교사로 인정하지도 않았다. 선교사가 되려면 당연히 신학교에서 일정 기간 이상의 신학교육을 받고 선교 훈련을 받은 사람만 지원할 수 있는 것으로 여겨져 왔다. 하지만 21세기를 맞이하면서 한국 교회 내에서도 전문인 선교사라는 말이 더 이상 낯선 말로 들리지 않는 분위기로 변했다. 도리어 어떻게 하면 창의적 접근지역(creative access nations)이나 접근 제한 지역(restricted nations)에 보다 많은 전문인 선교사를 보낼 수 있을까를 고민하는 시대로 변했다고 할 수 있다. 물론 적지 않은 교회나 선교단체들이 아직도 전문인 선교에 관한 충분한 이해를 가지지 못하고 있거나 충분한 지지와 후원을 보내지 못하고 있는 것이 사실이지만, 그럼에도 불구하고 21세기는 다양한 선교사역의 모델과 방식들을 요구하고 있을 뿐 아니라 전통과 혁신을 동시에 필요로 하고 있다.

지난 수십 년 동안 '전문인 선교'(Tentmaking Ministry)에 관해 수많은 논의가 진행되어 왔다. 지난 수십 년 동안 전문인 선교에 관한 전문가들이 여러 주제를 놓고 연구와 토론을 거듭해 왔음에도 불구하고 아직도 해결 되지 않은 예민한 주제들이 많이 있다. 저자는 이 장을 통해 전문인 선교 전문가들이 그 동안 다루어

온 수많은 주제들 가운데서도 유독이 해결되지 않은 여러 가지 주제들 가운데 몇 가지를 살펴보려고 한다. 전문인 선교가 무엇인가? 전문인 선교가 윤리적인 타당성을 가지고 있는가? 전문인 선교가 성경적 근거를 지니고 있는가? 전문인 선교의 유익과 폐해가 무엇인가? 등을 살펴보고, 전문인 선교 사역이 전통적인 선교사역의 한계와 문제점들을 극복할 수 있는 현실적 대안이라면 전문인 선교사들을 어떻게 준비시키고 훈련시킬 것인가를 살펴볼 것이다.

전문인 선교의 필요성

1. 창의적 접근 지역(Creative Access Nations)

1) 10/40창(window)

타종교를 믿고 있는 대부분의 국가들은 전통적인 선교사들의 사역이나 입국을 거부하고 있는 실정이다. 21세기에 들어서면서부터 타종교를 믿고 있는 대부분의 국가는 자신들의 종교적 가치와 문화적 전통을 유지하고 지키기 위해 외국 선교사들의 사역에 대해 더욱 민감해지거나 선교사들의 거주와 입국 자체를 거부하는 경향이 두드러지게 나타나고 있다. 대부분의 불교, 힌두교, 회교 국가들이 이에 속한다고 할 수 있다. 야마모리(Tetsunao Yamamori)는 21세기 초에 전 세계 비기독교 인구의 83%가 전통적인 선교 방식으로 다가 갈 수 없을 뿐만 아니라 전통적인 선교사들이 접근 할 수 없는 지역에 살고 있다고 했다.[1] 야마모리는

---

1   Tetsunao Yamamori. *God's New Envoys: A Bold Strategy for Penetrating "Closed Countries"* (Portland, Oregon: Multnomah Press, 1987), 15.

이 지역에 살고 있는 미전도 종족의 숫자를 대략 35억 명으로 보고 있다.

우리에게 잘 알려져 있는 10/40 window, 즉 북위 10도로부터 북위 40도에 이르는 지역에 포함된 국가들 가운데 전 세계 비 기독교인들의 약 79%가 살고 있다는 사실과 복음에 저항하고 있는 3대 종교-불교, 힌두교, 회교-를 믿는 대부분의 인구가 이 지역에 살고 있다는 사실은 한국 교회에게 커다란 도전이 아닐 수 없다. 한국 교회의 지정학적 위치와 세계 교회에서 차지하는 영적인 비중으로 볼 때 10/40 window 지역을 향한 한국 교회의 선교적 사명이 얼마나 막중한 것인가를 쉽게 알 수 있다. 전 세계에서 가장 가난한 사람들의 82%가 10/40/window에 살고 있다는 사실 또한 선교전략상 간과되어서는 안 된다. 야마모리는 10/40 window 지역에 살고 있는 비 기독교인들에게 다가가기 위해서는 새로운 접근 방법과 전략이 반드시 필요함을 강조하고 있다.[2]

야마모리는 10/40 window에 살고 있는 비 기독교인들에게 다가가기 위해서는 "two-hungers"사역이 반드시 필요하다고 주장했다.[3] 그가 말하는 "two-hungers"사역이란 그들의 영적인 필요와 물질적인 필요를 동시에 제공함으로서 현지인들로 하여금 복음에 깊은 관심을 갖게할 뿐 아니라 복음에 저항하지 않는 분위기를 만들어 선교사역이 자연스럽게 진행되도록 하는 선교전략을 말한다. 야마모리가 주장하는 "two-hungers"사역을 성공적으로 진행하기 위해서는 전통적인 선교 방법만으로는 한계가 있고 사역의 전문성과 경험을 지닌 전문가가 필요하다. 특별히 이 지역에 존재하는 대부분의 미전도 국가들은 전통적인 선교사들에게 비자를 내주지 않거나 매우 제한적으로 거주를 허락하기도 한다. 따라서 전문인 선교사역이야 말로 이러한 문제를 해결하는 방법으로서도 매우 중요한 전략적 의미를 갖는다고 할 수 있다. 10/40 window 안에 존재하는 대부분의 미전도 국가들은 그들이 필요로 하는 특수기술이나 교육 사업, 의료 사업, 농업

---

2   Tetsunao Yamamori. *Penetrating Missions' Final Frontier: A New Strategy for unreached peoples* (Downers Grove, Illinois: Interversity Press, 1993), 33-35.

3   Tetsunao Yamamori. *Penetrating Missions' Final Frontier: A New Strategy for unreached peoples*, 33-35.

기술, 어업 기술 등 제공할 수 있는 외국인들에게는 상대적으로 개방되어 있을 뿐 아니라 몇몇 국가에서는 외국 전문가들을 적극적으로 환영하는 경우도 있다.

2. 새로운 선교전략

터커(Ruth Tucker)는 그녀의 책 『예루살렘으로부터 이리얀 자야까지』(From Jerusalem to Irian Jaya)에서 세계선교에 공헌한 99명의 선교사들을 언급하고 있는 네, 그 가운데서 23명을 전문인 사역자로 분류하고 있다. 이러한 통계는 세계 선교 역사에 지대한 영향을 끼친 사람들 가운데 적어도 1/4이 전문인 선교사라는 사실을 보여주고 있다.[4] 현대 선교의 아버지라고 불리는 캐리(William Carey)는 선교지에서 구두 수선과 상점의 주인으로 일하며 선교사역에 종사하였고, 믿음 선교(Faith Mission)의 아버지며 '중국 내지선교회'China Inland Mission(현 OMF 선교회의 전신)의 설립자였던 테일러(Hudson Taylor)는 선교지에서 보다 안정적인 사역의 기회를 얻기 위하여 의사로 활동을 하였다.

라이(Patrick Lai)는 자신의 연구를 통해 10/40 window에서 사역하고 있는 전문인 사역자들이 상당한 열매를 맺고 있다는 사실을 증명하였다. 그는 자신의 연구를 통해 지난 10여 년 동안 10/40 window 내에 존재하는 가장 복음화 되지 않은 지역에서 200개 이상의 기독교인 공동체가 새롭게 만들어졌고, 157개의 교회가 개척되었음을 발견하였다고 했다.[5] 교회 개척에 관한 전문인 선교사들의 사역이 전통적인 선교사들의 사역만큼은 아니라고 할지라도 선교현장에서 상당한 열매를 맺고 있는 것이 사실로 드러난 것이다. 전통적인 선교사들의 선교 활동이 금지된 지역에서, 전문인 선교사들이 만들어낸 값진 열매들이 주는 의미

---

4   Patrick Lai. Tentmaking: *The Life and Work of Business as Missions* (Colorado Springs, CO: Authentic Publishing, 2005), 11.

5   Patrick Lai. Tentmaking: *The Life and Work of Business as Missions*, 10.

를 깊이 생각할 필요가 있다. 전통적인 선교 개념에 얽매어 창의적 접근지역에서 시급히 필요로 하는 전문인 선교사역이 중단되거나 위축되어서는 안 될 것이다.

전문인 선교사들을 "텐트메이커"(tentmaker)라고 부르는데, 이 용어는 성경의 충분한 지지를 받고 있다. 사도 바울, 브리스길라와 아굴라, 누가 등 성경에 등장하는 많은 인물들이 선교사역을 위해 전문적인 직업을 갖고 있었으며, 스스로 자신의 생활비와 선교 사역비를 감당했던 점을 예로 들 수 있을 것이다. 하나님께서 주신 선교 사명을 감당하기 위해 그들은 모두 자신의 생업을 버리지 않고 지속적으로 유지하고 있었다. 세계 선교의 사명을 완수하기 위해 의도된 선택이었다고 보아야 할 것이다. 우리는 그들이 가졌던 자발성내지 의도성(intentionality)을 눈여겨보아야 할 것이다. 그들의 직업은 세계 선교라는 분명한 명분과 목적을 이루기 위해 동원된 하나의 수단이었던 것이다. 그들의 'tentmaking' 사역이 비록 전략적인 의미에 있어서 21세기가 요구하는 것과는 다소 다른 성격을 띠고 있기는 하지만, 세계 선교라는 궁극적인 목적을 이루기 위한 수단으로 자기의 직업을 동원했다는 차원에서는 매우 흡사하다고 볼 수 있다.

전통적인 선교적 접근 방법을 거부하고 있는, 세계에서 가장 복음화 되지 않은 지역들에서 보다 효과적이고 효율적인 선교적 돌파(mission break-through)가 진행되기 위해서는 전통적인 선교사와 함께 또 다른 차원의 선교사역자들이 전략적으로 매우 시급히 요청되는 바이다. 영적인 필요와 물질적인 필요가 동시에 요구되는 대부분의 미전도 국가들에서 가장 효과적으로 사역을 수행할 수 있는 선교사들이 바로 전문인 선교사들임을 염두에 두고, 어떻게 그들을 동원하고 훈련시킬 것인가에 대해 한국 교회가 깊은 관심을 갖고 지속적인 연구와 후원을 해야 할 것이다. 야마모리는 남아있는 미전도 국가들과 제한된 국가들을 복음화하기 위해서 대략 600,000명의 전문인 사역자들이 필요하다고 했다. 600,000명이 언뜻 보기에는 대단히 많아 보이지만, 이 수를 채우려면 기독교인 1,000명당 1명의 전문인 사역자를 파송하면 된다.[6]

---

6   Tetsunao Yamamori. *Penetrating Missions' Final Frontier: A New Strategy for unreached peoples*, 53.

전문인 사역의 성경적 근거

전통적인 선교를 지지하며, 전통적인 선교사만을 진정한 선교사라고 주장하는 목회자들과 선교 지도자들은 전문인 선교가 과연 성경적인 근거를 가지고 있는가에 대해 많은 의구심을 품어왔다. 그들은 전문인 선교를 주장하며, 전문인 선교를 적극적으로 지지하는 선교 전문가들의 주장이 과연 성경적인 지지를 받고 있는 것인가에 대해 많은 관심을 가지고 있었다. 본 장은 전문인 선교 사역의 성경적인 근거와 사례들을 살펴봄으로서 전문인 선교 사역의 타당성과 효과 대하여 살펴보려고 한다.

1. 사도 바울

성경은 전문인 선교사를 지지하거나 용인하고 있는가? 과연 성경에 전문인 선교사로 사역했던 인물이 존재하는가? 성경에서 말하는 전문인 선교사의 기준과 역할은 무엇인가? 등에 대한 대답으로 등장하는 인물이 바로 사도 바울이다. 이미 알려진 대로 사도 바울은 천막을 만드는 일(tentmaking)을 하며 복음을 전했다. 선교 사역을 위한 충분한 선교 자금이 확보되었을 때를 제외하고 그는 틈틈

이 천막을 만드는 일을 하며 자신의 생계를 위한 비용과 동료들의 선교 사역을 위한 비용을 감당했다. 후대의 많은 선교사들은 바울의 모범을 따라 일과 선교사역을 균형 있게 잘 조절하며 선교지에서 많은 열매들을 맺었었다. 역사적인 사례들은 논문의 뒷부분에서 다루기로하고 이곳에서는 전문인 선교의 성경적인 근거와 모범만을 다루려고 한다.

1) 노동의 양(Amount of Manual Labor)

과연 사도 바울은 어느 만큼의 일을 하며 선교사역을 하였을까? 성경은 사도 바울이 매일, 어느 환경에서나 일한 것이 아님을 보여준다. 상황에 따라 어떤 경우에는 밤낮으로 일을 하기도 하고, 어떤 경우에는 전혀 일하지 않고 전도와 선교 사역에만 전념했던 것을 발견할 수 있다. 바울이 첫 번째 선교 여행을 떠났을 당시 그는 거의 매일 일을 하며 선교의 일을 감당했던 것 같다. 고린도전서 9장 6절 말씀을 보면 "어찌 나와 바나바만 일하지 않을 권리가 없겠느냐?"라는 표현이 등장하는데, 이 표현 속에는 바울이 바나바와 함께 항상 일을 하며 자기와 동료의 사역비를 충당했었음을 알 수 있다. 바울이 바나바와 함께 사이프러스와 갈라디아 지역에서 돌아다니며 복음을 전할 당시 그들은 함께 일을 하며 복음을 전했던 것이 분명하다.

바울이 실라와 함께 2차 선교여행을 다니면서도 일을 했었다는 사실을 발견할 수 있다. 바울이 빌립보에 거하면서 기록한 고린도후서를 참고해 보면 이 사실을 쉽게 발견할 수 있다. 고린도후서 11장 7절-11절에 보면 사도 바울이 고린도 교회에서 복음을 전 할 당시, 고린도 교회로부터 아무런 경제적인 사례나 후원을 받지 않고 사역했음을 알 수 있다. "나를 낮추어 하나님의 복음을 값없이 너희에게 전함으로 죄를 지었느냐. … 마케도니아에서 온 형제들이 나의 부족한 것을 보충하였음이라."는 표현 속에서 바울이 고린도 교회로부터 어떠한 사례도 받지 않고 사역했음을 알 수 있다. 그가 마케도니아 교회들로부터 온 물질적인 후원을 받기는 했어도, 그 물질조차도 그가 직접 일을 해서 벌었던 생활비의 부족분을 보충하기 위한 것이었지 후원만으로 그의 사역비를 온전히 충당했던 것은 아닌 것 같다. 바울이 데살로니가의 형제들에게 보낸 편지를 참고해 보더라도 그가 밤과 낮으로 열심히 일하며 전도와 선교 사역을 병행했던 것을 알 수 있다.

데살로니가전서 1장 9절에는 "너희 아무에게도 누를 끼치지 아니하려고 밤과 낮으로 일하며 너희에게 복음을 전하였노라"고 기록되어 있고, 데살로니가후서 3장 8절에는 "누구에게서든지 양식을 값없이 먹지 아니하고 오직 수고하고 애써 주야로 일함은 너희 아무에게도 누를 끼치지 아니하려함이니"라고 기록되어있다. 이 두 구절을 참고해 볼 때 사도 바울이 두 번째 선교 여행을 할 때도 철저히 자비량 선교를 했던 것을 알 수 있다.[1]

바울이 세 번째 선교여행을 떠났을 때에도 그가 철저히 일하며 복음을 전했다는 사실을 쉽게 발견할 수 있다. 지멘스(Siemens)는 부루스(F. F. Bruce)의 주장을 근거로 바울이 두란노에서 말씀을 가르칠 때에도 평상시와 같이 지속적으로 자기의 일을 했을 것이라고 했다. 바울이 하나님의 능력을 힘입어 희한한 능력을 행할 당시 사람들이 바울의 몸에 있었던 '앞치마'와 '손수건'을 사용했는데, 앞치마'와 '손수건'은 당시의 모든 일군들이 평상시에 입고 있던 작업복의 일부를 가리키는 것으로서 사도 바울이 당시의 모든 일꾼들과 동일한 옷을 입고 있었음을 보여주는 것이라고 했다. 지멘스는 바울이 설교하며 말씀을 가르칠 때도 자기가 평상시 일할 때 입던 옷을 그대로 입고 가르쳤을 것이라고 한다.[2]

지멘스의 이러한 주장을 뒷받침하는 내용이 바로 사도행전 20장 34절-35절에 기록되어 있다. "너희 아는바에 이 손으로 나와 내 동행들의 쓰는 것을 당하여 … 약한 사람들을 돕고 … 주는 것이 받는 것보다 복이 있다."라는 구절들을 참고해 볼 때 바울이 에베소에서 3년여 동안 사역을 하는 동안에도 그가 철저하게 자비량 선교를 하고 있었다는 사실을 보여주고 있다. 사도 바울은 전문인 선교사의 모델로서 자신의 사역 방법과 철학을 현지인 지도자들에게 분명히 보여

---

1   Ruth E. Siemens. "The Vital Role of Tentmaking in Paul's Strategy". *International Journal of Frontier Missions*. Vol 14:3 (Jul-Sept 1997), 122.

2   Siemens. "The Vital Role of Tentmaking in Paul's Strategy", 122.

줌으로서, 선교지 교회 지도자들로 하여금 자비량 선교의 가능성과 중요성을 동시에 가르쳐 준 것이다. 바울은 특별한 경우가 아니면 현지 교회들로부터 경제적인 후원을 받으려 하지 않았고, 경제적인 여유가 있을 경우에는 반드시 나누는 본을 보여주었다.

전문인 선교사들은 바울과 같이 선교지에서 자신의 직장과 사업을 통해 자기의 생업과 선교사역을 책임지는 자들이다. 전문인 선교사들은 일터에서 일하면서 복음전파의 사역을 감당하는 자들이다. 때론 풀타임으로 때론 파트타임으로 일하면서 동료들이나 이웃들에게 복음을 전하며 교회를 개척하는 사역자들이 바로 전문인 선교사인 것이다.

2) 손으로 일하는 이유

(1) 신뢰(credibility)

사도 바울은 자기가 선교지에서 손으로 일하는 이유와 목적을 두 번이나 분명히 언급하였다. 그는 고린도전서 9장 12절과 고린도후서 6장 3절 이하에서 자기가 손으로 일하는 이유가 복음 전파와 연관이 있다고 했다. 그가 자발적으로 스스로 일하며 복음을 전하는 이유는 복음전파의 장애(obstacle)가 되지 않도록 하기 위함인 것이다. 복음 전파자가 자신의 경제적인 유익이나 육체적인 편의를 목적으로 복음을 전하는 것이 아니라는 사실을 현지인들에게 보여주며, 현지인들이 가질 수 있는 오해를 피하기 위해 일부러 일을 하며 복음을 전했던 것이다. 바울은 자신이 단지 떠돌아다니며 인간적인 철학이나 기쁨을 전하며 경제적인 이득을 추구하는 일반적인 철학자들이나 연설가들과 달리 영원한 진리를 전파하며, 영생을 전파하는 하나님의 일꾼이라는 사실을 드러내는데 방해가 될 수 있는 요인을 처음부터 차단한 것이다.

선교지에서 복음을 전하는 초기 단계에서 하나님의 말씀이 신뢰를 얻도록 하기 위하여 복음을 전하는 메신저가 현지인들로부터 신뢰를 얻는 일에 매우 중요한 일이라 할 수 있다. 선교사란 자신의 경제적인 유익과 물질적인 필요를 채우기 위하여 선교지에 온 자가 아니라 현지인들의 영혼과 영생 얻는 일을 돕기 위하여 온 사람이라는 사실을 알리는 일이 방해받지 않도록 하기 위하여, 현지인들로부터 어떠한 경제적인 유익이나 도움도 받지 않으려는 바울의 의도를 본받아야 할 것이다. 전문인 선교사들은 사역 초기에 본인이 전하는 말씀이 방해를 받지 않고, 도리어 신뢰를 얻을 수 있도록 하기 위하여 현지인들에게 어떠한 형태의 경제적인 부담도 지우지 않는 것이 바람직하다.

(2) 성도의 모델(Modeling of Christian Living)

사도 바울이 밤과 낮으로 열심히 일한 이유는 첫째로 현지인들에게 재정적인 부담을 주지 않기 위험이요, 둘째로는 싱도들이 이 세상에서 어떤 직업관을 갖고 살아가야 하는 가를 보여주기 위함이었다. 데살로니가후서 3장 8절-9절에서 바울은 "누구에게서 양식을 값없이 먹지 않고 오직 수고하고 애써 주야로 일함은 … 우리에게 권리가 없는 것이 아니요 오직 스스로 너희에게 본을 주어 우리를 본받게 하려 함이니라."고 했다. 이 말씀은 사도 바울이 주야로 일한 이유와 목적을 분명히 밝혀주고 있다. 당시 이방인들 중에는 어느 누구도 기독교인들의 삶의 방식과 가치를 본 경험이 없었다. 따라서 바울은 자기의 삶을 통하여 기독교인의 정체성과 삶의 방식을 현지인들에게 보여줄 필요가 있었던 것이다. 특별히, 기독교에서 중요하게 여기는 노동의 가치와 노동 윤리를 가르치기 위한 목적으로 손수 일을 하며 선교사역을 수행하였던 것이다.

초대교회의 구성원들 가운데는 매우 부도덕한 삶을 살아가는 사람들이 많이 존재했을 뿐 아니라 게으르고 나태한 삶을 살아가는 사람들이 많이 있었다. 이러한 성도들에게 기독교적인 '근로 윤리'(work ethics)를 가르치는 일은 사도 바울에게 있어서 매우 중요한 일이었다. 도둑, 사기꾼, 게으름뱅이, 술주정뱅이 등과 같은 성도들에게 가족들의 경제적인 필요를 책임지고, 나아가 가난한 자들에게 나누어 줄 수 있을 만큼의 부를 쌓기 위하여 보다 더 부지런하고 성실해야 할 것을 가르쳤다. 전문인 선교사들은 자신의 사업과 일터에서 기독교인들이 어떠한 가치와 윤리 의식을 갖고 살아가는 자들인가를 보여줄 수 있어야 한다. 전문인 사역자들은 선교지에서 성경적인 근로 윤리를 몸소 실천하며, 기독교적인 삶의 방식을 삶의 현장에서 직접 보여주고 가르칠 수 있는 매우 유용한 사역자들임에는 틀림이 없다.

(3) 현지인 자비량 사역자들의 모델

바울은 자기가 손수 일을 하면서 전도사역 함으로서 현지인 지도자들로 하여금 주의 일을 맡은 전도자들이 외부에서 공급되는 재정적인 후원을 의지하지 말고 자비량으로 사역해야 할 것을 가르쳐 주었다. 바울은 회심한 자들, 특별히 지역교회의 지도자들이 즉시 자비량으로 선교사역에 임하기를 바랐다. 초대교회 당시 바울이 선교지에서 개종시킨 현지 지도자들은 대부분 자비량 전도자들로서 자기의 직업을 버리지 않고 지속적으로 자기의 일을 하면서 지역교회들을 돌보았다. 바울 자신도 자기가 회심한 후에 본래 자기가 가지고 있던 직업에 종사하면서 전도의 사역에 동참했듯이, 그의 제자들도 바울의 사역으로 말미암아 회심을 경험한 뒤에도 자기가 가지고 있던 직업들을 버리지 않았다.

바울이 그랬던 것처럼 바울의 제자들도 풀타임 사업가였으며 동시에 풀타임 전도자였다고 할 수 있다. 그의 제자들은 풀타임 직업을 가지고 있었으면서도 기회가 주어지기만 하면 언제든지 선교사로서의 역할을 감당하였다. 바울의 중요한 선교 전략 가운데 하나가 바로 자비량 선교사들을 만드는 것이었다. 현지 지도자들을 외부의 재정적인 도움이 없이도 스스로 생존하며 선교사역에 동참할 수 있는 자비량 선교사들로 만들기 위해서 바울은 스스로 모범을 보이며 자비량 전문인 선교사로 살아간 것이다. 전문인 선교사란 사도 바울과 같이 외부의 재정적인 도움이나 후원 없이도 현지에서 직업을 갖고 살아가며 자기 닮은 영적인 제자들을 재생산하는 자들을 일컫는 말이다. 전문인 선교사들은 선교지에서 자기 닮은 영적 지도자들을 만들기 위해서 평소에 가졌던 자기의 전문성을 적극적이고 효과적으로 활용하여야 한다.

3) 바울의 자비량 선교사역 평가

지멘스(Siemens)는 바울의 자비량 선교 전략이 지닌 선교학적 의미를 다음과 같이 기술하고 있다.[3]

(1) 전문인 선교의 의미 제공

바울의 선교사역은 전문인 선교사역이 무엇을 포함하며, 어떤 사역을 해야 하며, 어디서 해야 하는가에 대한 분명한 답을 제공하고 있다. 전문인 선교에 관한 수많은 정의들과 의견들이 존재하지만 사도 바울의 선교사역을 상세히 연구하지 않고는 그 어느 누구도 전문인 선교에 관해 명확한 정의를 내릴 수 없고 또 내려서도 안 된다. 초대교회 당시에 수행되었던 사도 바울의 선교사역은 현대 전문인 선교사역의 모델로서 현대 선교 전략에도 상당한 영향을 끼치고 있는 것이 사실이다.

바울 사역을 상세히 분석해 보면 전문인 선교사역에 반드시 포함되어야 하는 중요한 요소들이 발견되는데, 전문인 선교사역에는 적어도 다음과 같은 다섯 가지 요소가 필수적으로 포함되어야 한다. 첫 번째로 재정적인 면에서, 가능하다면 선교 현지에서 스스로 선교비를 조달하는 것이 바람직하다. 둘째, 전문인 선교사는 선교 사역에 전적으로 헌신한 사람이어야 한다. 셋째, 자기의 사업이나 직장의 현장에서 직접 혹은 간접적인 전도를 할 수 있어야 한다. 넷째, 직장에서 근무하는 시간 외에도 가능하다면 전도나 선교사역에 힘을 기우려야 한다. 다섯째, 전문인 선교사는 타 문화권에서 사역하는 자들이다.[4]

(2) 전문인 선교의 성경적인 모델 제시

전문인 선교사역의 타당성을 부여하기 위해서는 성경적인 근거와 지지가 확실해야 한다. 수많은 목회자들과 선교단체 지도자들이 전문인 선교라는 말이 처

---

3 Siemens. "The Vital Role of Tentmaking in Paul's Strategy", 127-29.
4 Siemens. "The Vital Role of Tentmaking in Paul's Strategy", 128.

음 등장 하였을 때 상당한 혼란을 경험한 것이 사실이다. 전통적인 선교 개념만 가지고 있던 목회자들이나 선교지도자들에게 전문인 선교사란 명칭은 매우 생소하고 이해하기 힘든 개념이었다. 그러나 창의적 접근 지역이나 제한 지역에서 선교사역을 경험했던 선교사들 가운데서 전문인 선교 사역에 깊은 관심을 가진 많은 선교학자들이 바울의 선교사역을 자세히 연구하고 분석해 본 결과, 바울의 선교사역이야말로 현대 선교 전략에서 매우 중요한 위치를 차지하는 전문인 선교 사역의 모델이라는 사실을 발견하였다. 바울의 사역은 이와 같이 전문인 선교 사역의 모델과 정의를 제공하는 데 매우 중요한 기여를 한 것이다.

⑶ 적대적인 환경에서의 선교전략

초대 교회 당시, 사도 바울은 가독교에 대해 매우 적대적인 환경에서 복음을 전파했던 인물이다. 기독교를 이단 내지 사이비 종교로 인식하고 있던 시대에 그는 매우 성공적인 사역을 수행했다. 현 시대에도 기독교에 대해 매우 배타적이며 적대적인 국가들, 즉 창의적 접근 국가들이나 접근이 완전히 제한된 국가들에서 복음을 전하려면 극도의 지혜와 전략이 필요하다. 따라서 현대 선교 전략을 연구하고 발전시키는 과정에서 반드시 기억해야 할 인물이 바로 사도 바울이다. 그의 창의적이고 지혜로운 접근 방법이야말로 현시대가 필요로 하는 접근 방법이라고 할 수 있다.

소수의 인원으로 외부로부터의 재정적인 후원도 없이 단시간 내에 근동지방 대부분을 복음화한 바울의 전략이 절실히 필요한 때다. 지극히 적대적이며 곤고한 환경 가운데서도 누구보다 탁월한 선교 방법과 전략을 동원하여 근동지역을 복음화한 바울의 자비량 선교 전략이야 말로 현대 선교 전략가들이 적극적으로 본받아야 할 선교 모델이라고 할 수 있을 것이다.

2. 브리스길라와 아굴라

사도 바울의 주위에는 많은 동역자들이 존재했었다. 대략 95명의 이름이 거론되고 있는데 그 가운데서 36명은 바울과 매우 밀접한 관계를 유지하며 선교사역을 위해 동역했었다.[5] 그 36명 가운데서도 바울이 직접 '동역자'라고 부른 인물들은 그리 많지 않았다. 바울이 동역자라고 부른 인물들 가운데서 그와 동일한 직업을 갖고 함께 일하며 선교사역에 동참했던 인물들이 바로 브리스길라와 아굴라였다. 바울의 최측근에서 그를 도와 약 10여 년 동안 목회와 선교사역에 함께 동역했던 인물들이었다. 다른 가까운 동역자들에 비해 상대적으로 독립적인 사역을 많이 하기는 했어도, 그들의 사역은 철저히 바울과의 동역이었다.

앞에서 살펴본 바와 같이 바울이 전문인 선교사의 가장 탁월한 모델이었다면, 브리스길라와 아굴라는 그의 동역자들로서 바울의 전문인 선교사역의 모범을 가장 많이 닮은 사역자들이었다고 할 수 있다. 바울의 선교방법 만큼이나 브리스길라와 아굴라의 선교방법 역시 전문인 선교사의 모델로서 손색이 없다고 본다. 그들이 어떻게 성공적인 전문인 선교사로서 사역했으며, 타 문화권 내에서 교회 개척 사역을 성공적으로 수행했는가를 살펴봄으로서 전문인 선교사역의 또 다른 모범을 접할 수 있을 것이다.

1) 바울과의 만남

브리스길라와 아굴라는 본도(Pontus)에서 태어나 로마로 이주하여 살면서 가죽을 만들어 파는 사업을 했었다. A.D. 49년 글라우디오 황제(Emperor Claudius)가 유대인들에게 로마를 떠나라는 명령을 할 때까지 그들은 분명히 로마 교회에서 매우 중요한 역할을 감당했을 것이다. 그들은 고린도로 이주해 왔고, 항구 도

---

5   G. H. Hawthorne. and R. Martin. et al., eds. *Dictionary of Paul and His Letters* (Downers Grove, IL: Intervarsity Press, 1993), 183-189.

시인 고린도는 그들에게 매우 생소한 타 문화권에 속한 지역이었을 것이다. 고린도에서 그들은 마침 그 곳에서 선교사역을 하고 있던 바울을 만나게 된다. 바울과 동일 직종에 종사하면서 이루어진 매우 자연스러운 만남이었다. 맨스 램스타드(Mans Ramstad)는 그의 글을 통해 바울과 이들의 만남이 의도된 전략적 만남이 아니라 동일한 직종에 종사했다는 한 가지 이유로 이루어진 매우 자연스러운 만남이라는 사실을 강조하고 있다.[6] 그들과 바울과의 만남은 동일한 선교단체나 파송 기관을 통해서가 아니라 동일한 직종에 종사하고 있었다는 단 한 가지 사실 때문이라는 점을 부각시킨 것이다. 만남 이후로 그들은 주님의 선교사역을 위한 동역자가 되고 함께 팀 사역(team ministry)을 하게 된다.

A.D. 52년 브리스길라와 아굴라는 바울과 함께 에베소로 향하게 되고, 그곳에서 바울은 그들에게 에베소 교회들을 책임지는 일을 맡겼다. 에베소에 머무는 동안 그들은 알렉산드리아에서 온 탁월한 신학자였던 아볼로의 잘못된 신학적 이해를 교정시켜주기도 했다. 잠시 그곳을 떠났던 바울이 A.D. 52년 말 경에 다시 에베소로 돌아오게 되고 그들은 바울과 함께 약 3년 동안 동역을 하게 된다. A.D. 55년 경 브리스길라와 아굴라는 로마로 돌아와 그 지역에서 교회들을 돌보고 있었다. 바울은 로마서 16장에서 그들을 '동역자'라고 부르고 있을 뿐 아니라 그들의 집에 있는 교회를 향해 안부를 전하고 있다. 브리스길라와 아굴라는 직업을 가졌던 전문인 선교사로서 복음을 전하고, 신학적 교정을 해주고, 나그네를 대접하고, 영적인 지도자들을 보필하고, 손수 교회를 개척하는 모범을 보인 탁월한 사역자들이었다. 바울은 그들이 "모든 이방인들에게 잘 알려진" 당대의 매우 영향력 있는 영적인 지도자였다고 기술하고 있다.

2) 전문인 선교사의 모범

램스타드는 브리스길라와 아굴라가 바울 못지않은 탁월한 전문인 선교사였

---

6 Mans Ramstad. "Priscilla and Aquila: Paul's Firm Friends and Model Tentmakers". *International Journal of Frontier Missions.* 19:1 (Spring 2002), 28-29.

으며, 후대의 전문인 선교사들의 모델이 되기에 충분하다고 했다. 램스타드는 브리스길라와 아굴라가 바울과 함께 동역하며 보여주었던 전문인으로서의 사역이 남긴 선교학적 유산을 다음과 같이 정리하고 있다.[7]

(1) 타 문화권 사역

브리스길라와 아굴라는 선교사역의 대부분의 시간을 타 문화권에서 보냈다. 그들의 직업은 바뀌지 않았지만 사역의 장소는 수시로 바뀌었다. 전문인 선교사들은 가능하면 자국의 문화가 아닌 타 문화권에서 사역을 하는 것이 바람직하다.

(2) 자립(self support)

그들은 손수 일하며 자기들의 생활과 선교사역에 필요한 재정을 스스로 조달하였다. 전문인 선교사들은 상황이 허락하는 한 자비량 선교를 하는 것이 바람직하다. 고국의 교회나 친구들의 후원을 받을 수는 있지만 가능하면 스스로 자기의 생활비와 사역비를 감당하는 것이 좋다.

(3) 다른 전문인들과의 연합

브리스길라와 아굴라는 동종의 직업을 가지고 있던 사도 바울과 건강한 팀 사역을 성공적으로 수행하였다. 그들은 자기의 직업을 포기하지 않으면서도 전도와 선교의 사역에 전념했던 자들이다.

(4) 의도성(Intentionality)

브리스길라와 아굴라는 전문인 사역자로서 직업을 가지고 있었으면서도 의도적으로 전도와 선교 사역에 참여하였다. 회당에서의 전도, 성경 공부, 신학적 교정, 제자 훈련, 교회 개척, 손님 접대 등 다양한 선교의 일에 적극적인 참여를 하였다. 전문인 선교사는 선교지에서 전문직을 가지고 있으면서도 전도와 선교

---

7   Ramstad. "Priscilla and Aquila: Paul's Firm Friends and Model Tentmakers", 30.

8장 전문인 선교

사역에 적극적인 참여를 해야 한다.

(5) 삶의 모범(Life-style Evangelism)

사도 바울이 그랬듯이 브리스길라와 아굴라는 자기의 삶과 직업을 통해서 주위에 있던 모든 불신자들과 신자들에게 기독교인의 모범이 되었을 것이다. 바울이 빌립보서 4장 9절에서 자기에게 "배운 것, 받은 것, 들은 것, 본 것"을 본받으라고 말했던 것처럼 브리스길라와 아굴라도 타인들에게 영적인 모범이 되는 삶을 살았을 것이다. 직장이나 사업의 현장에서 삶을 통해 영적인 영향을 끼치며 복음을 전 할 수 있다는 점이 바로 전문인 선교사들이 장점이요 특권이라고 할 수 있다.

(6) 동일한 목적과 전략

브리스길라와 아굴라는 어느 지역으로 부르심을 받든지 그들의 삶의 목적과 방향이 항상 동일하였다. 삶의 환경과 문화가 바뀌더라도 복음을 전하며, 교회를 개척해야 한다는 그들의 사명은 변함이 없었다. 전문인 선교사는 하나님이 어느 곳으로 인도하시든지 전도와 선교를 위하여 자기의 영적인 은사들을 동원해야 하는 자들이다.

전문인 선교의 정의와 역사

1. 전문인 선교의 정의

1) 의미의 다양성

지난 수십 년 동안 전문인 사역자라는 용어가 매우 다양한 의미를 갖고 널리 사용되어 왔기 때문에 그 의미를 단편적으로 정의하기가 쉽지 않다. 선교학계에서 보편적으로 사용되고 있는 개념을 간단히 요약하자면 다음과 같다. 선교학자들이 보편적으로 동의하는 전문인 선교사의 기본적인 의미는 "두 가지 직업을 가진 사역자"(bi-vocational worker)라는 뜻이다. 이 말이 담고 있는 중요한 의미는 전문인 사역자는 두 가지 직업을 모두 수행하면서 "전문적인 선교사"(professional missionary)가 되어야 한다는 뜻이라고 할 수 있다. 즉 전문인 선교사들은 한편으로는 자기의 직업(profession)에 충실해야 하며, 다른 한편으로는 선교사역(missions)에 충실해야 한다는 점을 강조하고 있는 것이다. 전문 직업과 선교사역을 통합적이면서도 균형 있게 진행해야 함을 지칭하는 것이라 할 수 있다.

라이(Lai)는 여러 선교단체의 지도자들이 지니고 있는 전문인 선교에 대한 이해를 크게 두 가지로 나누어 설명하고 있다. 하나는 '온정주의적인 관점'(paternalistic view)으로서, 전통적인 선교사들이 선교현장에서 수행해 왔던 과거의 방식 그대로 선교사명을 수행해 나가는 것과 다를 것이 없다는 관점이고, 다른 하나는 전문인 선교 방법을 전통적인 선교방식과 전혀 다른 새로운 선교전략으로 이해하는 관점이다. 후자는 전문인 선교사역이 선교단체(mission agency)의 적극적인 감독과 보호를 필요로 했던 전통적인 선교방식과 달리 선교사 자신이 스스로 선교 과제와 선교 방법을 찾아가는 '창의성'(creativity)을 기초로 해야 한다는 점을 강조한다. 후자는 선교단체가 최소한의 간섭을 하거나 전혀 하지 말아야 할 것을 강조하고 있다.[1]

프론티어스(Frontiers) 선교회의 명예 총재인 리빙스톤(Greg Livingstone)은 전문인 선교사의 유형을 크게 세 가지로 나누고 있다. 그가 언급한 세 가지 유형은 다음과 같다: '직업을 가진 사람'(job takers), '직업을 만드는 사람'(job makers), '직업을 속이는 사람'(job fakers). '직업을 가진 사람들'은 국내 혹은 국제적인 회사에 적을 두고, 현지인들이 가지고 있는 보편적인 직업을 가진 사람들을 지칭한다. '직업을 만드는 사람들'은 자신의 사업체를 만들어서 현지인들을 위한 사회봉사(social service)를 제공하거나 학교를 설립하는 사람들을 지칭한다. 전문인 선교사는 자기가 세운 봉사단체나 학교의 일들을 위해 현지인들을 고용하게 되고, 결국 그러한 기관들은 현지인들에게 다양한 직업을 제공하는 역할을 감당케 되는 것이다. '직업을 속이는 사람들'은 자신의 선교사역을 위한 거주 비자를 얻기 위해 자신의 신분과 직업을 속이며 사업이나 일을 하는 사람들을 가리킨다. 대부분의 '직업을 속이는 사람들'은 전통적인 선교사들과 마찬가지로 고국으로부터 재정적인 후원을 받으며 선교사역을 수행해 가는 사람들이다.[2]

화란 개혁교회의 선교 책임자인 판 박(Ed Van Baak)은 전문인 선교사의 정의

---

1   Patrick Lai. *Tentmaking: The Life and Work of Business as Missions*, 5

2   Patrick Lai. *Tentmaking: The Life and Work of Business as Missions*, 13.

를 다음과 같이 내리고 있다: "전문인 선교사란 헌신(commitment)이라는 측면에서는 선교사임에 틀림이 없다. 그러나 그는 온전히 스스로 재정적인 책임을 져야 한다."박의 정의는 가장 보편적으로 용인되는 기본적인 내용들을 담고 있다고 할 수 있다. 전문인 선교사란 선교사들 중에서 재정적인 책임을 스스로 지는 선교사를 지칭한다는 점을 강조한 것이라 할 수 있다. 해밀톤(Don Hamilton)은 전문인 선교사란 "타문화권 안에서 사역하는 기독교인으로서, 현지인들에게 '종교적인 전문가'(religious professional)가 아니 어떤 다른 인물로 인식되어야 하지만, 그의 헌신, 부르심, 동기, 훈련이라는 차원에 있어서는 모든 면에서 철저히 선교사이어야 한다."고 했다. 해밀톤의 강조점은 전문인 선교사란 모든 면에서 철저히 선교사이이야 하지만 현지인들에게는 철서한 사업가 내지는 교육가, 혹은 일정한 영역에서의 전문가로서만 인식이 되어야 함을 강조한 것이라 할 수 있다.[3]

치아(Richard Chia)는 전문인 선교사를 "풀타임 선교사로 부름을 받은 자로서, 자신이 사역하기를 원하는 나라의 제한들로 말미암아 그 나라에 들어갈 수 없는 사람을 말한다. 그의 궁극적인 목적은 풀타임 선교사가 되는 것이지만, 여러 가지 제한들로 인하여 자신의 사역 형태를 바꿀 수밖에 없는 사람."이라고 정의한다. 치아는 전문인 선교사란 선교지의 제한성으로 인해 선교사들이 자신의 신분이나 직업을 속이고 들어 갈 수밖에 없는 선교사라는 면을 강조하고 있는 것이다. 그는 선교사들이 자신이 사역하기를 원하는 선교지의 '제한성'으로 인해 선택의 여지없이 전문가로의 변신을 할 수 밖에 없다는 점을 강조하면서, 전문인 선교사는 접근이 제한된 나라들(Restricted Access Nations)에 적합한 사역자들이라 점을 지적하고 있다.[4]

2) 단체별 전문인 선교의 정의

앞에서 살펴본 바와 같이 전문인 선교사에 대한 정의와 개념이 매우 다양하

---

3   Patrick Lai. *Tentmaking: The Life and Work of Business as Missions*, 13.
4   Patrick Lai. *Tentmaking: The Life and Work of Business as Missions*, 13.

고 복잡하다. 전문인 선교사들이 지닌 여러 가지 특징 중 어느 면을 강조하느냐에 따라 전문인 선교사의 의미와 정의가 바뀌기도 한다. 따라서 본인은 전문인 선교에 관해 지속적인 연구를 진행해 온 다양한 선교학자들의 연구와 선교대회들의 정의를 상세히 살펴본 후, 전문인 선교사의 정의에 반드시 포함시켜야 하는 몇몇 중요한 요소들을 정리해 보려고 한다.

(1) **Tentmaker International Exchange**(TIE)

1994년에 전문인 선교에 관한 연구만 지속해온 선교 기관들의 네트웍인 TIE가 처음으로 국제회의를 개최하였다. 이 모임은 오로지 전문인 선교사에 관한 주제만 다룬 매우 의미 있는 모임 이었다고 할 수 있다. 모임이 끝난 후 TIE는 전문인 선교사에 대한 간단하지만 매우 의미 있는 정의를 발표하였다. TIE가 발표한 전문인 선교사의 정의는 다음과 같다:

> 전문인 선교사들이란 출신 국가와 무관하게 자신이 지니고 있는 기술들과 경험들을 사용하여 타 문화에 접근하여 그 문화 속에서 자신의 삶을 영위하면서 타 문화권 안에서 그리스도의 제자들을 만들고, 가능하다면 교회들을 세우거나 강화시키는 일에 최우선권을 둔 기독교 증인들(Christian witnesses)을 가리킨다.[5]

TIE가 정의한 전문인 선교사의 개념 속에서 몇 가지 중요한 요소들을 발견할 수 있는데, 특별히 '출신 국가', 기술과 경험', '타 문화', '접근', '삶의 영위', '그리스도의 제자', '교회 설립과 강화', '최우선권', '기독교 증인들' 등의 단어가 지닌 의미를 잘 살펴볼 필요가 있다고 본다. TIE의 정의가 포함하고 있는 단어를 하나하나 상세히 살펴보면 그 의미를 보다 깊이 들여다 볼 수가 있을 것이다.

---

5   Carol Clarke. "Tentmaking State of the Art". *International Journal of Frontier Missions*, Vol 14:3 (July-Sept 1997), 103.

첫째, TIE는 전문인 선교사의 자격과 범위를 '모든 국가 출신'으로 명시함으로서, 전문인 선교사들의 자격을 제한하지 않고 있다. 일정한 국가나 민족에 속한 선교사가 아니라 지구상의 어느 국가나 민족에 속한 선교사들일지라도 전문인 선교사로서의 자격이 있음을 분명히 한 것이다. 서구 선교사와 비 서구 선교사, 즉 2/3 세계의 선교사 사이에 차별과 장벽을 두지 않고 있음을 발견할 수 있다. 선교사가 어느 나라와 민족에게 속했든 경험과 기술만 지니고 있으면 당연히 전문인 선교사로 인정을 받아야 함을 명시한 것이다.

둘째, TIE의 정의 속에 기술과 경험이 중요한 요소로 자리 잡고 있음을 쉽게 발견할 수 있다. 전문인 선교사들은 전통적인 선교사들과 달리 제한된 국가들에 접근하기 위해 다양한 기술과 경험들을 지니고 있어야 한다. 기술과 경험이 없는 선교사들은 제한 지역에 입국이 불가능할 뿐 아니라 설령 입국한다 하더라도 극히 제한된 범위에서만 사역을 할 수 있기 때문이다. 기술과 경험을 가진 사역자들은 제한 지역에 쉽게 접근할 수 있을 뿐 아니라 선교지에서 자신과 사역에 필요한 재정적인 필요들을 채울 수 있기 때문에 자신의 신분을 쉽게 노출시키지 않으면서 선교사역을 진행할 수가 있다. 전문인 선교사들은 동일한 업종이나 직장에서 만날 수 있는 현지인들에게 비교적 쉽게 접근 할 수 있을 뿐 아니라 그들과의 자연스러운 접촉을 통해 복음을 전할 수 있는 기회를 더 많이 확보 할 수 있다. 전문인 선교사들이 외부의 재정적인 도움이 없이도 선교지에서 스스로 살아남을 수 있어야 한다는 점을 강조한 점도 눈여겨 볼 필요가 있다.

셋째, TIE의 정의는 전문인 사역의 우선권에 대해 분명히 언급하고 있다. 전문인 선교사들의 사역의 궁극적인 목적이 전도와 교회 설립이어야 함을 강조한 것이라 할 수 있다. 적지 않은 사람들이 특정한 사업이나 기업을 통해 기독교 정신과 가치를 가르치는 것 자체를 선교로 규명하고 있는 현실을 감안할 때, TIE의 정의는 매우 도전적이고 명쾌하다고 할 수 있다. 정의롭고 깨끗한 기업이나 사업을 통한 간접 선교도 나름대로 선교적 의미를 지니고 있는 것이 사실이지만, 전문인 선교의 궁극적인 목적은 반드시 말씀 선포를 통해 그리스도의 제자를 만들고 교회를 개척하는 것이어야 함을 잘 보여주고 있다.

넷째, 전문인 선교사에 관한 TIE의 정의 가운데 관심을 가져야 하는 단어가 바로 '타 문화'라는 용어다. 전문인 선교사란 자국이 아닌 타국에서 자신의 전문성을 갖고 복음을 전하는 사역자들임을 명시한 것이다. 자국에서 일하는 직장인들이나 사업가들과의 차별을 언급한 것이다. 적지 않은 사람들이 자국에서 일하면서 사업이나 직장을 통해 하나님을 증거하는 사역도 선교사역이라고 불러야 한다고 주장하지만, 타국이 아닌 자국에서 직장이나 사업을 통해 복음을 전하는 기독교인들을 전문인 선교사라고 불러서는 안된다는 사실을 분명히 한 것이라 할 수 있다. 전문인 선교사는 자국이 아닌 타 문화권에서 자신의 기술과 경험을 통해 복음을 전하는 자들이다. 특별히, 10/40 window와 같은 제한된 지역이나 창의적 접근지역에 살고 있는 미전도 종족들에게 복음을 전하고 교회를 개척하기 위하여 타 문화권에서 자신의 직업이나 사업에 종사하는 전문인들이 진정한 의미에서 전문인 선교사인 것이다.

(2) Lausanne II Congress

1989년 필리핀의 마닐라에서 열렸던 Lausanne II의 선언문인 "Manila Manifesto"에도 전문인 선교에 관한 내용이 일부 포함되어 있다. Manila Manifesto는 전문인 선교사들이 바울과 같이 자신의 선교비용을 부담하면서, 접근하기 힘든 지역에 사는 미전도 종족에게 다가가는 것이 필요한 시대가 되었다고 천명하였다. Manila Manifesto는 전문인 선교사들이 자신의 직업을 적극적으로 활용하여 예수 그리스도를 전파할 수 있는 기회를 만들 것을 주문하였다. Malila Manifesto는 "AD 2000년과 그 이후의 도전"(The Challenge of AD 2000 and Beyond)이라는 주제 하에 전문인 선교사에 관하여 언급하면서 전문인 선교사들의 장점을 다음과 같이 기술하고 있다.

> 현재 전 세계에는 2,000개의 커다란 종족에 속하는 12,000개의 미전도 종족이 존재하고 있다. … 지금 현재 전 세계 선교사들 가운데 7% 만이 이러한 미전도 종족들 가운데서 사역하고 있으며, 나머지 93%는 이미 전도가 된 지역

에서 사역하고 있다. 이러한 불균형이 시정되기 위해서는 선교사들의 전략적 재배치가 절실하다.

앞에서 언급한 미전도 종족 사역을 더욱 어렵게 만드는 점은 이러한 지역들이 접근 불가능 곳에 존재한다는 것이다. 많은 국가들이 특별한 자격을 지니고 있지 않거나, 일정한 혜택을 제공하지 못하는 전통적인 선교사들(self-styled missionaries)에게는 더 이상 비자를 내주지 않는다. 하지만 그러한 나라들에 들어가는 것이 전혀 불가능 한 것은 아니다. … 자신의 생활비를 스스로 벌었던 바울과 같은 사람들, 즉 "전문인 선교사들"(Tent-makers)이 그러한 접근 제한 지역에 들어갈 수가 있다. 그들은 자신의 직업 관계상 여행을 해야 할 뿐 아니라 그들이 잊을 수 있는 모든 기회들을 예수 그리스도를 증거하는 데 적극적으로 사용할 수 있다. 예를 들자면, 사업가, 대학 교수, 전문 기술자, 언어 교사 등이 이러한 일들을 할 수 있다. 그들은 자신의 직업을 속이면서 선교지에 들어갈 필요가 없는 자들이다. 왜냐하면 그들의 직업이 그들을 자연스럽게 그곳으로 연결해 주기 때문이다: 기회만 주어진다면 그리스도인들이 자신의 삶을 통하여 증인이 되는 것은 매우 기본적인 것이라 할 수 있다.[6]

1989년에 있었던 대회 이후로 Lausanne Congress는 전문인 선교 전략의 일환으로 "Tentmaking Task Force"(TTF) 팀을 발족시켰다. Lausanne Congress 에 의해 발족된 TTF는 그 뒤로 전문인 선교사에 관한 다양한 연구를 진행하였다. 몇 년 뒤에 TTF는 전문인 선교사들을 정의할 때 어떠한 요소들이 고려되어야 하는가를 제시하였는데 그들이 제시한 핵심 요소는 다음과 같은 아홉 가지 요소로 구성되어 있다: 1) 소명, 2) 종교적인 사역, 3) 세속적인 정체성, 4) 의도성(intentionality), 5) 훈련, 6) 타문화 사역, 7) 닫힌 지역–제한 지역(RAN) 또는 창의적 접근지역(CAN), 8) 거주 비자, 9) 생활비의 출처.

---

6   John Stott. ed. *Making Christ Known: Historic Mission Documents From the Lausanne Movement*, 1974-1989. (Gran Rapids, Michigan: Eerdmans Publishing, 1996), 245-246.

3) 전문인 선교사의 정체성

이 부분에서는 TTF가 제시한 아홉 가지 요소를 근거로 전문인 선교사의 기본적인 속성과 자격, 갖추어야 할 것들에 대하여 살펴보려고 한다. TTF가 제시한 9가지 자격을 살펴보면 다음과 같다.

(1) 소명

현대 선교의 아버지인 캐리(William Carey)는 "나의 직업은 그리스도를 전하는 것이지만, 나는 생활비를 벌기 위하여 신발을 만들고 있다."고 했다. 영국의 동인도 회사(British East India Company)가 캐리의 선교활동을 허락지 않자, 캐리는 회사의 통치가 미치지 않는 지역으로 이주하여 선교사역을 시작한다. 그곳에서 캐리는 선교사역과 더불어 자신의 생활비를 벌기 위하여 통역가, 구두 수선공, 점포의 매니저, 교육가, 저널리스트 등으로 활동하였다.[7] 캐리는 그리스도를 전하기 위하여 부르심을 받았지만 동시에 생계를 위한 일을 멈추지 않았다. 그러나 그가 해외로 나간 동기는 분명히 현지인들에게 복음을 전하고 나누는 것이었다. 사역의 형태가 어떠하든지 전문인 선교사들의 궁극적인 목적은 복음을 전하는 것이어야 한다.

전문인 선교사로서의 소명은 자기 자신뿐만 아니라 반드시 자신이 소속된 지역 교회에 의하여 검증되고 확인되어야 한다. 나아가 자신이 동역할 선교단체의 검증을 받아야 한다. 소명은 반드시 신앙공동체의 검증과 인정을 받아야 한다. 자신의 개인적인 소명이 아무리 분명하다 할지라도 공동체의 동의와 검증을 통과하기 전에 개인적으로 선교지를 향하여 나가는 것을 삼가야 한다. 신앙공동체의 동의를 얻어야 하는 이유가 단지 후원을 얻기 위한 것이라기보다는 선교지에서의 효과적인 사역과 감독을 위하여 반드시 필요한 것이다. 공동체의 동의는 선교사역을 위한 기도와 재정적인 후원을 위해서도 필요하지만 선교사 자신의 신

---

7   Patrick Lai. *Tentmaking: The Life and Work of Business as Missions*, 14.

뢰와 책무(accountability)를 위해서도 반드시 필요하다. 클락(Carol Clarke)은 전문인 선교사가 선교지에 가기 전에 반드시 자신이 사역할 부족(tribes)이나 사역의 방향과 성격을 정할 필요는 없다고 했다.[8]

(2) 종교적인 사역

전문인 선교사들은 자신이 어떤 종류의 사역에 종사하든지 궁극적인 목적을 종교적인 것에 두어야한다. 아무리 다양한 사역을 탁월하게 잘 한다 할지라도 복음 전파의 사역이 온전하게 이루어지지 않는다면 그 모든 사역들의 의미는 반감되고 말 것이다. 전문적인 일 자체를 통해서든 아니면 전문적인 일을 이용해서든 하나님의 영광이 드러나야 하는 것이다. 모든 전문인 선교사들은 의도적으로 종교적인 사역을 염두에 두고 선교 사역에 임해야 한다.

혹자는 전문인 선교사들의 증거가 반드시 언어를 통해서 선포될 필요는 없다고 하나, 전문인 선교사들의 사역 역시 전통적인 선교사들의 사역과 마찬가지로 말씀의 선포로 완성된다고 보아야한다. 전문인 선교사들의 삶의 방식이나 행동 자체를 통하여서도 기독교적인 가치와 의미가 전달 될 수는 있지만 하나님의 말씀이 선포되기 전까지는 선교사역이 완성되었다고 할 수는 없다. 우리의 삶 자체가 메시지를 담을 수는 있으나 메시지는 아니다. 모든 인류는 선포된 말씀을 통해서만 구원에 이를 수 있고, 하나님과 예수님을 바르게 이해할 수 있기 때문이다. 전문인 선교사들은 자신의 사업과 일터에서 단지 삶과 행동을 통하여 그리스도인의 향기를 나타내는 데 그쳐서는 안 되고, 보다 적극적으로 말씀을 가르치고 선포하는 일에 관심을 기울여야 한다.

(3) 세속적인 정체성

라이(Lai)는 전통적인 선교사와 전문인 선교사를 나누는 기준을 그가 가진 직업이 무엇이냐에 따라 나눌 수 있다고 했다. 그가 순수하게 종교적인 직업만 가

---

8   Carol Clarke. "Tentmaking State of the Art". *International Journal of Frontier Missions*, Vol 14:3 (July-Sept 1997), 103.

졌느냐 아니면 세속적인 직업을 가졌느냐에 따라 전통적인 선교사와 전문인 선교사로 구분된다고 했다. 전문인 선교사가 전통적인 선교사들과 같이 선교 지원비를 본국에서 받든지 아니면 선교비를 선교 현장에서 조달하든지와 상관없이, 선교지의 지역민들이 그를 선교사가 아닌 순수한 직장인이나 사업가로 인식하고 있다면 그를 전문인 선교사라고 보아야한다고 했다.[9] 라이는 선교비가 어디서 조달되는지와 상관없이 현지인들이 사역자들의 정체성을 어떻게 이해하고 있는가에 따라 전통적인 선교사와 전문인 선교사를 구분해야 한다고 주장하고 있다.

전통적인 선교사라고 할지라도 그가 세속적인 직업을 갖고 선교지에서 전문인으로서 사역을 수행하고 있다면 그는 전문인 선교사로 불릴 수 있는 것이다. 마찬가지로 전문인이라 할지라도 선교지에서 세속적인 직업을 갖지 않고 전통적인 선교사역을 하고 있다면 그를 전문인 선교사라고 부를 수 없는 것이다. 전문인 선교사의 사업이나 직장이 선교적 접근을 위한 도구이든 아니면 순전한 진짜 직장과 사업이든 상관없이, 선교지에 사는 지역민들이 그들을 선교사가 아닌 직장인으로 생각하고 있다면 그들은 전문인 선교사로 불릴 수 있다고 본다. 그들이 전통적인 선교사든 전문인 선교사든 상관없이 선교지에서 그들의 정체가 사업가나 직장인으로 인식되는 한 그들은 진정한 의미에서의 전문인 선교사라고 할 수 있다. 선교비 조달 방법이나 선교사의 종류와 상관없이 선교지에서의 정체(identity)가 전통적인 선교사와 전문인 선교사를 나누는 기준이 되어야 한다.

(4) 의도성(Intentionality)

전문인 선교사는 자신의 삶이나 사역에 있어서 주님을 위한 분명한 선교적 목적을 가지고 있는 자들이다. 대부분의 전문인 선교사들은 선교지로 향하기 전에, 전도나 교회 개척과 같은 분명한 목표들을 세운다. 전문인 선교사들은 우연히 선교지에 가게 되거나 우연히 선교사로 준비된 것이 아니라, 자신의 삶과 사역을 선교라는 분명한 명분에 맞추어 의도적으로 노력하며 준비한 사람들이다.

---

9 Patrick Lai. *Tentmaking: The Life and Work of Business as Missions*, 16.

비록 평상시 자기가 가졌던 기술들이나 경험들을 사용하며 선교지에서 사역들을 하고 있기는 하지만, 그들은 선교지에서의 사역을 위해서 선교지가 요구하고 필요로 하는 것들을 채우기 위해 많은 훈련과 준비를 한 사람들이다. 전문인 선교사들은 선교지에서 단순히 그리스도인으로 살아가는 것에 그치지 않고, 현지인들의 개종이나 현지 교회 개척과 같은 분명한 선교적 사명과 꿈을 가지고 살아가는 사람들이다. 전문인 선교사들이 선교지에 존재하는 궁극적인 이유와 목적은 복음을 선포하며 하나님의 영광을 드러내는 것이다.

(5) 훈련

전문인 선교사들은 사신이 평신도이는 복회자이든 선교지에서 요구하는 필요들을 채우고, 자신의 영적인 삶을 건강하게 유지하기 위하여 일정한 훈련을 받는 것이 필요하다. 대부분의 평신도 전문인들은 일정한 양의 신학적 훈련이 필요하고, 대부분의 목회자 전문인들은 일정 양의 직업 훈련이 필요하다. 몇몇 평신도 전문인 선교사 후보생들은 자기들의 사역과 신분이 전통적인 선교사들과 다르다는 생각을 하며 상대적으로 적은 양의 훈련을 받기를 원하거나 전혀 훈련을 받지 않고 선교지로 향하려는 성향이 있다. 적지 않은 평신도 전문인 선교사 후보생들이 자기가 모국의 캠퍼스나 직장에서 사용하던 전도 방법이나 양육 방법만으로 충분하다고 생각하며 자기의 단순한 경험과 기술만 갖고 선교지로 향하는 경우가 허다하다. 그러나 선교지에서 살아가는 대부분의 현지인들은 선교사가 자라온 모국과 전혀 다른 문화와 삶의 방식을 따라 살아가고 있다는 사실을 분명히 인식할 필요가 있다.

라이는 평신도 전문인 선교사들의 훈련이 얼마나 중요한가를 지적하면서 대부분의 선교단체의 경우 전통적인 선교사들을 위한 후원과 돌봄 제도(support and care system)는 잘 발달해 있는 반면, 전문인 선교사들을 위한 후원과 돌봄은 상대적으로 부실하다는 점을 지적하였다.[10] 현 실태를 들여다보면 몇몇 전문인

---

10   Patrick Lai. *Tentmaking: The Life and Work of Business as Missions*, 17.

선교 단체에 속한 선교사들을 제외하고 대부분의 전문인 선교사들은 자기의 사역과 영적인 관리를 스스로 해결해야만 한다.

사실 전문인 선교사들은 전통적인 선교사들 보다 더 많은 훈련을 필요로 한다. 전통적인 선교사들은 일반적인 선교훈련만 받으면 되지만 전문인 선교사들은 일반적인 훈련과 더불어 전문적인 직업의 기술들도 터득해야 하기 때문에 전문인 선교사들을 위한 선교훈련을 제대로 제공하기 위해서는 더 많은 시간과 노력이 요구된다. 전문인 선교사역에 관한 전문가인 야마모리는 전문인 선교훈련의 중요성을 언급하면서, 사역의 성격이나 장소에 따라 훈련의 내용이 조금씩 다를 수는 있지만 다음과 같은 여섯 가지 훈련이 전문인 선교사들에게 반드시 필요하다고 했다: 1) 성경 또는 신학적인 연구, 2) 타 문화 적응 훈련, 3) 선교학적 연구, 4) 지역 개발 연구 및 세계적인 동향, 5) 영적 성장, 6) 비자를 얻는 방법.[11] 전문인 선교사를 위한 훈련에 관한 내용이나 구체적인 준비 방법 등에 관해서는 뒷부분에서 보다 상세하게 다룰 것이다.

(6) 타문화 사역

전문인 선교사들은 자신이 태어나서 자란 문화가 아니라 선교적 목적으로 타문화권에서 사역하는 선교사를 지칭한다. 어떤 목회자나 사역자가 자국에서 전도와 교회개척을 목적으로 직업을 갖는다고 해서 그들을 모두 전문인 선교사라고 부를 수는 없다. TTF에서도 전문인 선교사와 일반적인 사역자를 구별하는 기준을 어떤 사역자가 타 문화권에서 사역을 하느냐 자국에서 사역을 하느냐로 삼아야 한다고 했다. 전문적인 직업을 갖고 자국에서 사역하는 모든 사역자들을 전문인 선교사라고 부른다면 선교의 개념이 모호해질 뿐 아니라 타 문화권에서 사역을 하고 있는 전문인 선교사들과의 구별 또한 모호해질 수 밖에 없다.

전문인 선교사들과 일반 사역자들을 구별하는 또 다른 기준 중에 하나로 '사역의 대상'이 누구냐를 꼽을 수 있을 것이다. TTF의 기준에 의하면 전문인 선교

---

11   Tetsunao Yamamori. *Penetrating Missions' Final Frontier: A New Strategy for Unreached Peoples*, 72-73.

사들이란 자국민이 아닌 타민족을 복음화하려는 의도를 갖고 타 문화권에서 사역하는 사람을 가리킨다. 그가 비록 타 문화권에서 전문인으로 사역을 한다 할지라도 사역의 대상이 타 민족이 아니라 자국민이라면 그를 전문인 선교사라고 부를 수 없다는 것이다. 결국 전문인 선교사란 타 민족이나 부족에게 복음을 전하며 교회를 개척하기 위하여 타 문화권에 살고 있는 전문인들이라고 정의할 수 있을 것이다.

(7) 닫힌 지역-창의적 접근 지역(CAN), 접근이 제한된 지역(RAN)

앞에서 언급한 바와 같이 미전도 종족의 80% 이상이 완전히 닫혀 있거나 부분적으로 접근이 가능한 지역에서 살아가고 있다. 대부분의 닫힌 지역들은 전통적인 선교사들에게 비자 발급을 하지 않는다. 따라서 이들에게 다가가기 위해서는 창의적인 방법과 전략이 반드시 요구된다. 전문인 선교사란 바로 이러한 지역에서 사역하기 위해 필요한 사람들이다. 전통적인 선교사들에게 닫혀있는 문이 사업가나 전문인들에게는 열려있다. 전문인 선교사들은 전통적인 선교방법으로 접근할 수 있는 지역을 위해 존재하는 자들이 아니라 전통적인 방법으로 접근할 수 없는 지역을 위해 존재하는 자들이다. 전통적인 접근이 가능한 지역에 구지 전문인 선교사들을 파송할 필요는 없다고 본다. 통계에 의하면 선교사 비자가 허락되는 지역에서 일하고 있는 전통적인 선교사들이 전도나 제자훈련에서 뿐만 아니라 교회 개척사역에 있어서 전문인 선교사들 보다 훨씬 효과적인 사역을 하고 있다고 한다.[12] 물론 선교지 상황에 따라 유연성을 갖고 대처해야 하지만, 교회나 선교사 파송 단체들이 선교사들을 파송할 때 전문인 선교사들만큼은 가능하면 전통적인 방법으로 접근이 불가능한 지역에 우선권을 두고 파송해야 할 것이다.

(8) 거주 비자(Resident Visa)

비거주 선교사들(Non-residential missionaries)을 전문인 선교사로 분류해야 하

---

12   Patrick Lai. *Tentmaking: The Life and Work of Business as Missions*, 19.

는가에 대한 논란이 거듭되어 왔다. Lai는 비거주 선교사의 궁극적인 목적이 비록 제한 지역 내에 살고 있는 미전도 종족에게 복음을 전하는 것이라 할지라도, 그가 선교현장에 살고 있지 않는 한 그를 전문인 선교사라고 부를 수 없다고 했다.[13] 그는 비거주선교사가 전문인 선교사가 될 수 없는 두 가지 이유를 언급하였다. 첫째로는 비거주 선교사는 선교현장에 거주하지 않고 타 지역에 살고 있기 때문에 현지인들과의 접촉이 매우 제한적이고 일상의 삶을 나누는 것이 불가능하다고 보았다. 둘째로 그들은 이미 자국에서 분명한 자기의 정체를 가지고 있기 때문에 선교 현장에서 더 이상 다른 직책이나 호칭이 필요하지 않은 자들이기 때문이라고 했다. 라이는 전문인 선교사란 선교 현장에 살면서 현지인들과 삶을 나누며 깊은 영적인 관계를 맺고, 이를 통해 복음을 전하고 교회를 개척해야 한다고 믿고 있다. 따라서 비거주 선교사가 자기 직업을 갖고 선교지를 자주 방문한다 할지라도 그가 현지인 공동체에 깊이 들어가 현지인들과 개인적인 깊은 영적인 관계를 갖지 못한다면 그를 전문인 선교사라고 부를 수 없다고 본 것이다.

라이의 관점은 전문인 선교사란 선교현장에 살면서 그 곳에서 친구를 사귀고 복음을 전하는 사역자가 되어야 한다는 것이다. 따라서 전문인 선교사들은 그들이 접근하려는 종족이나 부족들 속에 살면서, 복음을 전할 수 있는 기회를 얻기 위하여 반드시 그들과 함께 살아야 함을 강조한 것이라 할 수 있다. 라이의 이러한 주장은 단순히 이론적인 배경에서 나온 것이 아니라 장기간 전문인 사역자로서의 경험을 통해 나온 것으로서 매우 설득력이 있는 주장이라고 할 수 있다.

(9) 생활비의 출처

전문인 선교사를 정의하는 중요한 요소들 가운데 하나가 바로 선교비의 출처와 연관되어있다. 선교지에서 선교사 자신과 선교사역을 위한 비용을 누가, 어떻게 조달하는가에 따라 그를 전문인 선교사로 분류할 것인지 아닌지를 결정하게 된다. 혹자는 선교비 일체를 선교 현지에서 조달하는 선교사들만을 전문인 선

---

13   Patrick Lai. *Tentmaking: The Life and Work of Business as Missions*, 19.

교사라고 불러야 한다고 주장하는 반면, 혹자는 전문인 선교사를 구분하는 결정적인 기준을 선교비의 조달 방식이 아니라 그의 선교적 동기(missionary motive)로 삼아야 한다고 주장하고 있다. 로잔 선교 위원회의 TTF 팀조차 이 부분에 있어서는 정확한 일치를 끌어내지 못했을 만큼 정의가 쉽지 않다는 것을 알 수 있다.[14]

사도 바울의 경우 자신의 생활비와 동료들의 선교 사역비를 충당하기 위하여 손수 일을 했을 뿐 아니라 종종 자신을 파송하고 도왔던 교회들로부터 재정적인 후원을 받았었다. 사도로서 혹은 종교적인 지도자로서 자기가 세운 현지 교회들로부터 경제적인 도움을 받을 수 있는 권리가 있었음에도 불구하고 그가 현지교회의 재정적인 도움을 거절한 단 한 가지 이유는 복음 전파에 방해를 받지 않기 위해서였다. 바울은 현지 교회의 재정적인 후원을 받을 수 있는 권리가 있었지만 그것조차 복음 전파에 방해가 된다면 자신의 권리를 포기했던 것이다. 바울에게 있어서는 경제적인 조달의 방법이나 통로가 중요한 것이 아니라 선교적 동기가 훨씬 중요한 요소로 자리 잡고 있었음을 알 수 있다. 바울의 궁극적인 삶의 목적은 일상적인 생활을 꾸려나가는 데 있지 않고 복음을 전파하며 교회를 개척하는 데 있었다.

따라서 전통적인 선교사와 전문인 선교사를 구별하는 기준이 재정적인 후원의 방법이 어떠해야 하는가에 따라서가 아니라 그가 선교지에 존재하는 궁극적인 목적이 무엇이냐에 따라서 정해져야 한다. 선교사의 생활비가 본국에서 오든, 현지에서 조달되든 경제적인 후원의 방법이 중요한 것이 아니라 그가 무엇을 위해 선교지에 존재하느냐가 훨씬 더 중요한 것이다. 라이의 연구에 의하면 10/40 window에서 사역하고 있는 선교사들 가운데 약 80% 정도가 전문인 선교사들이고, 그 가운데서 약 94% 정도는 선교비의 일부를 모국의 교회나 친구들로부터 지원 받고 있는 것으로 드러났다.[15] 이러한 통계를 참고해 볼 때, 전문인 선교사를 구별하는 기준을 선교비를 선교 현장에서 자신이 스스로 조달하느냐 혹은 모

---

14   Patrick Lai. *Tentmaking: The Life and Work of Business as Missions*, 20.

15   Patrick Lai. *Tentmaking: The Life and Work of Business as Missions*, 21.

국에서 후원을 받느냐에 의해 결정하는 것은 다소 무리가 있다고 할 수 있다. 결국 전문인 선교사들을 구별 짓는 기준을 선교비의 출처가 아닌 선교적 동기에서 찾아야 할 것이다.

2. 전문인 선교 역사

1) 초대 교회 전문인 선교 역사

선교학자들은 전문적인 선교사들이 등장하기 시작한 시기를 대략 3세기 중엽으로 보고 있다. 그들의 주장이 사실이라면 그 이 전까지의 선교 사역은 주로 평신도들이나 평신도 "전도자들"(evangelists)에 의하여 이루어졌음을 짐작할 수 있다. 스데반의 일로 인하여 발생한 핍박으로 인해 사도 외의 모든 평신도들이 사마리아와 온 유다 지역으로 흩어지게 되고, 안디옥 까지 이르러 이방인에게도 복음을 전하게 된다. 사도행전에 보면 안디옥 교회 탄생의 기초를 놓았던 전도자들의 이름과 직책이 전혀 언급되어 있지 않은 것을 발견할 수 있다. 전도자들의 출신지는 표기되어 있지만 그들의 신분이나 직책이 전혀 기록되어 있지 않은 점을 미루어 볼 때 안디옥 교회의 기초를 놓았던 전도자들은 무명의 평신도였을 가능성이 높다. 그들은 직업을 갖고 생업을 해결해 가면서 타지에서 복음을 전했을 것이다.

A.D. 339 년-A.D. 448년 사이에 페르시아 지역에 살고 있던 기독교인들에게 커다란 핍박이 발생했다. 역사적인 기록을 보면 당시에 순교를 당한 사람의 숫자가 대략 수십 만 명에 달했다고 한다. 간신히 순교를 면한 사람들은 이방에서 객이 되어 스스로 생계를 꾸리며 복음을 전했다. 당시의 기록을 살펴보면 그들이 비서, 의사, 귀족 집안의 집사 등으로 일하면서도 전도 사역을 지속해 나갔다고 한다. 그들이 지녔던 능력의 원천은 하나님의 말씀과 하나님에 대한 신실한 믿음

이었다고 한다. 다수의 사람들이 신약 성경을 거의 외우고 있었으며 성경에 관한 매우 박식한 지식을 지니고 있었다. 순교를 피하여 타지에서 유배와 다름없는 생활을 하면서도 복음전파의 사명을 잊지 않았다. 그들은 스스로 생계를 꾸리면서도 자신들의 사명인 복음 전파를 게을리 하지 않았다.[16]

그 당시 일어났던 평신도 선교 운동을 다년간 연구한 존 스튜어트(John Stewart) 박사는 당시의 교회를 가리켜 "세계가 지금껏 보아왔던 역사적인 기록 가운데서 가장 선교적인 교회"(the most missionary church)라고 했다.[17] 그들은 후일 중앙아시아, 인도, 중국, 한국, 일본, 동남아시아에서도 복음을 전했을 뿐 아니라 아프가니스탄과 티벳에서도 복음을 전했다고 한다. 스튜어트 박사는 그의 책에서 모함메드(Mohammed)가 탄생하기 수백 년 전에 아프가니스탄과 티베트가 기독교의 중심지였다는 사실을 언급하기도 했다.[18] 그들은 가는 곳 마다 어린 이들의 교육을 위한 학교를 세웠으며, 그들이 세운 수도원들은 명실상부한 선교사 훈련 센터였다. 그들이 학교와 수도원에서 가르친 주요 내용은 거의 성경이었다고 한다.

2) 중세 교회의 전문인 선교 역사

로마 가톨릭 교회의 선교 역사를 살펴보면 로마 가톨릭 신자들 가운데 상당 수가 전문인 선교 사역에 동참했었다는 사실을 알 수 있다. 우리에게 탐험가로 익히 알려져 있는 폴로(Marco Polo, 1254-1323)의 궁극적인 관심은 단순히 신대

---

16   J. Christy Wilson, Jr. *Today's Tentmakers* (Wheaton, Ill: Tyndale House, 1979), 26.

17   Wilson, Jr. *Today's Tentmakers*, 26. cf. 당시 페르시아 지방에 살고 있던 기독교인들은 Nestorius의 영향을 받았고, 신학적으로 이단적 요소를 지니고 있었음에도 불구하고 초대 교회 성도들이 지녔던 복음전파의 열정을 고스란히 유산으로 간직하고 있었다. Wilson은 그의 책에서 Stephen Neil의 말을 인용하면서 "거의 대부분의 기독교 역사는 절대적으로 서구적 관점에서 기록되었기 때문에, 451년에 있었던 Chalcedon 종교회의 이후로 동방 교회는 거의 등장하지 않는다."는 점을 지적하였다.

18   John Stewart, *The Nestorian Missionary Enterprise: A Church on Fire*. (Edinburgh, Scotland: Clarke, 1923), 29.

류을 발견하거나, 신비한 나라로의 여행을 하는 데 있지 않고 미전도 지역에 복음을 전파하는 데 있었다고 한다. 그가 위험을 무릅쓰고 생명을 건 항해를 마다하지 않은 이유는 바로 복음을 땅 끝까지 전하기 위함이었다. 그의 항해가 여러 가지 목적을 갖고 진행되었던 것이 사실이지만, 그 가운데서도 선교적 동기가 매우 중요한 위치를 차지했다고 한다. 아메리카 대륙을 발견했던 콜럼버스(Christopher Columbus) 역시 그의 항해의 궁극적인 목적은 복음 전파였다고 한다. 인도인들에게 복음을 전파하기 위하여 나선 선교여행이 그를 아메리카 신대륙으로 인도한 것이다. 복음을 들고 인도인들에게 다가 갈 수 있는 더 좋은 길을 열기 위하여 시작된 항해가 그를 최초의 아메리카 대륙 발견자로 만든 것이다. 클링(August J. Kling)은 말하기를 "컬럼버스는 역사상 가장 뛰어난 평신도 기독교인이다. 그가 아메리카 대륙으로 항해를 한 궁극적인 목적은 온전히(entirely) 성경에서 비롯된 비전을 실현하기 위한 것이었다."고 했다.[19]

콜롬버스가 쓴 『예언의 책』(*The Book of Prophecies*)는 그가 어떤 목적을 갖고 항해를 했는가를 잘 드러내주고 있다. 는 그의 책에서 지구, "먼 곳", 바다, 인구의 이동, 발견되지 않은 종족들, 미래에 복음이 전 세계에 전파될 것, 먼 나라로 여행할 것에 대한 예언들, 땅 끝에 관한 예언들, 예수 그리스도의 지상왕국의 건설 등에 관하여 언급하고 있는 데 이 모든 내용은 철저하게 성경적 가르침과 관점을 그대로 따른 것들이다. 그는 예수의 재림을 믿었으며, 모든 국가들과 먼 섬들에 사는 모든 족속들이 복음화 되기 전에는 예수 그리스도의 왕국이 완성될 수 없다고 믿었다.[20] 이와 같은 내용들을 참고해 볼 때 콜럼버스는 그가 비록 평신도였지만 지상명령을 수행하기 위해 자신의 지위와 은사를 적극적으로 활용하여 세계 복음화에 크게 기여했던 것을 알 수 있다.

로마 가톨릭 교회에 속한 다양한 선교 기관들이 본국이나 교회로부터 후원을 받기도 했지만, 역사적인 기록들을 살펴보면 적지 않은 선교 기관들이 자비

---

19   Wilson, Jr. *Today's Tentmakers*, 28.

20   August J. Kling, *Columbus-A Layman "Christ-bearer" to Uncharted Isles*, The Presbyterian Layman, October 1971, P. 4.

량 선교를 하며 선교 사역을 수행했었음을 보여 준다. 일본에 파송되었던 예수회 (Jesuit) 선교사들의 경우 선교사역을 수행하기 위한 경비를 스스로 마련하였는데, 그들은 실크 수출입을 통해 자신의 생활비와 선교 경비를 충당하였다고 한다. 남미에 파송되었던 선교사들의 경우도 비슷한 방법으로 자기의 생계와 사역비를 감당했다고 한다. 남미에 파송되었던 선교사들은 주로 농업과 목축업에 종사하며 생활비와 선교비를 동시에 해결했다.[21]

3) 개신교 전문인 선교 역사

(1) 모라비안 선교 사역(Moravian Missions)

댄커(William Danker)는 "모라비안들이 가장 중요하게 기여한 점은 모든 성도들이 선교사요, 모든 성도들이 자신의 일상적인 직업을 통하여 복음을 전해야만 한다는 사실을 강조한 점"이라고 했다.[22] 댄커의 말처럼 모라비안 선교운동은 평신도 선교사역이 실제로 가능하다는 사실과 더불어 평신도 전문인 선교 사역의 가능성을 미리 보여준 살아있는 역사적 실체요 사례라고 할 수 있다. 모라비안 선교 운동은 개신교 평신도 선교 운동의 효시이면서도 전문인 선교사역의 모델이기도 하다. 모라비안 선교 운동은 현재도 지속되고 있으며 전 세계 도처에서 사업을 통한 선교 사역을 지속적으로 진행하고 있다.

모라비안 선교 운동의 역사를 살펴보면 대략 다음과 같다. 선교 역사가들은 18세기 중반 색소니(Saxony) 지방의 백작이었던 진젠로르프(Ludwig von Zinzendorf, 1700-1760)의 도움으로 헤른후트(Herrnhut)로 이주해온 모라비아 출신의 개신교도들로 구성된 공동체에서 시작된 선교 운동을 지칭하여 모라비안 선교 운동(Moravian Missionary Movement)이라고 부른다. 당시 헤른후트에 모여 살던 모라비안들은 사실상 종교적인 망명자들이었다. 그들은 가톨릭 교회의 핍

---

21   Wilson, Jr. *Today's Tentmakers*, 28.

22   William J. Danker, *Profit for the Lord* (Grand Rapids: Michigan: Eerdmans, 1971), 73.

8부 전문인 선교

제3장 · 전문인 선교의 정의와 역사   **333**

박을 피해 종교적인 자유를 찾아 에 모여 살았다. 경건주의 운동의 핵심 인물이었던 프랑케(Francke)의 절대적인 영향을 받은 진젠도르프가 그들에게 그의 영지를 내어줌으로서 그들이 헤른후트에서 종교적인 자유를 누리는 것은 물론 적극적인 선교적인 공동체로까지 발전할 수 있었다. 모라비안 공동체가 선교 공동체로 변하는 과정에서 절대적인 영향을 끼친 사람이 바로 진젠도르프였다.[23]

진젠도르프가 덴마크 왕 Christian VI의 대관식에 초대되어 대관식에 참여하는 동안 서인도제도의 토마스(St. Thomas) 섬에서 온 흑인을 만나 그로부터 현지인들의 영적 무지와 비참한 삶에 대하여 전해 듣게 된다. 이러한 소식을 헤른후트에 모여 살던 모라비아 형제들에게 전하자마자 그들은 선교로의 부름에 즉각적인 반응을 보였다. 진제도르프를 통하여 선교적 도전을 받은 모라비안 공동체가 마침내 1732년에 두 분의 선교사를 파송하게 된다. 모라비안 공동체의 파송을 받은 옹기장이였던 도버(Leonhard Dober)와 목수였던 니치만(David Nitschmann)이 서인도 지역(the West Indies)에 도착하여 선교 사역을 펼치기 시작하였다. 그들은 선교사역과 자기들의 생계를 위하여 스스로 일하면서 사역을 진행하였다. 그들은 또한 필요에 따라 무역을 통해 모든 비용을 충당하기도 했다.[24]

또 다른 그룹의 모라비안 선교사들이 사역을 하던 지역이 현 캐나다 북동부에 위치한 라브라도(Labrador)지역 이었다. 그들 역시 자비량 선교사역을 했는데, 에스키모인들과 교역을 하면서 스스로 생계와 선교비용을 충당하였다. 모라비안 선교사들은 자기 소유의 배를 갖고 있었으며 이 배를 이용하여 매우 적극적으로 사업을 펼쳐나갔다. 사업을 통해 얻은 이익은 대부분 선교사역과 현지인들의 복지를 위하여 사용되었는데, 주로 가난한자, 병든자, 나이 많은 어르신들을 위하여 이익의 상당 부분을 사용하였다. 때론 겨울철에 경제적으로 어려움을 격고 있는 현지인들에게 경제적 도움을 주기도 했다. 당시 모라비안 선교사들이 활동

---

23   Ruth Tucker, *From Jerusalem to Irian Jaya: A Biographical History of Christian Mission* (Grand Rapids: Michigan: Academie Books, 1983), 67-69.

24   Wilson, Jr. *Today's Tentmakers,* 30.

을 하던 또 다른 지역 수리남(Surinam)이었는데 이 지역에서는 양복을 만들거나, 빵집을 운영하거나, 시계를 만들고 수리하는 등의 사업을 하면서 선교사역을 확대해 갔다. 그들은 사업체를 운영하면서 현지인들을 고용함으로서 현지인들에게 적절한 직업을 가질 수 있는 기회를 제공하기도 했다. 당시에 수리남에 세워진 회사의 이름이 크리스토 케르스텐 회사(Christoph Kersten & Co.)였는데, 이 회사는 지금까지 존속하고 있다. 이 회사는 수리남에서 가장 큰 규모의 회사들 중 하나로서 수리남에 본사를 두고 뉴욕, 암스테르담, 함부르크 등에 지사를 두고 있다. 놀랍게도 이 회사는 오늘날도 이전과 동일한 변함없는 선교적 비전을 갖고 운영되고 있으며, 매년 수십 만 불의 선교헌금을 하고 있다. 이 회사는 선교헌금 외에도, 노인들을 위한 연금이나 직장인들을 위한 의료보험 등과 같은 사회사업과 직장인 훈련과 같은 실제적인 도움을 현지인들에게 제공하고 있다.[25]

(2) **윌리엄 캐리**(William Carey, 1761-1834)

캐리가 선교사 신분으로 인도를 향하여 떠날 즈음에 몇몇 교회와 목회자들이 그의 선교비를 충당하겠다는 약속을 하였으나 캐리가 선교지에서 선교사역을 시작한 후로 얼마 지나지 않아 선교비가 거의 끊어졌다. 설상가상으로 "동인도 회사"(the East India Company)의 반대로 Carey는 더 이상 해안가 도시에 머물 수가 없었고, 결국 가족과 함께 좀 더 내륙으로 들어가 생활할 수밖에 없었다. 그곳에서 그는 "인디고"(Indigo) 작목회사의 매니저로 일하면서 가족의 생계와 선교비를 충당하였다. 캐리는 인디고 회사에서 일하면서 현지 언어를 익히고, 현지인들을 사귀며 복음을 전할 수 있는 기회를 얻을 수 있었다. 후일 그가 선교지에서 만나 함께 동역했던 마쉬맨(Joshua Marshman)과 워드(William Ward)는 모두 전문인 선교사였다. 마쉬맨은 학교의 선생님으로, 워드는 인쇄소를 운영하는 인쇄공으로, 캐리는 매니저로 나름대로의 직업을 갖고 선교사역에 헌신한 자들이었다. 후대는 이 세 사람의 전문인 선교사를 가리켜 "세람포 트리오"(Serampore

---

25 Wilson, Jr. *Today's Tentmakers*, 30-31.

6부 전문인 선교

Trio)라고 불렀다.[26]

캐리는 후일 포트 윌리엄(Fort William) 대학교의 교수로 초청을 받아 교수 사역을 하면서 그의 선교사역을 지속해 가게 되는데, 자기 월급의 95%를 선교비로 사용하였다고 한다. 이미 잘 알려진바 대로 그는 식물학에 관심이 많았으며, 인도에서도 인도 식물학의 대가로서 브리태니커 사전에 인도 식물에 관한 글들을 쓰기도 했다. 그는 1883년에 전문인 사역에 관한 의미 있는 글을 썼는데, 그는 이 글에서 다음과 같이 언급하고 있다.

> 우리가 지금까지 선교사역을 수행함에 있어서 매우 기본적인 원리로 생각해왔던 점은 선교사들이 가능한 경우라면 언제든지 자신의 경제적 필요의 전부혹은 일부를 스스로의 노력을(exertions) 통하여 해결해야 한다는 점이다.[27]

이 글은 캐리가 자비량 선교에 대하여 나름대로 분명한 원칙을 가지고 있었음을 보여주는 증거라고 할 수 있다. 고국으로부터의 경제적 후원이 제대로 이루어지지 않았던 초창기 시절 캐리가 인도에서 선교사역을 수행해가는 과정에서 나름대로 철저하게 지켰던 원칙이 비로 이러한 자비량 선교 원칙이었다고 할 수 있다. 본국으로부터 선교비 전부가 후원되든 혹은 일부가 후원되든 상관없이 선교사들은 가능하면 선교 현지에서 자기의 선교비를 충당하려는 노력을 기울여야 한다는 점을 강조한 것이다. 그는 모든 선교사들이 가능하면 선교지에서 전문인으로서 일정한 사업체나 직업을 갖고, 경제 활동을 통하여 얻은 이득을 자신의 경제적인 필요들과 선교사역을 위한 경비를 충당할 수 있도록 노력해야 한다는 점을 언급하고 있는 것이다. 캐리의 주장처럼 전문인 선교사는 주어진 상황과 관계없이 전문적인 직업과 직장을 통하여 자신의 생계는 물론 선교사역을 위한 경비를 충당하려는 노력을 기울여야 할 것이다.

---

26   Tucker, *From Jerusalem to Irian Jaya*, 114-121.

27   Kenneth Grubb, *The Need for Non-Professional Missionaries* (London: World Dominion Press, 1931), 11.

(3) 바젤 선교회(Basel Mission Society)

1815년 프랑스와 유럽의 여러 나라들이 격렬한 전투를 벌이고 있던 와중에 한 전문인 선교 단체가 결성된다. 1815년 벨기에에서 워터루(Waterloo)전투가 한창 진행 중일 때 스위스의 바젤(Basel)에서도 프랑스 군의 공격이 동시에 진행되고 있었다. 당시 프랑스 군대의 진입을 막기 위해 러시아 군대가 바젤에 도착하게 되는데, 러시아 군대에는 다양한 인종의 군인들이 섞여있었다. 바젤에 진입한 러시아 군대 안에는 몽골 족(Mongols), 칼무크 족(Kalmuks), 바슈키르 족(Bashkirs), 브리야트 족(Briats) 등과 같은 다양한 인종들 뿐 아니라 심지어 회교도들까지 섞여있었다. 이교도들을 처음 본 바젤의 몇몇 기독교인들이 이들에게 받은 은혜를 갚기 위해 그들에게 복음을 전하기로 작정하고 조그만 선교학교를 세우기로 결정한다. 이렇게 러시아 군대에 포함되어 있던 이교도들에게 복음을 전하기 위하여 탄생한 조그만 선교학교는 단순히 바젤에 찾아 온 이교도들에게 복음을 전하는 일을 감당했을 뿐만 아니라 후일 전 세계에 전문인 자비량 선교사들을 파송하는 일을 감당하게 된다.[28] 당시 바젤은 비록 대륙의 내륙 깊숙이 자리를 잡고 있었지만 스위스에서 상업 중심지로서의 역할을 상당부분 감당하고 있었다. 바젤은 오랜 기간 동안 라인강을 통해 북해로 이어지는 무역사업을 통해 상업이 상당한 수준으로 발달되어 있었을 뿐만 아니라 영적으로 독일 경건주의의 영향을 깊이 받고 있었기 때문에 사업을 통한 선교사역이라는 새로운 아이디어를 비교적 쉽게 발전시킬 수 있었을 것이다. 1783년 당시에 이미 300명 정도의 경건주의자들(Herrnhuter)이 바젤에 와서 살고 있었고, 1780년경에는 아욱스벅(Augsberg)에서 목회를 하던 우를스페르거(Johan August Urlsperger, 1728-1806) 목사의 영향으로 "독일 기독교 협회"(Deutsche Christentumsgesellschaft)가 탄생되기도 했다. "독일 기독교 협회"는 후일 "기독교 진리와 경건을 증진시키기 위한 독일 협회"(German Society for the Promotion of Christian Truth and Piety)로 명칭을 바꾸게 된다.[29]

---

28   Danker, *Profit for The Lord*, 79.

29   Danker, *Profit for the Lord*, 80.

바젤 선교회에 소속된 대부분의 구성원들은 모라비안 공동체와 마찬가지로 블루칼라에 속하는 사람들이었다. 가끔 화이트칼라에 속하는 사람들이 있기는 했지만 극소수에 불과했고 대부분은 목공, 직물 공, 신발 만드는 사람, 상점의 직원, 대서인(scrivener) 등과 같은 기능공들이나 직공들이었다. 이들은 자기가 속한 직장이나 직업을 통하여 기독교적인 가치를 몸소 실천하는 현장속의 선교사였던 것이다. 바젤 선교회에서 처음으로 훈련을 받았던 사람들의 직업을 살펴보면 바젤 선교회의 구성원들의 신분과 성격을 쉽게 발견할 수 있다. 1816년 공식적으로 발족된 선교사 훈련원은 만 20세 이상의 신실한 기독교 신자로서 이미 상업적 경험과 기술들을 터득한 자들을 대상으로 훈련을 시작하였다. 처음 입학생이었던 두르(Wihelm Durr)와 뮬러(Daniel Muller)는 양말을 만드는 사람들이었고, 크네흐크(Peter Knecht)는 공장의 직공이었고, 이리온(Johann Ludwig Irion)은 신발을 만드는 사람이었고, 보르마이스터(Bormeister는 장갑 만드는 사람이었으며, 빈클러(Winkler)는 밧줄을 만드는 사람이었다.[30]

바젤 선교회는 선교 훈련원에서 훈련을 마친 몇몇 사람들을 '런던 선교사회'(London Missionary Society)나 '교회 선교사회'(Church Missionary Society)로 파송하여 본격적인 선교사역을 하기 시작하였다. 선교 훈련을 마치고 선교지에 투입된 바젤 선교회 소속 선교사들은 "유익한 문명을 전파하고, 평화의 복음을 선포하는 것"을 자신의 사명으로 알고 선교사역을 지속해 나갔다. 그들은 균형 잡힌 사역, 즉 영적인 사명과 경제적인 활동을 잘 조화시키며 직장과 삶의 현장에서 선교의 사명을 효과적으로 수행하였다. 바젤 선교회는 1821년경에 14명이나 되는 평신도 전문인 선교사들을 이미 남부 러시아의 코카서스(Caucasus)지역에 자체적으로 파송하였다. 매우 흥미로운 사실은 바젤 선교회 소속 선교사들이 아르메니아(Armenia)지역에 살고 있던 기독교 신자들을 동원하여 근처에 살고 있던 무슬림들을 선교하려는 시도를 했었다는 점이다. 그들은 선교 현지에 학교들을 세우고, 교사들을 훈련시키고, 다양한 기독교 문서들을 만들고, 현지의 젊

---

30   Danker, *Profit for the Lord*, 80.

은 목회자들과 여러 번의 회의를 진행하며 무슬림 선교사역의 중요성과 시급성을 알리려 했다. 당시 스코틀란드 선교사들이 러시아 선교사역을 그만두고 철수할 때 그 공백을 메꾼 사람들이 바젤 선교회 소속 선교사들이었다는 점을 살펴볼 때, 그 당시에 바젤 선교회의 활동이 얼마나 적극적이고 열정적이었는가를 간접적으로 이해할 수 있다.[31]

바젤 선교회는 1851년에 방직공이었던 할러(John Haller)를 인도로 파송했는데, 그는 현지에 도착하자마자 이년 안에 스무 개 정도의 직물 짜는 기계를 만들고, 27명의 직공들을 고용할 정도로 매우 효과적인 선교사역을 펼쳐나갔다. 후일 그는 카키(Khaki) 색의 직물을 만드는데 성공하여 전 세계에 카키 직물을 수출하기도 했다. 그가 만든 카키색 직물은 당시 영국 군인들이 입고 있던 붉은 색의 군복을 대체하는 직물로 선정되기도 했다. 바젤 선교회는 아프리카의 가나(Ghana)에도 무역회사를 차렸는데, 그 곳에서는 세 명의 스위스 출신 농부들이 남미로부터 코코아를 들여와 현지인들에게 보급하여 현지에서 코코아 농사가 번창하게 되었다. 1891년에는 마침내 처음으로 가나에서 유럽으로 코코아를 수출하게 되었고, 약 20년 뒤에는 가나가 세계에서 코코아를 가장 많이 수출하는 국가가 되었다. 후일 가나는 코코아 수출로 인하여 아프리카 국가들 가운데서 가장 부유한 나라 가운데 하나가 된다.[32]

3. 현대 전문인 선교 운동

1) 크리스티 윌슨(Christy Wilson)

대부분의 현대 선교학자들은 윌슨(Christy Wilson)을 가리켜 현대 전문인 선교

---

31   Danker, *Profit for the Lord*, 81-82.
32   Wilson, Jr. *Today's Tentmakers*, 35-36.

운동의 아버지라고 부른다. 그는 전문인 선교에 관한 성경적, 신학적, 선교적 관점을 다룬 다양한 글들을 통하여 현대 선교 전략에서 빼어 놓을 수 없는 전문인 선교의 이론과 실천을 가장 폭넓고 깊이 있게 연구한 학자이다. 그가 쓴 "오늘날의 전문인 선교사들"(Today's Tentmakers)이라는 책은 전문인 선교에 관한 교과서와 같은 책이라고 할 수 있다. 그는 전문인 선교사로서 아프가니스탄에서 교사로 선교사역을 했을 뿐 아니라 많은 선교 단체들과의 연합과 네트워킹을 통하여 전문인 선교 사역을 서구 세계에 적극적으로 알린 장본인이었다.

월슨이 선교지로 가게 된 배경을 간략히 살펴보면 선교대회나 선교지도자들의 영향이 지대했음을 쉽게 알 수 있다. 북 미주 최초의 학생 선교 대회였던 "토론토 학생 선교 대회"(Toronto Student Convention)가 "그리스도의 위임령을 완성하라"(Completing Christ's commission)는 슬로건과 함께 열리게 된다. 이 선교 대회의 주 강사였던 즈베머(Samuel Zwemer)를 비롯한 여러 강사들이 미전도 종족에 관하여 선교적 도전을 하면서, 지난 100년 동안 기도해 온 아프가니스탄에 한 명의 기독교인도 존재하지 않는다는 사실을 참석한 학생들에게 알렸다. 하지만 당시에는 어느 선교사도 선교사의 신분을 갖고 아프가니스탄에 발을 디딜 수가 없었다. 아프가니스탄 정부가 전통적인 선교사들에게 거주 비자를 발급하지 않았기 때문에 어느 누구도 선교사로 입국할 수가 없었다. 그러던 어느 날 뉴욕에 있는 컬럼비아 교육대학(Columbia Teachers College)의 게시판에 아프가니스탄 정부가 교사들을 원한다는 광고가 나붙어 있었다. Ralph Winter와 Wilson은 아프가니스탄에 잘 준비된 기독 학생들을 파송하기 위하여 북 미주 전역에 광고를 했다. 마침내 한 팀의 기독교 선생님들이 전문인 선교사로 헌신하게 되고, 지난 100년 동안 선교사들에게 문을 열지 않았던 금단의 땅인 아프가니스탄에 최초의 전문인 선교사들이 발을 디디게 된 것이다.[33]

전통적인 선교사들이 입국할 수 없었던 아프가니스탄에 전문인 선교사들인 교사들이 입국할 수 있었다. 그들은 전통적인 선교사들은 거부했지만 전문적인

---

33   Wilson, Jr. *Today's Tentmakers*, 11-12.

직업과 기술을 가진 전문인 선교사들의 입국을 거부하지는 않은 것이다. 윌슨은 자기가 교사들을 파송할 때 까지만 해도 전문인 선교라는 새로운 형태의 선교 사역이 시작될 줄은 상상하지도 못했다고 한다. 윌슨을 비롯한 다른 선교 지도자들조차도 이러한 파송이 전혀 새로운 선교사역의 한 모델인 전문인 선교 사역으로 발전될 줄은 전혀 모르고 있었다.

윌슨은 1948년 영국의 런던에서 열렸던 올림픽 게임에 참가한 아프간 (Afghan) 올림픽 팀을 보면서 아프가니스탄에 대한 더욱 깊은 관심을 갖기 시작했다. 윌슨은 런던 올림픽에 참가한 아프간 선수들을 보는 순간 하나님께서 자기를 아프가니스탄으로 부르고 있다는 사실을 직감하게 된다. 후일, 그는 자신이 태어나 살아온 나라와 너무나 거리가 먼 정치적, 문화적, 사회적, 종교적 색채를 가지고 있는 아프가니스탄에 발을 디디게 되었다. 그는 하나님의 형상을 따라 지음 받은 아프간 족속에게 생명의 복음을 전하기 위하여 한 학교의 교사로 헌신했다. 시간이 지나면서 그는 현지인들을 더 깊이 알아갈 수 있었고, 현지인들도 그의 삶을 바라보면서 그가 자기들을 사랑한다는 사실을 발견하게 된다. 현지인들은 윌슨을 통하여 알게 모르게 그리스도를 접하게 되었고, 그를 한 단체의 대표가 아니라 자기들과 동일한 삶을 나누는 한 인간으로 이해하며 그가 섬기는 그리스도에 대하여 더욱더 깊은 관심을 갖게 된다.[34]

윌슨은 결코 홀로 전문인 선교사역을 수행하지는 않았다. 그는 아마추어 선교사건 프로 선교사건 가리지 않고 협력하며 파트너십을 건강하게 유지해 갔다. 그가 함께 일했던 팀원들 가운데는 성공회 목사, 영국 대사관의 젊은 외교관, 선교 단체의 대표 등과 같은 다양한 신분의 사역자들이 포함되어 있었다. 콕스 (Cox)는 윌슨이 전문인 선교 운동에 기여한 다양한 면들을 언급하면서 그의 가장 큰 업적들 가운데 하나로 북미의 잠재력 있는 전문인들을 선교에 적극적으로 동참시킨 점이라고 지적하였다.[35]

---

34 Cox. "The Tentmaking Movement in Historical Perspective", 113.
35 Cox. "The Tentmaking Movement in Historical Perspective", 113.

2) California 지역의 전문인 선교 운동

(1) GO(Global Opportunities)

1980년대에 미국의 California 지역을 중심으로 전문인 선교에 관한 다양한 관심과 더불어 몇몇 전문인 선교 기관들이 탄생하였다. 그 가운데 하나가 바로 GO라는 전문인 선교 기관이다. GO는 남미에서 전문인 선교 활동을 하던 한 여성 사역자인 지멘스(Ruth Siemens)가 창설한 기관이다. 지멘스는 개발 도상 국가들이 필요로 하는 다양한 직업과 전문성을 지닌 전문인 선교사들의 개발과 파송을 목적으로 GO를 설립하고 발전시켜 왔다. 그녀는 미국의 수많은 젊은이들이 자기의 기술과 능력을 선교지의 필요를 채우기 위해 사용하기를 바랐다. 1980년 초 지멘스는 마침내 해외에서 필요로 하는 다양한 전문적인 일들과 직업들을 소개하는 데이터베이스(database)를 만들었다. 데이터베이스를 만드는 과정에서 그녀가 가장 큰 관심을 갖고 있었던 지역은 교회가 전혀 없거나 교회 개척이 필요한 지역이었다. 데이터베이스가 완성된 뒤로 수많은 기독교 전문인들이 해외 취업을 위하여 몰려들었고, GO는 그들이 지닌 재능과 전문성을 주님의 영광을 위하여 사용할 수 있도록 전략적 배치를 할 수 있었다.[36]

(2) TMQ Research

TMQ Research는 캘리포니아에서 시작된 또 다른 전문인 선교사 단체다. 이 단체의 설립자인 해밀톤(Don Hamilton)은 어떻게 하면 좀 더 효과적인 전문인 선교사들을 양성하여 파송할 수 있을까를 고민하며 이 단체를 설립하기에 이른다. TMQ Research는 전문인 선교사들의 헌신, 개인적인 환경과 인격, 동기 등에 대한 철저한 점검을 통해 보다 효과적이고 효율적인 전문인 선교사들을 배출하는데 깊은 관심을 가지고 출발했다. "세계선교를 위한 미국센터"(US Center for World Mission)의 윈터(Ralph Winter) 박사의 격려와 지도를 받으며 TMQ

---

36   Cox. "The Tentmaking Movement in Historical Perspective", 114.

Research가 점차 사역을 확대해 나갔고, 이러한 몇몇 전문인 선교 운동들의 결과로 인하여 전문인 선교라는 개념이 미국에서 선교의 한 분야로 점차 자리를 잡기 시작했다.[37]

캘리포니아 지역에서 전문인 선교에 관한 관심은 점차 확대되어 워싱턴 주씨애틀을 중심으로 다양한 전문인 선교 단체들이 탄생하게 된다. 당시 탄생한 전문인 선교단체들이 바로 Crista, Issachar, Tentmakers International 등이다. 다양한 전문인 선교 단체들의 출현과 함께 이들 전문인 선교 단체들의 관심과 역량을 모으고 활용하기 위한 통합적 기구의 탄생이 차츰 절실하여졌다. 다양한 전문인 선교 기관들이 우후죽순처럼 탄생하고는 있었지만 이러한 기관들의 협력과 파트너십이 제대로 자리를 잡지는 못했다.

3) Lausanne II(1989)

앞에서 언급한 바와 같이 이미 많은 전문인 선교 기관들이 존재하고 있었지만 그들 간의 협력과 교류는 활발하지 못했다. 하지만 1989년 필리핀의 마닐라에서 제2차 로잔 선교대회가 열리면서 전문인 선교단체들 간의 연합과 동역이 가시화되기 시작했다. 로잔 선교위원회 산하에 전문 사역팀(Task Forces)이 만들어지면서부터 전문인 선교 기관들의 본격적인 연합과 동역이 시작된다. "배고픈 자들을 위한 양식"(Food for the Hunger) 단체의 Ted 야마모리(TedYamamoi), 미국 라디오 방송 진행자였던 스타웁(Dick Staub), New Mexico 출신 사업가 투란(Ken Touryan), 전문인 선교사 출신 윌슨(Christy Wilson) 등이 주축이 되어 전문인 선교 사역 단체들의 연합과 협력을 추구해 가기 시작한 것이다. Lausanne II의 "전문인 선교 모임"(Tentmaker Track)에서 발표한 전문인 선교에 관한 선언문에서 그들의 일치된 의견을 발견할 수 있다. Lausanne II의 전문인 선교 모임에서 발표한 내용을 간략하게 요약하면 다음과 같다.

---

37   Cox. "The Tentmaking Movement in Historical Perspective", 114.

1) 하나님의 왕국을 확장하기 위하여, 평신도들로 하여금 그들에게 타문화지역에서 일할 수 있는 기회가 주어진다면 그러한 기회들을 적극적으로 활용하도록 격려한다.

2) 교회의 중직자들로 하여금 세계 복음화를 위하여 평신도들을 동원하고 훈련시키도록 인식시킨다.

3) 미전도 종족들 가운데 살며 타문화 사역을 통해 복음을 전할 수 있는 능력이 있는 사람들을 발견하여 명단을 작성토록 한다.

4) 전문인 선교사들을 훈련시키기 위한 성경적인 훈련 교재와 프로그램을 개발하되, 인간관계와 시간 관리 등에 관한 내용을 포함시킨다.

5) 전문인 선교사들이 문화 충격을 성공적으로 극복할 수 있도록 파송교회가 적극적으로 참여하여 선교사 배치나 오리엔테이션에 직접 관여토록 한다.

6) 기도 후원, 효과적인 의사소통, 방문 등을 통하여 신실한 목회적 돌봄(pastoral care)을 제공함으로서 전문인 선교사들을 돕도록 한다.

7) 선교사들이 고국에 돌아올 때 겪을 수 있는 재입국 충격(re-entry shock)을 돕고, 은퇴한 선교사들을 적극적으로 활용하여 또 다른 전문인 선교사들을 모집할 수 있도록 한다.[38]

이와 같이 로잔 선교운동은 전 세계 교회들과 전문 선교단체들을 연결하려는 건강한 시도를 했을 뿐 아니라 전문인 선교사역과 연관된 많은 열매들을 맺는데 일조하였다. 이러한 제안을 통해 로잔의 전문인 트랙(Tentmaker Track)이 특별히 강조한 내용은 전문인 선교사역과 지역교회의 밀접한 상관관계라고 할 수 있다. 로잔의 이러한 제안들은 전문인 선교사역이 지역 교회의 협력과 도움 없이는 결코 건강하게 지속될 수 없음을 정확히 지적해 주고 있다고 할 수 있다. 후일 로잔의 이러한 노력은 마침내 국제적인 전문인 선교기관인 TIE(Tentmaker International Exchange)의 탄생에 지대한 영향을 주게 된다.

38　Cox. "The Tentmaking Movement in Historical Perspective", 114.

4) TIE(Tentmaker International Exchange)

(1) TIE의 탄생

TIE의 탄생에는 여러 개의 전문인 선교 단체들이 밀접하게 연관되어 있다. 러시아에서 전문인 선교 사역을 해오던 선교단체인 Issachar, World Concern의 마틴(Danny Martin), Frontiers 선교회 출신의 스타웁(Dick Staub)과 테일러(Gary Taylor), Pickenham Ministries의 콕스(John Cox) 등 다양한 선교 기관과 선교 지도자들이 모여 협력하고 의논한 결과 탄생한 기관이 바로 TIE이다. 이들은 1991년 씨애틀에 모여 TIE의 사역 방향과 컨셉트(concept)를 정하고, 영국의 전문인 선교 기관인 Pickenham Ministries 소속의 콕스를 국제 코디네이터(International Coordinator)로 세운 후 본격적인 TIE 사역을 시작하였다.

1992년 New Mexico의 글로리에타(Glorieta)의 한 침례교 회관에서 전문인 선교에 관한 회의를 갖고 TIE가 전문인 선교 단체들의 네트웍을 형성하는데 도움을 주는 역할을 맡아하기로 결정한다. 각 선교 단체들의 좋은 경험들과 훌륭한 전략들을 나눔으로서 서로서로 배울 수 있도록 징검다리 역할을 하기로 한 것이다. 20여 국가에서 온 전문인 선교 단체의 지도자들이 함께 모여 협력과 파트너십을 약속하며 다음과 같은 결정을 하였다. 첫 번째로, 미국의 전문인 선교 단체 연합체인 USAT(United States Association of Tentmakers)[39]를 만들어 미국의 여러 전문인 선교 단체들이 서로 협력하도록 하자는 결정을 내렸다. 그 동안 미국 내에 수많은 전문인 선교 단체들이 존재하고 있었지만 각 단체들이 서로 협력하거나 일정한 연결을 갖고 사역을 해오지는 않았던 것이 사실이다. 각 선교 단체마다 스스로 쌓아온 경험이나 열매들은 있었지만 자기 단체가 경험한 특별한 통찰들을 서로 나눈 적은 거의 없었다. 그러나 이 번 회의를 통하여 마침내 협력과 나눔이 공식적으로 현실화 된 것이다. 둘째로, 미국 외의 국가들에서 온 전문인 선교 지도자들이 전 세계에 흩어져 사는 12,000 개의 미전도 종족을 복음화하

---

39 후일 USAT는 그 이름을 INTENT로 바꾸게 된다.

제3장 · 전문인 선교의 정의와 역사 **345**

기 위하여 선교적 협력을 하기로 다짐하였다. 세계 복음주의 협의회(WEF)와 AD 2000 선교운동 본부가 서로 협력하기로 다짐하였고, Lausanne 위원회도 세계 복음화를 위해 함께 협력할 것을 약속하였다.[40]

(2) TIE 국제회의

① 치앙마이(Chiangmai) 선교대회(1994)

TIE의 스텝들과 미전도 종족 선교 단체인 미전도 종족 선교회(Mission to Unreached Peoples)의 협력으로 마침내 제1회 TIE 국제대회가 태국의 치앙마이에서 열리게 된다. 이번에도 이전 모임에서와 마찬가지로 20여개 국가의 전문인 선교 단체 대표들이 모였다. 이 전문인 선교대회에는 특별히 아시아에서 온 많은 지도자들이 참석하였다. 현대 전문인 선교 운동의 아버지라고 불리는 윌슨(Christy Wilson)은 이 대회에서 전문인 선교 운동의 역사적인 계보에 대해 일목요연하게 잘 발표해 주었고, 세계 복음주의 협의회 회장인 Jun Vencer는 전 세계의 성도들과 선교단체들, 나아가 파라 쳐치(para-church) 기관들이 서로 협력하는 파트너십의 중요성을 강조하였다. 치앙마이 대회에서 TIE는 전문인 선교 선언문 작성을 위한 초안을 마련했을 뿐 아니라 북아메리카, 유럽, 아시아, 중동에서 온 회원들 가운데서 실행위원들을 선출하기도 했다.[41]

TIE는 치앙마이 선교대회에서 "선교 선언문"(Mission Statement)과 더불어 "비전 선언문"(Vision Statement)을 채택하였다. 이 두 선언문을 통하여 TIE는 선교 위임령에 순종하는 모든 선교 단체들을 섬길 것과 특별히 전문인 선교 단체들을 섬기며 협력할 것을 다짐하였다. 그들이 채택한 두 선언문의 요지는 다음과 같다.

1. 선교 선언문(Mission Statement): TIE는 전 세계의 전문인 선교사역의 증진과 네트워킹을 위한 포럼을 제공하기 위해 존재한다.
2. 비전 선언문(Vision Statement): 우리의 비전은 전문인 선교사역의 개념을

---

40 Cox. "The Tentmaking Movement in Historical Perspective", 115.
41 Cox. "The Tentmaking Movement in Historical Perspective", 116.

선교사역의 한 부분으로 정착시키도록 노력하고, 전 세계에 흩어져 있는 각 국가의 전문인 선교 연합체들, 각 교단들, 직업별 연합체들, 전문인들의 연합체들을 돕는 것을 원칙으로 한다. TIE는 전문인 선교에 관한 다양한 아이디어, 정보, 다양한 기회들(opportunities), 다양한 필요들과 자료들을 서로 교환함으로서 이러한 모임들이 형성되도록 도울 것이다. TIE가 전문인 선교사들을 배출하는 선교 훈련자들을 훈련하고 준비시킬 수 있는 정보와 자료들을 제공함으로서 직업적으로 잘 훈련된 기독교인들이 타문화권에서 보다 효과적인 사역을 할 수 있도록 돕는다.[42]

이와 같이 TIE는 전문인 선교사들에게 유익한 정보와 훈련을 제공하는 데 깊은 관심을 가지고 있었을 뿐 아니라 전문인 선교사들을 훈련시킬 미래의 전문인 선교사 훈련자들에게도 깊은 관심을 가지고 있었다. TIE의 궁극적인 목적은 각 나라 별로 흩어져 있는 전문인 선교 단체의 중복적 투자를 막고, 전문인 선교와 관련된 자료들을 서로 공유할 수 있도록 하기 위한 중재자 역할을 함으로서 전 세계 전문인 선교단체들에게 실질적인 유익을 제공하는 것이다.

1994년 치앙마이 선교대회의 또 다른 결실 가운데 하나는 전문인 선교 소식지인 「OpportuniTIEs」를 발간키로 한 점이다. 이 대회에서 TIE는 전 세계 전문인 선교단체들의 교류와 정보 및 자료 교환을 돕기 위하여 미국의 씨애틀에서 매년 2-3회 정도씩 발간키로 했다. 이 선교 잡지는 후일 많은 선교 단체들의 파트너십과 협력에 지대한 영향을 끼쳤다. TIE는 「OpportuniTIES」라는 전문인 선교 잡지 외에도 「Yellow Pages」라는 자료집을 만들어 내기도 했다.[43]

② 멜번(Melbourne)(1997)

TIE의 제2차 국제대회가 1997년 호주의 Melbourne에서 열렸다. 전문인 선교사역에 관심을 갖고 있던 전 세계의 선교지도자들과 기관의 대표자들이 함께

---

42 Cox. "The Tentmaking Movement in Historical Perspective", 116.
43 Cox. "The Tentmaking Movement in Historical Perspective", 117.

모일 수 있었다는 점만으로도 TIE 지도자들은 상당히 고무되어 있었다. 이번 대회에서는 보다 실제적이고 실천적인 주제들이 주로 다루어졌는데, 이미 선교지에서 다양한 사역경험을 통해 전문인 선교 방법을 터득한 전문인 선교사들이 서로의 경험을 나누고, 서로가 좀 더 발전적인 사역을 할 수 있도록 격려하고 협력하는 방법들이 구체적으로 언급되었다. 고무적인 사실은 TIE의 사역이 앞으로 더욱 확대되고, 전략적으로 더욱 발전될 수 있다는 가능성을 확인할 수 있었다는 점이었다.

제2차 TIE 대회에서 TIE의 지도력에 커다란 변화가 있었는데 창설 초기부터 국제 코디네이터로 봉사해왔던 콕스(John Cox)가 물러나고 그 뒤를 이어 클로스터(Berit Kloster)가 새로운 대표직을 맡게 되었다. 그녀는 남아메리카에서 전문인 선교사로서 오랜 동안 사역을 했던 실제적인 경험을 가지고 있었을 뿐 아니라 1984년 이후로 TIE의 위원으로도 꾸준히 활동을 해 왔다. 멜번 대회 이후로 TIE는 더욱 견고한 전문인 선교 네트워크 기관으로 거듭날 수 있었다. 좀 더 많은 실제적인 경험과 실무 능력을 갖춘 위원들이 대폭으로 보강되었고, 무엇보다 전 세계 여러 지역에서 전문인 선교 활동을 해왔던 각 나라와 지역별 대표들이 위원으로 영입된 점은 매우 긍정적인 면이었다고 할 수 있다.[44]

그 뒤로 TIE 3차 국제대회가 1999년 남아프리카 공화국에서 열렸고, 제4차 국제대회는 2002년 한국에서 열렸다. 제4차 대회 직후인 2003년 TIE가 "세계 복음주의 동맹 선교 분과"(Missions Commission of the World Evangelical Alliance)로 복속된다. WEA에 소속된 이후로 2004년에는 불가리아에서 TI 유럽 협의회(European Consultation)이 열렸고, 2010년에는 인도에서 TI 아시아대회(Asian Congress)가 열렸다. 2012년에는 제4차 TI 국제 선교대회(International Congress)가 유럽에서 열렸다.[45]

---

44   Cox. "The Tentmaking Movement in Historical Perspective", 117.
45   WEA에 소속된 이후로 TIE(Tentmaker International Exchange)라는 명칭을 TI(Tentmaker International)로 바꾸기로 하고 현재는 TI로만 표기한다.

4. 전문인 선교사의 분류

라이는 전문인 선교사의 종류를 대략 다섯 가지로 나누고 있다. 10/40 Window에서 사역하고 있는 450명의 선교사들을 조사하고 인터뷰한 결과 그들의 사역의 성격과 특징에 따라 대략 다섯 가지의 카테고리로 나눌 수 있음을 발견한 것이다. Lai는 전문인 선교사들의 소명, 역할, 사역의 성격에 따라 전문인 사역자들을 분류했다.

1) T-1 전문인 선교사

라이는 T-1에 속하는 선교사들을 가리켜 처음부터 선교나 교회개척을 목적으로 타국에 간 사람들이 아니라 자기의 직업의 성격상 자연스럽게 외국에서 일을 하는 사람들이라고 했다. T-1 선교사들은 자국의 회사에 고용되어 타국에서 일을 하고 있는 사람들을 지칭한다. 따라서 월급과 그 밖의 다양한 혜택을 자국의 회사가 책임진다. Lai가 분류한 T-1에 속하는 전문인 선교사들은 자국에 있을 때에도 신실한 증인의 삶을 살았을 뿐 아니라 외국에서도 신실한 증인의 삶을 살아가는 기독교인들이다. T-1 선교사들이 외국에 머물게 된 주된 동기는 선교사역을 위함이라기보다는 단순히 직업상의 이유로 타국에 머무는 것이다. 그들은 대부분 선교와 연관된 사역 경험이 없고, 전도나 선교의 방법도 잘 모르는 사람들이다. 그들의 삶의 방식은 그들이 모국에 있을 때와 별반 다름이 없고 그저 기독교인으로서 타국에서 살아가는 자들이다. 대부분의 T-1 선교사들은 다른 전문인 선교사들을 도와 그들로 하여금 현지에서 직업을 구할 수 있도록 도와준다든가, 그들이 전문인 사역을 할 수 있도록 NGO나 다른 사업을 시작할 수 있도록 도움을 주는 자들이다. T-1 선교사들 대부분은 현지 언어를 배우지 않고 모국어

를 사용한다.[46]

미국의 경우 직업을 가지고 10/40 Window에 살고 있는 사람들이 약 320,000명 정도가 된다고 한다. 그 중 복음주의에 속한 기독교인이 1/3임을 감안하면 대략 100,000명 정도의 미국 기독교인들이 10/40 Window에서 살고 있는 것이다. 필리핀의 경우 대략 백 만 명 정도의 복음주의에 속한 신자들이 중동지역에서 살아가고 있다고 한다. 이들이야 말로 상당한 선교적 잠재력을 지닌 전문인들이라고 할 수 있을 것이다. 그들은 대부분 안정된 직업을 갖고 있으면서 직업상 다양한 사업가들이나 정부의 고위직에 있는 현지인들을 비교적 자연스럽게 접촉할 수 있는 자들이다. T-1 선교사들은 거의 대부분 경제적으로 자립을 할 수 있을 뿐 아니라 일정한 선교 단체나 파송 기관에 소속되어 있지 않기 때문에 전혀 추적을 당하지 않는 장점이 있다. 라이에 의하면 이러한 카테고리에 속하는 사람들이 대략 1% 정도라고 한다.[47]

2) T-2 전문인 선교사

T-2 선교사는 T-1 선교사들과 달리 특정한 사람들을 위해 하나님으로부터 부르심을 받은 자들이다. 그들의 동기는 타국에서 복음을 전하기 위한 것이기 때문에 본국에서 일정한 선교 훈련을 받은 자들이다. T-2 선교사들은 자기가 사역할 선교지가 닫힌 지역(closed country)이기 때문에 현지에 가기 전에 충분한 전문인 훈련을 받은 자들이다. T-2 선교사들에게 직업은 사역지에 머물기 위한 하나의 방편이라고 할 수 있다. 그들은 사역에 우선권을 두고 직업은 두 번째다. T-2 선교사들은 실제적인 사역 경험과 더불어 타문화에 관한 이해의 폭도 상당히 넓다. 그들은 현지인 전도와 제자 훈련에 관심을 갖고 있으면서 궁극적으로 교회 개척에 관심을 가지고 있는 자들이다. 그들은 파송 기관에서 정식으로 파송을 받은 자들이고 스스로 재정을 책임질 수 있는 자들이기 때문에 모국 교회의

---

46   Lai. *Tentmaking: The Life and Work of Business as Missions*, 22-23.
47   Lai. *Tentmaking: The Life and Work of Business as Missions*, 23.

재정적인 부담을 덜어 줄 수 있는 장점이 있다. T-2 선교사들은 재정을 스스로 책임지기 때문에 선교비 모금을 위해 시간과 에너지를 낭비할 필요가 없는 장점을 가지고 있다.

T-2 선교사들은 자기의 세속적인 직업을 통하여 어떻게든지 복음을 전할 기회를 만들고, 제자양육을 통하여 교회 개척을 꿈꾸는 자들이다. 그들은 이러한 목적을 달성하기 위해 매우 자연스럽게 현지인들을 만날 수 있는 장점을 가지고 있을 뿐 아니라 자연스러운 관계를 통하여 복음을 전할 수 있는 강점을 지니고 있다. 라이의 연구를 참고해 보면 T-2에 속하는 전문인 선교사 한 명 당 하나의 교회가 개척되었음을 알 수 있다. 이러한 수치는 T-2 선교사역이 매우 효과적이라는 사실을 증명해 주고 있는 것이다. 10/40 Window에서 일하는 전문인 선교사들 가운데 대략 5% 정도가 여기에 속한다.[48]

3) T-3 전문인 선교사

T-3 선교사는 재정적인 면에서 T-1이나 T-2 선교사들과 다르다. T-1이나 T-2 선교사들이 자신의 경제적 필요를 스스로 책임지는 반면, T-3 선교사들은 선교비의 일부 또는 전부를 고국의 모 교회나 친구들이 책임진다. 그들 대부분은 자기의 사업이나 직업을 가지고는 있지만 단지 파트타임으로 일을 한다. 따라서 선교사역을 위해서 자주 자기의 직업을 떠나기도 한다. 그들은 현지 언어를 배우기 위해 시간을 내기도 하고, 선교사역을 위해 시간을 사용하기도 한다. T-3 선교사들은 전도, 제자양육, 교회개척을 위해 분명한 전략과 방법을 가지고 사역을 진행하는 자들이다. 그들은 현지에서 오래 머물기 위해 자신의 전문적인 기술을 지속적으로 발전시켜나가고, 단기가 아닌 장기 사역을 목적으로 사역에 임한다. 그들은 선교 단체에 속해있거나 동일한 선교 목적을 가진 팀들과 연계되어 있다. 선교사역의 효율성과 효과를 위하여 대부분의 T-3 선교사들은 현지에서 팀으로

---

48   Lai. *Tentmaking: The Life and Work of Business as Missions*, 24-25.

일하고 있다.[49]

그들에게 직업은 단지 제한된 국가에 들어가기 위한 수단 일 뿐 아니라 필요할 경우 재정적인 필요를 채우기 위한 수단일 뿐이다. T-3 선교사들은 반드시 직업을 가질 필요도 없고, 자기 직업에 모든 시간을 사용하지 않아도 된다. 그들은 전통적인 선교사들과 마찬가지로 재정적인 필요를 자기가 전부 책임지는 것이 아니라 모국의 후원에 의지하기도 한다. T-3 선교사들이 현지인들에게는 사업가나 교사, 의사, 간호사 등과 같은 전문인으로 인식되지만 모국에서는 그들을 복음을 전하기 위하여 파송된 선교사로 여긴다. 그들은 두 가지 정체성을 갖고 사역을 하기 때문에 때론 유익하고 때론 손해를 보기도 한다. T-3 선교사들은 시간 사용에 있어서 어느 정도 유연성을 가질 수 있고, 경제적 필요를 스스로 해결해야만 하는 압박에서 어느 정도 해방될 수 있는 장점이 있다. 그들은 대부분 현지 언어에 능통하고, 사역의 열매에 있어서도 보편적으로 T-1 이나 T-2 선교사들보다 더 낳은 편이다. Lai의 분석에 따르면 T-3에 속하는 전문인 선교사들이 대략 30% 정도에 이른다고 한다.[50]

4) T-4 전문인 선교사

T-4로 분류되는 전문인 선교사들은 선교사로서의 정체성을 가진 자들이 아니라 전문인으로서의 정체성을 가지고 있는 자들이다. 그들은 일반적인 선교사들처럼 사역을 하지만 현지인들에게는 전혀 선교사로 비쳐지지 않는 자들이다. 예를 들자면 사회사업, 지역 개발, 의료 사역, 교사, 엔지니어 등과 같은 NGO(Non-Government Organizations) 사역을 통해 선교사역을 하기 때문에 현지인들은 대부분 그들의 정체를 알지 못한다. T-4 선교사들은 정식으로 선교학을 공부하고, 현지의 필요에 따라 다양한 기술들을 배우고 익힌다. 그들은 대부분 선교 단체에 소속되어서 선교단체로부터 재정적인 후원과 사역에 대한 지도를

---

49   Lai. *Tentmaking: The Life and Work of Business as Missions*, 25.

50   Lai. *Tentmaking: The Life and Work of Business as Missions*, 25-26.

받는다. T-4 선교사들의 재정적인 후원은 그들이 속한 NGO에서 받거나 모국의 교회에서 받기도 한다. 사역의 성격상 그들의 사역이 주로 현지인들의 육체적인 필요를 채우는 것이기는 하지만, 그러한 사역을 통하여 사역자들과 현지인들이 자연스럽게 교제를 하게 되고, 교제가 깊어지면서 현지인들의 영적인 부분도 자연스럽게 터치하게 된다.

라이의 연구 결과를 보면 T-3와 T-4 카테고리에 속하는 선교사들이 가장 효과적으로 전도사역을 하고 있다는 사실을 발견할 수 있다. 현지에서 교회개척을 가장 활발히 하는 사역자들이 바로 T-4에 속하는 선교사들이다. 그들은 현지 언어에도 능통하고 여러 면에서 일반 선교사들과 동일한 삶을 살면서 선교사역을 하는 자들이다. 겉으로는 NGO 사역자들이지만 실세로는 복음을 선하기 위해 현지에서 살아가는 선교사들인 것이다. 라이는 이러한 부류에 속하는 사역자들이 대략 30% 정도에 이른다고 본다.[51]

5) T-5 전문인 선교사

T-5 선교사는 그야말로 전통적인 개념의 일반적인 선교사라고 할 수 있다. 그들은 전문인 선교사들은 아니다. 하지만 그들이 사역하는 지역의 여건상 스스로 선교사임을 밝힐 수 없는 자들이기 때문에 선교사 신분을 감출 수 있는 다른 명칭을 사용하며 선교사역을 하는 자들이다. 현지에서 때로는 사업가로, 때로는 전문적인 직업을 가진 자로 살아가지만 실제로는 거의 사업이나 일을 하지 않고 사역에 전념하는 자들이다. 따라서 스스로 선교비를 책임지는 것이 아니라 모국의 교회나 친지들이 선교비를 책임져야만 한다. 그들은 신학적인 훈련과 선교 훈련을 비교적 철저하게 받지만 전문인으로서의 훈련은 상대적으로 적게 받는 편이다. 그들 대부분은 일정한 파송 선교 단체에 소속되어 있고, 사역의 목표와 방향이 비교적 분명한 자들이다.

---

51   Lai. *Tentmaking: The Life and Work of Business as Missions*, 26-27.

T-5 선교사들은 자기들의 사역이 겉으로 드러나는 것을 좋아하지 않고, 대부분 비밀스럽게 신앙 공동체를 이끌어 간다. 그들의 사역이 일단 정부의 관리나 종교국 직원에게 발각되면 일상적으로 심도 있는 조사를 받는 경우가 많다. 따라서 T-5 사역자들의 사역 방식은 장기간 동안 지속되기가 쉽지 않고, 오히려 다른 사업이나 NGO 사업을 위한 준비 단계(stepping stone)로서 적합한 사역 모델이라 할 수 있을 것이다. 라이는 이 모델이 전도사역에는 유익하지만 제자 양육을 하거나 믿는 자들을 모으는 데는 효과적인 모델이 아니라고 했다. 하지만 T-5 선교사들은 제한 지역에서 비교적 쉽게 비자를 얻을 수 있고 선교사로서 풀타임으로 사역을 할 수 있다는 장점을 가지고 있다. 라이는 T-5 선교사의 비율이 전체 전문인 사역자들 가운데 대략 5% 정도를 차지한다고 본다.[52]

---

52   Lai. *Tentmaking: The Life and Work of Business as Missions*, 27. cf. 윌슨은 전문인 선교사의 범위를 라이보다 훨씬 넓게 보는데, 윌슨은 전문적인 직업을 가진 모든 평신도 기독교인들을 전문인 사역자라고 보고 있다. 윌슨은 복음의 비밀을 간직하고 있는 모든 전문인 평신도들이 스스로를 전문인 선교사라고 인식할 필요가 있으며, 그들이 자국에 살든지 해외에 살든지 상관없이 복음을 전하며 기독교적 가치를 실천하는 전문인 선교사가 되어야 한다고 주장한다. 윌슨은 타국에 와서 그리스도를 영접하고 본국으로 돌아간 그리스도인들조차도 자국에서 전문인 선교사로서의 삶을 살아야 할 것을 강조하였다. cf. Christy Wilson. *Today's Tentmakers* (Wheaton, Ill: Tyndale House, 1979), 141-145.

5. 전문인 선교사 훈련과 준비

1) 전문인 선교사 훈련의 필요성

전문인 선교사들은 전통적인 선교사들에 비해 훈련을 덜 받아도 된다는 생각이 널리 퍼져있는 것이 사실이다. 하지만 평신도 전문인 선교사들이라 할지라도 훈련에 있어서만큼은 전통적인 선교사들의 훈련에 비하여 결코 뒤지거나 소홀히 해서도 안 된다. 몇몇 선교 학자들은 전문인 선교사들의 훈련이 도리어 전통적인 선교사들의 훈련보다 더 다양하고 전문적이어야 한다고 수상했다. 트리니티 복음주의 신학교의 케인(Herbert Kane)은 "이러한 타입의 선교사역(전문인 선교사역)을 하기 위하여 선교지에 가는 사람들은 그들의 사역이 매우 어렵기 때문에 일반적인 선교사들(regular missionaries) 보다 더 많은 훈련을 받아야 한다"[53]고 했다. Kane의 지적처럼 전문인 선교사로 선교지에 나갈 사람들은 일반적인 선교사들보다 더 많고 다양한 훈련이 필요하기 때문에 보다 충분한 준비와 세심한 선별(screening)이 요구된다고 할 수 있다.

전문인 사역자들이 닫힌 지역이나(closed countries) 제한 지역(restricted countries)에서 자비량 선교사역을 하기 위해서는 특별한 준비와 훈련이 반드시 필요하다. 열린 지역에서의 선교사역을 위해서는 전통적인 훈련방법이 효과적일 수 있지만 닫힌 지역에서의 선교사역을 위해서는 보다 정교하고 전문적인 훈련이 필요하다. "Intercristo"라는 선교 단체의 버틀러(Phill Butler)는 전문인 선교훈련이 왜 필요한가를 다음과 같이 언급했다.

자비량 선교사는 특별한 훈련을 받아야 할 필요가 있다. 해외에 존재하는 국제적인 공동체는 나름대로의 독특한 문제들과 어려움들-엄청난 영적인 지뢰

---

53   Wilson, Jr. *Today's Tentmakers*, 103.

들(spiritual landmines)-을 가지고 있기 때문이다. 우리는 이러한 전문인들을 훈련시키는데 있어서 문화적 민감성(cultural sensitivity), 언어의 능력, 적대적인·환경에서의 영적 서바이벌 능력, 증인됨의 방법 등을 포함시켜야한다.[54]

케인이나 버틀러가 주장한 바와 같이 전문인 사역자들을 훈련시키기 위해서는 현지의 특성에 따라 다양하고 독특한 형식의 훈련이 제공되어야만 한다. 자비량 전문인 선교사들을 훈련시키는 방법이나 일반적인 선교사들을 훈련시키는 방법에 있어서 상당 부분 일치하는 부분이 있기는 하지만 전문인 사역자들의 훈련은 직업이나 직장과 연관된 또 다른 전문적인 훈련이 제공되어야 한다. 라이의 연구에 의하면 전문인 사역자들의 75%가 학교, 사업체, NGO 등에서 사역을 하고 있고, 60%가 하루의 약 6시간 정도를 영적인 사역이 아닌 세속적인 일들을 위하여 사용한다고 했다.[55] 전문인 선교사들이 시간의 대부분을 전문적인 직장이나 직업을 위해 사용하고 있다는 점을 고려해 볼 때, 전문인 선교사들을 위한 훈련이 왜 전통적인 선교사 훈련과 달라야하는가를 쉽게 알 수 있다.

2) 전문인 선교사 훈련 현황

일반적으로, 전문인 선교사들이 전통적인 선교사들에 비하여 신학적인 훈련이나 선교적인 훈련에 있어서 상대적으로 부족하다는 인식을 가지고 있다. 물론 몇몇 선교 단체들이 전문인 선교사들을 빨리 선교지로 보내어 시급히 사역에 임하게 하려는 시도를 하다 보니 이러한 현상들이 나타나고 있는 것이 사실이지만, 실제로는 전문인 선교사들이 일반인들이 생각하는 것보다 훨씬 다양하고 체계적인 훈련을 받고 선교지에 파송되는 경우가 많다. 연구 결과에 의하면 전문인 선교사들 가운데서 80% 정도의 선교사들은 자기가 선교지에서 전문인으로서 사역하기 위해 충분한 훈련을 받았다고 생각하고 있는 것으로 나타났다.

54　Wilson, Jr. *Today's Tentmakers*, 103.

55　Lai. *Tentmaking: The Life and Work of Business as Missions*, 36.

전문인 선교 훈련에 관한 실제적인 통계를 보면 65% 정도가 정식 훈련을 받고 선교지로 파송되는데, 그들은 대부분 선교 학교, 성경 학교, 신학교 등에서 신학훈련과 선교 훈련을 받은 자들이다. 전문인 선교사들 가운데서 78% 정도는 적어도 선교학(missiology)을 공부했고, 57% 정도는 성경 공부와 선교학적 공부를 모두 마친 자들이다. 그들 가운데 약 25% 가량은 다음과 같은 훈련을 모두 이수했다: 성경 학교 또는 신학교, 선교학적 훈련, 단기 선교 훈련, 현지 언어 훈련 등. 이러한 통계는 일반인들이 생각하는 것처럼 전문인 선교사들이 아무런 준비 없이 선교지로 파송되는 것이 아니라 나름대로 선교지에서 필요로 하는 훈련과 준비를 마친 후에 파송된다는 사실을 뒷받침 해 주고 있다. 위의 통계들은 전문인 선교사들이 일부 부족한 훈련을 제외하고는 비교적 꼭 필요한 훈련을 받은 후 선교지로 파송되고 있다는 사실을 보여준다.[56]

3) 전문인 선교사 훈련 내용

(1) **영적인 훈련**(Spiritual Formation)

윌슨(Christy Wilson)은 전문인 선교사 훈련 내용 가운데서 영적인 훈련을 가장 중요한 훈련 가운데 하나로 꼽고 있다. 전통적인 일반 선교사들은 지속적인 기도 후원을 모국의 교회들로부터 받고 있지만 대부분의 전문인 선교사들은 영적인 후원을 스스로 만들거나 스스로 해결해 나가야 하는 핸디캡을 지니고 있다. 접근이 철저하게 차단 된 선교지에서 적대적인 현지인들의 영적인 저항을 물리치고 복음을 전하기 위해서는 건강한 영성이 절대적으로 요구된다. 선교지의 강력한 영적 저항과 사역의 열매 없음으로 인한 영적 피로감을 극복하기 위해서는 반드시 외부의 도움 없이도 자신의 영적 건강을 스스로 유지할 수 있는 나름대로의 '영적 건강 유지 비결'이 있어야 한다. 선교사들이 선교지에서 스스로 영적인 건강을 잘 유지하기 위해서는 선교 후보생 시절부터 성경 일기, 새벽 기도, QT,

---

56   Lai. *Tentmaking: The Life and Work of Business as Missions*, 34-35.

철야기도, 금식 기도, 퇴수회(retreat) 등과 같은 자기만의 영적 건강 유지 방법을 개발하고 발전시키는 것이 중요하다.

전문인 선교사들은 선교지로 파송을 받기 전에 스스로 영적인 건강을 유지하고 발전시킬 수 있는 방법을 스스로 찾아 개발할 수 있어야 한다. 현장에서의 사역이 왜곡되거나 빗나가지 않도록 하기 위하여 항상 영적으로 깨어 있어야 하기 때문에 선교사 준비 과정에서부터 이러한 영적 훈련을 스스로 형성해 놓아야만 한다. 전문인 선교사 훈련 과정에서 영적인 훈련(spiritual formation)이 다른 모든 훈련보다 우선되어야 하고, 필수적으로 포함되어야만 한다. 이란에서 오랫동안 사역했던 윌리엄 밀러(William Miller)는 "선교지에서 열매가 맺혀지지 않는 이유가 현지인들의 영적 완악함 때문이 아니라 선교사들의 영적 빈곤과 가난함 때문"[57]이라고 했다.

(2) 신학과 선교학(Theology and Missiology)

① 신학적 준비

많은 사람들이 전문인 선교사들은 적당한 신학적 지식과 선교학적 지식만 가지고 선교 현장에 파송되어도 괜찮다는 의식을 가지고 있다. 그러나 선교사들이 전통적인 방식의 선교 사역을 하든지 전문인으로서 사역을 하든지 상관없이, 어느 방식의 선교사역을 하든지 신학적 지식과 선교학적 지식은 반드시 구비되어야 한다. 선교 사역이 성경의 비밀들을 드러내고 구원의 복된 소식을 전달하는 사역인 한 선교사역은 성경 지식을 절대적으로 요구하는 사역이다. 하지만 단순한 성경적인 지식은 선교지의 다양한 요구와 이슈들에 적절한 답을 주기에는 한계가 있다. 따라서 선교지의 종교, 정치, 경제, 문화 등에 대한 성경적 해석과 실천을 제공하기 위해서는 단순한 성경지식을 뛰어 넘는 신학적 지식과 틀이 필요하다. 전문인 선교사라 할지라도 반드시 건강한 신학적 지식과 틀을 배워야하는 이유가 여기에 있는 것이다. 특별히 현지 종교에 대한 기독교적 변증을 제시하기

---

57   Wilson, Jr. *Today's Tentmakers*, 105.

위해서는 타 종교에 대한 충분한 이해뿐만 아니라 타 종교의 한계와 문제점들을 지적할 수 있는 충분한 신학적 지식이 준비되어 있어야만 한다.

전문인 선교사들의 사역 목적이 현지인들을 주님께 인도하고, 그들을 양육하여 현지에 신앙 공동체를 세우는 것이라면 전문인 선교사들이라 할지라도 일반적인 성경적 지식은 물론 신학의 여러 영역들 가운데서도 특별히 조직 신학의 제 분야들 - 신론, 구원론, 성령론, 교회론, 종말론 - 에 관한 충분한 신학적 이해가 구비되어 있어야 한다. 전문인 선교사라고 할지라도 단순히 간단한 성경 공부나 소 구룹을 인도하는 정도의 상식적 수준의 성경 지식만을 가지고 선교지에 파송되어서는 안 된다. 선교사역 초기에는 기초적인 성경 지식만 가지고서도 어느 정도 사역이 가능할지 몰라도 사역이 깊어질수록 성경 지식의 한계에 부딪히게 된다. 따라서 가능하다면 전문인 선교 후보생들은 반드시 일정한 수준 이상의 신학적 지식을 구비한 후 선교지로 향하는 것이 바람직하다.

② 선교학적 준비

전문인 선교사들도 전통적인 선교사들과 마찬가지로 선교학에 관한 기본적인 지식들을 가지고 현지로 파송되어야 한다. 선교의 우선순위가 무엇인가를 인식하고, 자신의 사역과 역할의 한계를 정할 수 있는 선교학적 지식이 필요하다. 전문인 선교사들도 성경에서 말하는 선교란 무엇인가? 영혼 구원이 먼저인가 사회 구원이 먼저인가? 복음주의적 선교 개념과 WCC의 선교 개념이 어느 면에서 차이를 가지고 있는가? 포스트모더니즘 시대에 등장한 종교 다원주의를 어떻게 이해할 것인가? 선교 신학은 어떠한 과정을 거쳐 변천되어 왔는가? 등 다양한 선교학적 주제들에 대한 기본적이고 상식적인 이해를 터득한 후 선교지로 파송되어야 선교지에서 흔들림 없이 확신을 갖고 선교사역에 매진 할 수 있는 것이다. 건강한 선교학적 이해와 뒷받침이 없이는 선교사역의 방향과 성격이 선교지의 사정에 따라 좌우 될 수 있고, 개인의 감정에 따라 선교의 우선권(primacy of missions)이 변경될 수 있다. 선교사 자신의 선교신학이 확고하지 않으면 선교사역과 사역의 우선권에 혼동이 올 수 있고, 결국 파송교회나 자신이 원치 않는 방향으로 사역을 전개시켜 나갈 수 있는 가능성이 높아진다. 따라서 전문인 선교사들이 선교지로 파송되기 전에 반드시 건강하고 바른 선교신학을 배우고 준비하는 것이 필요하다.

③ 타문화 적응 훈련(Cross-cultural Training)

선교 사역은 문화의 장벽을 뛰어넘어 현지 문화의 옷을 입혀 복음을 전하는 사역이다. 선교사들이 타 문화에 얼마나 적절히 적응하느냐에 따라 선교사역의 성패가 좌우되기도 한다. 현지 문화에 대한 부적응으로 말미암아 다수의 선교사들이 선교지에서 예정보다 일찍 철수하는 경우가 매년 증가하고 있는 실정이다. 선교사들의 조기 귀국을 막고, 그들이 정한 기간 동안에 선교지에서 성공적으로 사역을 잘 마무리 짓도록 하기 위해서는 선교 후보생들이 선교지로 파송되기 전에 반드시 타문화 적응 훈련을 받도록 해야 한다. 불충분한 타문화 적응 훈련은 선교사들의 손실을 가져 올 뿐 아니라 선교사역 전반에 막대한 인적, 물적, 시간적 손실을 가져온다.

문화 부적응으로 인한 조기 철수의 사례는 비단 선교사들만의 문제가 아니라 타 문화 속에서 일하는 모든 사람들이 일반적으로 경험하는 공통적인 현상이다. 웨인 샤바즈(Wayne Shabaz)는 다국적 기업에 속해 타국에서 일하는 일반 직장인들의 문화적 부적응 문제에 관해 다음과 같이 언급했다: "다국적 기업이 직면하고 있는 가장 중요한 문제점들 가운데 하나는 해외에서 근무하는 다수의 직원들이 새로운 문화나 사회에 적응하지 못함으로 인해 손실이 점점 늘어나고 있다는 점이다."[58] 샤바즈가 언급한 내용을 참고해 볼 때 문화적 부적응 문제는 비단 선교사들에게만 발생하는 문제가 아니라 모든 인간들이 공히 경험할 수 있는 문제임을 알 수 있다. 따라서 타국에서 전문적인 직장이나 직업을 갖고 살아가는 전문인 선교사라고 할지라도 전통적인 선교사들이 겪는 것과 동일한 문화 충격과 문화 부적응 문제를 안고 사역을 하고 있다는 점을 고려하여 전문인 선교사 훈련

---

[58]   Wilson, Jr. *Today's Tentmakers*, 107.

을 준비해야한다. 타문화 적응 훈련은(cross-cultural training) 전통적인 선교사에게나 전문인 선교사에게나 공히 필수적으로 제공되어야 하는 훈련이다.

④ 실제적인 훈련(Practical Training)

전문인 선교사들은 전통적인 선교사들과 달리 전문적인 직업과 직장을 통하여 선교사역을 수행하는 자들이다. 따라서 전문인 선교사들은 선교현지의 독특한 필요들을 채우기 위해 현지에서 시급히 필요로 하는 것들을 채울 수 있는 준비를 해야 한다. 이러한 전문적인 지식은 "정식 교육"(formal education)을 통해서 얻을 수 있는 것이 아니라 주로 "비공식 교육"(nonformal education)을 통하여 얻을 수 있다. 정식 교육이 주로 교실에서 이루어진다면 비공식 교육은 주로 현장에서 이루어진다. 전문인들을 위한 선교교육은 선교 현장의 필요에 따른 "맞춤형 교육"(customized education)으로서, 실제적이고 실천 가능한 교육이어야 한다. 전문인 사역자들에게는 지역개발 이론, 공중위생과 건강 이론, 구제와 사회사업, 전문 직종에 따른 기술, 사업을 위한 기술, 경영 이론 등과 같은 매우 실제적이고 실천적인 훈련이 제공 되어야 한다. 이러한 훈련을 성공적으로 마치기 위해서는 필요에 따라 단기 훈련을 제공할 수도 있고, 특정한 지역에서 전문인 선교단체들이 제공하는 인턴쉽(internship)을 통해 훈련을 받는 것이 필요하다.

전문인 선교사들이 제한된 지역이나 금지된 지역에서 선교사역을 수행하기 위해서는 사역 국가로부터 비자(Visa)를 얻어야한다. 야마모리는 이러한 기술을 "비자 얻는 기술"(Passport Skill)이라고 불렀다.[59] 전문인 선교사들이 손쉽게 비자를 얻기 위해서는 비자를 발급하는 국가에게 볼 때 매우 매력적인 사업이나 직장을 통해서 접근하는 것이 중요하다. 야마모리는 비자를 얻는 것이 마치 "선교극장"(mission theatre)에 들어갈 수 있는 입장권을 얻는 것과 마찬가지라고 했다. 비자는 전문인 선교사들이 현지에 머무는 동안 끊임없이 따라다니는 꼬리표와 같은 것이기 때문에 처음부터 지혜롭게 선택을 해야 한다고 했다. 대부분의 닫힌

---

59   Yamamori. *Penetrating Missions' Final Frontier: A New Strategy for unreached peoples*, 76.

지역에서는 평범한 기술이나 전문성을 가진 자들보다 독특하고 특별한 기술이나 전문성을 가진 자들을 선호한다. 예를 들면, 학교에서 가르치는 교사 역할을 원할 경우 정식 교사 자격증을 가졌거나 박사 학위를 가진 자들을 선호하며, 간호사의 경우는 4년제 간호대학이나 전문 간호사 자격을 가진 자들을 선호한다. 다국적 기업의 현지 대표, 고도로 발달한 과학이나 학문을 다루는 과학자나 기술자, 선교지 국가가 특별히 필요로 하는 직업을 가진 자 등 전문적인 직업과 사업체를 가진 자들이 보다 쉽게 비자를 얻을 수 있을 것이다.

야마모리는 전문인 비자를 가진 자들이 지닌 장점을 다음과 같이 세 가지로 지적했다. 첫째, 전문인 사역자들의 사역이 겉으로 잘 드러나지 않기 때문에 현지 정부 관리나 현지인들에게 그들의 사역이 드러나지 않는다는 장점이 있다고 했다. 그들을 파송한 선교단체나 기관이 표면적으로 드러나지 않기 때문에 현지인들이 그들의 정체를 밝힐 수가 없다. 둘째, 전문인 사역자들은 선교지에서 전문적인 사업이나 직업을 가지고 있기 때문에 전통적인 선교사들 보다 훨씬 자연스럽게 현지인들을 접할 수 있고, 현지인들에게 자연스러운 기회에 복음을 전할 수 있는 장점이 있다고 했다. 셋째, 모두가 그런 것은 아니지만 선교비를 모금하기 위해 선교지를 비우는 일이 상대적으로 적다는 장점을 가지고 있다고 했다.[60] 전문인 선교사가 어떤 종류의 비자를 신청할 것인가는 자신이 사역할 지역의 특수한 여건에 따라 다양한 요소들을 고려하여 결정해야 할 것이다. 전문인 선교사들은 비자를 신청할 때에도 매우 전략적이어야 하고, 현지 사역에 가장 적합한 종류로 해야 한다.

4) 전문인 선교사의 선택 기준(Screening Criteria)

라이는 10/40 Window 지역에서 사역하고 있는 450명의 전문인 사역자들을 연구 분석하여 그들 가운데서 가장 효과적으로 사역을 잘하고 있는 선교사들의

---

60   Yamamori. *Penetrating Missions' Final Frontier: A New Strategy for unreached peoples*, 77.

특징을 다음과 같이 열 가지로 분류하였다.[61]

(1) **효과적인 전문인 선교사의 자질**(Qualities for Effective Tentmakers)
① 영적인 성숙

전문인 선교사역이 겉으로는 전문적인 사역이지만 내면적으로는 영혼을 다루는 사역이기 때문에 선교사 자신이 영적으로 성숙하지 못하면 영적으로 강력하게 저항하는 현지인들에게 복음을 전하고 그들을 양육하는 사역을 감당할 수 없다고 했다. Lai는 전문인 선교사들이 현지에서 사역의 열매를 얻기 위해서는 금식(fasting)과 같은 기도 훈련이 일에 대한 훈련보다 훨씬 중요하다고 했다. 그의 연구에 따르면 영적인 대면(demonic confrontation)의 경험을 가진 선교사들이 그렇지 않은 선교사들 보다 더 많은 열매를 맺는다고 한다.[62]

② 사회적 적응력

효과적인 사역자들은 보편적으로 탁월한 사회성을 지니고 있다. 그들은 친구 사귀기를 잘하고 현지인들과 자연스럽게 인간관계를 형성해 간다. 그들의 가장 가까운 친구들은 선교사들이 아니라 현지인들이다. 그들은 휴일에도 현지인들과 어울리고, 파티나 특별한 행사에도 현지인들을 초정하여 교제하기를 즐기는 자들이다.

③ 감정적인 안정

제한 지역에서 전문인 선교사로서 살아간다는 것은 매우 힘들고 고달픈 일이다. 복음 전파가 자유롭지 못한 지역에서 언어, 문화, 의사소통, 전도, 양육, 교회 개척 등과 같은 넘어야 할 산이 많은 사역자들의 감정은 쉽게 망가질 수 있다. 때로 찾아오는 낮은 자존감, 분노, 감정적 쓰라림, 배반감, 자만심, 교만, 불신 등과 같은 감정들을 잘 극복하고 다스릴 줄 아는 능력을 지녀야한다.

---

61   Lai. *Tentmaking: The Life and Work of Business as Missions*, 63-70.
62   Lai. *Tentmaking: The Life and Work of Business as Missions*, 64-65.

④ 인내심

제한 지역에서 열매를 맺기 위해서는 오랜 인내심이 필수적이다. 선교지에서 오래 머문 사람일수록 사역의 열매가 많다. 제한 지역에서 단기간으로 사역하는 사람들에게서 열매를 찾아보기란 거의 불가능하다.

⑤ 전도의 열정

전도의 경험을 가지고 있는 사람들에게서 많은 열매가 나타난다. 전도의 경험이 전무 하거나 영혼에 대한 열정이 없는 사람들은 상대적으로 열매를 많이 맺지 못한다. 선교지로 파송되기 전에 모국에서 전도나 제자양육의 경험을 쌓는 것이 절대적으로 필요하다.

⑥ 동원의 능력

효과적인 전문인 사역자들은 대부분 탁월한 선교 동원가들이다.

⑦ 언어의 능력

현지 언어에 능통한 사람들은 그렇지 못한 사람들에 비하여 상대적으로 전도의 열매가 많다. 선교의 열매는 언어의 능력과 비례한다는 말이 전문인 선교 사역에도 그대로 적용된다고 볼 수 있다.

⑧ 팀 사역

효과적인 전문인 선교사들은 팀의 일원으로서 팀과 함께 동역하는 자들이다. 팀의 공동의 비전과 사역 방향에 따라 자기의 일을 맞추어 나가는 자들이다. 흥미로운 일은 11명에서 15명 정도로 구성된 팀이 가장 효과적으로 사역을 잘 한다는 사실이다. 팀의 구성원이 15명이 넘어가는 팀은 가장 비 효과적인 사역을 했다고 한다.[63]

---

63   Lai. *Tentmaking: The Life and Work of Business as Missions*, 69.

⑨ 분명한 목표

분명한 사역의 목적과 목표를 가진 사역자들이 그렇지 않은 사역자들보다 더 많은 열매를 맺는다. 막연한 사역이나 방향 없는 사역을 하는 사역자들은 시간 사용에 있어서나 전략적인 면에서 매우 비효율적이다.

⑩ 책무

전문인 선교사로서 타인의 감독과 지도에 따르는 자들이 그렇지 않고 홀로 사역을 수행하는 자들 보다 일반적으로 더 많은 열매를 맺는다. 단체의 권위에 순복하고, 경험 많은 선배 사역자들의 지도를 따르는 책임감 있는 전문인들이 사역의 열매를 디 많이 거두는 것은 자연스러운 일이라 할 수 있다. 관리 감독 없이 스스로 사역을 책임지는 전문인의 경우는 상대적으로 게을러지거나 나태해 질 가능성이 높고, 전문적인 지도나 상담을 받을 수 있는 기회가 적기 때문에 사역의 열매가 적을 수밖에 없다. 자기의 사역을 위해 두세 명의 멘토를 두고 상담과 인도를 받는 것이 비교적 건강하다고 한다.[64]

라이의 연구 결과에 의하면 전문인 선교사들 가운데 95% 정도가 하나님의 부르심에 대한 확신을 가지고 있다. 그들 가운데 70% 이상이 전문인 선교사역 방법이 일반적인 선교사들의 사역 방식 보다 훨씬 신뢰할 만하고 자연스럽게 복음을 전할 수 있는 방법이라고 믿고 있는 것으로 나타났다. 전문인 선교사라고 해서 자기 마음대로 스스로 선교사역의 방향이나 목적을 정하는 것은 아니다. 전문인 선교사들 가운데 93% 정도는 일정한 팀에 속하여 사역을 하고 있으며, 이들 가운데 71%는 여섯 명 이상의 팀원으로 구성된 팀에서 공동 사역을 진행하고

---

64   Lai. *Tentmaking: The Life and Work of Business as Missions*, 69-70.
cf. TMQ Research의 돈 해밀톤(Don Hamilton)이 연구한 보고서에 의하면 가장 효과적인 전문인 사역자들의 공통적인 특징들이 다음과 같다. 1)해외에 나가기 전에 "전도 성경 공부"(evangelistic Bible study)를 인도해 본 경험이 있다. 2)그들이 선교지로 향하는 가장 큰 이유는 그리스도를 전하기 위해서다. 3)하나님이 그들을 전문인 선교사로 부르셨다는 확신을 가지고 있다. 4)모국에 있을 때부터 자신의 신앙을 열심히 타인들에게 전하던 자들이다. 5)자신을 파송해 준 모국의 파송교회들과 건강한 관계를 지속적으로 유지하고 있다. Tetsunao Yamamori. *Penetrating Missions' Final Frontier: A New Strategy for Unreached Peoples* (Downers Grove, Ill: Interversity Press, 1993), 66-67.

있다. 전문인 선교사들은 현지 언어를 구사하는 능력에 있어서도 결코 일반적인 선교사들의 언어 구사 능력에 뒤지지 않는다. 전문인 선교사들 가운데 97% 정도가 현지 언어를 지속적으로 공부하고 있으며, 대부분이 현지 언어에 능통한 자들이다.

이와 같은 통계들을 참고해 볼 때, 전문인 선교사들이 결코 전통적인 선교사들에 비하여 저급하거나 열등하다고 말할 수 없을 것이다. 10/40 Window의 제한 지역 또는 창의적 접근 지역에서 정당하게 비자를 얻어 사역을 할 수 있는 전문인 선교 사역이야 말로 이 시대가 요구하고 필요로 하는 사역이라고 말할 수 있다. 전통적인 선교사들의 접근이 불가능하고, 전통적인 선교 방법이 더 이상 동원될 수 없는 지역에 살고 있는 버려진 영혼들을 향해 나갈 수 있는 유일한 방법은 전문인 선교사역 뿐이다. 서구의 바톤을 이어받아 21세기 선교를 책임져야 하는 한국 교회가 더 이상 전통적인 선교 방법에만 머물러 있지 말고, 창의적이고 효과적인 전문인 선교에 관심을 가져야 할 때다.

부록

부록

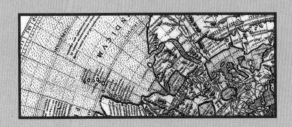

선교사 소명과 준비

　　선교사란 무엇을 하는 사람들인가? 선교사들의 자질은 무엇인가? 선교사가 되려면 무엇을 준비해야 하는가? 그토록 헌신했던 선교사들이 왜 사역을 포기하고 중도에 돌아오는가? 이러한 질문들은 예로부터 지금까지 선교사 후보생 자신이나 선교사 훈련을 담당하는 지도자들의 심각한 고민거리들이었다. 필자 역시 동일한 고민을 지니고 살아온 사람들 가운데 하나다. 어떻게 하면 선교 후보생들을 효과적으로 잘 훈련시켜 선교지에서 많은 열매를 맺는 준비된 선교사로 파송할 수 있을까를 고민하기도하고, 어떻게 하면 선교사님들이 열악한 환경에서 오래 버티며 포기하지 않고 사역을 잘 감당할 수 있을까를 고민해 보기도 했다. 필자는 이 짧은 지면을 통해 선교사 후보생들이 꼭 기억해 주기를 바라는 몇 가지 요점들을 함께 나누려고 한다.

1. 선교는 제자 삼는 사역

선교의 궁극적인 목적이 무엇인가? 선교는 주님 닮은 제자들을 만드는 사역이다. 마태복음에 기록된 선교 명령을 상세히 들여다보면 선교의 궁극적인 목적인 무엇인가를 쉽게 발견할 수 있다. 마태는 선교의 궁극적인 목적이 주님의 제자들을 세우는 사역이라는 점을 강조하고 있다. 마태복음 28장 19절에 등장하는 네 가지 동사들 가운데 유일하게 명령형으로 기록된 단어는 "제자 삼으라"는 단어 뿐 이다. 가서, 세례를 주고, 가르쳐 지키게 하는 사역들은 모두 현지인들을 제자삼기위한 방법들이라고 할 수 있다. 전문인 평신도 선교사든, 안수를 받은 선교사든 상관없이 그들의 궁극적인 사역의 목적은 제자를 삼는 것이어야만 한다. 선교지에서 사용되는 다양한 전략과 방법들이 아무리 탁월하고 멋져보여도 그러한 것들이 제자 삼는 일에 효과적으로 동원되지 못한다면 아무런 의미를 갖지 못한다. 선교 사역은 단순히 자선사업이나 지역 개발 사역이 아니다. 우리가 선교지에서 주님 닮은 제자들을 세우는 일에 성공할 때 비로서 우리의 선교 사역이 단순한 사회사업이나 자선사업에 중점을 둔 NGO 사역과 구별되는 것이다. 선교사역은 제자 삼는 사역이다.

2. 확고한 소명 의식

선교지에서 소위 성공적인 사역을 하기위해 필수적으로 요구되는 것이 무엇인가? 여러 요인들 가운데 가장 기초적이면서도 필수적인 요소가 있다면 바로 "소명"(calling)이다. 하나님께서 자기를 지금의 사역지로 부르셨다는 확고한 소명의식이 결여되면 선교지에서 찾아오는 역경과 시련을 이겨낼 수가 없다. 선교 사역은 결코 낭만적이거나, 쉽게 즐기면서 할 수 있는 사역이 아니다. 선교지의 열악한 환경은 견디기 힘든 수많은 심리적, 영적, 육체적인 압박들을 매일 선교사들에게 가해 온다. 이러한 열악한 환경 가운데서 살아가며 주님의 사역을 잘 감당하기 위해서는 강인한 정신력, 즉 확신에 찬 소명감과 사명감이 뒷받침 되어야한다. 극심한 역경과 시련을 견디고 이겨낼 수 있는 힘은 오직 흔들리지 않는 소명 의식에서 오는 것이다. 사역, 가정, 동료, 현지인들로부터 오는 심리적인 압박을 견디고 이겨낼 수 있는 힘을 공급하는 원천은 분명한 소명 의식이다. 스펄전(Charles Spurgeon) 목사님께서 목회자 후보생들에게 가능하면 목회의 길에 들어서지 말고, 일단 선택했으면 생명을 걸고 사역을 감당해야 한다고 한 말의 의미를 되새길 필요가 있다.

3. 선교적 낭만주의(missionary romanticism)의 극복

선교는 단순히 가난한 자들을 돕고, 억눌린 자들을 해방시키고, 눈먼 자들을 눈 뜨게 하는 낭만적인 사역이 아니다. 선교 사역은 사단의 지배하에 살아가는 현지인들의 영혼과 환경을 변화시키는 치열한 영적인 전투다. 단순히 인본주의적(humanistic) 시각으로 현지인들을 바라보거나, 현지의 여러 사정들을 낭만적인 시각을 갖고 해석하는 것을 가능하면 피해야 한다. 선교 사역은 현지인들의 영적인 실체를 치열하게 파헤쳐서 그들을 주님의 제자로 삼을 수 있는 방법과 전략을 개발해야 하는 매우 정교하고 치밀한 사역이다. 소위 성공적인 선교사가 되기 위해서는 선교 현지의 상황을 낭만적으로만 읽지 말고 영적인 시각으로 읽을 줄 아는 영적인 지혜가 필요하다. 선교사 헌신의 동기가 단순히 해외에서의 삶에 대한 동경이거나, 자녀교육을 위한 방편이거나, 신분 상승의 기회로 생각하거나, 사역지가 없어 궁여지책으로 택한 선택이거나, 현실 도피의 수단으로 말미암은 것이라면 선교사 후보생들은 하나님 앞에 스스로를 내려놓고 다시 한 번 점검을 받는 것이 필요하다.

4. 성경지식과 신학의 필요

선교는 가르치는 사역이다. 마태는 선교지에서 제자를 삼는 유일한 방법으로 주님께서 가르치신 모든 것을 가르칠 것을 요구하고 있다. 성경에 기록된 주님의 말씀을 빠짐없이 균형 있게 가르치는 것이 선교사역의 핵심이 되어야 한다. 말씀에 관한 가르침이 없는 어떠한 형태의 선교사역도 공허한 것이다. 학교 설립, 병원 건립, 사회 개발, 사회사업 등과 같은 프로젝트 사역은 그 자체로 선교적 의미를 지니고 있다고 할 수 없다. 이러한 사역들은 교회가 아닌 일반 단체들(NGO)도 얼마든지 잘 할 수 있는 사역들이다. 교회의 선교는 철저하게 영적이어야 한다. 현지인들에게 성경을 가르쳐서 주님의 제자를 삼는 사역이 기독교 선교가 일반적인 NGO 단체의 사역과 구별되는 부분이다. 사회사업은 NGO에서 감당할 수 있지만 영적인 사역은 NGO에서 대신 할 수 있는 사역이 아니다. 기독교 선교 사역은 영적인 일에 최우선권을 두어야한다. 현지인들에게 말씀을 가르치고, 영혼의 양식을 제공하기 위해서는 반드시 성경적인 지식과 신학적인 지식이 필요하다. 따라서 선교 후보생들은 그들이 전문인 선교사든, 전통적인 선교사든 반드시 신학 교육을 이수해야 한다. 영국과 미국의 성경학교(Bible College)들은 거의 대부분 선교 후보생들에게 적당한 신학적 지식을 가르치기 위한 기관들이었다. 우리도 그들의 선교적 전통을 따라 선교 후보생들에게 성경과 신학을 철저히 가르쳐서 파송해야 할 것이다.

5. 사역 경험과 능력

선교지에서 효과적으로 사역하는 사역자들의 공통적인 특징 가운데 하나는 바로 그들의 풍부한 사역경험과 능력이다. 선교 사역은 단순히 확고한 소명 의식만 지니고 있다고 해서 해결되는 것은 아니다. 소명 의식에 걸 맞는 철저한 준비가 뒷받침되어야 한다. 성경에 관한 지식은 물론 사역에 관한 지식과 경험이 풍부해야 한다. 모국에서 전도와 양육의 경험이 전혀 없는 사람은 선교 현지에서 사역의 열매를 기대하기 힘들다. 선교의 궁극적인 목적이 제자 삼는 것이고, 조직적인 교회(organizational church)를 세우는 것이라면, 선교 훈련 기관은 선교 후보생들이 선교지에 파송되기 전에 반드시 이러한 사역의 경험과 훈련의 기회를 가질 수 있도록 훈련 프로그램을 개발해야한다. 전도, 양육, 교회 설립 등과 같은 실제적인 사역 경험이야말로 선교사들이 선교지에서 많은 영적인 열매를 맺기 위해 반드시 필요한 훈련이라고 할 수 있다. 따라서 선교 후보생들은 선교지로 향하기 선에 스스로 이러한 사역을 위한 준비를 철저히 해야 할 것이다.

6. 영적인 훈련(Spiritual Formation)

선교지는 치열한 영적 전쟁터다. 사단은 선교사역을 의도적으로 방해한다. 사단의 능력은 하나님의 능력 보다는 약하지만 우리의 능력보다 크다. 영적으로 무장되어 있지 않으면 사단의 공격에 쉽게 무너질 수 있다. 선교사 자신이 무너지고, 가정이 무너지고, 사역이 무너진다. 수많은 사단의 공격과 역경으로부터 넘어지지 않고 승리하기 위해서는 반드시 영적 전투의 도구들을 지니고 있어야만 한다. 선교지로 파송되기 전부터 자기를 지키고 방어할 수 있는 영적인 무기들을 스스로 만들고, 훈련을 통해 자기 몸에 배어있도록 해야 한다. 성경읽기, QT, 새벽기도, 철야기도, 금식기도, 연합기도 등과 같은 영적인 도구들을 일상적인 생활의 일부로 지니고 있어야 한다. 이러한 훈련은 하루아침에 되는 것이 아니다. 몇 년을, 몇 십 년을 훈련해도 몸에 쉽게 적응되지 않는다. 영적인 싸움은 하루하루의 싸움이다. 선교지에서 아무의 도움도 받지 않고 스스로 사단의 영적인 공격을 해결하고 물리칠 수 있는 영적인 실력을 갖추기 위해, 파송받기 전부터 스스로 영적인 훈련해야 한다. 훈련을 받아도 실패하지만, 훈련되지 않으면 더 큰 실패를 경험하게 될 것이기 때문이다.

선교 사역은 우리의 능력으로 되는 것이 아니라 우리의 순종으로 됩니다. 하지만 막연한 순종이 아니라 잘 준비된 순종을 의미한다. 참 순종은 잘 준비하고, 철저히 준비하는 것을 의미한다. 선교는 잘 준비된 순종하는 자들을 통하여 이루어진다. 그런 의미에서 선교 사역은 하나님과 인간의 동역을 통해 완성되는 것이라고 할 수 있다. 우리는 스스로의 힘으로 한 영혼도 변화시킬 능력이 없는 나약한 존재다. 그러나 하나님께서 우리를 사용하셔서 영혼들을 변화시키신다. 우리는 하나님의 동역자들이다. 우리의 준비만큼 선교지에서 하나님의 영광이 드러날 것이다. "하나님 없이 우리는 아무 일도 할 수 없습니다. 그러나 하나님도 우리 없이 아무 일도 하시지 않습니다."라고 말한 어거스틴의 교훈처럼 하나님은 지금도 우리의 순종을 필요로 하고 있다.

선교사의 책무

2018년 현재 한국 교회가 타 문화권에 보낸 선교사의 숫자가 대략 27,000명이라고 한다. 한국 선교연구원(KRIM)과 한국 세계 선교사협의회(KWMA)에서 발표한 숫자가 정확히 일치하지는 않지만 대략 21,000명에서 27,000명 정도가 된다고 파악하고 있다. 근자에는 KWMA를 중심으로 다가오는 2030년까지 10만 명의 선교사를 파송하자는 운동이 전개되고 있다. 세계에서 세 번째로 많은 선교사들을 타국에 파송했다는 사실은 지난 세기 동안 한국 교회가 받은 하나님의 사랑이 얼마나 큰 것 이었는가를 보여주는 동시에 한국 교회가 세계 선교 사역을 마무리하기 위해 지니고 있는 책임 또한 중차대함을 보여주는 사실이기도 하다.

1970년부터 1980년까지를 한국교회 선교 운동의 태동기라고 부를 수 있을 것이다. 이 시기에 한국 교회는 선교에 눈 뜨고, 선교사들을 파송하기 시작한다. 1980년부터 2000년까지는 한국 선교의 성장기, 또는 확장기라고 부를 수 있을 것이다. 크고 작은 선교 운동이 도처에서 일어나고, 많은 젊은이들이 선교지를 향해 나갔다. 2000년 이후로부터 현재까지 한국 선교는 성숙과 완성을 위해 노력하고 있다. 본인은 21세기를 한국 교회의 성숙기 또는 완성기라고 부르고 싶다. 과거 선교사역에 대한 냉철한 평가와 반성을 통해 한국 선교의 문제점들을 해결하고, 효율성을 제고하는 한편, 선교의 책무에 관해서도 심도 있는 논의가 지속되어야 한다고 본다.

필자는 소고에서 한국 선교의 발전과 효율성을 높이기 위한 정책의 일환으로 채택된 선교사들의 책무에 관한 내용을 다루려고 한다. 최근 선교학계에서 거론되고 있는 선교사의 손실(Missionary Attrition)문제와 직접적인 연관을 가지고 있는 선교사들에 대한 목회적 돌봄(Member Care)에 관한 논의는 비교적 활발히 진행되고 있는 반면, 선교사들이 스스로 지켜야하는 책무(Accountability)에 관한 논의는 상대적으로 소외돼 온 것이 사실이다. 선교의 효율성을 제고하기 위한 기초적이고 필수적인(fundamental and essential) 요소가 바로 선교사의 책무라고 할 수 있다. 선교의 열매와 선교지에서의 영향력은 전적으로 선교사 자신과 그의 사역에 달려있다고 할 수 있다. 선교사의 인격과 삶, 자기 관리, 위기 극복 능력, 선교 전략과 방법, 현지 지도자와의 관계, 파송단체나 교회와의 관계, 재정적인 관리 능력 등이 선교의 효율성에 미치는 영향은 지대하다고 할 수 있다. 선교의 효율성을 극대화하고 선교적 손실을 최소화하기 위해서 보다 철저한 선교사의 책무가 요구되고 있는 것이다.

소고에서는 파송 기관이나 선교단체, 파송 교회의 책무에 대해서는 언급하지 않고 선교사의 책무에 관한 내용만 다루었다. 이 글은 한국 선교사들을 폄훼하거나 정죄하기 위해 쓴 글이 아니라 선교 사역에 동참하고 있는 한 사람으로서 한국 선교의 현실을 진단해 보고 한국 선교의 발전을 돕기 위한 하나의 제안임을 밝혀둔다.

1. 바른 선교의 동기(Missionary Motives)

올바른 선교의 동기야 말로 선교사들에게 요구 되는 가장 중요하고도 기초적인 요소라고 할 수 있다. 정당하거나 바르지 못한 선교 동기는 선교사의 중도 탈락과 선교사역의 능률저하 등에 직접적이고도 확실한 영향을 줄 수 있기 때문이다. 건강한 선교적 동기를 지닌 사역자들이 건강한 열매를 얻을 수 있다. 지나치게 낭만적인 선교 동기(romantic motive)나 제국주의 적이고(imperialistic) 승리적인 동기(triumphalistic motive)은 선교 사역을 왜곡시키고, 선교에 대한 부정적인 인식을 낳게 할 수 있다. 특별히, 적지 않은 한국 선교사 후보생들이 지니고 있는 선교적 낭만주의(missionary romanticism)의 극복이 한국 선교의 중요한 과제라고 본다. 해외에서의 삶에 대한 막연한 동경, 자녀들을 국제적으로 키우고 싶은 개인적인 욕망, 한국에서의 실패와 좌절로부터의 도피, 개인적인 성공을 위한 발판으로서의 선교, 적당한 명예와 인정에 대한 욕구, 원만하지 못한 가정생활을 숨기려는 도피처로서의 선교지, 심지어 제 삼 국에서의 안락한 삶을 꿈꾸는 그릇된 욕망 등 다양한 모습의 낭만적인 동기가 선교 후보생들 내지 현지에서 사역하고 있는 선교사들에게서도 종종 발견되는 것이 사실이다.

필자의 연구 결과에 의하면 건강한 동기를 지닌 선교사들의 경우 그렇지 못한 선교사들에 비해 선교지에서의 역경과 문제들을 훨씬 능동적으로 대처하고, 성공적으로 극복하는 것으로 나타났다. 건강하지 못한 동기를 지닌 선교사들이 선교지에서 역경과 문제들을 만나게 되면 비교적 쉽게 사역을 포기하거나 현장을 떠나는 경우를 목격할 수 있다. 선교동기가 선교사역에 미치는 영향의 지대함을 고려해 볼 때 선교 후보생이나 선교사들은 자신이 선교에 헌신케 된 동기에 대해 깊이 숙고해 보고, 자신의 동기에 대한 깊은 영적 성찰이 필요하다. 선교사역은 선교사의 동기에서 출발하고, 동기에 의하여 움직이고, 동기에 따라 다양한 열매를 맺는 사역임을 잊지 말아야 할 것이다. 선교사는 자신의 선교 동기에 대하여 스스로에게 끊임없이 묻고, 점검하고, 확인하고, 기억해야 할 책임이 있는 것이다. 선교 동기에 대한 검증은 선교사 스스로 하나님 앞에서 점검하는 것이 가장 바람직하다고 본다. 선교사 허입 과정 절차를 통해 타인에 의하여 어느 정도 검증되고 점검될 수는 있으나 가장 정확하고 확실한 동기에 대한 검증은 선교사 자신이 하나님과의 순수한 대면을 통하여만 발견할 수 있을 것이다.

선교사 후보생이나 선교사들이 지녀야하는 선교의 기초적 동기로는 사도 바울이 가지고 있던 세 가지 동기, 즉 1) 감사 의식(a sense of gratitude), 2) 책임 의식(a sense of responsibility), 3) 영적 관심 의식(a sense of concern) 등을 추천할만하다. 이러한 동기들 외에도 프르까일(Verkuyl)이 언급하고 있는 부르심에 대한 순종, 하나님 영광, 영혼 구원의 긴박성, 종말론적 시각 등을 염두에 둔 동기들이 선교사들의 기본적인 선교적 동기가 될 수 있을 것이다.

2. 선교의 소명 (Missoinary Calling)

선교로의 부르심에 대한 확신이야말로 선교사가 하나님 앞에서 반드시 검증받아야 할 필수적인 요소라고 할 수 있다. 선교사로의 부르심에 대한 점검 역시 선교적 동기와 마찬가지로 선교사에게 있어서 매우 기초적이고 필수적인 점검 사항이다. 소명의식의 결여는 선교사역의 방향과 목적을 잃게 만드는 매우 치명적인 영향을 끼치게 된다. 선교사역 현장에서 당장 눈에 보이는 열매가 없거나 열매가 극히 적은 경우, 선교사로 하여금 사역을 쉽게 포기하고 사역지를 떠나도록 만드는 요소가 바로 소명의식 결여라고 할 수 있다. 선교사가 선교 현장에서 흔히 만날 수 있는 역경과 고난을 극복할 수 있도록 도와주는 궁극적인 힘이 확고한 소명의식에서 나온다. 선교 현지에서 찾아오는 물리적, 심리적, 영적 압박과 싸워 이길 수 있도록 도와주는 힘의 원천이 바로 분명한 소명 의식이었다. 필자의 연구를 통해서도 이러한 사실이 밝혀졌는데, 선교지에서 스스로 견디기 힘든 역경과 고난을 이길 수 있었던 근거가 무엇이었느냐는 필자의 질문에 거의 대부분의 선교사들이 "소명에 대한 확신"이었다고 답했다. 열매가 없어도, 어떠한 환경적인 어려움과 고난이 있어도, 사역지를 옮기고 싶은 유혹이 있어도 이 모든 역경들을 이기고 사역지에서 지탱할 수 있도록 힘을 제공한 마지막 보루는 하나님께서 자신을 이곳으로 부르셨다는 확고한 소명감이었다. 이러한 사실을 참고해 볼 때, 선교사들은 자기가 선교지로 향하기 전에는 물론 선교지에서라도 하나님의 부르심에 대한 끊임없는 점검과 확신을 통해 스스로를 지켜야한다. 부르심에 대한 확고한 의식을 확인하고 점검해야할 책임이 궁극적으로는 선교사 자신에게 있는 것이다.

3. 선교 훈련과 선교사의 책무(Missionary Training and Missionary Accountability)

군인 훈련소에 가면 "훈련소에서의 땀 한 방울은 전쟁터에서의 피 한 방울이다."라는 말이 있다. 선교사역 역시 선교사가 선교지를 밟기 전에 어떠한 훈련을 받는가에 따라 사역의 성공 여부가 달려있다고 할 수 있다. 기초적이고 필수적인 선교훈련을 견고하게 받은 선교사와 그렇지 못한 선교사의 사역은 현저한 차이를 드러낸다. 선교 현장에 설립된 훈련 기관을 통해 선교사들을 훈련하고 있는 모 선교 단체의 경우, 선교사들의 사역에 대한 만족도가 상당히 높게 나타난다고 한다. 타 파송단체와 비교해 보면 선교사들의 손실률(missionary attrition)도 현저히 낮다고 한다. 훈련의 내용, 방법, 기간 등 다양한 요소가 훈련에 영향을 주기 때문에 쉽게 단정 지을 수는 없지만 선교 훈련과 선교사역은 깊은 상관관계를 가지고 있다고 볼 수 있다.

1) 영적인 훈련(Spiritual Formation)

선교지는 전쟁터다. 현지인들과의 영적인 싸움은 물론 자신과의 싸움 또한 치열한 전쟁터다. 때로는 자기가 키운 영적인 자녀들의 배신을 경험하기도 하고, 때론 현지 지도자들과 심한 갈등을 경험하기도 한다. 극심한 노력과 오랜 인내에도 불구하고 열매가 전혀 없거나 턱 없이 적은 열매로 인해 찾아오는 깊은 좌절감을 맛보며 살아가야한다. 선교사역에서 비롯된 극심한 육체적, 정신적 압박과도 싸워야할 뿐 아니라 자녀와 배우자로 말미암는 가정적인 필요들을 해결해야하는 책임과도 싸워야한다. 이렇게 다양하고 복합적인 압박들을 극복하고 사역에 매진하기 위해서는 무엇보다 탁월한 영성이 필요하다. 주변의 모든 문제들과 압박들을 이겨내기 위해서는 지속적이고 건강한 영적 관리가 뒷받침되어야 한다. 영적 관리에서 실패한 사역자는 선교사역과 가정은 물론 모든 영역에서 실패할 가능성이 높다.

영적 건강을 유지하고 발전시키기 위해서는 무엇보다 훈련이 필요하다고 본다. 영적훈련의 종류는 자신의 경험과 체질에 맞추어 선택할 수 있을 것이다. 새벽 기도, QT, 성경 암송, 금식 기도, 철야기도, 가정 예배, 선교사 기도회 등 정기적이든 부정기 적이든 선교지에서 자신의 영성을 건강하게 유지하고 발전시킬 수 있는 다양한 기도의 방법들과 영적인 교제의 도구들을 가지고 있어야한다. 선교지에서 선교사 자신이 스스로 건강한 영성을 보존하고 지속시키기 위해서는 영성 훈련이 무엇보다 중요하다고 할 수 있다. 자신의 영성을 지속적으로 건강하게 유지하기 위해서 선교지에서는 물론 선교지로 파송을 받기 전에라도 자기만의 방법과 도구들을 개발하여 스스로 훈련할 수 있어야한다. 건강한 영성을 스스로 유지하고 발전시키는 것이야말로 선교사와 선교 후보생들의 필수적인 책무라고 할 수 있을 것이다. 선교사역의 성공과 실패가 선교사의 영성에 달려있다고 해도 지나치지 않을 것이다.

열악한 선교적 환경 속에서도 허드슨 테일러가 성공적으로 선교사역을 감당할 수 있었던 근본적인 비결이 그의 철저한 영적관리에 있었다고 본다. 일상의 삶 가운데, 모든 사역을 수행하기 전에, 어떠한 유혹과 난관 앞에서도 "말씀과 기도와 묵상"을 통해 하나님의 재가와 인도를 받았던 테일러의 영적인 삶이 모든 선교사들의 모델이라고 생각한다. 선교사가 건강한 영성을 지니고 있을 때 건강한 사역이 탄생되고, 건강한 사역의 열매를 기대할 수 있는 것이다.

2) 인간 관계훈련(Personal Relationship Training)

세계 복음주의 협의회(WEF)의 주도로 1992년부터 1994년에 걸쳐 시행한 선교사들의 손실에 관한 연구를 참고해 보면 한국 선교사들이 선교지를 떠나는 첫 번째 이유가 "동료 선교사들과의 갈등"이었다. 고참(senior) 선교사와 신참(junior) 선교사 사이의 갈등, 사역의 철학이나 방향 설정 등에서 비롯된 갈등, 인격적인 미성숙과 시기에서 비롯된 갈등 등의 요인으로 인해 선교지를 떠나는 사례가 가장 많았다는 사실은 한국 선교사들이 건강한 인간관계를 유지해 나가는

데 있어서 얼마나 미성숙한가를 단적으로 보여주고 있다. 특별히, 갈등이 야기되었을 경우 그 갈등을 풀어나가는 기술과 조절해가는 능력이 현저히 부족하다. 단순한 대립적(dichotomistic) 사고 속에 갇혀 살던 한국 선교사들에게 인간관계(interpersonal relationship) 훈련은 매우 중요한 훈련의 한 요소가 되어야 할 것이다. 양분된 극단적인 사고(bi-polarized)의 틀을 벗어날 수 있도록 도와주는 것이 필요하다.

선교사들은 이러한 약점을 인정하고 일상의 삶을 통하여 스스로 인간관계 훈련을 발전시켜 나가야한다. 인간관계 훈련은 단 순간의 훈련으로 이루어지는 것이 아니기 때문에 스스로 지속적인 노력을 기울여야한다. 단기간을 통해 인간관계 훈련의 효과를 극대화시키기 위해서는 공동체 훈련이 요구된다. 한국 선교 훈련원(GMTC)의 원장인 이태웅 박사는 공동체를 통한 인간관계 훈련이 한국적 정서에서 살아온 선교사들에게 매우 효과적일 수 있다는 사실을 지적하기도 했다. 인간관계 훈련을 특정한 환경과 틀 속에 넣어 시행한다는 것이 다소 무리해 보이기는 하지만 공동체 훈련을 통해 인간관계 훈련이 상당한 효과를 보고 있는 것이 사실이다. 선교사들은 선교지에 가기 전부터 건강한 인간관계를 유지할 수 있는 능력을 스스로 키워나가야 할 뿐 아니라 선교지에서도 자신의 약점을 솔직히 인정하고 보다 나은 인간관계를 유지해 나갈 수 있는 노력을 경주해야 할 책임이 있다. 타인의 인격과 가치를 존귀하게 생각하고, 타인의 의견을 존중할 줄 알고, 차이와 차별을 구별할 줄 알고, 다른 것과 틀린 것을 구별할 줄 아는 지혜를 터득하여 보다 발전된 인간관계를 만들어 나가려는 노력이 요청된다.

3) 사역 능력 개발(Ministry Competency Development)

선교사들은 하나님으로부터 부여받은 선교적 비전을 이루기 위해 선교지에 존재하는 사람들이다. 선교사 자신이 위임받은 사명을 성취하기 위해서는 그 사명을 이루어 갈 수 있는 능력이 구비되어야한다. 비전만 있고 비전을 성취할 수 있는 구체적인 실천방안과 능력이 없다면 그의 비전은 망상에 머물게 된다. 선교지에서 요구되는 다양한 필요들을 채우고, 자신이 지니고 있는 선교적 목적을 성취하기 위해서는 실천 가능한 선교전략들과 방법들이 동원되어야한다. 하나님의 주권과 성경적 원리에 위배되지 않는 범위 안에서, 선교사들은 자신의 사역에 걸 맞는 전략과 방법을 고안해야하며, 이러한 것들을 실천해 나갈 수 있는 사역의 기술들(ministry skills)을 구비해야한다.

선교사들은 자기가 선교지로 파송받기 전에 다양한 "사역의 경험과 기술"(ministry experiences and skills)들을 익히는 것이 반드시 필요하다는 사실을 인식해야만 한다. 막연한 기도와 감상적인 생각만 가지고 선교지에 파송되는 것은 마치 총 한번 쏴 보지 않고 전쟁터에 나가는 것과 같다. 자신이 세운 선교 목표에 어울리는 사역 경험과 기술들을 미리 준비하고 익히는 것이 필요하다. 사역 경험과 기술은 선교사 자신이 파송 전부터 스스로 준비해야 할 훈련 요소일 뿐 아니라 선교지에서도 지속적으로 발전시키고 개발되어야 한다. 전도훈련, 양육훈련, 제자훈련, 신학적 훈련 등과 같은 기초적이고 필수적인 훈련 외에도 교회개척(church planting) 훈련, 지도력 양성 훈련(leadership training), 지역사회 개발 훈련, NGO 설립 및 개발 훈련, 네트워킹 훈련 등과 같은 보다 발전된 훈련들을 경험하는 것이 필요하다고 본다. 고국에서 전도나 양육의 경험이 없었던 사역자가 선교지에 간다고 해서 갑자기 전도나 양육의 능력이 생기는 것은 아니다.

선교지에 가면 고국에서 제자양육과 교회 개척의 경험을 가지고 있는 선교사들의 사역이 그렇지 못한 선교사들의 사역 보다 훨씬 안정되고 열매가 많은 것을 흔히 볼 수 있다. 필자의 연구 결과를 보더라도 한국 선교사들의 사역이 서구의 선교사들의 사역과 비교해서 비교적 빠른 성장과 안정을 보였는데 그러한 배경에는 한국 선교사들이 파송 전에 가졌던 다양한 사역의 경험들이 그들의 선교 사역에 긍정적인 영향을 주었기 때문이다. 고국에서의 전도의 경험, 제자 양육의 경험, 교회 개척의 경험, 상담의 경험뿐만 아니라 직장 기도회, 교회, 선교단체 같은 일정한 신앙 공동체를 통해 개발된 지도력의 경험이 한국 선교사들의 사역에 매우 긍정적인 영향을 미치고 있는 것으로 나타났다. 한국 선교사들의 사역이 비교적 빠르게 안정되고 성장하는 배경에는 다양한 사역 경험에서 축적되고 발전된 지도력(leadership)과 사역의 능력(ministry competency) 때문이라고 할 수 있다. 선교사들이 선교지에 속히 가고 싶은 유혹을 극복하고 고국에서 다양한 사역의 경험과 기술들을 익히는 것이 중요한 이유가 바로 여기에 있는 것이다. 사역의 경험을 쌓고 다양한 기술들을 익히고 발전시킬 책무가 선교사 자신에게 있음을 기억할 필요가 있다. 준비되지 않은 선교사는 선교사역을 망칠 뿐 아니라 도리어 방해거리가 될 수 있기 때문이다.

4) 신학 연구(Theological Study)

필자가 가르치고 있는 신학교에 적지 않은 평신도 전문인 선교사들이 신학 수업을 받고 있다. 선교사들이 선교지에서 궁극적으로 감당해야할 사역이 "주님이 가르치신 것을 전부 가르치는 것"이기 때문이다. 필자는 선교의 처음과 나중이 영혼 구원과 교회 개척이라고 믿는다. 선교사는 자신이 사역하고 있는 공동체의 사회적 책임을 당연히 감당해야 하지만, 영혼 구원과 교회 개척을 외면한 선교사역은 온전한 선교사역이라고 할 수 없다. 어떤 형태의 지역사회 개발 사역과 NGO 사역이라도 궁극적으로 현지인들에게 영적인 유익을 끼치지 못한다면, 그 사역은 선교 사역이라기보다는 사회사업이라고 불러야할 것이다. 선교는 영적인 사역이고, 영적인 사역을 감당하기 위해서는 신학적 훈련이 필히 동반 되어야 한다.

허버트 케인은 선교지에서의 삶과 사역을 다루고 있는 그의 책에서 선교사의 학문적인 자격을 언급하고 있다. 케인은 그의 글에서 선교사들이 받아야하는 교육의 수준을 엄격히 제한하지는 않고 있지만, 선교사들이 충분한 신학적 교육을 받아야할 것을 강조하고 있다. 케인이 그의 책에서 허드슨 테일러의 정책에 관하여 언급하면서 "형식적인 교육은 최소화"(little formal education)하고 "충분한 성경 훈련"(enough Bible training)이 필요함을 지적하였다. 허드슨 테일러의 이러한 아이디어가 19세기 경 영국과 미국의 선교사 훈련 기관에 지대한 영향을 끼치게 되고, 마침내 선교사훈련을 위한 성경학교(Bible college)들이 영국과 미국에 설립되게 된다. 영국이나 미국의 성경학교들은 본래 선교사들에게 성경 지식을 가르치기 위하여 세워진 기관이었다. 19세기 당시 영국과 미국의 성경학교 출신들 대부분이 타 문화 선교사로 파송된 이유가 바로 여기에 있다. 이러한 19세기 전통이 지금까지 고스란히 남아 있는 곳들이 영국과 미국에 산재해 있는 데, 대표적인 학교가 영국의 "세계 기독교 대학"(All Nations Christian Colleg)e와 미국의 "무디 성경 대학"(Moody Bible College)이다. 무디 성경 대학은 처음부터 선교사들에게 성경과 신학적 지식을 제공하기 위해 설립된 학교이다. 무디 성경 대학의 경우 1890년부터 1992년까지 6,455명의 선교사를 배출했으며, 현재에도 3,000명이 넘는 졸업생들이 선교지에서 선교사역에 종사하고 있다.

최근 한국에서도 평신도 전문인 사역자들에 대한 인식의 변화가 일어나고 있다. 매우 고무적인 사실이 아닐 수 없다. 불과 10년 전까지만 해도 "평신도 선교사", "전문인 선교사"라는 용어가 한국 교회와 목회자들에게 강한 거부감을 주었던 것이 사실이다. 타 문화권에 파송된 정확한 평신도 선교사의 수는 알 수 없지만 상당수의 평신도 전문인 선교사들이 선교지에 나가 있으며, GPTI 같은 전문인 선교 훈련 기관이나 대형교회들의 자체 훈련 프로그램을 통해 수많은 평신도 전문인 선교사 후보생들이 훈련을 받고 있다. 이러한 현상은 한국 선교의 미래를 위해 매우 고무적인 현상이라고 할 수 있지만, 문제는 대부분의 훈련 프로그램이 전문인 선교에 관한 지식과 선교 전반에 관한 교육에 국한되어 있다는 점이다. 어떤 형태의 신학교육이나 성경연구 프로그램도 포함되지 않은 점은 매우 유감스럽다. 평신도 전문인 선교사들이라 할지라도 확고한 성경 지식과 신학적 이해를 위한 훈련이 필요하다. 평신도 선교사라도 신학적 소양을 갖추지 못하면 선교지에서 직면하게 되는 수많은 문제들에 대한 영적인 해석에 한계를 드러내게 되고 당면한 이슈들에 대한 정확한 성경적 답을 제공할 수가 없다. 선교 현장에서 발생하는 수많은 영적, 물리적, 사회적 요구들을 채워주고 해결하기 위해서는 반드시 풍부한 성경 지식과 신학적 지식이 필요하다.

선교지에서 소위 성공적인 사역을 꿈꾼 다면 반드시 일정량의 신학적 훈련을 받는 것이 필요하다. 어떤 종류의 사역을 통해 선교에 헌신하든지. 목회자든 평신도든, 고등 교육을 받았든 못 받았든, 여성이든 남성이든, 장기든 단기든 모두에게 반드시 필요한 훈련이 바로 신학 훈련이다. 선교사들은 자신이 선교지로 향하기 전에 가능하면 일정량의 신학적 훈련을 받음으로 선교 사역에 미리 대비하는 것이 바람직하다. 혹시 개인이나 주변의 여건상 신학적 훈련을 받지 못하고 이미 선교지에서 사역을 시작했을지라도 안식년이나 연구년 등을 적극적으로 활용하여 신학적 소양을 갖출 필요가 있다.

4. 사역적 책무(Ministry Accountability)

1) 언어 능력(Language Competency)

선교사역의 깊이와 넓이는 언어능력의 깊이와 넓이에 의하여 결정된다. 현지 언어 구사능력은 선교사역의 기초요, 전부라고 말 할 수 있다. 선교사역의 성패는 언어능력에 달려있다고 해도 지나친 말은 아닐 것이다. 보편적으로 언어능력과 선교사역의 관계는 정비례 한다고 볼 수 있다. 언어는 타 문화를 이해하고, 현지인들과 원활한 의사소통을 위해 반드시 필요한 요소이다. 리드(Reed)는 언어는 타 문화를 이해하기 위해 반드시 점령해야 할 고지라고 했다. 구조 구조주의(Structualism) 이론을 인용하지 않더라도, 언어는 한 민족의 사고(thoughts)와 가치(values)를 반영하는 가장 근본적이고 기초적인 단위이기 때문에 선교사가 현지인들의 사고와 가치를 바르게 이해하려면 반드시 현지 언어를 충분히 익혀야만 한다. 언어의 피상적인 의미(explicit meaning) 이해를 넘어서 숨겨진 의미(implicit)까지 이해할 수 있도록 깊이 있는 언어정복이 필요한 것이다.

OMF 선교회의 경우, 선교사들로 하여금 첫 번째 텀(term)에 사역에 직접 참여하는 것 보다 현지 언어를 익히고, 현지 문화를 이해하고 현지 문화에 동화되는 일(assimilation)에 전념토록 격려하고 있다. 오랜 선교사 훈련 경험이 만들어낸 매우 지혜로운 전략이라고 생각한다. 언어 정복 없이 성급하게 사역에 뛰어들면 사역의 수명이 길지 못하거나 사역이 깊어지기도 전에 시들고 마는 사례들을 쉽게 발견할 수 있다. 선교지 순방을 하다보면 한국 선교사들 가운데 적지 않은 사람들이 통역을 통하여 선교사역을 하고 있는 것을 종종 발견할 수 있는 데, 이러한 사역 방법은 언젠가 사역의 한계에 봉착하게 된다. 물론 사람에 따라 언어능력의 편차가 존재하는 것은 사실이지만, 사역 초기부터 현지 언어를 배우고 익히는 일에 게을러서 발생하는 언어능력의 부실함에 대한 책임은 선교사 자신에게 있다고 본다. 천부적으로 언어감각이 부족한 사람을 제외하고는 모든 선교사가 자신의 언어능력에 대한 책임을 져야한다. 언어능력의 부실은 선교 사역의 부실로 이어지고, 현지인들을 이끄는 영적 지도자가 되기보다는 현지인들에게 이끌리는 부실한 지도자로 전락토록 만들 것이다. 모든 선교사 훈련가들(missionary trainers)과 선교 전략가들이 언어의 정복을 이구동성으로 강조하고 있다는 사실을 염두에 두고, 현지 언어를 정복하는 것이 모든 선교사들의 기초적이고 필수적인 선교 사역임을 명심하여야 할 것이다. 참고로, 언어 정복에 대한 구체적이고 실제적인 방법과 제안들은 앞에 언급한 Reed의 책을 참고하면 도움이 될 것이다. 선교지 언어의 정복이 선교사들의 가장 기초적이고 필수적인 책무임을 잊어서는 안 될 것이다.

2) 사역 평가와 감독(Ministry Evaluation and Supervision)

선교사는 하나님의 부르심을 받고 하나님 앞에서 일하는 자들이다. 선교사의 책무는 세속적인 직업에서 요구하는 책무들과 달리 다분히 도덕적이며, 윤리적이고 영적이다. 세속적인 직업은 법, 규칙, 강령, 징계, 형벌 등과 같이 가시적인 규범에 의하여 통제되고, 밖으로 드러난 것들에 의해서 평가를 받지만, 선교사역은 양심, 도덕, 윤리, 명분, 대의(cause) 등에 의하여 통제되고, 겉으로 잘 드러나지 않는 영적인 열매로 평가를 받는다. 세속적인 직업의 성과는 산술로 표시되고 평가 될 수 있지만, 선교사역의 성과는 산술로 표시되거나 평가될 수 없는 신비에 속한 것이다. 따라서 선교사 사역에 대한 성과를 논하는 것이나, 사역에 대한 평가를 산술적으로 한다는 것은 매우 조심스러운 일이다. 선교사역에 대한 평가는 인간들의 몫이라기보다는 하나님의 고유의 영역에 속하는 것이기 때문에 겉으로 드러난 성과만을 보고 너무 쉽게 판단하거나 평가하는 것은 상당히 위험하다. 인간들이 보기에는 성공한 사역이 하나님께서 보시기에는 실패한 사역일 수 있기 때문이다. 영적인 일은 영적으로만 판단 할 수 있기 때문에 물리적으로나 (physical), 양적인 것들(quantitative), 보이고 드러난 것들을 기준 삼아 선교사역을 평가하는 실수를 최소화하려는 노력이 중요하다고 본다. 선교사역에 대한 판단과 평가는 영적으로, 질적으로(qualitative), 내면적으로 감주어진 것늘을 봉하여 조심스럽게 진행되어야 할 것이다.

그럼에도 불구하고 선교사의 사역은 지속적으로 평가되어야 할 뿐 아니라 세심한 감독(supervision)을 필요로 한다. 선교사역에 대한 궁극적이고 최종적인 판단은 하나님의 몫이지만, 보다 나은 사역을 위한 일상적인 점검과 평가는 선교사역의 발전을 위해 반드시 필요하다고 본다. 선교사들은 하나님의 사역을 위임받은 청지기로서 맡은 일에 대해 충성을 다하여야 한다. 연구, 개발, 감독은 충성의 구체적인 표현이다. 따라서 선교를 위한 연구와 개발과 감독은 인간의 몫으로, 인간들이 책임지고 노력해야 하는 영역이다. 선교사들은 자신이 책임지고 있는 사역의 효율성을 높이고, 보다 효과적인 사역을 수행하기 위해 끊임없이 연구하고, 개발하고, 평가해야 할 책임이 있다. 국제적인 선교단체에 소속된 선교사들의 경우는 그들이 속한 단체의 평가와 감독 제도가 비교적 잘 발달 되어 있어서 큰 문제가 되지 않지만, 자생적인 국내 선교 단체에 소속된 선교사들의 경우는 그들이 속한 단체의 감독과 평가 제도가 상대적으로 부실하기 때문에 스스로 하나님 앞에서 끊임없는 평가와 감독을 시행하지 않으면 알게 모르게 게으름과 태만의 유혹에 쉽게 빠질 수 있다. 평가와 감독이 부실한 단체에 속한 선교사일수록 자신의 사역을 하나님 앞에 수시로 내어 놓고 평가와 감독을 받으려는 겸손함과 성실함이 필요하다.

5. 재정적 책무(Financial Accountability)

선교지를 방문하다 보면 소위 "재벌 선교사"들이 있는 가하면, 사역은 고사하고 생계문제로 심각한 고난을 격고 있는 "거지 선교사"들이 상존하고 있는 것이 사실이다. 이러한 현실은 그들이 속한 선교 단체의 제도적 미성숙 때문이기도 하지만, 궁극적으로는 선교사 자신의 미성숙으로 인해 발생한다고 보아야 할 것이다. 아무리 훌륭한 제도와 가이드라인이 존재한다 할지라도 그 제도와 가이드라인을 지킬 수 있는 영적 성숙이 뒷받침되지 않는 한 어떤 제도와 가이드라인도 유명무실해질 수 밖에 없다. 지난 2005년 한국교회의 선교 지도자들이 방콕에 모여 "선교와 책무"(Mission and Accountability)라는 주제로 다양한 의견을 주고받았다. 선교사들의 재정적 책무와 사역적 책무에 관한 다양한 발제와 제안들이 발표되어 한국 선교 발전에 크게 기여하였다. 재정적 책무를 다루면서, 주로 파송 기관들이 어떤 제도를 통하여 재정적 투명성을 확보하고, 재정적 효율성을 높일 것인가에 관해 주로 언급한 반면, 선교사 개인의 재정적 관리와 책무에 관하여는 비교적 적게 다룬 아쉬움이 있다. 선교 단체의 재정 원칙이나 재정적인 책무규정이 선교사들로 하여금 투명하고 정확한 재정적 책무를 지키도록 하는데 유익한 제도임에는 틀림없지만, 궁극적으로 그 제도에 따라 자신의 재정적인 책무를 관리해야 할 책임은 선교사 자신에게 달려있다. 결국 선교 단체나 기관들이 정한 재정적 원칙이 바르게 시행되려면 선교사들의 영적인 성숙이 뒷받침 되어야만 한다.

각 선교 단체는 선교사들이 정해진 재정 원칙을 잘 지키고 있는지 관리 감독해야 할 책무가 있는 반면, 선교사들은 자신이 속한 단체가 정한 재정 원칙을 신앙 양심에 따라 철저히 지키는 책무를 다해야 할 것이다. 선교사들은 헌금의 사유 개념을 극복하고, 가난한 자와 부한 자들을 평균케 하기를 원하시는 하나님의 뜻을 따르는 성숙한 청지기로서 하나님과 후원자들 앞에 부끄러움이 없는 재정 관리에 힘써야 할 것이다.

맺는말

예수님의 선교 방법과 전략은 사람이었다. 아무리 탁월한 방법과 전략이 있어도 그것을 수행할 사람이 준비되어 있지 않으면 모든 전략과 방법이 무용지물이 된다. 사람이 경쟁력이다. 하나님은 많은 선교사를 필요로 하지 않으시고 철저히 헌신되고 준비된 선교사를 필요로 하신다. 하나님의 부르심 앞에 책임 질 줄 아는 선교사들이 필요한 시대다. 90% 헌신된 사역자가 아니라 100% 헌신된 사역자를 찾으시는 하나님의 마음을 헤아릴 줄 아는 선교사들이 많아지기를 소원한다.

북미와 싱가포르을 제외하고 유라시아 대륙에서 복음주의 신자들을 15퍼센트 이상 가지고 있는 유일한 나라, 미전도 종족이 가장 많이 살고 있는 10/40 Window에 위치하고 있어 전략적 가치가 매우 높은 나라, 철수하는 서구 선교사들의 공백을 메울 수 있는 영적 실력과 맨 파워를 소유한 나라, 탁월한 자질을 지닌 헌신된 평신도들을 많이 가지고 있는 나라, 21세기의 선교의 마지막 주자로 부르심을 받은 제사장 나라인 한국의 교회들에게 맡긴 선교적 사명을 새롭게 하는 계기가 되기를 바라는 마음으로 이 글을 맺는다.

선교사 중도탈락의 원인과 해결방안

1970년대부터 1990년대까지의 30년 기간을 한국 선교의 제1기, 즉 한국 선교의 태동과 파송의 시기였다고 부른다면, 2000년 이후 시대를 한국 선교의 제2기, 즉 한국 선교의 성숙기 내지 정비 기간이라고 부를 수 있을 것이다. 지난 40년 동안 한국 교회는 수많은 선교사들을 세계 각지에 파송해왔다. 최근 통계에 의하면 해외에 파송된 한국 선교사의 숫자는 대략 27,000명 정도이고, 그들이 사역하고 있는 지역도 거의 170여 개국에 이른다고 한다. 지난 40년 동안의 한국 선교사역을 평가해 볼 때 부족한 면과 고쳐야 될 부분이 많이 있는 것이 사실임에도 불구하고 세계 선교를 위하여 한국 교회를 사용해 오신 하나님의 은혜가 실로 감사할 따름이다.

이 글은 지난 40년 동안 한국의 선교사역이 지니고 있던 몇몇 문제들 가운데 하나인 선교사들의 중도탈락 문제를 짚어보고 그 해결 방안을 제시하기 위하여 쓰였다. 선교사 중도탈락 문제는 비단 한국선교만 지니고 있는 과제가 아니라 선교사를 파송한 전 세계의 모든 국가가 안고 있는 문제이기도 하다. 한국에서 이 문제가 이슈로 떠오르기 오래전부터 이미 세계복음주의 협의회(WEF)의 선교 분과를 중심으로 선교사 중도탈락 방지를 위한 연구가 시행되어왔다. 이러한 사실이 선교사 중도탈락의 문제가 우리만의 문제가 아닌 전 세계의 모든 파송 국가의 문제임을 대변해주고 있다고 볼 수 있다.

1. 동료 선교사들 간의 갈등

1960년대까지만 해도 선교사가 중도에 탈락한다는 것은 거의 상상하기 힘든 현상이었다. 선교사가 중도에 고국으로 돌아오는 이유는 "순교" 아니면 나이로 인한 "은퇴"뿐이었다. 하지만 요즈음은 이 두 가지 외에도 많은 이유와 원인들로 인하여 선교사들이 현지를 떠나고 있다. WEF 선교위원회의 연구결과를 보면 한국 선교사들이 선교지를 떠나는데 있어서 가장 큰 영향을 미치는 요인을 "동료 선교사들과의 갈등"이라고 지적하고 있다. 선배 선교사와 신임 선교사 또는 동일한 사역지에서 사역하고 있는 선교사들 사이의 갈등이 선교사들을 지치게 만들고 나아가 사역을 포기하고 고국으로 돌아오게 만든다는 것이다. 짐작컨대 선교사들 사이의 의사소통 문제, 지도력 문제, 사역 철학과 방향, 사역의 열매 차이로 인한 갈등, 자녀교육 방법으로 인한 갈등 등이 그 원인이었을 것이다. 이러한 문제들을 해결하기 위해서는 선교사들 사이의 분명한 역할 분담(job description), 의사소통 기술(communication skills), 대인 관계(interpersonal relationship) 훈련 등이 선교지 출발 전에 충분히 제공되어야할 것이다. 특별히 선교지의 지도력 스타일(leadership style)이 권위적이고, 일방적이고, 일 중심적인(task-oriented) 성향을 탈피해 함께 의논하고, 쌍방 통행적이며(bilateral), 사람 중심적(person-oriented)일 필요가 있다.

2. 자녀교육

중도탈락의 또 다른 원인은 "자녀교육 문제"이다. 가정 문제 가운데서도 자녀교육 문제는 대부분의 선교사가 자신 있게 드러내지 못한 숨겨진 원인이라고 할 수 있다. 서양 선교사들의 경우도 자녀교육 문제가 중도탈락 원인 가운데 하나인 것을 참고해 볼 때 한국 선교사들이 자녀교육 때문에 선교지를 일찍 떠난다는 사실이 한국 선교사만의 독특한 현상이라고 말할 수는 없다. 선교지 교육환경이 열악할 경우 이러한 현상은 더욱 심해질 수 있다. 선교지 학교가 수준 높은 교육을 제공하거나, 국제학교가 있는 지역의 선교사들은 상대적으로 자녀교육에 대한 부담이 적을 수밖에 없다. 자녀교육을 매우 중요하게 여겨온 한국의 전통적 가치를 포기하라고 요구할 것이 아니라 선교사 자녀들이 양질의 교육을 받을 수 있도록 기회를 제공하고 도와주는 것이 중요하리라 본다. 물론 적지 않은 경제적 부담과 파송교회의 이해가 전제되어야 하겠지만 한국 선교사들의 중도탈락을 막기 위해서 반드시 고려되어야할 부분이라고 생각한다. 선교사 자녀교육 문제로 인한 선교사 손실과 바람직한 선교사 자녀교육 제공으로 인한 선교사 탈락 방지 중 어느 것이 더 가치 있는 것인지를 선택해야 한다. 지금까지 선교사 자녀교육에 대해 한국교회가 지녀왔던 보수적인 사고를 과감히 떨쳐버리고 보다 적극적이고 효율적인 선교사 자녀교육 제도를 개발하고 지원해야할 것이다. 자녀교육의 무조건적인 희생을 요구하기보다 바람직한 자녀교육을 제공함으로써선교사들이 마음 편히 사역에 전념할 수 있도록 도와주어야 할 것이다.

3. 부족한 후원

세 번째로, 한국 선교사들이 중도에 고국으로 돌아오는 원인은 "파송교회나 단체의 후원 부족"이다. 한국 교회가 반성해야할 부분이라고 생각한다. 지금까지 대부분의 교회나 선교단체들은 내심 선교사들이 현지에서 소모되고 심지어 순교하기를 바라왔던 것이 사실이다. 지금까지 한국교회가 지나치게 자학적인 선교를 이상적인 선교라고 여겨왔다고 생각한다. 선교사는 모든 것을 희생하고 선교지에서 닳아 없어져야 하는 존재로만 인식돼온 것이 사실이다. 그러나 선교사가 선교지에서 직면해야만 하는 현실은 단순히 순교함으로 해결할 수 없는 다양하고 복잡한 요소들로 이루어져 있다. 선교지에서 순교하는 일은 오히려 쉬운 일이다. 열악한 선교지에서 열매를 맺기 위해서는 수많은 고난을 극복하고, 기나긴 인내를 통하여 역경을 이겨내야만 한다. 이러한 사역과정 가운데 절대적으로 필요한 것은 본국의 후원인 것이다. 작은 격려와 위로가 선교지에서의 곤고함을 극복하고 역경을 이길 수 있는 힘을 제공하기 때문이다. 순교를 강요할 것이 아니라 인내심을 갖고 사역을 끝가지 감당할 수 있도록 뒤에서 격려하고 위로하는 것이 절대적으로 필요한 것이다.

4. 소명감 부족

네 번째, "부적절한 소명"이 한국 선교사들의 중도탈락 원인중의 하나이다. 과거 서구 선교사들이 가지고 있던 선교적 낭만주의의 위험을 지적했던 어느 선교학자의 지적이 요즈음의 한국 선교사들과 선교지망생들에게 현실로 드러나고 있다. 많은 선교지도자들이 우려하고 예견했던 현상이 선교 현장에서 드러나기 시작했다고 볼 수 있다. 본인의 연구를 통해 보더라도 선교사들의 부적절한 소명은 선교사들이 사역지에서 매일 직면하는 사역의 역경과 고난을 이길 수 있는 힘을 제공하지를 못한다. 사역의 부담과 함께 날마다 다가오는 수많은 역경을 이길 수 있는 유일한 근거는 분명한 사명과 부르심에 대한 확신이다. 사역을 포기하고 싶고, 고국으로 돌아가고 싶은 유혹을 물리칠 수 있는 마지막 버팀목이 바로 소명감이다. 선교사들을 선교지로 파송하기 전에 "분명한 소명"을 확인할 수 있는 구체적이고 상세한 제도가 필수적으로 요청된다고 할 수 있다. 선교사로서의 소명에 대한 분명한 검증과 확증을 얻을 수 있는 심리검사, 인성검사, 심도 있는 면담, 정확하고 신뢰할만한 추천, 공동체를 통한 검증 등이 필수적으로 요구되고 있다.

5. 문화 부적응

다섯 번째로, 중도탈락의 중요한 원인 중에 하나가 바로 "문화적 부적응"(poor cultural adaptation) 현상이라고 할 수 있다. 적지 않은 한국 선교사들이 선교 현장의 문화를 이해하지 못하고, 현지인들을 이해하는 능력이 상대적으로 부족한 것이 사실이다. 타국 출신 선교사들과 달리 한국 선교사들이 한국 특유의 단일 문화적(mono-cultural) 배경 속에서 자라왔고, 그 고유한 문화에 길들여져 왔기 때문에 일어난 현상이라고 말할 수 있을 것이다. 다양한 문화적(multi-cultural) 배경속에서 자란 타국출신 선교사들이 보편적으로 타문화에 열려있는 것과 달리 한국 선교사들은 상대적으로 타문화에 대해 닫혀있거나 폐쇄적이라고 할 수 있다. 한국 선교사들의 이러한 문화적 폐쇄성은 선교지에서 복음을 전하거나 현지인들을 가르칠 때 상당한 장애로 작용한다. 문화적 몰이해와 부적응 현상은 곧 바로 사역의 열매와 직결된다. 적은 열매로 인한 좌절과 낙담은 마침내 선교사들을 중도에 포기하고 고국으로 돌아오게 만드는 원인이 된다. 이러한 문화 부적응 문제를 극복하고 해결할 수 있도록 도울 수 있는 다양한 타문화 적응훈련(cross-cultural training) 프로그램이 한국선교사들의 훈련 과정 속에 반드시 포함되어야 한다. 파송단체들은 한국 선교사들로 하여금 국내든 국외든 이러한 타문화 훈련이 가능한 기관이나 단체를 통해 타문화 훈련과정을 반드시 이수토록 해야 한다.

필자는 소고를 통하여 한국 선교사들의 중도탈락 원인과 해결 방안을 간략히 살펴보았다. 그 외에도 다양한 원인들과 요소들이 존재하지만 여기서는 몇 가지 중요한 요인들만 언급하였다. 이상에서 언급된 중도탈락의 원인들은 대부분 미리 방지할 수 있는 원인들(preventive causes)이 대부분이고, 선교단체나 교회들로부터 좀 더 적극적인 목회적 돌봄(pastoral care)이 제공된다면 얼마든지 해결될수 있는 문제들이다. 선교사들의 중도탈락으로 인한 선교적 손실을 최소화하기위한 연구와 노력이 절실히 필요한 때이다. 한국선교 단체들과 후원교회들이 더이상 미루지 말고 선교사 중도탈락으로 인한 인적, 물적 손실을 줄이기 위한 노력을 적극적으로 기울여야 할 것이다. 선교사역에서 가장 소중한 자산인 선교사들을 잃어버리는 것은 한국 교회나 선교단체들에게 매우 큰 손실임에 틀림없다. 선교사들에게 제공되는 작은 관심과 애정이 선교지에서 만나는 어려움과 난관들을 극복하는 과정에서 큰 힘과 격려가 될 수 있다는 사실을 기억하며, 모든 교회와 단체의 지도자들이 선교사들을 위한 작은 관심을 갖는 일부터 조금씩 시작할 수 있기를 바란다. 끝으로 한국교회는 교회 안에 스며들어온 선교에 대한 비관주의나 냉소주의를 극복해야 할 것이다.

본부 선교사

세계선교를 위해 선교사님들과 동일한 헌신을 하고 고국에서 땀 흘리며 선교 사역에 종사하고 있는 또 다른 종류의 선교사들이 있다. 드러나지도 않고 화려하지도 않지만 뒤에서 묵묵히 동료 선교사들의 필요를 채우고 그들의 뒷바라지를 위해 헌신한 그들을 우리는 '본부 선교사'라고 부른다. 한국 선교가 이만큼 성장할 수 있었던 요인들 가운데 하나가 바로 이름 없는 본부 선교사들의 조용한 헌신이었다고 생각한다. 선교사역을 수행하는 데 있어서 필수적인 사역임에도 불구하고 상대적인 무관심과 무지로 인해 잊혀진 존재로 사역을 감당하고 있는 본부 선교사들에 대한 진정한 관심과 후원이 필요하다. 본인은 짧은 지면을 빌어 본부 선교사 사역의 역할과 중요성을 살펴보고, 그들을 위한의 영적, 물질적 후원의 필요성과 시급성을 짚어보려고 한다.

1. 본부 선교사의 역할

본부 선교사들은 단순히 필드 선교사들을 위해 행정적 후원만을 제공하는 것이 아니라 선교사 동원, 선발, 교육, 훈련, 케어(care) 등을 책임지는 핵심적 역할을 수행하는 자들이다. 선교에 적합한 헌신자들을 발굴하고 동원하는 일은 실로 중차대한 사역이라고 할 수 있다. 건강한 선교 헌신자들을 발굴하여 그들이 선교지로 파송될 때까지 전반적인 실제적 절차를 돕는 자들이 바로 본부 선교사들이다. 선교사들을 파송한 뒤에도 선교사들을 위해 지속적인 행정적 도움을 주고, 선교사들과 끊임없는 의사소통을 통해 그들이 안고 있는 문제들과 고민들을 해결해 주기위한 적절한 조치를 제공하는 역할도 감당해야한다.

그릇된 동기를 갖고 선교에 헌신한 사람들을 걸러내는 일(screening)은 미래의 선교적 손실 미연에 방지하는 매우 중요한 일이다. 낭만적인 동기(romantic motives)를 갖고 선교에 헌신하는 자들을 계도하고 교정해 주는 역할은 본부 사역자의 매우 중요한 역할 가운데 하나이다. 최근에 세계 선교지도자들이 오랜 기간 동안 시간과 물질을 투자하며 연구해온 주제들 가운 데 하나가 바로 선교사 손실(missionary attrition)에 관한 연구이다. 바른 동기와 헌신이 점검되지 않는 한 선교사들의 인적 물적 손실을 막는 것이 결코 쉽지 않기 때문이다. 그릇된 동기로 선교에 헌신한 사람들로 인해 선교지에서 많은 문제들과 갈등이 야기되고 이로 인해 선교사역의 효율성이 떨어질 뿐 아니라 심지어 망가지고 와해되는 경우가 종종 발견되기 때문이다. 선교 후보생들의 진정한 동기를 가려내고, 그릇된 동기를 바로 잡아주는 역할을 본부 선교사들이 감당해야한다.

선교사 훈련이 선교본부 사역자들의 또 다른 사역이라고 할 수 있다. 단일 문화권(mono-cultural society)에서 살아온 한국 선교사들에게 상대적으로 부족한 면이 있다면 타문화에 대한 이해의 폭이 좁고 제한되어있다는 점이다. 선교지 문화는 물론 다 문화 공동체(multi-cultural community)에서 공동 사역을 수행해야하는 선교사들에게 타문화 이해(cross-cultural understanding)는 필수적이고 기초적인 것이라 할 수 있다. 한국 선교사들에게 상대적으로 빈곤한 타 문화 이해를 돕기 위해 타문화 이해를 증진 시킬 수 있는 교육과 훈련 프로그램을 제공하고 개발하는 사역이 본부 사역자들의 중요한 몫이라고 할 수 있다. 적지 않은 한국 선교사들이 선교 사역을 중도에 포기하고 돌아오는 원인들 가운데 하나가 바로 '문화 부적응'(poor cultural adaptation) 문제임을 고려해 볼 때 선교 후보생들에게 적절한 타 문화 훈련의 기회를 제공하는 것이 본부 사역에 있어서 매우 중요한 역할임을 인식해야 할 것이다.

선교 본부의 또 다른 역할 중 하나라고 할 수 있는 것이 바로 필드 선교사들에게 목회적인 돌봄(pastoral care)을 제공하는 것이라고 할 수 있다. 한국 교회는 지금까지 선교사들을 파송하는 데 주력해 왔다. 30년이라는 짧은 기간에 세계에서 두 번째로 많은 30,000명의 해외 선교사를 파송하는 업적을 이루었지만 정작 선교사들의 사역을 후원하고 격려하는 일에는 상대적으로 적은 관심을 보여 온 것이 사실이다. 선교사들을 위한 세심한 배려와 돌봄이 보다 체계적이고 적극적으로 제공되어야 할 때가 된 것이다. 선교 본부는 보다 체계적이고 효과적인 목회적 돌봄 프로그램 개발하고, 선교사들에게 안정되고 지속적인 목회적 돌봄을 제공하려는 노력을 기울여야 할 것이다.

현지 선교사들의 가장 큰 고민 가운데 하나인 자녀 교육, 타 문화 충격과 적응에서 비롯된 영적, 정신적 압박감, 정신적 중압감의 지속으로 인한 신체적 건강 상실, 열매 없음으로 인한 극도의 좌절감, 자기 발전 기회의 상실로 인한 심리적 박탈감, 동료 선교사들과의 심리적 갈등, 본부와의 의사소통 문제 등에 관해 세밀하고 체계적인 도움을 지속적으로 제공하는 것이 본부 사역자들의 중요한 책무라고 할 수 있다. 선교사 돌봄에(member care) 지속적인 관심을 갖고 전문성을 개발하는 것이 본부 선교사들의 또 다른 선교적 사명이다.

2. 본부 선교사 후원과 격려

선교지에서 십 여 년 동안 사역을 하다 본부 선교사로 부름을 받고 국내에서 본부 사역을 하고 있는 어느 선교사의 애환을 들을 기회가 있었다. 막 열매 맺기 시작한 선교지 사역을 정리하는 것도 커다란 아픔이었지만 국내에 발을 들여놓자마자 미처 생각하지 못한 다양한 문제들이 발생하기 시작한 것이다. 그가 용기 내어 솔직히 털어놓았던 내용은 다음과 같은 것들이었다. 국내에 들어오자마자 후원 선교비가 반으로 줄어든 점, 국외에서 교육을 받아오던 자녀들의 교육문제, 기거할 거처 문제, 재입국으로 인한 문화적 역 충격(re-entry shock), 선교지에 두고 온 동료 사역자들과 사역에 대한 그리움과 염려, 선교지로 되돌아 갈 것인가 고국에 머물 것인가에 관한 고민, 본부 사역과 동원 사역으로 인한 과중한 업무, 현지 선교사들로부터 날아오는 수많은 요구들에 대한 답변과 처리, 본부 간사들의 잦은 자리이동으로 인한 업무의 공백 등과 같은 다양한 문제들을 스스로 감당하기에는 지나치게 과중한 책임들이라고 고백했다.

저자가 만난 대부분의 본부 선교사들은 이와 비슷한 문제나 과제들을 지니고 있었다. 선교에 동일하게 헌신했음에도 불구하고 상대적으로 소외되고, 관심 밖의 존재로 살아가는 본부 선교사들을 위한 배려와 격려가 필요한 때인 것 같다. 필드 선교사들에게 제공되고 있는 것과 마찬가지로 무명의 존재로 선교에 헌신하고 있는 본부 사역자들에 대한 세심한 관심과 지원이 동일하게 제공되어야한다. 흔히 회자되는 말과 같이 '보냄을 받은 선교사' 못지않게 '보내는 선교사'들의 역할과 필요에 보다 민감해질 필요가 있다. 본부 사역자들이 필드 선교사들에 비해 상대적으로 소외되었던 것이 사실이다. 한국 교회가 그들의 희생과 고민에 대해 무관심했던 것을 솔직히 인정하고 지금부터라도 본부 선교사들에 대한 세심한 관심을 가져야할 것이다. 선교사역을 보다 효과적이고 효율적으로 수행하기위해서는 본부사역자들의 희생적 역할이 절대적으로 요구된다. 그들이 본부에서 마음껏 섬기며 사역에 전념할 수 있도록 필요한 후원을 아끼지 말아야 할 것이다.

로잔 언약[1]

머리말

로잔에서 열린 세계 복음화 국제대회에 참가하기 위해 150여 개 나라에서 온 예수 그리스도의 교회의 지체인 우리는, 그 크신 구원을 주신 하나님을 찬양하며, 하나님이 우리로 하나님과 교제하게 하시며 우리가 서로 교제하게 해주시니 매우 기쁘다. 우리는 하나님이 우리 시대에 행하시는 일에 깊은 감동을 받으며, 우리의 실패를 통회하고 아직 미완성으로 남아 있는 복음화 사역에 도전을 받는다. 우리는 복음이 온 세계를 위한 하나님의 좋은 소식임을 믿고 이 복음을 온 인류에 선포하여 모든 민족을 제자 삼으라고 분부하신 그리스도의 명령에 순종할 것을 그의 은혜로 결심한다. 그러므로 우리는 이 신앙과 그 결단을 확인하고 이 언약을 공포하려 한다.

---

1 로잔 언약은 1974년 스위스 로잔에서 열렸던 국제 선교대회에서 복음주의 교회 및 선교 지도자들이 모여 복음주의적 선교의 의미와 교회의 역할을 천명한 선언문이다.

1. 하나님의 목적

우리는 세상의 창조주이시며 주되신 영원한 한 분 하나님, 곧 성부, 성자, 성령에 대한 우리의 신앙을 확신한다. 하나님은 그의 뜻과 목적에 따라 만물을 통치하신다. 그는 자기를 위해 세상으로부터 한 백성을 불러내시고 다시 그들을 세상으로 내보내시어 그의 나라를 확장하고, 그리스도의 몸을 세우고, 그의 이름의 영광을 위해 그의 부름받은 백성을 그의 종과 증인이 되게 하신다. 우리는 종종 세상에 동화되거나 세상으로부터 도피함으로 우리의 소명을 부인하고 우리의 사명에 실패하였음을 부끄럽게 생각하며 이를 고백한다. 그러나 비록 질그릇에 담겼을지라도 복음은 귀중한 보배임을 기뻐하며 성령의 능력으로 이 보배를 널리 선포하는 일에 우리 자신을 새롭게 헌신하려고 한다.

사 40:28; 마 28:19; 엡 1:11; 행 15:14; 요 17:6, 18; 엡 4:12; 고전 5:10; 롬 12:2; 고후 4:7

2. 성경의 권위와 능력

우리는 신구약 성경이 하나님의 영감으로 기록되었음을 믿으며, 그 진실성과 권위를 믿는다. 성경 전체는 기록된, 하나님의 유일한 말씀으로서, 그 모든 가르치는 바에 전혀 착오가 없으며, 신앙과 실천의 유일하고도 정확무오한 척도임을 믿는다. 우리는 또한 그의 구원 목적을 이루는 말씀의 능력을 확신한다. 성경 말씀은 온 인류를 위한 것이다. 그리스도와 성경에 나타난 하나님의 계시는 불변하기 때문이다. 성령은 오늘도 그 계시를 통해 말씀하신다. 성령은 어떤 문화 속에서나 모든 하나님 백성의 마음을 조명하여 그들의 눈으로 이 진리를 새롭게 보게 하시고, 하나님의 각종 지혜를 온 교회에 더욱더 풍성하게 나타내신다.

딤후 3:16; 벧후 1:21; 요 10:35; 사 55:11; 고전 1:21; 롬 1:16, 마 5:17, 18; 유 1:3; 엡 1:17, 18; 3:10, 18

3. 그리스도의 유일성과 보편성

우리는, 전도의 방법은 다양하지만 구세주는 오직 한 분이요 복음도 오직 하나임을 확신한다. 우리는 자연에 나타난 하나님의 일반 계시를 통해 모든 사람이 하나님에 관한 어느 정도의 지식이 있음을 인정한다. 그러나 우리는 사람이 이것으로 구원받을 수 있다는 주장은 부인한다. 이는 사람이 자신의 불의로써 진리를 억압하고 있기 때문이다. 우리는 또한 모든 종류의 혼합주의를 거부하며, 그리스도께서 어떤 종교나 어떤 이데올로기를 통해서도 동일하게 말씀하신다는 식의 대화는 그리스도와 복음을 손상시키므로 거부한다. 유일한 신인(神人)이신 예수 그리스도는 죄인을 위한 유일한 대속물로 자신을 주셨고, 하나님과 사람 사이의 유일한 중보자이시다. 예수님 외에 우리가 구원받을 다른 이름은 없다. 모든 사람은 죄로 인해 멸망할 수밖에 없다. 그러나 하나님은 모든 사람을 사랑하시기 때문에 한 사람도 멸망하지 않고 모두가 회개할 것을 원하신다. 그럼에도 불구하고 그리스도를 거절하는 자는 구원의 기쁨을 거부하며 스스로를 정죄함으로써 하나님으로부터 영원히 분리된다. 예수님을 '세상의 구주'로 전파하는 것은 모든 사람이 자동적으로 혹은 궁극적으로 구원받게 된다는 말이 아니며, 또 모든 종교가 그리스도 안에 있는 구원을 제공한다고 보장하는 것은 더욱 아니다. 예수님을 '세상의 구주'로 전하는 것은 오히려 죄인들이 사는 세상을 향해 하나님의 사랑을 선포하는 것이며, 마음을 다한 회개와 신앙의 인격적인 결단으로 예수님을 구세주와 주로 영접하도록 모든 사람을 초청하는 것이다. 예수 그리스도는 모든 이름 위에 높임을 받으셨다. 우리는 모든 사람이 그 앞에 무릎을 꿇고 모든 입이 그를 주로 고백하는 날이 오기를 고대한다.

갈 1:6-9; 롬 1:18-32; 딤전 2:5, 6; 행 4:12; 요 3:16-19; 벧후 3:9; 살후 1:7-9; 요 4:42; 마 11:28;

엡 1:20, 21; 빌 2:9-11

4. 전도의 본질

전도는 기쁜 소식을 널리 전파하는 것이며, 기쁜 소식은 예수 그리스도께서 성경대로 우리 죄를 위해 죽으시고, 죽은 자들 사이에서 다시 살아나신 것과, 만물을 통치하시는 주로서 지금도 회개하고 믿는 모든 사람들의 죄를 용서하시고, 우리를 자유하게 하시는 성령의 은사를 공급하신다는 것이다. 전도하기 위해 그리스도인이 이 세상에 존재하는 것은 필수불가결하며, 상대방을 이해하려면 상대방의 이야기를 경청하는 대화도 매우 중요하다. 그러나 전도 자체는 사람들이 인격적으로 하나님께 나아가 하나님과 화목하도록 설득하기 위한 목적으로, 역사적이고 성경적인 그리스도를 十세주와 주로 선포하는 것이다. 복음에 초대할 때 우리는 제자도의 대가를 치러야 한다는 사실을 무시해서는 안 된다. 예수님은 여전히 그를 따르는 모든 사람으로 하여금 자기를 부인하고, 자기 십자가를 지고, 그가 새로운 공동체에 속하였음을 분명히 하도록 부르신다. 전도의 결과는 그리스도께 대한 순종과 그의 교회와의 협력, 세상에서의 책임감 있는 섬김을 포함한다.

고전 15:3, 4; 행 2:32–39; 요 20:21; 고전 1:23; 고후 4:5; 5:11, 20; 눅 14:25–33; 막 8:34; 행 2:40, 47; 막 10:43–45

5. 그리스도인의 사회적 책임

우리는 하나님이 모든 사람의 창조주이시요, 동시에 심판자이심을 믿는다. 그러므로 우리는 인간 사회 어느 곳에서나 정의와 화해를 구현하고 인간을 모든 종류의 억압으로부터 해방시키려는 하나님의 관심에 동참하여야 한다. 사람은 하나님의 형상대로 창조되었기 때문에 인종, 종교, 피부색, 문화, 계급, 성 또는 연령의 구별 없이 모든 사람은 천부적 존엄성을 지니고 있으며, 따라서 누구나 존경받고 섬김을 받아야 하며 착취당해서는 안 된다. 이 사실을 우리는 등한시해 왔고, 때로 전도와 사회 참여를 서로 상반된 것으로 여겼던 것을 뉘우친다. 물론 사람과의 화해가 곧 하나님과의 화해는 아니며 또 사회 참여가 곧 전도일 수 없으며 정치적 해방이 곧 구원은 아닐지라도, 전도와 사회 정치적 참여는 우리 그리스도인의 의무의 두 부분임을 인정한다. 이 두 부분은 모두 하나님과 인간에 대한 교리와 이웃을 위한 사랑 그리고 예수 그리스도에 대한 우리의 순종을 나타내는 데 필수적이다. 구원의 메시지는 모든 소외와 억압과 차별에 대한 심판의 메시지를 내포한다. 그러므로 우리는 악과 불의가 있는 곳 어디에서든지 이것을 고발하는 일을 두려워해서는 안 된다. 사람이 그리스도를 영접하면 하나님 나라 백성으로 거듭난다. 따라서 그들은 불의한 세상 속에서 그 나라의 의를 나타낼 뿐만 아니라 그 나라의 의를 전파하기에 힘써야 한다. 우리가 주장하는 구원은 우리로 하여금 개인적 책임과 사회적 책임을 총체적으로 수행하도록 우리를 변화시켜야 한다. 행함이 없는 믿음은 죽은 것이다.

행 17:26, 31; 창 18:25; 사 1:17; 시 45:7; 창 1:26, 27; 약 3:9; 레 19:18; 눅 6:27, 35; 약 2:14~26; 요 3:3, 5; 마 5:20; 6:33; 고후 3:18; 약 2:20

6. 교회와 전도

하나님 아버지가 그리스도를 세상에 보내신 것 같이, 그리스도 역시 그의 구속받은 백성을 세상으로 보내신다는 것을 우리는 믿는다. 이 소명은 그리스도가 하신 것 같이 세상 깊숙이 파고드는 희생적인 침투를 요구한다. 우리는 우리 교회의 울타리를 헐고 비그리스도인 사회에 스며들어가야 한다. 교회가 희생적으로 해야 할 일 중에서 전도가 최우선이다. 세계 복음화는 온 교회가 온전한 복음을 온 세계에 전파할 것을 요구한다. 교회는 하나님의 우주적인 목적의 바로 중심에 서 있으며, 복음을 전파할 목적으로 하나님이 지정하신 수단이다. 그러나 십자가를 전하는 교회는 스스로 십자가의 흔적을 지녀야 한다. 교회가 만일 복음을 배반하거나, 하나님에 대한 산 믿음이 없거나, 혹은 사람에 대한 진실한 사랑이 없거나, 사업 추진과 재정을 포함한 모든 일에 있어 철저한 정직성이 결여될 때, 교회는 오히려 전도의 걸림돌이 되어 버린다. 교회는 하나의 기관이라기보다 하나님 백성의 공동체다. 따라서 어떤 특정한 문화적 · 사회적 또는 정치적 체제나 인간의 이데올로기와 동일시되어서는 안 된다.

요 17:18; 20:21; 마 28:19, 20; 행 1:8; 20:27; 엡 1:9, 10; 3:9–11; 갈 6:14, 17; 고후 6:3, 4; 딤후 2:19–21; 빌 1:27

7. 전도를 위한 협력

교회가 진리 안에서 눈에 보이게 일치단결하는 것이 하나님의 목적임을 우리는 확신한다. 전도는 또한 우리를 하나가 되도록 부른다. 이는 우리의 불일치가 우리가 전하는 화해의 복음을 손상시키는 것 같이, 우리의 하나 됨은 우리의 증거를 더욱 힘있게 만들기 때문이다. 그렇지만 조직적인 일치단결은 여러 형태가 있고, 그것이 반드시 전도를 진척시키지 않을 수도 있음을 인정한다. 그럼에도 불구하고 동일한 성경적 신앙을 소유한 우리는 교제와 사역과 전도에 있어서 긴밀하게 일치단결 해야만 한다. 우리의 증거가 때로는 사악한 개인주의와 불필요한 중복으로 인해 훼손되었던 것을 고백한다. 우리는 진리와 예배와 거룩함과 선교에 있어서 좀더 깊은 일치를 추구할 것을 약속한다. 우리는 교회의 선교 사역을 확장하기 위해, 전략적 계획을 위해, 서로서로 격려하기 위해 그리고 자원과 경험을 서로 나누기 위해 지역적이며 기능적인 협력을 개발할 것을 촉구한다.

요 17:21, 23; 엡 4:3, 4; 요 13:35; 빌 1:27; 요 17:11–23

8. 교회의 선교 협력

선교의 새 시대가 동트고 있음을 우리는 기뻐한다. 서방 선교의 주도적 역할은 급속히 사라지고 있다. 하나님은 신생 교회들 중에서 세계 복음화를 위한 위대하고도 새로운 자원을 불러일으키신다. 그렇게 해서 전도의 책임은 그리스도의 몸 전체에 속해 있음을 밝히 보여 주신다. 그러므로 모든 교회는 자기가 속해 있는 지역을 복음화 함과 동시에 세계의 다른 지역에도 선교사를 보내기 위해 무엇을 해야 하는지 하나님과 자신에게 질문해야 한다. 우리의 선교 책임과 선교 역할에 대한 재평가는 계속되어야 한다. 이렇게 해서 교회들 간의 협동은 더욱 강화될 것이며, 그리스도 교회의 보편성은 더 분명하게 드러날 것이다. 우리는 또한 성경 번역, 신학 교육, 방송매체, 기독교 문서 사역, 전도, 선교, 교회 갱신, 기타 전문 분야에서 일하는 여러 단체들로 인해 하나님께 감사한다. 아울러 이런 단체들도 교회 선교의 한 사역자로서 그 효율성을 평가하기 위해 지속적인 자기 검토를 해야 한다.

롬 1:8; 빌 1:5; 행 13:1-3; 살전 1:6-8

9. 전도의 긴박성

인류의 3분의 2 이상에 해당하는 27억 이상의 인구(1974년 자료)가 아직도 복음화 되어야 한다.(주13) 우리는 이토록 많은 사람을 아직도 등한히 하고 있다는 사실을 부끄럽게 생각한다. 이는 우리와 온 교회를 향해 끊임없이 제기되는 비판이다. 그러나 오늘날 세계 도처에서는 주 예수 그리스도에 대해 전례 없는 수용 자세를 보이고 있다. 지금이야말로 교회와 모든 선교 단체들이 복음화 되지 못한 이들의 구원을 위해 열심히 기도하고, 세계 복음화를 성취하기 위한 새로운 노력을 시도해야 할 때임을 확신한다. 이미 복음이 전파된 나라에 있는 해외 선교사와 그들의 선교비를 감축하는 일은, 토착 교회의 자립심을 기르기 위해 혹은 아직 복음화 되지 않은 지역으로 그 자원을 내보내기 위해 때로 필요한 경우가 있을 것이다. 선교사들이 겸손한 섬김의 정신으로 더욱 더 자유롭게 육대주 전역에 걸쳐 교류해야 한다. 가능한 모든 수단을 총동원해서, 되도록 빠른 시일 안에 한 사람도 빠짐없이 이 좋은 소식을 듣고, 깨닫고, 받아들일 기회를 얻는 것이 목표다. 희생 없이 이 목표를 성취하는 것을 기대할 수는 없다. 수많은 사람들이 겪는 빈곤에 우리 모두가 충격을 받으며, 이 빈곤의 원인인 불의에 대하여 분개한다. 우리 중에 풍요한 환경 속에 살고 있는 이들은 검소한 생활양식을 개발해서 구제와 전도에 보다 많이 공헌하는 것이 우리의 의무임을 확신한다.

요 9:4; 마 9:35-38; 롬 9:1-3; 고전 9:19-23; 막 16:15; 사 58:6, 7; 약 1:27; 2:1-9; 마 25:31-46; 행 2:44, 45; 4:34, 35)

10. 전도와 문화

세계 복음화를 위한 전략 개발에는 상상력이 풍부한 개척적 방법이 요청된다. 하나님의 뜻을 따라 전도한다면, 그리스도 안에 깊이 뿌리내리면서도 자신들의 문화에 적합하게 맞추어진 여러 교회들이 일어날 것이다. 문화는 항상 성경을 기준으로 검토하고 판단해야 한다. 사람은 하나님의 피조물이기 때문에 인류 문화의 어떤 것은 매우 아름답고 선하다. 그러나 인간의 타락으로 인해 그 전부가 죄로 물들었고, 어떤 것은 악마적이기도 하다. 복음은 한 문화가 다른 어떤 문화보다 우월하다고 전제하지 않는다. 오히려 복음은 모든 문화를 그 자체의 진리와 정의의 표준으로 평가하고, 모든 문화에 있어서 도덕적 절대성을 주장한다. 지금까지의 선교는 복음과 함께 이국의 문화를 수출하는 일이 너무 많았고, 때로는 교회가 성경보다 문화에 매이는 경우가 많았다. 그리스도의 전도자는 다른 사람의 종이 되기 위해, 개인적인 순수성을 제외한 나머지 부분에서 겸손히 자신을 온전히 비우기를 힘써야 한다. 또한 교회는 문화를 변혁하고 풍요롭게 만들고자 애쓰되, 모든 것을 하나님의 영광을 위해서 해야만 한다.

막 7:8,9, 13 창 4:21, 22; 고전 9:19-23; 빌 2:5-7; 고후 4:5

11. 교육과 지도력

우리는 때로 교회 성장을 추구한 나머지 교회의 깊이를 포기하는 결과를 가져왔고, 또한 전도와 신앙적 양육을 분리해 왔음을 고백한다. 또한 우리 선교 단체들 중에는, 현지 지도자들이 그들의 마땅한 책임을 감당할 수 있도록 준비시키고 격려하는 일에 매우 소홀했음을 인정한다. 그러나 이제 우리는 토착화 원칙을 믿고 있으며 모든 교회가 현지 지도자들을 세워, 지배자로서가 아닌 봉사자로서의 기독교 지도자상을 제시할 수 있기를 갈망한다. 우리는 신학 교육, 특히 교회 지도자들을 위한 신학 교육이 개선되어야 할 필요가 있다는 점을 인정한다. 모든 민족과 문화권에서 교리, 제자도, 전도, 교육 및 봉사의 각 분야에 목회자, 평신도를 위한 효과적인 훈련 프로그램이 수립되어야 한다. 그러한 훈련 프로그램은 틀에 박힌 전형적인 방법에 의존할 것이 아니라 성경적 기준을 따라 지역적인 독창성을 바탕으로 개발되어야 한다.

골 1:27, 28; 행 14:23; 딛 1:5, 9; 막 10:42-45; 엡 4:11, 12

12. 영적 싸움

우리는 우리가 악의 권세들과 능력들과의 부단한 영적 싸움에 참여하고 있음을 믿는다. 그 세력들은 교회를 전복시키고 세계 복음화를 위한 교회의 사역을 좌절시키려고 한다. 우리는 하나님의 전신갑주로 자신을 무장하고, 진리와 기도의 영적 무기를 가지고 이 싸움을 싸워야 한다는 것을 안다. 우리는, 교회 밖에서 잘못된 이데올로기를 통해서뿐만 아니라, 교회 안에서 잘못된 복음, 즉 성경을 왜곡시키며 사람을 하나님의 자리에 올려놓는 일을 통해서도 적들의 활동하는 것을 감지할 수 있기 때문이다. 따라서 우리는 성경적인 복음을 수호하기 위해 깨어 있어야 하며, 분별력을 갖고 있어야 한다. 우리는 우리 자신이 세속적인 생각과 행위, 즉 세속주의에 대항할 수 있는 면역력을 갖고 있지 않다는 사실을 인정한다. 예를 들면, 숫자적으로나 영적으로 교회 성장에 대해 주의 깊게 연구하는 것은 정당하고 가치 있는 일임에도, 우리는 종종 이런 연구를 게을리 하였다. 반면, 어떤 경우에는 복음에 대한 반응에만 열중한 나머지 우리의 메시지를 타협했고, 강압적 기교를 통해 청중을 교묘히 조종하였고, 지나치게 통계에 집착한 나머지 통계를 부정직하게 기록하는 때도 있었다. 이 모든 것이 세속적인 것이다. 교회는 세상 속에 있어야 하지만, 세상이 교회 속에 있어서는 안 된다.

엡 6:12; 고후 4:3, 4; 엡 6:11, 13–18; 고후 10:3–5; 요일 2:18–26; 4:1–3; 갈 1:6–9; 고후 2:17; 4:2; 요 17:15

13. 자유와 핍박

교회가 간섭받지 않으면서 하나님께 순종하고, 주 그리스도를 섬기며, 복음을 전파할 수 있도록 평화와 정의와 자유를 보장해야 할 의무는 하나님이 모든 정부에게 지정하신 의무다. 그러므로 우리는 국가 지도자들을 위해 기도하며, 그들이 사상과 양심의 자유를 보장하고 하나님의 뜻을 따라 그리고 유엔 인권 선언에 규정한 바와 같이 종교를 믿으며 전파할 자유를 보장해 줄 것을 요청한다. 우리는 또한 부당하게 투옥된 사람들, 특히 주 예수 그리스도를 증거한다는 이유로 고난받는 우리 형제들을 위해 깊은 우려를 표한다. 우리는 그들의 자유를 위해 기도하며 힘쓸 것을 약속한다. 동시에 우리는 그들의 생명을 담보로 한 협박을 거부한다. 하나님이 우리를 도와주시기 때문에, 우리는 어떤 대가를 치르더라도 불의에 대항하고 복음에 충성하기를 힘쓸 것이다. 핍박이 없을 수 없다는 예수님의 경고를 우리는 잊지 않는다.

딤전 2:1-4, 행 4:19; 5:29; 골 3:24; 히 13:1-3; 눅 4:18; 갈 5:11; 6:12; 마 5:10-12; 요 15:18-21

14. 성령의 능력

우리는 성령의 능력을 믿는다. 아버지 하나님은 아들을 증거하라고 그의 영을 보내셨다. 그의 증거 없는 우리의 증거는 헛되다. 죄를 깨닫고, 그리스도를 믿고, 거듭나서 그리스도인으로 성장하는 이 모든 것이 성령의 역사다. 뿐만 아니라 성령은 선교의 영이다. 그러므로 전도는 성령 충만한 교회에서 자발적으로 일어나야 한다. 교회가 선교하는 교회가 되지 못할 때 그 교회는 자기모순에 빠져 있는 것이요, 성령을 소멸하고 있는 것이다. 온 세계 복음화는 오직 성령이 교회를 진리와 지혜, 믿음, 거룩함, 사랑과 능력으로 새롭게 할 때에만 실현 가능하게 될 것이다. 그러므로 우리는 모든 그리스도인들에게 요청한다. 주권적인 하나님의 성령이 우리를 찾아오셔서 성령의 모든 열매가 그의 모든 백성에게 나타나고, 그의 모든 은사가 그리스도의 몸을 풍성하게 하기를 기도하기 바란다. 그때에야 비로소 온 교회가 하나님의 손에 있는 합당한 도구가 될 것이요, 온 땅이 하나님의 음성을 듣게 될 것이다.

고전 2:4; 요 15:26, 27; 16:8-11; 고전 12:3; 요 3:6-8; 고후 3:18; 요 7:37-39; 살전 5:19; 행 1:8; 시 85:4-7; 67:1-3; 갈 5:22, 23; 고전 12:4-31; 롬 12:3-8

15. 그리스도의 재림

우리는 예수 그리스도가 친히 권능과 영광 중에 인격적으로 또 눈으로 볼 수 있게 재림하셔서 그의 구원과 심판을 완성하실 것을 믿는다. 이 재림의 약속은 우리의 전도에 박차를 가한다. 이는, 먼저 복음이 모든 민족에게 전파되어야 한다고 하신 그의 말씀을 우리가 기억하기 때문이다. 그리스도의 승천과 재림 사이의 중간 기간은 하나님 백성의 선교 사역으로 채워져야 한다고 우리는 믿는다. 그러므로 종말이 오기 전에는 우리에게 이 일을 멈출 자유가 없다. 우리는 또한 마지막 적그리스도에 앞서서 거짓 그리스도들과 거짓 선지자들이 일어나리라는 그의 경고를 기억한다. 그러므로 우리는 인간이 이 땅 위에 유토피아를 건설할 수 있다는 생각은 오만한 자기 확신의 환상으로 간주해 이를 거부한다. 우리 그리스도인들은 하나님이 그의 나라를 완성하실 것이요, 우리는 그 날을 간절히 사모하며 또 의가 거하고 하나님이 영원히 통치하실 새 하늘과 새 땅을 간절히 고대하고 있음을 확신한다. 그때까지 우리는 우리의 삶 전체를 지배하시는 그의 권위에 기꺼이 순종함으로 그리스도와 사람들을 섬기는 일에 우리 자신을 다시 드린다.

막 14:62; 히 9:28; 막 13:10; 행 1:8-11; 마 28:20; 막 13:21-23; 요 2:18; 4:1-3; 눅 12:32; 계 21:1-5; 벧후 3:13; 마 28:18

맺음말

그러므로 이와 같은 우리의 믿음과 우리의 결심에 따라 우리는 온 세계 복음화를 위해 함께 기도하고, 계획하고, 일할 것을 하나님과 우리 상호 간에 엄숙히 서약한다. 우리는 다른 사람들도 이 일에 우리와 함께 동참할 것을 호소한다. 우리로 하여금 하나님의 영광을 위해 이 언약에 신실하도록 그의 은혜로 도와주시기를 기도한다. 아멘. 할렐루야!

· 출처: https://www.lausanne.org/ko/content-ko/covenant-ko/lausanne-covenant-ko

· 참고문헌

Allen, Roland. *Missionary Methods: St. Paul's and Ours?*. Grand Rapids: Eerdmans, 1991.

_____. "The Relation between Medical, Educational and Evangelistic Work in Foreign Missions". Church Missionary Society, March 1920

Bassham, Roger C. *Mission Theology: 1948-1975 Years of Worldwide Creative Tension Ecumenical,Evangelical and Roman Catholic*. Pasadena, CA: William Carey Library, 1979.

Bavinck, J. H. *Introduction to the Science of Missions*, tr. David Hugh Freeman. Philadelphia: Presbyterian and Reformed, 1960.

Blauw, Johannes. *The Missionary Nature of the Church: A Survey of the Biblical Theology of Mission*. Grand Rapids, Michigan: Eerdmans, 1974.

Bosch David J. *Transforming Mission: Paradigm Shifts in Theology of Mission*. New York: Maryknoll, 1992.

_____. *Witness to the World*. Atlanta: John Knox, 1980.

Beaver, Robert Pierce. "The Genevan Mission to Brazil." *The Reformed Journal* 17 (1967): 14-20.

Bowers, W. P. "Fulfilling the Gospel: The Scope of the Pauline Mission." *JETS* 30 (1987).

Chaney, Charles L. "The Missionary Dynamic in the Theology of John Calvin." *Reformed Review* 17 (1964).

Coenen, L. "Elect", *The New International Dictionary of New Testament Theology*. Colin Brown. ed. vol. 1 (Grand Rapids: Zondervan, 1971).

Cox, John. "The Tentmaking Movement in Historical Perspective." *International Journal of Frontier Missions* Vol 14:3 (July-Sep 1997)

Calhun, David B. "John Calvin: Missionary Hero or Missionary Failure?." *Presbyterian: Covenant Seminary Review* 5 No 1 (Spring, 1979)

Clarke, Carol. "Tentmaking State of the Art." *International Journal of Frontier Missions* Vol 14:3 (July-Sept 1997).

Coleman, Robert. *The Master Plan of Evangelism*. Grand Rapids: Revell, 1993.

Danker, William J. *Profit for the Lord*. Grand Rapids, Michigan: Eerdmans, 1971.

Fritz, Rinecker and Cleon, Rogers. *Linguistic Key to the New Testament*. Grand Rapids: Zondervan, 1976.

Gallagher, Robert L. and Hertig, Paul. eds. *Mission in Acts: Ancient Narratives in Contemporary Context*. Maryknoll, NY: Orbis Books, 2007.

Georgi, Dieter. *The Opponents of Paul in Second Corinthians*. Philadelphia: Fortress, 1986.

Gilliland, Dean S. *Pauline Theology and Mission Practice*. Lagos, Nigeria: Albisher Bookshops, 1983.

Grubb, Kenneth. *The Need for Non-Professional Missionaries*, London: World Dominion Press, 1931.

Hafemann, Scott. "'Because of Weakness'(Galatians 4:13): The role of suffering in the mission of Paul." in *The Gospel to the Nations: Perspective's on Paul's Mission*. eds. P. Bolt and M. Thomson. Leister, UK: Inter-Versity Press, 2000.

Harvey, John. D. "Mission in Matthew" In *Mission in the New Testament: An Evangelical Approach*. eds. William J. Larkin Jr. and Joel F. Williams, Maryknoll, New York: Orbis, 1998.

Hedlund, Roger E. *Roots of the Great Debate in Mission: Mission in Historical and Theological Perspective*. Bangalore, India: Theological Book Trust, 1993.

_____. *Roots of the Great Debate in Mission: Mission in Historical and Theological Perspective.* Bangalore, India: Theological Book Trust, 1993.

_____. *The Mission of the Church in the World.* Grand Rapids: Baker, 1991.

Hengel, Martin. "The Origines of the Christian Mission." in *Between Jesus and Paul: Studies in the Earliest History of Christianity.* London: SCM, 1983.

Hiebert, G. Paul. "Missiological Education for a Global Era." in *Missiological Education for the 21ˢᵗ Century.* J. Dudley Woodberry, Charles Van Engen, Edgar J. Eliston. eds. Maryknoll, New York: Orbis Books, 1996.

Howell Don, N. Jr. "Mission in Paul's Epistles: Genisis, Pattern, and Dyamics" *Mission in the New Testament: An Evangelical Approach* (1998).

Hawthorne, G. H. and R. Martin. et al. eds. *Dictionary of Paul and His Letters.* Downers Grove, IL: Intervarsity Press, 1993.

HWCC, *Religious Plurality and Christian Self-Understanding.* http://www. oikoumene. org./en/ home.html.

Johnston, Arthur. *World Evangelism and the Word of God.* Minneapolis, MN: Bethany Fellowship, 1974.

Jongeneel, Jan. "The Missiology of Gisbertus Voetius: The First Comprehensive Protestant Theology of Missions." *Calvin Theological Journal* 26 (Apr 1991): 47-48.

Kaiser, Jr. Walter C. *Mission in the Old Testament: Israel as a Light to the Nations.* Grand Rapids: Baker books, 2001.
Kane, Hertbert J. *Life and Work on the Mission Field.* Grand Rapids; Baker, 1987.

_____. *Christian Missions in Biblical Perspective.* Grand Rapids: Baker Book, 1983.

Kim Hark Yoo. *"The Retention Factors among Korean Missionaries to Japan".* Ph. D.

Dissertation, Trinity International University, 2001.

Kingdon R. M. *Geneva and the Coming of the Wars of Religion in France 1555-1563*, Geneve: Dorz, 2007.

Kling, August J. *Columbus-A Layman "Christ-bearer" to Uncharted Isles*. The Presbyterian Layman, October 1971.

Kostenberger, Andreas J. and O'Brien, Peter T. *Salvation to the Ends of the Earth: A Biblical Theology of Mission*. Downers Grove, Illinois: Inter Varsity, 2001.

Kraemer, R Hendrik. *The Christian Message in a Non-Christian World*. London: Edinburgh House, 1947.

Malherbe, A. J. *Paul and Thessalonians*. Philadelphia: Fortress, 1987.

Moon, Steve Sang-Cheol. "Missionary Attrition in Korea: Opinions of Agency Executives" in *Too Valuable to Lose: Exploring the Causes and Cures of Missionary Attrition*. William D. Taylor. ed. Pasadena, CA: William Carey Library, 1997.

Moreau, A. Scott. ed. *Evangelical Dictionary of World Missions*. Grand Rapids, MI: Baker books, 2000.

Mulholland, Kenneth. "Missiological Education in the Bible College Tradition" in *Missiological Education for the 21st Century*. Maryknoll, New York: Orbis, 1996.

Lai, Patrick. *Tentmaking: The Life and Work of Business as Missions*. Colorado Springs, CO. : Authentic Publishing, 2005.

Michael, Green. *Evangelism in the Early Church*. Grand Rapids: Eerdmans, 1991.

O'Brien, P. T. *Gospel and Mission in the Writings of Paul: An Exegetical and Theological Analysis*. Grand Rapids: Baker Books, 1995.

Peters, George W. *A Biblical Theology of Missions*. Chicago: Moody, 1984.

Piper, John. *Let the Nations be Glad: The Supremacy of God in Missions*. Grand Rapids, MI: Baker Books.

Ramstad, Mans. "Priscilla and Aquila: Paul's Firm Friends and Model Tentmakers." *International Journal of Frontier Missions* 19:1 (Spring 2002).

Reid, W. Stanford. "Calvin's Geneva: A Missionary Center." *The Reformed Theological Review* No 3 (1983).

Rowley, H. H. *The Missionary Message of the Old Testament*. London: Cary Kingsgate, 1944.

Schnabel, Eckhard J. *Paul the Missionary: Realities, Strategies, Methods*. Downers Grove, IL: IVP Academic, 2008.

Stott, John. ed. *Making Christ Known: Historic Mission Documents From the Lausanne Movement,* 1974-1989. Cambridge, UK: Eerdmans Publishing Company, 1996.

_____. "The Significance of Lausanne." *International Review of Mission* Vol. 64. No 255 (Jul 1975).

Scherer, James A. "Ecumenical Mandates for Mission." in *Protestant Crosscurrents in Mission*. N. A. Horner, Ed.

Senior, Donald and Stuhlmueller Carroll. *The Biblical Foundations for Mission*. Maryknoll, New York: Orbis Books, 1989.

Siemens, Ruth E. "The Vital Role of Tentmaking in Paul's Strategy." *International Journal of Frontier Missions* Vol 14:3 (Jul-Sept 1997).

Stewart, John. *The Nestorian Missionary Enterprise: A Church on Fire*. Edinburgh, Scotland: Clarke, 1923.

Stott, John. "The significance of Lausanne." *International Review of Mission* vol. 64. No. 255 (Jul 1975).

_____. ed. *Making Christ Known: Historic Mission Documents From the Lausanne Movement,* 1974-1989. Gran Rapids, Michigan: Eerdmans Publishing, 1996.

Tucker, Ruth A. *From Jerusalem to Irian Jaya.* Gran Rapids: Zondervan, 1983.

_____. *From Jerusalem to Irian Jaya: A Biographical History of Christian Mission.* Grand Rapids: Michigan Academie Books, 1983.

Van Den Berg, Johannes. "Calvin's Missionary Message." *The Evangelical Quarterly* 21 (1949).

_____. "Calvin's Missionary Message." *Evangelical Missions Quaterly* 22 (1950).

_____. *Contrained by Jesus' Love.* Kampen, Netherlands: Kok, 1956.

Wilson, F. R. ed. *The San Antonio Report.* Geneva: WCC, 1990.

Witmer, S. A. *The Bible College Story: Education with Dimension.* Mahasset. NY: Channel.

Yamamori Tetsunao. *God's New Envoys: A Bold Strategy for Penetrating "Closed Countries".* Portland, Oregon: Multnomah Press, 1987.

_____. *Penetrating Missions' Final Frontier: A New Strategy for unreached peoples.* Downers Grove, Illinois: Interversity Press, 1993.

_____. *God's New Envoys: A Bold Strategy for Penetrating "Closed Countries".* Potland, Oregon: Multnomah.

Wilson, J. Christy Jr. *Today's Tentmakers.* Wheaton, Ill: Tyndale House, 1979.

Jerusalem Meeting of the International Missionary Council. The Christian Life and Message in Relation to Non-Christian Systems. London: Oxford University Press, March 24th-April 8th 1928.

김명혁.『현대 교회의 동향: 선교 신학을 중심으로』. 서울: 성광 문화사, 1987.

김재성. "개혁주의 전통에서 본 선교사상과 선교실제".『복음주의와 한국교회』. 오덕교, 성주
　　　진, 김재성, 조병수, 김학유 엮음. 수원: 합동신학대학원출판부, 2004.

김학유. "복음서(주석)에 나타난 칼빈의 선교사상".『칼빈의 신학과 한국교회의 과제』. 수원:
　　　합동신학대학원 출판부: 2002.

정보애.『한국 미전도 종족 선교 역사와 이해』. 미전도 종족. 서울: 엄마 넷, 2014.

조병수.『신약성경 총론』. 수원: 합동신학대학원출판사, 2006.

최정만.『선교이해』. 광주: 세계선교연구소 광신대학교 출판부, 2004.